Integration durch Interessenvertretung –
ein betriebsverfassungsrechtlicher Leitgedanke

Schriften zum Recht der Arbeit

Herausgegeben von Olaf Deinert und Rüdiger Krause

Band 21

PETER LANG

Raphael Wollers

Integration durch Interessenvertretung – ein betriebsverfassungsrechtlicher Leitgedanke

PETER LANG
Berlin · Bruxelles · Chennai · Lausanne · New York · Oxford

Bibliografische Information der Deutschen Nationalbibliothek
Die Deutsche Nationalbibliothek verzeichnet diese Publikation in der Deutschen Nationalbibliografie; detaillierte bibliografische Daten sind im Internet über http://dnb.d-nb.de abrufbar.

Zugl.: Göttingen, Univ., Diss., 2024

DE 7
ISSN 2191-4079
ISBN 978-3-631-91745-9 (Print)
E-ISBN 978-3-631-91750-3 (E-PDF)
E-ISBN 978-3-631-91751-0 (EPUB)
DOI 10.3726//b21738

Verlegt durch: Peter Lang GmbH, Berlin (Deutschland)

info@peterlang.com - www.peterlang.com

Widmung

Meinen Kindern, meiner Frau

–

Für Linus, Milas, Tilda und Carina

Danksagung

„Per aspera ad astra!" – „Durch das Raue zu den Sternen" ist nicht nur der Leitspruch meines Großvaters, sondern dürfte gleichermaßen zum Gegenstand dieser Doktorarbeit passen, wie auch zu ihrer Entstehung selbst!

Aus diesem Grund ist es mir ein besonderes Anliegen, all denjenigen zu danken, die mich auf diesem Weg unterstützt und begleitet haben.

Zunächst gilt dies für meinen Betreuer, Prof. Dr. Olaf Deinert, für seine wertvollen Ratschläge, jederzeitige Offenheit für inhaltliche Diskussionen und intensive persönliche Betreuung. Ohne seine stete Ermutigung zur kritischen Reflexion einerseits sowie andererseits meinen fachlichen Überzeugungen treu zu bleiben (egal ob als Student, studentische Hilfskraft, Doktorand oder wissenschaftlicher Mitarbeiter), wäre diese Arbeit nicht möglich gewesen.

Herrn Prof. Dr. Rüdiger Krause danke ich für die zügige Erstellung des Zweitgutachtens und nicht zuletzt auch dafür, bereits im Rahmen der Vorlesung zum Kollektiven Arbeitsrecht meine Begeisterung für dieses besondere Rechtsgebiet geweckt und damit zugleich grundlegend zu dieser Arbeit beigetragen zu haben.

Mein besonderer Dank gilt auch meinen Kollegen und Freunden, die (in herausragender Weise Claudia und Christopher) mir mit ihrem Wissen und ihrer Erfahrung zur Seite standen und mich in schwierigen Zeiten motiviert haben. Ihre Unterstützung und Freundschaft haben diese Reise bereichert und unvergesslich gemacht.

Abschließend danke ich meiner Familie für ihre bedingungslose Liebe und Unterstützung. Ihre Geduld und ihr Vertrauen in mich haben mir die Kraft gegeben, diese Herausforderung zu meistern. Euch allen, insbesondere aber meiner Frau Carina und meinen Kindern Linus, Milas und Tilda ist diese Arbeit gewidmet.

Adelebsen, im Juni 2025 *Raphael Wollers*

Inhaltsverzeichnis

Abkürzungsverzeichnis

a. A.	andere Auffassung
a. F.	alte Fassung
Abs.	Absatz
AcP	Archiv für die civilistische Praxis (Fachzeitschrift)
AGG	Allgemeines Gleichbehandlungsgesetz
AiB	Arbeitsrecht im Betrieb (Fachzeitschrift)
Anm.	Anmerkung
AöR	Archiv des öffentlichen Rechts (Fachzeitschrift)
AP	Nachschlagewerk des Bundesarbeitsgerichts – Arbeitsrechtliche Praxis
APuZ	Aus Politik und Zeitgeschichte (Fachzeitschrift)
ArbG	Arbeitsgericht
ArbRAktuell	Arbeitsrecht Aktuell (Fachzeitschrift)
ArbRB	Der Arbeits-Rechtsberater (Fachzeitschrift)
Art.	Artikel
AufenthG	Aufenthaltsgesetz
Aufl.	Auflage
AuR	Arbeit und Recht (Fachzeitschrift)
BAG	Bundesarbeitsgericht
BAGReport	Arbeitsrechtlicher Rechtsprechungsdienst des Bundesarbeitsgerichts und des Europäischen Gerichtshofs (Fachzeitschrift)
BauGB	Baugesetzbuch
BB	Betriebs-Berater (Fachzeitschrift)
Bd.	Band
BeckRS	Beck-Rechtsprechung
BetrVG	Betriebsverfassungsgesetz
BGB	Bürgerliches Gesetzbuch
BGBl.	Bundesgesetzblatt
BlStSozArbR	Blätter für Steuerrecht, Sozialversicherung und Arbeitsrecht (Fachzeitschrift)
BPersVG	Bundespersonalvertretungsgesetz
BR-Drs.	Drucksachen des Deutschen Bundesrates
BT-Drs.	Drucksachen des Deutschen Bundestages
BVerfGE	Entscheidungen des Bundesverfassungsgerichts (amtliche Sammlung)

bzw.	beziehungsweise
d. h.	das heißt
DB	DER BETRIEB (Fachzeitschrift)
Diss.	Dissertationsschrift
DÖV	Die Öffentliche Verwaltung (Fachzeitschrift)
DVBl	Deutsches Verwaltungsblatt (Fachzeitschrift)
EBRG	Europäische Betriebsräte-Gesetz
EG	Europäische Gemeinschaft
EL	Ergänzungslieferung
EU	Europäische Union
EuGH	Europäischer Gerichtshof
EuGRZ	Europäische Grundrechte-Zeitschrift
f.	und die/der folgende
FA	Fachanwalt Arbeitsrecht (Fachzeitschrift)
ff.	und die folgenden
Fn.	Fußnote
FS	Festschrift
GER	German Economic Review (Fachzeitschrift)
GG	Grundgesetz
ggf.	gegebenenfalls
GS	Gedenkschrift
h. M.	herrschende Meinung
Habil.	Habilitationsschrift
Hrsg.	Herausgeber
Hs.	Halbsatz
i. E.	im Einzelnen
insb.	insbesondere
i. R. d.	im Rahmen des/der
i. S. d.	im Sinne des
i. S. v.	Im Sinne von
i. V. m.	in Verbindung mit
i. w. S.	im weiteren Sinne

ILO	International Labour Organization (Internationale Arbeitsorganisation)
IntV	Integrationskursverordnung
JAV	Jugend- und Auszubildendenvertretung
jurisPR-ArbR	juris PraxisReport Arbeitsrecht
JuS	Juristische Schulung (Fachzeitschrift)
KJ	Kritische Justiz (Fachzeitschrift)
KSchG	Kündigungsschutzgesetz
LAG	Landesarbeitsgericht
Ls.	Leitsatz
m. w. N.	mit weiterem Nachweis / mit weiteren Nachweisen
NJW	Neue Juristische Wochenschrift (Fachzeitschrift)
Nr.	Nummer
NVwZ	Neue Zeitschrift für Verwaltungsrecht
NZA	Neue Zeitschrift für Arbeitsrecht
NZA-Beilage	Beilage zur Neuen Zeitschrift für Arbeitsrecht
NZA-RR	Neue Zeitschrift für Arbeitsrecht: Rechtsprechungs-Report
PartG	Parteiengesetz
PersR	Der Personalrat (Fachzeitschrift)
RdA	Recht der Arbeit (Fachzeitschrift)
RL	Richtlinie
Rn.	Randnummer
S.	Seite oder Satz
u. a.	je nach Kontext: und andere; unter anderem
u. U.	unter Umständen
v.	vom
Var.	Variante
vgl.	vergleiche
VO	Verordnung

WO	Erste Verordnung zur Durchführung des Betriebsverfassungsgesetzes
z. B.	zum Beispiel
z. T.	zum Teil
ZAR	Zeitschrift für Ausländerrecht und Ausländerpolitik
ZFA	Zeitschrift für Arbeitsrecht
ZIP	Zeitschrift für Wirtschaftsrecht
zit.	zitiert (als)

§ 1 Einführung

„Wir schaffen das!" Ein Satz von nur drei Worten, den *Angela Merkel* im Rahmen der Sommerpressekonferenz der Bundeskanzlerin 2015 fallen ließ;[1] drei Worte, deren eigentliche Bedeutung sich erst vor dem Hintergrund der damaligen Ereignisse erschließt. Denn gemeint ist damit die Bewältigung der sogenannten Flüchtlingskrise, das heißt der erfolgreiche Umgang mit schätzungsweise über 1.000.000[2] in Deutschland angekommenen, geflüchteten Menschen.[3] Die Kanzlerin brachte mit dieser Aussage ihr Vertrauen darauf zum Ausdruck, dass die Bundesrepublik Deutschland in der Lage sei, die bevorstehenden Herausforderungen zu bewältigen und zum einen Lösungen für die unmittelbaren Probleme zu finden, wie etwa die Verteilung und Unterbringung der Geflüchteten oder die Bearbeitung der Asylanträge.[4] Zum anderen zeigte sich die Kanzlerin aber auch zuversichtlich, dass man fähig sei, mit den sich mittelbar ergebenden Aufgabenfeldern konstruktiv umzugehen; sie formulierte ihre Überzeugung, dass es gelingen werde, die nach Deutschland geflüchteten Menschen in die deutsche Gesellschaft zu integrieren.[5]

Allerdings ist mit dem Gelingen der gesellschaftlichen Integration von Menschen aus verschiedenen Herkunftsländern angesichts vergangener, gegenwärtiger und auch zukünftig zu erwartender Wanderungsbewegungen zugleich ein Bereich angesprochen, der (auch abseits der Flüchtlingskrise) wohl nicht zu Unrecht als „vorrangiges Thema politischen Handelns"[6] oder auch „existenziell gesellschaftliches Anliegen"[7] bezeichnet wird. Die Einwanderung von Menschen, also die

---

1 *Bannas*, Merkel: „Wir schaffen das", 31.08.2015 (http://www.faz.net/aktuell/politik/angela-merkels-sommerpressekonferenz-13778484.html?printPagedArticle=true#void) (geprüft am 12.12.2024).

2 *Bundesamt für Migration und Flüchtlinge*, Migrationsbericht, 2015, S. 9.

3 *Bannas*, Merkel: „Wir schaffen das", 31.08.2015 (http://www.faz.net/aktuell/politik/angela-merkels-sommerpressekonferenz-13778484.html?printPagedArticle=true#void) (geprüft am 12.12.2024).

4 *Bannas*, Merkel: „Wir schaffen das", 31.08.2015 (http://www.faz.net/aktuell/politik/angela-merkels-sommerpressekonferenz-13778484.html?printPagedArticle=true#void) (geprüft am 12.12.2024).

5 *Bannas*, Merkel: „Wir schaffen das", 31.08.2015 (http://www.faz.net/aktuell/politik/angela-merkels-sommerpressekonferenz-13778484.html?printPagedArticle=true#void) (geprüft am 12.12.2024).

6 *Schäuble*, in: Bade/Hiesserich (Hrsg.), Nachholende Integrationspolitik und Gestaltungsperspektiven der Integrationspraxis, 2007, S. 11.

7 *Giesen*, Juristentagsgutachten 2018, E1, E5.

längerfristige Verlagerung deren Aufenthaltsortes[8], legt es einer Gesellschaft auf, sich damit auseinanderzusetzen, ob und wenn ja, wie diese Menschen zu Mitgliedern der Gesellschaft werden sollen und können.[9] Schließlich wäre es mit dem Selbstverständnis moderner, freiheitlich und demokratisch verfasster Gesellschaften nicht vereinbar, wenn die in ihnen lebenden Individuen von wesentlichen Entfaltungsmöglichkeiten von vornherein ausgeschlossen würden.[10]

Die daran logisch anknüpfende Frage, „wie" diese Integration in die deutsche Gesellschaft tatsächlich gelingen kann, lenkt den Blick auf eine bisweilen ebenso undifferenziert wie intensiv geführte öffentliche Debatte.[11] Unter dem Topos der „Integration" werden dabei, über die Grenzen verschiedener Fachwissenschaften[12] hinweg, zentrale Fragen des Zusammenlebens in einer Einwanderungsgesellschaft diskutiert.[13]

Zwar stehen bei solchen Auseinandersetzungen häufig wertende Aspekte im Vordergrund, die letztlich die Verantwortung für das Gelingen der Integration schwerpunktmäßig der Aufnahmegesellschaft oder den Einwanderinnen und Einwanderern[14] auferlegen sollen. Der Artikulation von Anpassungserwartungen gegenüber eingewanderten Personen wird dabei regelmäßig mit Forderungen nach einer vermehrten Öffnung der Aufnahmegesellschaft begegnet – und umgekehrt.[15] Unbeschadet solcher Grabenkämpfe wird allerdings wohl übereinstimmend der Integration in den Arbeitsmarkt eine fundamentale Bedeutung attestiert[16] und diese „(…) inzwischen allgemein als Schlüssel zur sozialen Integration gesehen"[17].

Doch trotz der weithin anerkannten Relevanz der Arbeitsmarktintegration für die gesamtgesellschaftliche Integration sowie entsprechender legislativer Impulse, lassen sich hinsichtlich bestehender Beschäftigungsverhältnisse erhebliche strukturelle Differenzen zwischen ausländischen und deutschen Arbeitnehmern

8 Vgl. *Kluth*, Juristentagsgutachten 2018, D1, D11.

9 *Hans*, in: Brinkmann/Sauer (Hrsg.), Einwanderungsgesellschaft Deutschland, 2016, S. 24.

10 *Bommes*, APuZ 2007, Heft 22-23, 3, 5; vgl. *Giesen*, Juristentagsgutachten 2018, E1, E5.

11 Vertiefend m. w. N. *Kunz*, ZAR 2018, 107 ff.

12 Zum transdisziplinären Begriffsverständnis *Kluth*, ZAR 2016, 336 ff.

13 *Eichenhofer*, ZAR 2016, 251, 252.

14 Aus Gründen der besseren Lesbarkeit wird auf die gleichzeitige Verwendung der Sprachformen männlich, weiblich und divers (m/w/d) verzichtet.

15 Dazu insgesamt *Kunz*, ZAR 2018, 107 ff.; *Hans*, in: Brinkmann/Sauer (Hrsg.), Einwanderungsgesellschaft Deutschland, 2016, S. 24.

16 *Beicht*, BiBB-Report 2011, 1, 18; *Giesen*, Juristentagsgutachten 2018, E1, E9.

17 *Van der Cammen*, NZA-Beilage 2016, 46.

feststellen. So waren in Vollzeit beschäftigte ausländische Arbeitnehmer mit 36 % um 16 Prozentpunkte häufiger unterhalb der Niedriglohnschwelle beschäftigt, als dies im Gesamtdurchschnitt (20 % aller sozialversicherungspflichtig Vollzeitbeschäftigten) der Fall war.[18] Hinzu kommt ein um 674 € geringerer Median des Bruttomonatsentgelts von in Vollzeit beschäftigten ausländischen Arbeitnehmern.[19] Außerdem wird für ausländische Arbeitnehmer eine überproportionale Betroffenheit von Rationalisierungsmaßnahmen konstatiert.[20] Grund zur Besorgnis besteht schließlich auch angesichts von durchschnittlich 744 Fällen fremdenfeindlich motivierter Gewalttaten pro Jahr seit 2017.[21]

Solche offenkundig problematischen Zustände befremden vor dem Hintergrund aktueller Entwicklungen umso mehr. So gilt es doch einerseits aus volkswirtschaftlicher und gesellschaftspolitischer Sicht, die nach Deutschland geflüchteten Menschen in den Arbeitsmarkt[22] und nicht zuletzt dadurch auch gesellschaftlich[23] zu integrieren. Andererseits bedingt auch die zunehmende EU-Binnenmigration einen erhöhten Integrationsbedarf.[24]

„Es gibt in unserer Gesellschaft Ausländerfeindlichkeit, ja Fremdenhass. Es gibt Gewalt bis hin zu Mord. Gefährlicher noch als einzelne Gewaltakte ist ein gesellschaftliches Klima, das Ausländerfeindlichkeit mit klammheimlicher oder sogar mit offener Sympathie begleitet. Es gibt eine aggressive Intoleranz gegenüber Ausländern. Sie wird gefördert, wenn eine Mehrheit schweigt. Wer schweigt, macht sich mitschuldig (…)“, erklärte bereits am 26. Juni 2000 der

---

18 BT-Drs. 18/10603, S. 4 f.

19 BT-Drs. 18/10603, S. 3.

20 *Anders/Ortlieb/Pantelmann u. a.*, Diversity und Diversity Management in Berliner Unternehmen, S. 25; vgl. m. w. N. *Hinken*, Integration durch Mitbestimmung, S. 51.

21 Eigene Berechnung auf Grundlage der Daten aus *Bundesministerium des Innern und für Heimat*, Verfassungsschutzbericht 2021, S. 29.

22 *Stöhr/Schickinger*, ZFA 2018, 410, 412 ff.; vgl. *Beauftragte der Bundesregierung für Migration, Flüchtlinge und Integration*, 11. Bericht der Beauftragten der Bundesregierung für Migration, Flüchtlinge und Integration - Teilhabe, Chancengleichheit und Rechtsentwicklung in der Einwanderungsgesellschaft Deutschland, S. 175.

23 *Beauftragte der Bundesregierung für Migration, Flüchtlinge und Integration*, 11. Bericht der Beauftragten der Bundesregierung für Migration, Flüchtlinge und Integration - Teilhabe, Chancengleichheit und Rechtsentwicklung in der Einwanderungsgesellschaft Deutschland, S. 171.

24 Vgl. *Beauftragte der Bundesregierung für Migration, Flüchtlinge und Integration*, 11. Bericht der Beauftragten der Bundesregierung für Migration, Flüchtlinge und Integration - Teilhabe, Chancengleichheit und Rechtsentwicklung in der Einwanderungsgesellschaft Deutschland, S. 173.

damalige Bundespräsident *Johannes Rau*[25] und lieferte damit zugleich eine Umschreibung eines Teils der gesamtgesellschaftlichen Hintergründe, welche den Gesetzgeber wenig später dazu veranlasst haben, das Betriebsverfassungsgesetz im Jahr 2001 anzupassen, damit die Betriebsverfassung einen gesellschaftlichen Beitrag zur Integration ausländischer Mitbürger und Kollegen leisten kann.[26] Unter anderem dadurch sollte sowohl strukturellen wie auch sozialen Nachteilen begegnet werden.[27]

Der Gesetzgeber hat so (spätestens) im Jahr 2001 klargestellt, dass er von der Betriebsverfassung einen gesellschaftlichen Beitrag zur Integration ausländischer Mitbürger und Kollegen fordert und durch die Gesetzesänderungen die Voraussetzungen dafür geschaffen hat, dass dieser zukünftig auch erbracht werden kann.[28] Die dennoch bestehenden Defizite legen nahe, zu hinterfragen, wie die Betriebsverfassung dieser Erwartungshaltung gerecht wird und bzw. oder welche bislang unbekannten oder ungenutzten Potenziale der betrieblichen Interessenvertretung für die gesellschaftliche Integration fruchtbar gemacht werden können.

A. Integration als (sozial-)wissenschaftliche Beantwortung einer politischen Frage

Die damit in einem allgemeineren Sinn verbundene Frage, wie und unter welchen Voraussetzung eine möglichst umfangreiche gesellschaftliche Eingliederung und Teilhabe neu hinzukommender Bevölkerungsteile faktisch zu erreichen ist, wird in der Soziologie unter dem Terminus der „Sozialintegration“[29] erforscht.[30] Dabei geht es konkret um die tatsächliche Einbeziehung der Akteure in das gesellschaftliche Geschehen – beispielsweise in Gestalt des Spracherwerbs und der Beteiligung am Bildungssystem, dem Arbeitsmarkt und dem politischen Leben sowie der Entstehung von sozialer Akzeptanz und interethnischen Freundschaften oder auch einer emotionalen Identifikation mit dem Aufnahmeland.[31] Insofern gibt das empirische Ausmaß, in dem es Menschen mit Migrationshintergrund gelingt,

---

25 Zitiert nach BT-Drs. 14/5741, S. 26.
26 BT-Drs. 14/5741, S. 25 f.
27 Vgl. BT-Drs. 14/5741, S. 25.
28 BT-Drs. 14/5741, S. 25 f.
29 S. 37 ff.
30 *Bommes*, APuZ 2007, Heft 22-23, 3; zur begrifflichen Abgrenzung *Hans*, in: Brinkmann/Sauer (Hrsg.), Einwanderungsgesellschaft Deutschland, 2016, S. 24, 25 f.
31 *Hans*, in: Brinkmann/Sauer (Hrsg.), Einwanderungsgesellschaft Deutschland, 2016, S. 24, 44; *Esser*, Integration und ethnische Schichtung, S. 8.

an den für die Lebensführung bedeutsamen gesellschaftlichen Bereichen teilzunehmen, im Kern Antwort auf die Frage nach ihrer Integration.[32]

B. Integrationsfaktor Arbeitswelt

Besonders deutlich wird dies am Beispiel des Arbeitsmarktes, dem für die Integration relevantesten Bereich gesellschaftlicher Einbeziehung. Denn mit der Erwerbsarbeit werden eine Vielzahl grundlegender Erwartungshaltungen verknüpft, die letztlich eine stabile soziale Existenz und eine längerfristige Lebensplanung innerhalb einer Gesellschaft ermöglichen sollen.[33]

Insofern sticht gerade in modernen Gesellschaften, als Teilaspekt der „Schlüsseldimension" Platzierung, die berufliche Positionierung der einzelnen Akteure besonders hervor.[34] Folgerichtig gilt die Einbeziehung von Ausländern in den Arbeitsmarkt auch als „Königsweg"[35] der gesellschaftlichen Integration.[36] Denn der Partizipation am Erwerbsleben wohnen grundsätzlich, in Gestalt der damit verbundenen Prozesse von wirtschaftlicher Teilhabe, kulturellen Lernens und (sozialer) Interaktion, essentielle Integrationschancen[37] sowohl materiellen wie auch immateriellen Charakters inne[38]. In materieller Hinsicht ermöglicht etwa erst die Erwirtschaftung eines Einkommens überhaupt die gesellschaftliche Teilnahme in wesentlichen Bereichen.[39] Das dabei über die Entlohnung erworbene, finanzielle Kapital stellt regelmäßig die Grundlage für die Bestreitung des Lebensunterhaltes sowie die (Selbst-)Verwirklichung auf sozialen

32 *Bommes*, APuZ 2007, Heft 22-23, 3; vgl. *Hans*, in: Brinkmann/Sauer (Hrsg.), Einwanderungsgesellschaft Deutschland, 2016, S. 24, 25 f.

33 *Kraemer/Speidel*, in: Heitmeyer/Imbusch (Hrsg.), Integrationspotenziale einer modernen Gesellschaft, 2005, S. 367, 370.

34 *Esser*, Integration und ethnische Schichtung, S. 17; *Scheller*, Gelegenheitsstrukturen, Kontakte, Arbeitsmarktintegration, S. 31.

35 *Esser*, Integration und ethnische Schichtung, S. 76.

36 Vgl. *Beauftragte der Bundesregierung für Migration, Flüchtlinge und Integration*, 11. Bericht der Beauftragten der Bundesregierung für Migration, Flüchtlinge und Integration - Teilhabe, Chancengleichheit und Rechtsentwicklung in der Einwanderungsgesellschaft Deutschland, 2016, S. 171.

37 M. w. N. *Eichenhofer*, Begriff und Konzept der Integration im Aufenthaltsgesetz, S. 284 f.; *Heckmann*, Integration von Migranten, S. 95.

38 *Genosko*, in: Rauscher (Hrsg.), Immigration und Integration, 2003, S. 109, 113; *Eichenhofer*, Begriff und Konzept der Integration im Aufenthaltsgesetz, S. 285.

39 *Genosko*, in: Rauscher (Hrsg.), Immigration und Integration, 2003, S. 109, 113 f.; *Schmidt*, Geflüchtete im Betrieb, S. 16.

Handlungsfeldern wie der Familie, dem Freundeskreis oder auch der Massenkultur dar.[40] Etwas weniger offensichtlich – aber keinesfalls weniger bedeutend – ermöglicht eine sozialversicherungspflichtige Beschäftigung außerdem die Partizipation am sozialen Sicherungssystem[41] (siehe § 7 SGB IV[42]), welche ein Abrutschen in strukturelle Armut verhindert[43] und dadurch nicht zuletzt existenzbedrohenden Szenarien einen Teil ihres Schreckens nimmt. In immaterieller Hinsicht bestimmt die Stellung im Arbeits- und Wirtschaftsleben maßgeblich über den gesellschaftlichen Status einschließlich der sozialen Anerkennung einer Person innerhalb und außerhalb der Arbeitswelt[44], die Selbstwahrnehmung als Teil der Gesellschaft[45] und ist auch eine wesentliche Determinante für das Selbstwertgefühl.[46] Schließlich begünstigen insbesondere die Interaktionen mit den Arbeitskollegen[47] Prozesse des kulturellen Lernens[48] – auf Seiten der einheimischen wie auch der ausländischen Arbeitnehmer, denn durch den alltäglichen Kontakt wird das Fremde weniger fremd und so das gegenseitige Verständnis füreinander gefördert.[49] Dabei kommt der Akkulturationskategorie des „Sprachlernens" besondere Bedeutung zu.[50]

Wenngleich diese Darstellung, aufgrund der Vielzahl möglicher Einflussfaktoren der Arbeitsmarktintegration für die Integration in die Gesellschaft insgesamt,

---

40 *Gundert*, in: Haubl/Hausinger/Voß (Hrsg.), Riskante Arbeitswelten, 2013, S. 17, 19; *Kraemer/Speidel*, in: Heitmeyer/Imbusch (Hrsg.), Integrationspotenziale einer modernen Gesellschaft, 2005, S. 367, 371.

41 *Genosko*, in: Rauscher (Hrsg.), Immigration und Integration, 2003, S. 109, 113.

42 ErfK/*Rolfs*, § 7 SGB IV Rn. 1.

43 *Laschet*, ZAR 2007, 1, 2.

44 *Gundert*, in: Haubl/Hausinger/Voß (Hrsg.), Riskante Arbeitswelten, 2013, S. 17, 19; vertiefend *Holtgrewe/Voswinkel/Wagner*, in: Holtgrewe (Hrsg.), Anerkennung und Arbeit, 2000, S. 9 ff.; *Kraemer/Speidel*, in: Heitmeyer/Imbusch (Hrsg.), Integrationspotenziale einer modernen Gesellschaft, 2005, S. 367, 371; außerdem dazu *Voswinkel*, in: Holtgrewe (Hrsg.), Anerkennung und Arbeit, 2000, S. 39 ff.; *Heckmann*, Integration von Migranten, S. 95; *Schmidt*, Geflüchtete im Betrieb, S. 17.

45 *Eichenhofer*, Begriff und Konzept der Integration im Aufenthaltsgesetz, S. 275.

46 *Genosko*, in: Rauscher (Hrsg.), Immigration und Integration, 2003, S. 109, 114; *Gundert*, in: Haubl/Hausinger/Voß (Hrsg.), Riskante Arbeitswelten, 2013, S. 17, 19; *Schmidt*, Geflüchtete im Betrieb, S. 17.

47 *Gundert*, in: Haubl/Hausinger/Voß (Hrsg.), Riskante Arbeitswelten, 2013, S. 17, 19.

48 *Bonin*, in: Bade/Hiesserich (Hrsg.), Nachholende Integrationspolitik und Gestaltungsperspektiven der Integrationspraxis, 2007, S. 164, 168; *Genosko*, in: Rauscher (Hrsg.), Immigration und Integration, 2003, S. 109, 114.

49 *Genosko*, in: Rauscher (Hrsg.), Immigration und Integration, 2003, S. 109, 119.

50 *Esser*, Integration und ethnische Schichtung, S. 67, 26.

notwendigerweise exemplarisch bleiben muss, erschließt sich daraus dennoch die Bedeutung für eine eigenständige Lebensplanung[51] der zuwandernden Bevölkerungsteile in der Aufnahmegesellschaft.

Zugleich wird aber auch implizit deutlich, dass es nicht im Sinne eines Selbstläufers durch Arbeitsmarktintegration zwangsläufig zu gesellschaftlicher Integration kommt, denn entscheidend für die Integration in die Gesellschaft durch die Beteiligung am Erwerbsleben ist letztlich die Qualität der jeweils daraus resultierenden Einflussfaktoren.[52]

Vor diesem Hintergrund erscheint etwa die integrierende Wirkung einer prekären Beschäftigungssituation wenigstens fraglich[53], da diese (beispielsweise mangels damit verbundener dauerhafter Existenzsicherung) letztlich nur einen zweifelhaften Beitrag zur Verwirklichung individueller Lebenschancen erbringen kann.[54] Ausführungen, denen zufolge eine wichtige Komponente der (Arbeitsmarkt-)Integration in der Absenkung des arbeitsrechtlichen Schutzniveaus bestünde[55], wirken vor diesem Hintergrund wenig überzeugend. Vielmehr kann Integration durch Arbeit auch bei Migranten nur durch Integration in gute Arbeit gelingen.[56]

C. Betriebliche Beeinflussung

Der Ansatz des Gesetzgebers, seine Gestaltungsverantwortung auch auf dem Gebiet des Betriebsverfassungsrechts wahrzunehmen, erscheint deshalb konsequent. Denn für die Prozesse, die der Arbeitsmarktintegration ihre insgesamt integrationsförderliche Wirkung verleihen, stellt der Betrieb den Rahmen, in dem sie zu großen Teilen ablaufen.[57]

Der Betrieb ist insoweit ein wichtiges Feld, in dem herkunftsübergreifende soziale Beziehungen tatsächlich stattfinden können.[58] Außerdem ermöglicht

---

51 Siehe auch *Buchholtz*, NVwZ 2017, 756.

52 Vgl. *Gundert*, in: Haubl/Hausinger/Voß (Hrsg.), Riskante Arbeitswelten, 2013, S. 17, 20.

53 Dazu umfangreich m. w. N. *Dörre*, in: Heitmeyer (Hrsg.), Desintegrationsdynamiken, 2012, S. 29 ff.

54 *Dörre*, in: Heitmeyer (Hrsg.), Desintegrationsdynamiken, 2012, S. 29, 51; *Kraemer/Speidel*, in: Heitmeyer/Imbusch (Hrsg.), Integrationspotenziale einer modernen Gesellschaft, 2005, S. 367 ff.

55 *Giesen*, Juristentagsgutachten 2018, E1, E54 ff.

56 Vgl. *Berlit*, ZAR 2018, 287, 293.

57 *Seifert*, in: Haedrich (Hrsg.), Flucht, Asyl und Integration aus rechtlicher Perspektive, 2017, S. 153, 154.

58 *Schmidt*, Kollegialität trotz Differenz, S. 9.

die Beschäftigung in einem mitbestimmten Betrieb über das aktive und passive Wahlrecht auch demokratische Partizipation an der Ausgestaltung der betrieblichen Arbeitsbedingungen.[59]

I. Praxis betrieblicher Integrationsförderung

In welchem Ausmaß sich betriebliche Interessenvertretungen mit der Förderung der Integration befassen, ist – ausgenommen Betriebsvereinbarungen[60] – kaum empirisch erforscht.

Allerdings geht aus einer Studie aus dem Jahr 2008, bei der im Wege einer Telefonbefragung 500 Berliner Unternehmen hinsichtlich ihres Diversity-Managements analysiert wurden, hervor, dass sich 43 % der Betriebsräte aktiv für die Belange der Beschäftigten mit Migrationshintergrund einsetzen.[61] In insgesamt 18 % der Unternehmen existieren demnach Betriebsvereinbarungen zu Chancengleichheit und Anti-Diskriminierung.[62] Damit haben etwa 77,4 % der Betriebsräte eine solche Betriebsvereinbarung abgeschlossen.[63] In 14 % aller befragten Unternehmen gibt es außerdem einen Beauftragten für Chancengleichheit oder einen äquivalenten Arbeitskreis (wobei offen bleibt, inwieweit dies auf Initiativen des Betriebsrates zurückzuführen ist). In 4 % aller Unternehmen existieren Diversity-Management-Programme.[64]

Betriebsvereinbarungen auf diesem Sachgebiet haben, wie sich aus einer anderen Studie ergibt, tendenziell Anti-Rassismus zum Gegenstand und werden als Absichtserklärungen nach innen und nach außen verstanden, allgemein gegen Rassismus Farbe zu bekennen. Vereinbarungen, die systematisch die Integration

---

59 *Thränhardt*, in: Meier-Braun/Weber (Hrsg.), Deutschland Einwanderungsland, ³2017, S. 206, 209; dazu insges. umfangreich *Hinken*, Integration durch Mitbestimmung.

60 Dazu *Dälken*, Beschäftigte mit Migrationshintergrund integrieren – Beispiele guter Praxis.

61 *Anders/Ortlieb/Pantelmann u. a.*, Diversity und Diversity Management in Berliner Unternehmen, S. 44.

62 *Anders/Ortlieb/Pantelmann u. a.*, Diversity und Diversity Management in Berliner Unternehmen, S. 44.

63 Vgl. *Anders/Ortlieb/Pantelmann u. a.*, Diversity und Diversity Management in Berliner Unternehmen, S. 44.

64 *Anders/Ortlieb/Pantelmann u. a.*, Diversity und Diversity Management in Berliner Unternehmen, S. 45.

fördern, sind dagegen kaum zu finden[65], und ein planvolles Vorgehen der Betriebsräte ist auf diesem Gebiet insgesamt kaum nachzuweisen[66].

Dies zeigt sich auch an der tatsächlichen Umsetzung einer Muster-Betriebsvereinbarung der IG Metall. So wurden ausgerechnet die darin unter anderem enthaltenen Vorschläge zu prophylaktischen Initiativen gegen Ungleichbehandlungen von Ausländern in deutschen Betrieben fast vollständig ignoriert.[67] Die damit angesprochenen informativen, personellen, bildungsfördernden und sozialen Maßnahmen[68] konnten sich deshalb nicht nennenswert in der betrieblichen Praxis auswirken. Dabei lagen gerade in den darin enthaltenen aufklärerischen und qualifizierenden Maßnahmen zur präventiven Abschwächung struktureller Nachteile von Arbeitsmigranten innerhalb der betrieblichen Arbeitshierarchie die Stärken der Muster-Betriebsvereinbarung.[69] Eine Verständigung darauf, strukturelle Nachteile etwa dadurch zu minimieren,

- bei der innerbetrieblichen Informationspolitik Mitteilungen in einer allen Betriebsangehörigen zugänglichen Sprache zu publizieren,
- im Ausland erworbene Qualifikationen im betrieblichen Personalwesen zu berücksichtigen,
- die Teilnahme ausländischer Beschäftigter an fachbezogenen Sprachbildungs- sowie weiteren betrieblichen Fort- und Weiterbildungsangeboten zu fördern
- oder auch im Wege einer differenzierten Schicht- und Urlaubsplanung sowohl die Interessen der Beschäftigten ausländischer wie auch deutscher Herkunft angemessen zu berücksichtigen,[70]

war den Betriebspartnern offenbar nicht möglich.

---

65 *Dälken*, Beschäftigte mit Migrationshintergrund integrieren – Beispiele guter Praxis, S. 5.

66 *Dälken*, Beschäftigte mit Migrationshintergrund integrieren – Beispiele guter Praxis, S. 3.

67 *Hinken*, in: Hunger (Hrsg.), Migration in erklärten und "unerklärten" Einwanderungsländern, 2001, S. 167, 180, 184.

68 *Hinken*, in: Hunger (Hrsg.), Migration in erklärten und "unerklärten" Einwanderungsländern, 2001, S. 167, 181.

69 *Hinken*, in: Hunger (Hrsg.), Migration in erklärten und "unerklärten" Einwanderungsländern, 2001, S. 167, 183.

70 *Hinken*, in: Hunger (Hrsg.), Migration in erklärten und "unerklärten" Einwanderungsländern, 2001, S. 167, 181.

II. Betriebliche Integrationsförderung im rechtswissenschaftlichen Diskurs

Im rechtswissenschaftlichen Diskurs wird die in § 80 Abs. 1 Nr. 7 BetrVG verankerte Integrationsförderungsaufgabe primär als Pflicht des Betriebsrates verstanden, auf eine gleiche Behandlung von ausländischen und deutschen Belegschaftsangehörigen zu achten.[71] Insofern komme den Diskriminierungsverboten Bedeutung zu.[72] Dabei seien die ausländischen Arbeitnehmer vor einer Ausbeutung durch etwa eine unzulässige illegale Beschäftigung zu schützen.[73]

Außerdem solle das gegenseitige Verständnis gefördert und auf den Abbau wechselseitiger Vorurteile hingewirkt werden.[74] Insofern wird auch auf die Möglichkeit, Sprachkurse durchzuführen[75] bzw. insgesamt soziokulturelle Probleme (wie Sprache, Lebensgewohnheiten oder die Religion) zu beheben[76], hingewiesen. Die Integrationsaufgabe wird außerdem regelmäßig mit der Bekämpfung von Fremdenfeindlichkeit und Rassismus assoziiert[77] und diese vereinzelt zur Bekämpfung von Ausländerfeindlichkeit abzugrenzen versucht.[78] Ausdrücklich nicht von der Aufgabe der Integrationsförderung erfasst soll allerdings, nach der wohl überwiegenden Ansicht in der Literatur[79], die Einstellung von ausländischen Arbeitnehmern sein.

Warum aber ausgerechnet diese Maßnahmen dazu geeignet sein sollen, die Integration zu fördern und wie diese die Integration positiv beeinflussen können sollen, bleibt im Wesentlichen ebenso unbeantwortet wie die Frage, was genau eigentlich mit „Integration" gemeint sein könnte. Eine tiefergehende Auseinandersetzung mit dem originären Inhalt der Integrationsaufgabe vor dem Hintergrund der Erwartung des Gesetzgebers, dass die Betriebsverfassung ihren oben angesprochenen „gesellschaftlichen Beitrag zur Integration" leiste, findet bisher

---

71 ErfK/*Kania*, § 80 BetrVG Rn. 16; *Fitting*, § 80 Rn. 32; Richardi/*Thüsing*, § 80 Rn. 45.

72 GK-BetrVG/*Weber*, § 80 Rn. 54; Richardi/*Thüsing*, § 80 Rn. 45.

73 *Fitting*, § 80 Rn. 32.

74 *Fitting*, § 80 Rn. 32.

75 DKW/*Buschmann*, § 80 Rn. 65; vgl. *Fitting*, § 80 Rn. 32; Richardi/*Thüsing*, § 80 Rn. 43.

76 *Fitting*, § 80 Rn. 32; *Fröb*, Die Bekämpfung von Rassismus und Fremdenfeindlichkeit im Arbeitsrecht, S. 36.

77 DKW/*Buschmann*, § 80 Rn. 66 ff.; ErfK/*Kania*, § 80 BetrVG Rn. 16; GK-BetrVG/*Weber*, § 80 Rn. 54; vgl. Richardi/*Thüsing*, § 80 Rn. 43; differenzierend dagegen *Fröb*, Die Bekämpfung von Rassismus und Fremdenfeindlichkeit im Arbeitsrecht, S. 184 ff.

78 DKW/*Buschmann*, § 80 Rn. 66; wohl auch ErfK/*Kania*, § 80 BetrVG Rn. 16.

79 In diese Richtung auch ErfK/*Kania*, § 80 BetrVG Rn. 16; *Fitting*, § 80 Rn. 32; GK-BetrVG/*Weber*, § 80 Rn. 54; Richardi/*Thüsing*, § 80 Rn. 45.

nicht statt.[80] Die der Integrationsaufgabe zugrunde liegenden Ziele bleiben bei der Bestimmung des Inhalts der Integrationsaufgabe regelmäßig unberücksichtigt. Wenn doch eine Bezugnahme auf den Zweck der Vorschrift erfolgt, bleibt diese bisweilen unbestimmt, wenn etwa ausgeführt wird, die Vorschrift stehe in einem größeren Zusammenhang, ohne aber darauf vertieft einzugehen.[81] Bisweilen werden die Zwecke aber auch stark verengt: etwa auf die Verhinderung einer ethnischen Spaltung des Betriebes[82], eine gleiche Behandlung von deutschen und ausländischen Arbeitnehmern[83] oder darauf, ausländischen Arbeitnehmern das Arbeiten im Betrieb zu erleichtern[84].

Eine dezidierte Herausarbeitung des Normzweckes hat bislang nicht stattgefunden. Es ist letztlich kein fundierter Diskurs darüber ersichtlich, wie die Betriebsverfassung aus der Sicht des Gesetzgebers ihren „gesellschaftlichen Beitrag" leisten soll, d. h. ob und wenn ja in welcher Weise der Betriebsrat die gesellschaftliche Integration verbessern kann und soll, ohne dabei die der Betriebsverfassung immanenten Grenzen zu überschreiten. Eine Pflicht des Betriebsrats, sich proaktiv mit strukturellen Integrations- und Gleichbehandlungshürden sowie daran angepassten Förderungsmaßnahmen auseinanderzusetzen, wird in der jüngeren rechtswissenschaftlichen Literatur[85] bestenfalls beiläufig thematisiert.

Welche Handlungsoptionen dem Betriebsrat zur Förderung der Integration von ausländischen Arbeitnehmern nach dem BetrVG grundsätzlich zur Verfügung stehen, scheint auf den ersten Blick gut erschlossen.[86] So verschaffe § 80 Abs. 1 Nr. 7 Hs. 2 dem Betriebsrat ein Antragsrecht hinsichtlich Maßnahmen zur Bekämpfung von Rassismus und Fremdenfeindlichkeit.[87] Der Betriebsrat

---

80 Vgl. auch *Seifert*, in: Haedrich (Hrsg.), Flucht, Asyl und Integration aus rechtlicher Perspektive, 2017, S. 153, 154; *Sertkol*, Deutsch - Türkische Integration am Arbeitsplatz, S. 49.

81 MünchArbr/*Arnold*, § 313 Rn. 23.

82 *Sertkol*, Deutsch - Türkische Integration am Arbeitsplatz, S. 49.

83 *Fitting*, § 80 Rn. 32.

84 *Fröb*, Die Bekämpfung von Rassismus und Fremdenfeindlichkeit im Arbeitsrecht, S. 184.

85 M. w. N. DKW/*Buschmann*, § 80 Rn. 64 f.; GK-BetrVG/*Weber*, § 80 Rn. 54, 43 ff. schlägt eine partielle Orientierung an § 80 Abs. 1 Nr. 4 vor; die Thematik „umreißend" *Seifert*, in: Haedrich (Hrsg.), Flucht, Asyl und Integration aus rechtlicher Perspektive, 2017, S. 153, 166 ff.; mit einer „Auswahl" *Dälken*, Beschäftigte mit Migrationshintergrund integrieren – Beispiele guter Praxis, S. 41 ff.; *Sertkol*, Deutsch - Türkische Integration am Arbeitsplatz, S. 49.

86 Vgl. dazu DKW/*Buschmann*, § 80 Rn. 63.

87 DKW/*Buschmann*, § 80 Rn. 63; *Franzen*, ZFA 2001, 423, 443.

könne dabei vom Arbeitgeber die Aufklärung und Sanktionierung von fremdenfeindlichen und rassistischen Vorfällen verlangen.[88] § 88 Nr. 4 eröffne die Möglichkeit freiwilliger Betriebsvereinbarungen über Maßnahmen zur Integration ausländischer Arbeitnehmer sowie zur Bekämpfung von Rassismus und Fremdenfeindlichkeit im Betrieb.[89] § 99 Abs. 2 Nr. 6 ermögliche dem Betriebsrat einen Widerspruch gegen personelle Maßnahmen, wenn aufgrund von Tatsachen die Besorgnis begründet ist, dass der Bewerber oder Arbeitnehmer den Betriebsfrieden durch rassistische oder fremdenfeindliche Betätigungen stören werde.[90] § 104 S. 1 versetze den Betriebsrat in die Lage, vom Arbeitgeber die Entlassung oder Versetzung solcher Arbeitnehmer zu verlangen, die den Betriebsfrieden durch rassistische oder fremdenfeindliche Betätigung wiederholt ernsthaft stören.[91] Außerdem erfassten die Berichtspflichten gem. §§ 43 Abs. 2 S. 3, 53 Abs. 2 Nr. 2 und der Themenkatalog für Betriebs- und Abteilungsversammlungen des § 45 S. 1 die Integration der im Betrieb beschäftigten ausländischen Arbeitnehmer.[92] Damit sei die Möglichkeit verbunden, einen betriebsöffentlichen Diskussionsprozess über Integrationsfragen anzustoßen.[93] Durch § 70 Abs. 1 Nr. 4 werde schließlich die Jugend- und Auszubildendenvertretung (JAV) mit in die betriebliche Integrationsarbeit einbezogen.[94]

Auch auf die betriebsverfassungsrechtlichen Handlungsmöglichkeiten bezogen bleibt jedoch ungeklärt, inwiefern sich diese positiv auf die Integration auswirken sollen.[95] Zudem ist noch ungeklärt, welche Zusammenhänge im Einzelnen zwischen den betriebsverfassungsrechtlichen Handlungsmöglichkeiten bestehen. Ein systematisches Zusammenwirken der Vorschriften mit ausdrücklichem Integrationsbezug wird in diesem Zusammenhang kaum thematisiert.

Schließlich werden aber auch Vorschriften ohne engeren Bezug zur Integrationsaufgabe bestenfalls fragmentarisch rezipiert. So wird beispielsweise vereinzelt

---

88 *Geyer*, FA 2017, 296.

89 DKW/*Buschmann*, § 80 Rn. 63; *Franzen*, ZFA 2001, 423, 443; mit Umsetzungsbeispielen aus der Praxis *Seifert*, in: Haedrich (Hrsg.), Flucht, Asyl und Integration aus rechtlicher Perspektive, 2017, S. 153, 168 f.

90 DKW/*Buschmann*, § 80 Rn. 63.

91 DKW/*Buschmann*, § 80 Rn. 63; *Franzen*, ZFA 2001, 423, 443; *Geyer*, FA 2012, 101.

92 DKW/*Buschmann*, § 80 Rn. 63.

93 Vertiefend *Seifert*, in: Haedrich (Hrsg.), Flucht, Asyl und Integration aus rechtlicher Perspektive, 2017, S. 153, 166 f.

94 DKW/*Buschmann*, § 80 Rn. 63.

95 Ansätze bei *Seifert*, in: Haedrich (Hrsg.), Flucht, Asyl und Integration aus rechtlicher Perspektive, 2017, S. 153, 166 f.

vorgeschlagen, die Mitbestimmung in sozialen Angelegenheiten gem. § 87 Abs. 1 für die Integrationsaufgabe nutzbar zu machen, um insbesondere die kulturelle Identität der ausländischen Arbeitnehmer zu schützen.[96] Die Beteiligung des Betriebsrats in personellen Angelegenheiten gem. §§ 92 ff. könne integrationsfördernd im Bereich der Personalplanung, der Aufstellung von Auswahlrichtlinien oder der Gestaltung betrieblicher Berufsbildung eingesetzt werden.[97] Beispielsweise verpflichte § 96 Abs. 1 S. 2 den Arbeitgeber, auf Verlangen des Betriebsrats den Berufsbildungsbedarf zu ermitteln und räume dem Betriebsrat mittelbar einen Einfluss auf den Arbeitgeber ein, etwa freiwillige Sprachkurse anzubieten.[98] Darüber hinaus ergäben sich für den Betriebsrat Handlungsoptionen aus § 17 AGG: Zunächst bestehe ggf. ein Informationsanspruch. Außerdem könne der Betriebsrat über § 17 Abs. 2 AGG, bei groben Verstößen des Arbeitgebers gegen seine Pflichten aus dem AGG, Klage vor den Arbeitsgerichten erheben, wobei Ansprüche der Benachteiligten selbst aber ausdrücklich nicht eingeklagt werden dürften.[99]

Insofern fristen auch Vorschriften ohne unmittelbaren Ausländerbezug ein Schattendasein und scheinen hinsichtlich ihrer Potenziale für die Integrationsarbeit weitestgehend unerforscht.

D. Gegenstand dieser Arbeit

Vor dem Hintergrund der großen integrationspraktischen Relevanz der betrieblichen Sphäre für die gesellschaftliche Integration erscheinen diese Befunde bedenklich. Deshalb sollen im Rahmen dieser Arbeit die betriebsverfassungsrechtlichen Regelungsstrukturen daraufhin untersucht werden, welchen gesellschaftlichen Beitrag der Gesetzgeber von der Betriebsverfassung erwartet und wie dieser erbracht werden kann. Dabei steht zunächst die inhaltliche Auseinandersetzung mit der allgemeinen Aufgabe des Betriebsrates betreffend die Förderung der Integration ausländischer Arbeitnehmer gemäß § 80 Abs. 1 Nr. 7 im Zentrum. Daran anknüpfend gilt es, geeignete Möglichkeiten zur Integrationsförderung durch betriebliche Interessenvertretung zu identifizieren.

96 Konkretisierend *Seifert*, in: Haedrich (Hrsg.), Flucht, Asyl und Integration aus rechtlicher Perspektive, 2017, S. 153, 167 f.

97 *Seifert*, in: Haedrich (Hrsg.), Flucht, Asyl und Integration aus rechtlicher Perspektive, 2017, S. 153, 170 f.

98 *Geyer*, FA 2017, 296, 297; *Dälken*, Beschäftigte mit Migrationshintergrund integrieren – Beispiele guter Praxis, S. 43.

99 *Wenckebach*, AiB 2009, 274, 275 f.

Wenngleich es dabei angesichts Art. 116 Abs. 1 GG naheliegen würde, bloß auf Personen ohne deutsche Staatsangehörigkeit[100] einzugehen, liegt dieser Arbeit grundsätzlich ein weiteres Begriffsverständnis voraus.

Denn die Prozesse gesellschaftlicher Partizipation werden weniger durch eine (ausländische) Staatsangehörigkeit determiniert, als vielmehr durch die tatsächlichen Hürden, die Menschen aufgrund einer herkunftsbedingten Prägung zur Realisierung gesellschaftlicher Teilhabechancen überwinden müssen. Insofern steht bei der Integration letztlich die besondere Situation im Fokus, in der sich Migranten etwa hinsichtlich der Sprache, der Qualifikation, der Religion[101] oder auch sozialer Akzeptanz befinden[102]. Der rechtliche Status einer deutschen Staatsangehörigkeit als solcher bietet keine Gewähr dafür, diese besondere Situation bewältigen zu können.[103] Wenn im Folgenden von „Ausländern" die Rede ist, sind deshalb prinzipiell auch alle Menschen gemeint, die aufgrund einer herkunftsbedingten Prägung potenziell als anders und nicht zugehörig eingeordnet werden könnten. Dazu gehören auch alle Personen mit Migrationshintergrund.[104] Kennzeichnend ist insoweit die Verlagerung des Lebensmittelpunktes über internationale Grenzen hinweg, wobei sich dieses Faktum der Familiengeschichte generationenübergreifend auf die Lebenssituation auswirken kann.[105]

Sofern es tatsächlich einmal entscheidend auf den rechtlichen Status[106] der Staatsangehörigkeit ankommt, wird an der entsprechenden Stelle darauf hingewiesen.

---

100 *Dyrchs*, Ausländerspezifische Konflikte im abhängigen Erwerbsleben, S. 35 f.

101 *Deinert*, ZFA 2018, 17, 31; vgl. *Bast*, Aufenthaltsrecht und Migrationssteuerung, S. 93.

102 *Riedlinger*, AiB 2019, 28, 28 f.; *Schiek*, AuR 2003, 44, 45; *Dyrchs*, Ausländerspezifische Konflikte im abhängigen Erwerbsleben, S. 35; *Fröb*, Die Bekämpfung von Rassismus und Fremdenfeindlichkeit im Arbeitsrecht, S. 17 ff.

103 Vgl. auch § 44 Abs. 1 S. 2 AufenthG

104 Vgl. auch für ihre Arbeit *Dyrchs*, Ausländerspezifische Konflikte im abhängigen Erwerbsleben, S. 35.

105 *Heckmann*, Integration von Migranten, S. 18.

106 *Barczak*, JuS 2020, 905, 909; *Dyrchs*, Ausländerspezifische Konflikte im abhängigen Erwerbsleben, S. 35.

§ 2 Regelungsstrukturen betriebsverfassungsrechtlicher Integrationsförderung

A. Integrationsförderung als betriebsverfassungsgesetzlicher Leitgedanke?

I. Ausgangspunkt

Bei der Förderung der Integration könnte es sich um die Konkretisierung eines betriebsverfassungsrechtlichen Leitgedankens handeln. Ausgangspunkt dieser Überlegungen ist der Umstand, dass der Betriebsrat gem. § 80 Abs. 1 Nr. 7 die allgemeine Aufgabe hat, die Integration ausländischer Arbeitnehmer im Betrieb zu fördern. Denn die allgemeinen Aufgaben sollen dem Betriebsrat insgesamt als Leitmaxime hinsichtlich der Wahrnehmung seiner gesetzlichen Beteiligungsrechte[107] und auch der weiteren Zusammenarbeit mit dem Arbeitgeber dienen.[108] Sie obliegen dem Betriebsrat unabhängig vom Bestehen konkreter Mitbestimmungsrechte[109], bilden allerdings oft erst die Voraussetzung dafür, die speziellen Mitwirkungs- und Mitbestimmungsrechte ausüben zu können.[110]

Auf diese Weise können die allgemeinen Aufgaben des § 80 Abs. 1, als eine die gesamte Mandatsausübung prägende Generalklausel, grundsätzlich in jede Betriebsratstätigkeit Eingang finden,[111] beziehungsweise müssen das kraft ihrer Rechtsnatur sogar. Denn die allgemeinen Aufgaben gehören zu den unverzichtbaren Amtspflichten des Betriebsrates.[112] Der Betriebsrat kann zwar grundsätzlich nach pflichtgemäßem Ermessen selbst darüber entscheiden, wann und wie er

---

107 *Seifert*, in: Haedrich (Hrsg.), Flucht, Asyl und Integration aus rechtlicher Perspektive, 2017, S. 153, 166.

108 *Nebendahl*, Die Überwachungspflicht des Betriebsrats aus § 80 Abs. 1 Nr. 1 BetrVG, S. 28.

109 BAG, 21.10.2003 – 1 ABR 39/02, NZA 2004, 936, 938; vgl. Richardi/*Thüsing*, § 80 Rn. 1.

110 *Fitting*, § 80 Rn. 4; WPK/*Preis*, § 80 Rn. 1.

111 Richardi/*Thüsing*, § 80 Rn. 1; WPK/*Preis*, § 80 Rn. 1; *Zimmermann*, AuR 2017, 192; *Edenfeld*, Betriebsverfassungsrecht, Rn. 192/193.

112 BAG 21.10.2003 – 1 ABR 39/02, NZA 2004, 936, 939; zum BetrVG 1952 BAG 14.02.1967 – 1 ABR 6/66, NJW 1967, 1246, 1246; *Zimmermann*, AuR 2017, 192.

seinen allgemeinen Aufgaben nachkommen will.[113] Die Betätigung zur Gestaltung der Themenfelder dieses Aufgabenkataloges ist aber keineswegs in das Belieben des Betriebsrates gestellt[114]. Das Betriebsverfassungsrecht überlässt den Inhalt betrieblicher Entscheidungstätigkeit nicht dem freien Ermessen der zuständigen Organe, sondern normiert, unter anderem auch in den allgemeinen Aufgaben, Vorgaben für die inhaltliche Behandlung betrieblicher Entscheidungen.[115]

Durch die allgemeine Aufgabe der Integrationsförderung aus § 80 Abs. 1 Nr. 7 würde infolgedessen insbesondere das pflichtgemäße Ermessen des Betriebsrates angeleitet werden.[116] Auf diese Weise hätte der Gesetzgeber die Förderung der Integration durch die Aufnahme in den Katalog der allgemeinen Aufgaben zugleich im Sinne eines Leitgedankens im BetrVG implementiert.

II. Konkretisierung des allgemeinen Schutzgedankens durch allgemeine Aufgaben

Dafür spricht auch, dass durch die Normierung der allgemeinen Aufgaben in § 80 Abs. 1, also durch die darin aufgeführten Themenbereiche, die soziale Schutzfunktion des Betriebsrats abgesichert wird, deren grundsätzlichen Rahmen § 2 Abs. 1 bildet.[117]

Zu diesem Zweck hat der Gesetzgeber in den einzelnen Aufgabenzuschreibungen in § 80 Abs. 1 Zielvorgaben und Arbeitsfelder normiert, die im Rahmen der Mandatsführung zu berücksichtigen sind.[118] Auf diese Weise wird konkretisiert, in welchen Angelegenheiten der Gesetzgeber eine Initiative vom Betriebsrat erwartet, um einen Beitrag zum Wohl der Arbeitnehmer und des Betriebs zu leisten[119], und zugleich verdeutlicht, dass die durch § 80 Abs. 1 formulierten Themenfelder Komponenten des Wohles der Arbeitnehmer und des Betriebs darstellen.

---

113 LAG Berlin-Brandenburg, 17.08.2009 – 10 TaBV 1096/09, BeckRS 2009, 73285 unter II. 2. 1. 1. 1.

114 DKW/*Buschmann*, § 80 Rn. 2; *Zimmermann*, AuR 2017, 192.

115 *Zöllner/Loritz/Hergenröder*, § 48 Rn. 11 f.

116 Von einer ermessenssteuernden Wirkung der allgemeinen Aufgaben nach § 80 Abs. 1 (hier in Gestalt einer Ermessensreduktion auf Null) geht wohl ebenfalls *Gamillscheg*, ZFA 1977, 239, 294 aus; vgl. auch *Kamp*, Die Mitbestimmung des Betriebsrats nach § 99 Absatz 2 BetrVG bei Frauenfördermaßnahmen, S. 139 ff.

117 GK-BetrVG/*Weber*, § 80 Rn. 1; vgl. WPK/*Preis*, § 80 Rn. 1.

118 DKW/*Buschmann*, § 80 Rn. 3.

119 Vgl. HWGNRH/*Rose*, § 2 Rn. 28, 33; Richardi/*Thüsing*, § 80 Rn. 1; *Edenfeld*, Betriebsverfassungsrecht, Rn. 192/193.

Der betriebsverfassungsrechtliche Leitgedanke, auf das Wohl der Arbeitnehmer und des Betriebes hinzuarbeiten, beinhaltet demnach, als Unterfall der diesen konkretisierenden allgemeinen Aufgaben, die Integration ausländischer Arbeitnehmer zu fördern.

III. Gesetzgebungstechnik

Darauf deutet schließlich auch die Gesetzgebungstechnik hin. Denn im Zuge der Normierung der allgemeinen Aufgaben hat der Gesetzgeber auf ein Modell finaler legislativer Steuerung zurückgegriffen.[120]

Dabei wird, in Abgrenzung zu Konditionalprogrammen, im Zuge derer Gesetzestexte kleinteilig in einzelnen Tatbeständen und präzise zugeordneten Rechtsfolgen ausdifferenziert werden, nur ein Ziel vorgegeben und dem Normadressaten die Wahl der Mittel überlassen, um das vorgegebene Ziel zu erreichen.[121]

Diesbezüglich zeichnen sich die allgemeinen Aufgaben bereits grundsätzlich dadurch aus, dass sie nicht dem klassischen Schema von Tatbestand und Rechtsfolge entsprechen, sondern generalklauselartig Themenfelder beschreiben, die Handlungsmöglichkeiten aber offenlassen. Insofern gibt auch § 80 Abs. 1 Nr. 7 die Mittel zur Förderung der Integration ebenso wenig vor, wie etwa § 80 Abs. 1 Nr. 1 die Mittel zur Durchführung der Überwachungsaufgabe unmittelbar vorgäbe[122].

Finale Vorgaben sollen Orientierung geben, zugleich aber Spielraum für die konkret zu ergreifenden Maßnahmen erhalten.[123] Für die Wirkweise solcher Zweckprogramme stellt § 1 BauGB ein prominentes Beispiel dar.[124] Dort zählt der Gesetzgeber in Abs. 6 beispielhaft Belange und Interessen auf, die eine Gemeinde im Rahmen ihrer Abwägungsentscheidungen betreffend die Bauleitplanung

---

120 Vgl. auch *Uffmann*, NZA 2016, 977, 983, die hinsichtlich § 80 BetrVG ebenfalls ein Modell finaler Steuerung vorauszusetzen scheint.

121 M. w. N. *Wank*, Juristische Methodenlehre, § 1 Rn. 42.

122 BAG, 19.02.2008 – 1 ABR 84/06, AP BetrVG 1972 § 80 Nr. 69; *Nebendahl*, Die Überwachungspflicht des Betriebsrats aus § 80 Abs. 1 Nr. 1 BetrVG, S. 1.

123 Am Beispiel des Verwaltungsrechts *Brohm*, NVwZ 1988, 794, 798; *Hoffmann-Riem*, AöR 131 (2006), 255, 275.

124 *Zippelius*, Juristische Methodenlehre, S. 23.

regelmäßig einzubeziehen hat[125] und steuert so das Verwaltungshandeln durch die entsprechenden Zielvorgaben final[126].[127]

Für die Wirkweise der allgemeinen Aufgaben folgt daraus, dass sie im Sinne eines betriebsverfassungsrechtlichen Zweckprogramms fungieren und so dazu führen können, dass der Betriebsrat insbesondere bei den seiner Tätigkeit zugrundeliegenden Abwägungsentscheidungen darauf zu achten hat, Gesichtspunkte der durch die allgemeinen Aufgaben formulierten Themenbereiche mit zu berücksichtigen und die betriebliche Arbeitsrealität mit Blick darauf zu gestalten.

IV. Schlussfolgerung

Vor diesem Hintergrund wird die besondere Bedeutung der gesetzlichen Ziele für die Anwendung einer Norm deutlich.[128] Denn, je weniger Klarheit darüber besteht, auf welches Resultat die legislativen Maßnahmen zielen, desto unwahrscheinlicher erscheint auch eine zielorientierte Tätigkeit der Adressaten – in diesem Fall der betrieblichen Interessenvertretungen. Das bedeutet für § 80 Abs. 1 Nr. 7, dass, solange nicht klar ist, was mit „Integration“ gemeint ist, „Integration“ durch betriebliche Interessenvertretungen auch nicht zielführend gefördert werden dürfte.

Dass ein planvolles Vorgehen von Betriebsräten zur Integrationsförderung nicht signifikant nachweisbar ist[129], spricht vor diesem Hintergrund im Zusammenspiel mit der überwiegend „stiefmütterlichen“ Auseinandersetzung der Rechtswissenschaft mit diesem Thema für sich. Aufgrund der ausbaufähigen Datenlage ist zwar eine abschließende Beurteilung an dieser Stelle nicht möglich. Es drängt sich aber der Verdacht einer verbesserungsbedürftigen Umsetzung der Integrationsförderungsaufgabe auf, welcher zudem dadurch genährt wird, dass die allgemeinen Aufgaben nach § 80 Abs. 1 insgesamt Gefahr laufen, bei der Mandatsführung der betrieblichen Interessenvertretungen nicht angemessen berücksichtigt zu werden[130].

Damit drohte aber auch der Wille des Gesetzgebers verfehlt zu werden, denn das Ermessen, das dem Betriebsrat zur Wahrnehmung der Aufgabe eingeräumt

---

125 BeckOK-BauGB/*Dirnberger*, § 1 Rn. 77 ff.

126 BeckOK-BauGB/*Dirnberger*, § 1 Rn. 132.

127 Vgl. zum Übertragen verwaltungsrechtlicher Lösungen zur Konkretisierung unbestimmter Gesetzesfassungen durch Entscheidungsträger auf das Arbeitsrecht auch *Bieback*, RdA 1978, 82, 84.

128 Vgl. *Wank*, Juristische Methodenlehre, § 1 Rn. 42.

129 Siehe oben S. 9 ff.

130 Vgl. *Zimmermann*, AuR 2017, 192.

wurde, ist auch an eben diejenigen Zwecke gebunden, für die es ihm erteilt wurde.[131] Insbesondere das Modell finaler Gesetzgebung zwingt deshalb geradezu dazu, die Ziele besonders zu hinterfragen, die die Ermessensausübung des Betriebsrates nach dem Willen des Gesetzgebers anleiten sollen.[132] Es zwingt dazu, den Leitgedanken der Integrationsförderung zu konkretisieren.

B. Ableitung des Leitgedankens der Integrationsförderung aus der allgemeinen Aufgabe

I. Methodische Überlegung

Wenn der Gesetzgeber Gesetze beschließt, geschieht dies regelmäßig, um im Rahmen eines politischen Programms für konkrete Probleme eine sachgerechte Lösung zu schaffen.[133] Da er sich zu diesem Zweck des Mittels der Sprache bedient[134], ist er darauf angewiesen, dass seine versprachlichte Vorstellung durch eine entsprechend angepasste Anwendung der Regelung verwirklicht wird.[135] Es ist deshalb schon aus grundlegenden verfassungsrechtlichen Gesichtspunkten, etwa betreffend die Gewaltenteilung oder das Willkürverbot angezeigt, Gesetzestexte anhand der anerkannten Regeln der Methodenlehre zu interpretieren.[136] Es gilt dabei die Ziele des Gesetzgebers zu ermitteln, um die bewusste Entscheidung des Gesetzgebers für eine bestimmte Regelung bei deren Anwendung berücksichtigen zu können.[137]

Die methodische Herangehensweise bei der Analyse von Rechtssätzen hängt im Ausgangspunkt von deren jeweiliger Regelungsstruktur ab. Während typischerweise bei der Interpretation einer Norm unter jedes einzelne Merkmal des ausformulierten Tatbestandes subsumiert wird[138], beinhalten Rechtssätze mitunter unbestimmte Gesetzesfassungen, die einer Interpretation anhand der herkömmlichen Auslegungsmethoden weniger zugänglich sind.[139] Die Auslegungstechniken der Grammatik, Systematik, Historie und Teleologie führen dabei regelmäßig

131 Vgl. *Wank*, Juristische Methodenlehre, § 8 Rn. 120.
132 Vgl. *Wank*, Juristische Methodenlehre, § 1 Rn. 42.
133 *Wank*, Juristische Methodenlehre, § 1 Rn. 5.
134 *Wank*, Juristische Methodenlehre, § 1 Rn. 22.
135 *Wank*, Juristische Methodenlehre, § 1 Rn. 40.
136 M. w. N. *Wank*, Juristische Methodenlehre, § 1 Rn. 10 ff.
137 *Wank*, Juristische Methodenlehre, § 2 Rn. 8.
138 *Wank*, Juristische Methodenlehre, § 3 Rn. 55 ff.
139 *Wank*, Juristische Methodenlehre, § 3 Rn. 54.

nicht zu abschließenden, subsumtionsfähigen Ergebnissen[140]; sie wirken verfehlt, wenn sie dazu herangezogen werden, Normen in einzelne Tatbestandsmerkmale abschließenden Charakters auszudifferenzieren, die der Intention des Gesetzgebers nach eigentlich einen Leitgedanken vermitteln sollen.[141]

In Anbetracht dessen können sich auch für die Analyse der betriebsverfassungsrechtlichen Regelungszusammenhänge betreffend die Förderung der Integration methodische Besonderheiten ergeben. Es wirkt sich nämlich auf das methodische Vorgehen bei der Interpretation der entsprechenden Vorschriften aus, wenn der Gesetzgeber bei der Normierung von Gesetzestexten unbestimmte Rechtsbegriffe[142], darunter auch wertausfüllungsbedürftige Begriffe, verwendet hat.[143] Zwar sind abstrakte Begriffe in gesetzlichen Regelungen insoweit keine Besonderheit, als zwischen Rechtsnormen und Einzelfällen immer ein Abstraktionsgefälle besteht.[144] Unbestimmte Rechtsbegriffe[145] zeichnen sich allerdings durch eine besondere, darüber noch hinausgehende, inhaltliche Unschärfe aus, die über die Anwendung der klassischen Auslegungsmethoden nicht aufgelöst werden kann; etwa angesichts eines Bezuges zu außerrechtlichen Maßstäben und der Notwendigkeit einer Wertung des Interpreten im Einzelfall.[146]

Vor diesem Hintergrund verdient der Umstand besondere Berücksichtigung, dass der Integrationsbegriff in rechtsmethodischer Terminologie, angesichts seiner sozialwissenschaftlichen Prägung[147] und der besonderen Offenheit für individuelle Assoziationen, als wertausfüllungsbedürftiger Begriff klassifiziert wird.[148] Auch bei den Begriffen „Rassismus" und „Fremdenfeindlichkeit" soll es sich um unbestimmte Rechtsbegriffe handeln.[149]

---

140 Vertiefend m. w. N. *Kamanabrou*, AcP 202 (2002), 662, 663, 670 ff.; *Ohly*, AcP 201 (2001), 1, 5; *Wank*, Juristische Methodenlehre, § 13 Rn. 1 f.

141 *Wank*, Juristische Methodenlehre, § 13 Rn. 1 f.

142 Nach *Wank*, Juristische Methodenlehre, § 13 Rn. 96 ff. m. w. N. sind damit auch wertausfüllungsbedürftige Begriffe gemeint

143 *Kamanabrou*, AcP 202 (2002), 662, 664 f., 669; *Ohly*, AcP 201 (2001), 1, 5; *Wank*, Juristische Methodenlehre, § 13 Rn. 1 m. w. N.

144 *Ohly*, AcP 201 (2001), 1, 11.

145 Zur Terminologie wiederum *Wank*, Juristische Methodenlehre, § 8 Rn. 97.

146 *Kamanabrou*, AcP 202 (2002), 662, 664; *Haubelt*, Die Konkretisierung von Generalklauseln, S. 8 f.

147 Siehe dazu oben S. 5 ff. und unten S. 37 ff.

148 Vertiefend m. w. N. *Eichenhofer*, Begriff und Konzept der Integration im Aufenthaltsgesetz, S. 136, der allerdings von einem Wertbegriff spricht.

149 M. w. N. *Fröb*, Die Bekämpfung von Rassismus und Fremdenfeindlichkeit im Arbeitsrecht, S. 23 ff.

Durch diese Befunde wird zunächst die Aussage gestützt, dass der Gesetzgeber bei der Normierung von § 80 Abs. 1 Nr. 7 ein Modell finaler Gesetzgebung verfolgt hat[150]. Schließlich bedient sich der Gesetzgeber bei der Normierung finaler Vorgaben häufig gerade unbestimmter Gesetzesfassungen (darunter auch unbestimmte Rechtsbegriffe[151]).[152] Darüber hinaus weist die Verwendung von unbestimmten Rechtsbegriffen eine Vorschrift[153] und damit die Bezugnahme auf die Begriffe „Integration", „Rassismus" und „Fremdenfeindlichkeit" in § 80 Abs. 1 Nr. 7, die entsprechende allgemeine Aufgabe als Generalklausel aus. Denn, sofern (unbeschadet bisweilen uneinheitlicher Terminologien[154]) angenommen werden kann, dass das zentrale Merkmal von Generalklauseln in der mangelnden Trennschärfe des Anwendungsbereichs besteht[155], trifft das auf § 80 Abs. 1 Nr. 7 in mehrfacher Hinsicht zu. Zum einen kann der Betriebsrat auf der Seite der „Rechtsfolgen" nach pflichtgemäßem Ermessen darüber entscheiden, wie er die Integration ausländischer Arbeitnehmer zu fördern gedenkt. Zum anderen bedingt die Verwendung der Begriffe „Integration", „Rassismus" und „Fremdenfeindlichkeit" aufgrund deren Unbestimmtheit eine erhebliche tatbestandliche Unschärfe.

Angesichts dessen ist es angezeigt, § 80 Abs. 1 Nr. 7 als Generalklausel anzusehen[156] und bei der Interpretation auf eine entsprechend angepasste methodische Herangehensweise zurückzugreifen.

Generalklauseln sind unter Zuhilfenahme der Methode der Konkretisierung zu interpretieren.[157] Dabei geht es darum, vom Zweck der Vorschriften ausgehend, Kriterien zu entwickeln, anhand derer sich im Laufe der Zeit konkrete Fallgruppen herauskristallisieren. Mit solchen anerkannten Fallgruppen können sodann weitere fragliche Sachverhalte abgeglichen werden.[158] Auf diese Weise kann „Stück

---

150 Siehe oben S. 20.

151 *Wank*, Juristische Methodenlehre, § 13 Rn. 1 ff.

152 Vgl. *Wank*, Juristische Methodenlehre, § 1 Rn. 42.

153 *Kamanabrou*, AcP 202 (2002), 662, 664 f.; *Ohly*, AcP 201 (2001), 1, 5; *Wank*, Juristische Methodenlehre, § 13 Rn. 1.

154 Jeweils m. w. N. *Kamanabrou*, AcP 202 (2002), 662, 664; *Wank*, Juristische Methodenlehre, § 13 Rn. 3.

155 *Kamanabrou*, AcP 202 (2002), 662, 665.

156 Vgl. auch Richardi/*Thüsing*, § 80 Rn. 1.

157 *Kamanabrou*, AcP 202 (2002), 662, 672 f.; *Wank*, Juristische Methodenlehre, § 13 Rn. 3 m. w. N.

158 *Kamanabrou*, AcP 202 (2002), 662, 672 f.; *Ohly*, AcP 201 (2001), 1, 43; *Wank*, Juristische Methodenlehre, § 13 Rn. 17 m. w. N.

für Stück" das Abstraktionsgefälle zwischen Gesetzestext und konkretem Sachverhalt überbrückt werden.[159]

Kann ein Fallgruppenvergleich, etwa mangels (vergleichbarer) Fallgruppen[160] oder mangelnder Eignung der Klausel für einen Fallgruppenvergleich[161], nicht erfolgen, ist es erforderlich, gesetzliche Wertungskriterien, vom Zweck der Vorschrift ausgehend[162], mit Hilfe der üblichen Auslegungsmethoden zu ermitteln. Auch wenn sich daraus kein abschließender Norminhalt ergibt, können so doch nachvollziehbare Maßstäbe für die Rechtsanwendung ermittelt werden.[163]

Die infolgedessen erforderliche Ermittlung der § 80 Abs. 1 Nr. 7 zugrundeliegenden Ziele richtet sich letztlich nach den gleichsam für das Arbeitsrecht geltenden, klassischen Auslegungsmethoden[164] – insbesondere also der grammatischen, systematischen, historischen und teleologischen Auslegung.[165]

II. Grammatische Konkretisierung

Nach § 80 Abs. 1 Nr. 7 hat der Betriebsrat die allgemeine Aufgabe, „die Integration ausländischer Arbeitnehmer im Betrieb und das Verständnis zwischen ihnen und den deutschen Arbeitnehmern zu fördern, sowie Maßnahmen zur Bekämpfung von Rassismus und Fremdenfeindlichkeit im Betrieb zu beantragen".

1. Förderung der „Integration"

a) Juristische Terminologie

Neben § 80 Abs. 1 Nr. 7 wird der Begriff der Integration im Rahmen des BetrVG in den §§ 43 Abs. 2 S. 3, 45 S. 1, 53 Abs. 2 Nr. 2, 70 Abs. 1 Nr. 4, 88 Nr. 4 verwendet und damit an insgesamt sechs Stellen. Er wird darin nicht, im Sinne einer (betriebsverfassungs-) rechtlichen Fachterminologie, legaldefiniert.[166]

aa) Terminologische Einheitlichkeit innerhalb des BetrVG

Die wiederholte Verwendung des Integrationsbegriffs deutet, im Sinne der Einheitlichkeit der Terminologie, allerdings darauf hin, dass die Vorschriften

159 Vgl. *Ohly*, AcP 201 (2001), 1, 9 f.
160 *Kamanabrou*, AcP 202 (2002), 662, 675.
161 *Kamanabrou*, AcP 202 (2002), 662, 676.
162 *Wank*, Juristische Methodenlehre, § 13 Rn. 17 m. w. N.
163 *Kamanabrou*, AcP 202 (2002), 662, 675.
164 *Fitting*, § 1 Rn. 353 ff.
165 Vgl. *Schlachter*, Auslegungsmethoden im Arbeitsrecht, S. 7 ff.
166 *Sertkol*, Deutsch - Türkische Integration am Arbeitsplatz, S. 49.

miteinander in einem inhaltlichen Zusammenhang stehen.[167] Jedenfalls ist kaum anzunehmen, dass die wiederholte Verwendung zufällig erfolgt.[168]

Auf den ersten Blick könnten sich an der terminologischen Einheitlichkeit zwar Zweifel aus dem Umstand ergeben, dass diese Vorschriften mit dem Begriff der Integration wenigstens zwei unterschiedliche Aspekte zu verbinden scheinen – einen Zustand und einen Prozess.

So wird in § 43 Abs. 2 S. 3 der Arbeitgeber verpflichtet, regelmäßig wenigstens einmal pro Jahr auf einer der gem. § 43 Abs. 1 grundsätzlich vierteljährlich stattfindenden Betriebs- und Abteilungsversammlungen über die Integration der im Betrieb beschäftigten ausländischen Arbeitnehmer zu berichten. Gem. § 45 S. 1 gehört die Behandlung von Angelegenheiten der Integration der im Betrieb beschäftigten ausländischen Arbeitnehmer zu den zulässigen Themen einer Betriebs- und Abteilungsversammlung, sofern der Betrieb oder dessen Arbeitnehmer unmittelbar davon betroffen sind. § 53 Abs. 2 Nr. 2 verpflichtet den Unternehmer dazu, auf der gem. § 53 Abs. 1 wenigstens jährlich stattfindenden Betriebsräteversammlung in seinem Bericht zum Personal- und Sozialwesen auch die Integration der im Unternehmen beschäftigten ausländischen Arbeitnehmer zu berücksichtigen. Dabei scheint nach den Berichtspflichten und Erörterungsmöglichkeiten die Integration mit einem Zustandselement verbunden zu sein, über das berichtet werden kann.

§ 70 Abs. 1 Nr. 4 normiert die allgemeine Aufgabe der Jugend- und Auszubildendenvertretung, die Integration der ausländischen Auszubildenden im Betrieb zu fördern. § 80 Abs. 1 Nr. 7 Hs. 1 enthält die allgemeine Aufgabe der Förderung der Integration ausländischer Arbeitnehmer im Betrieb durch den Betriebsrat. Die Förderungsaufträge weisen also eher auf ein prozessuales Verständnis der Integration hin – zumindest insofern, als ein bestehender Zustand durch Förderung verbessert werden soll.

Schließlich benennt § 88 Nr. 4 Maßnahmen zur Integration ausländischer Arbeitnehmer ausdrücklich als zulässigen Gegenstand freiwilliger Betriebsvereinbarungen. Auch hier scheint tendenziell eher ein prozessuales Verständnis zugrunde gelegt zu werden. Denn die anvisierten „Maßnahmen" zielen offenbar auf die Veränderung eines Zustandes ab, und zwar den der Integration der ausländischen Arbeitnehmer.

---

167 Vgl. DKW/*Buschmann*, § 80 Rn. 63.

168 Vgl. *Zippelius*, Juristische Methodenlehre, S. 43.

Insofern wirkt die Verwendung des Begriffs der Integration zunächst uneinheitlich.[169] Gleichwohl schließt dieser Umstand ein einheitliches Verständnis nicht zwingend aus. Denn die Vorschriften, die ein prozessuales Element in den Vordergrund stellen, sind auch diejenigen, die Förderaufträge normieren (§§ 70 Abs. 1 Nr. 4, 80 Abs. 1 Nr. 7 Hs. 1) oder eine verbessernde Veränderung implizit voraussetzen (§ 88 Nr. 4 Alt. 1). Wenn ein Prozess gefördert werden soll, zielt dies auf die Verbesserung eines bestehenden Zustandes ab. Umgekehrt betreffen die Vorschriften, die ein Zustandselement im Vordergrund sehen, insbesondere Berichtspflichten (§§ 43 Abs. 2 S. 3, 53 Abs. 2 Nr. 2). Wenn über einen Zustand berichtet werden soll, kann davon grundsätzlich auch dessen Entwicklung als Prozess eingeschlossen werden.[170] Dass die betriebsverfassungsrechtliche Verwendung des Integrationsbegriffs auf Zustands- und prozessuale Elemente hinweist, spricht also nicht gegen ein einheitliches Begriffsverständnis.

Umgekehrt spricht für eine solche Annahme, dass jede Vorschrift den Begriff der Integration (jedenfalls terminologisch) auf die gleiche Personengruppe – nämlich ausländische Arbeitnehmer – bezieht. Dass § 70 Abs. 1 Nr. 4 diese Personengruppe i. V. m. § 60 Abs. 1 enger eingrenzt, ist insoweit unbeachtlich, weil diese Differenzierung primär auf den Beschäftigungsstatus abstellt.

bb) Betriebsverfassungsexterne Terminologie

Neben der gesetzesinternen Verwendung eines Begriffs kann auch der Blick in andere Gesetze Orientierung bieten, sofern sich für den gegenständlichen Terminus dort ein besonderer juristischer Sprachgebrauch herausgebildet hat.[171] Das gilt es auch bei der Konkretisierung von Generalklauseln zu beachten. Denn Generalklauseln werden mit einer Verweisungsfunktion in Verbindung gebracht. Vor dem Hintergrund, dass sie ihren materiellen Inhalt nicht in sich selbst tragen, verweisen Generalklauseln zur inhaltlichen Ausfüllung bisweilen auf außerrechtliche Normgefüge und rechtliche Normen anderer Rechtsgebiete sowie dabei wiederum auf konkrete Normen oder allgemeine Wertvorstellungen.[172]

---

169 Vgl. *Eichenhofer*, Begriff und Konzept der Integration im Aufenthaltsgesetz, S. 128 f.

170 Vgl. *Eichenhofer*, Begriff und Konzept der Integration im Aufenthaltsgesetz, S. 129.

171 M. w. N. *Eichenhofer*, Begriff und Konzept der Integration im Aufenthaltsgesetz, S. 138; *Schlachter*, Auslegungsmethoden im Arbeitsrecht, S. 9.

172 *Ohly*, AcP 201 (2001), 1, 11 f.

(1) BPersVG

In diesem Kontext fällt zunächst auf, dass der Gesetzgeber mittlerweile auch in der personalvertretungsrechtlichen Parallelvorschrift zu § 80 Abs. 1 Nr. 7 des § 62 Nr. 7 BPersVG von der „Integration" (statt der „Eingliederung", siehe § 68 Abs. 1 Nr. 6 BPersVG 1974[173]) ausländischer Beschäftigter spricht.

Dabei handelt es sich um einen Aspekt der bezweckten Angleichung an den Katalog des § 80 Abs. 1 und zur Konkretisierung der allgemeinen Aufgaben der Personalvertretung.[174]

Durch einen in § 62 Nr. 7 BPersVG nunmehr eingefügten zweiten Satzteil wird klargestellt, dass der Personalrat ähnlich dem Betriebsrat auf die Bekämpfung diskriminierender und desintegrativer Einstellungen und Vorkommnisse hinzuwirken hat. Unter den Oberbegriff der gruppenbezogenen Menschenfeindlichkeit sollen dabei neben Rassismus und Fremdenfeindlichkeit sämtliche Formen der Abwertung auf Grund eines „Andersseins", etwa auf Grund ihrer sozialen Herkunft, religiösen Einstellung oder sexuellen Orientierung fallen.[175]

Rassismus und Fremdenfeindlichkeit stellen demnach offenkundig aus Sicht des Gesetzgebers Unterfälle der allgemein desintegrativen Abwertung von Menschen aufgrund ihres „Andersseins" dar, die es zur Förderung der Integration zu beseitigen gilt. Die Integration ausländischer Arbeitnehmer beinhaltet also aus Sicht des Gesetzgebers negativ ausgedrückt die Abwesenheit von Fremdenfeindlichkeit und Rassismus ebenso, wie auch andere Abwertungen aufgrund herkunftsbedingten „Andersseins".

Dies gilt es vor dem Hintergrund der bezweckten Angleichung an § 80 Abs. 1 Nr. 7 auch bei der Analyse dessen Integrationsbegriffs zu berücksichtigen.

(2) AufenthG

Insoweit könnte außerdem das AufenthG Hinweise liefern. Denn im Zuge dessen Normierung hat der Gesetzgeber die Notwendigkeit einer systematischen Förderung der Integration anerkannt[176] und angestrebt, einen Mindestbestand staatlicher Integrationsangebote in Gestalt von Sprachkursen und der Einführung in die Lebensverhältnisse zu regeln.[177] Passend dazu wird durch § 43 Abs. 1

173 Bundespersonalvertretungsgesetz vom 15.03.1974, BGBl. I S. 693.
174 BT-Drs. 19/26820, S. 109.
175 BT-Drs. 19/26820, S. 109.
176 BT-Drs. 15/420, S. 60 f.
177 BT-Drs. 15/420, S. 62.

AufenthG die nach Bereichen gegliederte wirtschaftliche, gesellschaftliche und kulturelle Einbeziehung[178] als „Grundsatz der Integration" festgelegt.[179]

Eichenhofer hat anhand der entsprechenden Mechanismen zur Förderung (und Forderung) nachgewiesen, dass „Integration" im Sinne des AufenthG als Lern- und Sozialisationsprozess der Zuwanderer zu verstehen ist, im Zuge dessen bestimmte Fähigkeiten und Kenntnisse erworben würden, die zu Bildungs- und Arbeitsmarkterfolg führen und so letztlich ein Abrutschen in das soziale Abseits verhindern.[180]

Dabei deuten etwa die Regelungen zu einem individuell „erkennbar geringe(n) Integrationsbedarf" gemäß § 44 Abs. 3 Satz 1 Nr. 2 AufenthG i. V. m. § 4 Abs. 2 IntV[181] und einer „besonderen Integrationsbedürftigkeit" gemäß § 44a Abs. 1 S. 1 Nr. 3 AufenthG i. V. m. § 4 Abs. 3 IntV darauf hin, dass letztlich die individuelle eigenständige und erfolgreiche Partizipation von Ausländern am wirtschaftlichen, gesellschaftlichen und kulturellen Leben Deutschlands die erfolgreiche Integration im Sinne des AufenthG auszeichnet.[182]

Um die Einbeziehung in diesen Bereichen vorbereitend zu unterstützen, verfolgt der Gesetzgeber im AufenthG konzeptuell ein „Fördern und Fordern" von Integrationsleistungen der Zuwanderer.[183] Im Kern geht es dabei darum, Integrationsdefizite, die Ausländern zunächst anhaften, zu beheben und deren Entstehung vorzubeugen.[184] Insofern werden im Rahmen der aufenthaltsgesetzlichen Integrationsförderung vorwiegend dem einzelnen Ausländer Pflichten auferlegt, damit er zum „Gelingen" der Integration beiträgt. Der wechselseitige Beitrag der Aufnahmegesellschaft (jedenfalls nach dem AufenthG) erschöpft sich dagegen darin, dass der Aufnahmestaat im Gegenzug für Integrationsleistungen bestimmte Rechte einräumt.[185]

---

178 *Burgi*, DVBl. 2016, 1015, 1016.

179 *Groß*, ZAR 2007, 315, 317.

180 *Eichenhofer*, Begriff und Konzept der Integration im Aufenthaltsgesetz, S. 274. ff.; siehe dazu auch unten S. 137 ff.

181 Verordnung über die Durchführung von Integrationskursen für Ausländer und Spätaussiedler vom 13.12.2004, BGBl. I S. 3370.

182 Vgl. *Eichenhofer*, Begriff und Konzept der Integration im Aufenthaltsgesetz, S. 273 f.

183 Huber/Eichenhofer/Endres de Oliveira/*Eichenhofer*, 1. Teil C. Rn. 981.

184 *Eichenhofer*, Begriff und Konzept der Integration im Aufenthaltsgesetz, S. 275.

185 *Eichenhofer*, Begriff und Konzept der Integration im Aufenthaltsgesetz, S. 121 f., 281 ff.

Zwar lassen sich auch dem AufenthG kein allgemeinverbindlicher Integrationsbegriff oder allgemeinverbindliche Standards entnehmen.[186] Allerdings erscheint es angesichts der Unbestimmtheit des Integrationsbegriffs grundsätzlich denkbar, für die Bestimmung der grundsätzlichen Ziele der betriebsverfassungsrechtlichen Integrationsförderung auch die aufenthaltsgesetzliche Regelungsmaterie zu berücksichtigen. Die Verweisungsfunktion von Generalklauseln öffnet in terminologischer Hinsicht die Tür des BetrVG für aufenthaltsgesetzliche Einflüsse. Vor diesem Hintergrund könnte das übergeordnete Ziel betriebsverfassungsrechtlicher Integrationsförderung darin bestehen, die wirtschaftliche, gesellschaftliche und kulturelle Einbeziehung zu fördern. Daran anknüpfend drängt sich im Sinne des wechselseitigen Integrationskonzeptes die Frage auf, inwieweit zu diesem Zweck ausländische Arbeitnehmer bzw. die Aufnahmegesellschaft im Fokus stehen.

Ein spezieller Sprachgebrauch für die Integration von Ausländern in weiteren Gesetzestexten ist nicht nachweisbar.[187]

cc) Zwischenergebnis

Das BetrVG hält zwar keine Legaldefinition für den Begriff der Integration bereit. Allerdings legt die einheitliche Verwendung des Integrationsbegriffs in verschiedenen Vorschriften zweierlei nahe: Die Verwendung des Integrationsbegriffs ist zum einen nicht zufällig, sondern bewusst erfolgt. Zum anderen sieht der Gesetzgeber diese Vorschriften in einem inhaltlichen Zusammenhang. Worin dieser bestehen und was daraus hinsichtlich der Ziele der betrieblichen Integrationsförderung gefolgert werden kann, soll im Rahmen der systematischen Auslegung vertieft werden.[188] Jedenfalls aber ist festzuhalten, dass es um ein Phänomen geht, das durch einen spezifischen Prozess beziehungsweise spezifische Zustände gekennzeichnet ist.

Dieser Befund wird durch das Verständnis der Integration gestützt und spezifiziert, welches dem AufenthG zugrunde liegt. Dort versteht der Gesetzgeber als Ziel der Integration die wirtschaftliche, gesellschaftliche und kulturelle Einbeziehung. Die Verwendung des Integrationsbegriffs in §§ 43 Abs. 2 S. 3, 45 S. 1, 53 Abs. 2 Nr. 2, 70 Abs. 1 Nr. 4, 80 Abs. 1 Nr. 7, 88 Nr. 4 lässt es deshalb möglich erscheinen, für die Bestimmung des grundsätzlichen Ziels der

---

186 *Eichenhofer*, Begriff und Konzept der Integration im Aufenthaltsgesetz, S. 275.
187 *Eichenhofer*, Begriff und Konzept der Integration im Aufenthaltsgesetz, S. 139.
188 Siehe dazu unten S. 58 ff.

betriebsverfassungsrechtlichen Integrationsförderung auf die aufenthaltsgesetzlichen Wertungen Bezug zu nehmen.

Dafür spricht insbesondere auch vor dem Hintergrund der offenkundig bewussten Verwendung des Integrationsbegriffs die Verweisungsfunktion unbestimmter Gesetzesfassungen, da diese ihren materiellen Inhalt nicht in sich selbst tragen, sondern auf eine Ausfüllung durch externe Wertungen angewiesen sind.

Auf der Grundlage der Verwendung des Integrationsbegriffs in § 80 Abs. 1 Nr. 7 erscheint es deshalb möglich, dass der Gesetzgeber im BetrVG als Leitgedanken implementieren wollte, das Ziel der Integration in Gestalt der wirtschaftlichen, gesellschaftlichen und kulturellen Einbeziehung zu fördern. Mit Blick auf das aufenthaltsgesetzliche Integrationskonzept stellt sich jedoch die Frage, ob insoweit (abermals) ausländische Arbeitnehmer im Fokus stehen, oder aber – im Sinne eines wechselseitigen Integrationskonzeptes – die Aufnahmegesellschaft im Fokus steht.

Die Verwendung des Integrationsbegriffs in § 62 Nr. 7 BPersVG legt es dabei nahe, auch im Rahmen von § 80 Abs. 1 Nr. 7 davon auszugehen, dass Fremdenfeindlichkeit und Rassismus als Unterfälle der sich allgemein desintegrativ auswirkenden Abwertung aufgrund „Andersseins" negativ vom Integrationsbegriff erfasst sind.

b) Außerrechtlicher Sprachgebrauch

Bei der Interpretation von Gesetzesformulierungen kann auch der Sprachgebrauch der (Rechts-) Gemeinschaft außerhalb juristischer Kontexte von Bedeutung sein.[189] Schließlich ist davon auszugehen, dass der Gesetzgeber seine Vorstellung so in Gesetzestext umzusetzen versucht, dass sie von den Adressaten auch verstanden und durch eine dementsprechende Anwendung der Regelung verwirklicht werden kann.[190]

Unter dem Begriff der Integration wird (im Sinne eines stark verallgemeinerten Ausgangspunktes) die Verbindung einzelner Teile zu einem durch die intern bestehenden Verknüpfungen abgrenzbaren Ganzen verstanden.[191] Dabei lassen sich grundsätzlich zwei Bezugspunkte unterscheiden. Denn der Blick kann zum einen auf den Zusammenhalt eines gesamten Systems als solchen gerichtet sein. Zum anderen kann die Einbeziehung einzelner Teile in übergeordnete

---

189 *Schlachter*, Auslegungsmethoden im Arbeitsrecht, S. 8 f.; *Zippelius*, Juristische Methodenlehre, S. 38 f.

190 Vgl. *Wank*, Juristische Methodenlehre, § 1 Rn. 40.

191 *Esser*, Integration und ethnische Schichtung, S. 1.

Systeme betrachtet werden, wobei die konkrete Einbeziehung in Gestalt der Verbindungsmomente sichtbar wird.[192]

aa) Der Integrationsbegriff in der öffentlichen Auseinandersetzung

Was genau Integration bedeutet, kann dabei kaum pauschal beantwortet werden, sondern hängt vielmehr maßgeblich vom jeweiligen Kontext ab, in dem die Frage gestellt wird.[193] In diesem Sinne verdient der Umstand besondere Beachtung, dass es dem Wortlaut nach um die Förderung der Integration „ausländischer" Arbeitnehmer geht, §§ 43 Abs. 2 S. 3, 45 S. 1, 53 Abs. 2 Nr. 2, 70 Abs. 1 Nr. 4, 80 Abs. 1 Nr. 7, 88 Nr. 4.

Denn die Integration von Ausländern ist seit langem prominenter Gegenstand öffentlicher Debatten,[194] im Zuge derer fachwissenschaftsübergreifend[195] Aspekte des Zusammenlebens in einer Einwanderungsgesellschaft diskutiert werden.[196] Im Kern geht es dabei um die Frage, wie das integrationspolitische Ziel, einwandernde Personen in die bestehende Gesellschaft einzubeziehen und ihnen Teilhabe an den gesellschaftlichen Einrichtungen zu ermöglichen,[197] erreicht werden kann.[198]

Daraus könnten sich Anhaltspunkte für die Ziele ergeben, die der Gesetzgeber mit der Normierung im BetrVG verfolgt. Schließlich dienen wertausfüllungsbedürftige Begriffe[199] dem Gesetzgeber gerade dazu, Wertentscheidungen aus dem Gesetzgebungsverfahren heraus- und stattdessen in die Prozesse der Rechtsanwendung einzugliedern[200], um eine flexible Anwendung der entsprechenden Vorschriften unter Berücksichtigung etwa außerrechtlicher Wertungen und gesellschaftlicher Entwicklungen zu ermöglichen und so zu sachgerechten Lösungen im Einzelfall zu gelangen (Flexibilisierungsfunktion)[201].

---

192 Zum Ganzen m. w. N. *Kunz*, ZAR 2018, 107, 109 f.; *Esser*, Integration und ethnische Schichtung, S. 3.

193 Dazu instruktiv *Kluth*, ZAR 2016, 336 ff.

194 Vertiefend m. w. N. *Kunz*, ZAR 2018, 107, 108 ff.

195 Zum transdisziplinären Begriffsverständnis *Kluth*, ZAR 2016, 336 ff.

196 *Eichenhofer*, ZAR 2016, 251, 252.

197 *Kunz*, ZAR 2018, 107.

198 *Schneider*, ZAR 2011, 8, 10 f.; *Thiele*, DÖV 2007, 58, 65; vgl. *Hans*, in: Brinkmann/Sauer (Hrsg.), Einwanderungsgesellschaft Deutschland, 2016, S. 24, 25 f.; *Seifert*, in: Haedrich (Hrsg.), Flucht, Asyl und Integration aus rechtlicher Perspektive, 2017, S. 153.

199 Wie der der Integration, siehe oben S. 23 ff.

200 M. w. N. *Kamanabrou*, AcP 202 (2002), 662, 666 f., 671; *Ohly*, AcP 201 (2001), 1, 7.

201 *Ohly*, AcP 201 (2001), 1, 7; m. w. N. *Wank*, Juristische Methodenlehre, § 8 Rn. 100.

Die syntaktische Verknüpfung des Begriffs der Integration mit ausländischen Arbeitnehmern in den §§ 43 Abs. 2 S. 3, 45 S. 1, 53 Abs. 2 Nr. 2, 70 Abs. 1 Nr. 4, 80 Abs. 1 Nr. 7, 88 Nr. 4 legt insoweit eine Verbindung zur öffentlichen Auseinandersetzung mit Fragen der Integration nahe. Der Gesetzgeber könnte also mit dem Mittel (unter anderem) der betriebsverfassungsrechtlichen Integrationsförderung den Zweck verfolgen, die gesellschaftliche Einbeziehung und Teilhabe zu fördern.

bb) Integration als soziologische Fragestellung[202]

Bei der terminologischen Auseinandersetzung mit dem Begriff der Integration gilt es insbesondere auch zu beachten, dass es sich dabei primär um einen wissenschaftlichen Fachbegriff handelt,[203] der auf ein soziologisches Konzept verweist.[204] Er beschreibt, auf die Integration einer Gesellschaft[205] bezogen, grundsätzlich einen Zustand, in dem die Teile der Gesellschaft fest miteinander verbunden sind und so gleichzeitig eine z. B. gegenüber anderen Gesellschaften abgrenzbare Einheit bilden.

Bei der Untersuchung der „Integration" wird allerdings häufig zwischen zwei Bezugspunkten bzw. Gegenständen differenziert: der gesamten Gesellschaft als solcher einerseits und dem einzelnen Akteur andererseits. Dieser Unterscheidung entspricht die auf *David Lockwood* zurückgehende[206] begriffliche Differenzierung zwischen System- und Sozialintegration. Die Systemintegration fragt nach dem Zusammenhalt eines spezifischen (Gesellschafts-)Systems als solchem, die Sozialintegration nach der Einbeziehung des Individuums in die Gesellschaft.[207] Dabei ist das Bestehen eines stabilen Gesamtgefüges zwar nicht zwingend abhängig von der Eingliederung einzelner Akteure, aber doch grundsätzlich unwahrscheinlicher, je größer die Zahl der weniger einbezogenen Akteure ist.[208] Insofern ergänzt

---

202 Instruktiv und m. w. N. zum Diskussionsstand *Imbusch/Rucht*, in: Heitmeyer/Imbusch (Hrsg.), Integrationspotenziale einer modernen Gesellschaft, 2005, S. 13 ff.; umfangreich auch *Eichenhofer*, Begriff und Konzept der Integration im Aufenthaltsgesetz, S. 223 ff.

203 *Eichenhofer*, Begriff und Konzept der Integration im Aufenthaltsgesetz, S. 136.

204 *Kunz*, ZAR 2018, 107, 109 ff.

205 Die nachstehenden Ausführungen orientieren sich aufgrund thematischer Fokussierung an *Esser*, Integration und ethnische Schichtung.

206 *Lockwood*, in: Zollschan/Hirsch (Hrsg.), Explorations in social change, 1964, S. 244 ff.; *Heckmann*, Integration von Migranten, S. 70.

207 M. w. N. *Hans*, in: Brinkmann/Sauer (Hrsg.), Einwanderungsgesellschaft Deutschland, 2016, S. 24, 25; *Esser*, Integration und ethnische Schichtung, S. 3.

208 Vgl. *Scheller*, Gelegenheitsstrukturen, Kontakte, Arbeitsmarktintegration, S. 35.

die begriffliche Differenzierung zwischen System- und Sozialintegration auch eine (begrenzte) kausale Trennung.[209]

Angesichts des Bezuges der Integration auf eine bestimmte Personengruppe (ausländische Arbeitnehmer) in den §§ 43 Abs. 2 S. 3, 45 S. 1, 53 Abs. 2 Nr. 2, 70 Abs. 1 Nr. 4, 80 Abs. 1 Nr. 7, 88 Nr. 4 scheint mit der Integration im Rahmen des betriebsverfassungsrechtlichen Regelungskontextes primär die zweite Alternative angesprochen zu sein, also die Förderung der Einbeziehung in ein übergeordnetes System.[210]

(1) Sozialintegration

Unter dem Terminus der „Sozialintegration" wird in der Soziologie das Integrationsziel einer möglichst umfangreichen individuellen gesellschaftlichen Eingliederung und Teilhabe erforscht[211] und dabei überwiegend zwischen den Dimensionen der Kulturation, der Platzierung, der Interaktion und der Identifikation unterschieden[212].

Die Dimension der Kulturation umfasst insbesondere Wissen und Kompetenzen, welche der fraglichen Person ein erfolgreiches Handeln ermöglichen. Die damit angesprochene Fähigkeit zur adäquaten Bewältigung typischer Situationen setzt insbesondere angemessene Sprachkompetenzen und auch die Kenntnis von Besonderheiten hinsichtlich kontexttypischer Umgangsformen[213] voraus.[214]

Mit der Platzierung ist die Einnahme einer konkreten Stellung innerhalb der Gesellschaft gemeint. Wichtige Teilaspekte sind etwa das Tragen bestimmter Rechte, die berufliche Positionierung innerhalb des Systems und Gelegenheiten, soziale Beziehungen zu unterhalten.[215]

---

209 *Esser*, Integration und ethnische Schichtung, S. 30.

210 Vgl. *Eichenhofer*, Begriff und Konzept der Integration im Aufenthaltsgesetz, S. 63.

211 *Bommes*, APuZ 2007, Heft 22-23, 3; zur begrifflichen Abgrenzung *Hans*, in: Brinkmann/Sauer (Hrsg.), Einwanderungsgesellschaft Deutschland, 2016, S. 24, 25 f.

212 Vgl. *Hans*, in: Brinkmann/Sauer (Hrsg.), Einwanderungsgesellschaft Deutschland, 2016, S. 24, 33 f.; *Esser*, Integration und ethnische Schichtung, S. 8; *Heckmann*, Integration von Migranten, S. 71.

213 Zu Begrüßungsritualen *Meister*, in: Meyer/Ritgen/Schäfer (Hrsg.), Handbuch Flüchtlingsrecht und Integration, ²2018, S. 411, 412.

214 *Esser*, Integration und ethnische Schichtung, S. 8; *Scheller*, Gelegenheitsstrukturen, Kontakte, Arbeitsmarktintegration, S. 31.

215 *Esser*, Integration und ethnische Schichtung, S. 9.

Die Interaktion betrifft das soziale Handeln der Akteure im alltäglichen Bereich, welches unter wechselseitiger Orientierung aneinander zur Bildung interethnischer Beziehungen (wie etwa Freundschaften[216]) führt.[217]

Die vierte Dimension betrifft mit der Identifikation die subjektive emotionale Einstellung des Akteurs zum gesamten Gesellschaftssystem, nach der er dem Kollektiv (in unterschiedlichen Abstufungen) wohlgesonnen ist und sich selbst als dem Kollektiv zugehöriger Teil betrachtet.[218]

Dabei gilt es zu beachten, dass die einzelnen Teilnahmeprozesse und -merkmale zueinander in einem Verhältnis wechselseitiger Beeinflussung stehen.[219] So werden durch eine erfolgreiche Platzierung gleichsam Kulturation, Interaktionen und Identifikation positiv beeinflusst. Die Platzierung ist jedoch abhängig von einem Mindestmaß an Kulturation und wird durch vorausgegangene und begleitende Interaktionen unterstützt. Interaktionen wiederum wirken sich einerseits günstig auf die Kulturation aus, finden andererseits allerdings kaum unabhängig vom Vorhandensein einer grundlegenden Kulturation statt. Aus den positiven Erfahrungen des Einzelnen mit einer erfolgreichen Platzierung, Kulturation und Interaktion, kann schließlich auch eine emotionale Identifikation resultieren – insoweit kann zwar eine Identifikation die Integration hinsichtlich der anderen drei Dimensionen durchaus fördern, ist allerdings im Vergleich dazu wohl doch von weniger zentraler Bedeutung.[220]

Darüber hinaus gilt es zu beachten, dass zum einen diese Teilnahmeprozesse jedes Individuum unbeschadet seiner Herkunft zu jeder Zeit fortwährend herausfordern und letztlich der Prozess der individuellen Integration faktisch niemals abgeschlossen ist, da die Einbeziehung in die konkreten gesellschaftlichen Zusammenhänge jeweils immer nur auf Zeit erfolgt.[221] Zum anderen wird die konkrete Einbeziehung in den einzelnen Teilbereichen immer in graduellen Abstufungen mehr oder weniger ausgeprägt stattfinden.[222] Insofern ist der individuelle Integrationsprozess nicht nur zeitlich variabel, sondern findet in den unterschiedlichen Teilbereichen der Gesellschaft auch in unterschiedlichem Ausmaß statt.

---

216 *Esser*, Integration und ethnische Schichtung, S. 73.

217 *Esser*, Integration und ethnische Schichtung, S. 10 f.

218 *Esser*, Integration und ethnische Schichtung, 2001, S. 12.

219 *Esser*, Integration und ethnische Schichtung, 2001, S. 8 ff., 17; *Scheller*, Gelegenheitsstrukturen, Kontakte, Arbeitsmarktintegration, S. 31 ff.

220 *Esser*, Integration und ethnische Schichtung, 2001, S. 8 ff., 17; *Scheller*, Gelegenheitsstrukturen, Kontakte, Arbeitsmarktintegration, S. 31 ff.

221 *Bommes*, APuZ 2007, Heft 22-23, 3.

222 Vgl. *Scheller*, Gelegenheitsstrukturen, Kontakte, Arbeitsmarktintegration, S. 33.

(2) Realisierung

Wie das Integrationsziel einer Einbeziehung in die Gesellschaft des Aufnahmelandes und der uneingeschränkt gleichberechtigten Teilhabe an ihren Einrichtungen konzeptionell erreicht werden kann, ist allerdings auch in der sozialwissenschaftlichen Migrationsforschung nicht abschließend geklärt.[223] Insbesondere Befürworter des Assimilationskonzeptes und die Verfechter einer multiethnischen Gesellschaft vertreten einander jedenfalls in der Grundausrichtung diametral entgegenstehende Positionen.[224]

So proklamieren – unbeschadet jeweils unterschiedlicher Ausprägung[225] – Anhänger des Multikulturalismus das gesamtgesellschaftliche Nebeneinander einer Mehrzahl verschiedener Kulturen als Zielvorstellung, wobei unter einer Kultur ein abgrenzbares System von (sozialen) Kommunikations- und Verhaltensformen und -normen verstanden wird.[226] Um dieses Ziel einer Vielzahl parallel existierender Kulturen zu erreichen, sollen die die Unterschiede jeweils prägenden Aspekte (beispielsweise hinsichtlich der Sprache) soweit möglich differenzierend unterstützt und gefördert werden (etwa durch die Erteilung muttersprachlichen Schulunterrichts).[227] Sofern sich objektiv Defizite hinsichtlich der gesellschaftlichen Einbeziehung und chancengleichen Teilhabe zeigen, wird die Ursache tendenziell in einer mangelnden (kulturellen) Öffnung der Mehrheitsgesellschaft gesehen.[228]

Befürworter des Assimilationskonzeptes dagegen formulieren als Zielvorstellung (ebenfalls in vielfach unterschiedlichen Ausprägungen[229]) grundsätzlich

223 Zur Diskussion etwa m. w. N. *Kunz*, ZAR 2018, 107 ff.; nach weiteren Unteransichten differenzierend *Hans*, in: Brinkmann/Sauer (Hrsg.), Einwanderungsgesellschaft Deutschland, 2016, S. 24, 28 ff.; *Esser*, Integration und ethnische Schichtung, S. 17 Fn. 4; umfangreich zum Ganzen auch *Löffler*, Integration in Deutschland, S. 86 ff.

224 *Esser*, Integration und ethnische Schichtung, S. 18.

225 M. w. N. *Langenfeld*, Integration und kulturelle Identität zugewanderter Minderheiten, S. 268 ff.

226 *Esser*, Integration und ethnische Schichtung, S. 18; m. w. N. *Langenfeld*, Integration und kulturelle Identität zugewanderter Minderheiten, S. 266 f.

227 *Hans*, in: Brinkmann/Sauer (Hrsg.), Einwanderungsgesellschaft Deutschland, 2016, S. 24, 39.

228 Kritisch wertend *Koopmans*, Assimilation oder Multikulturalismus?, S. 15 f.; m. w. N. *Langenfeld*, Integration und kulturelle Identität zugewanderter Minderheiten, S. 267.

229 Dazu jeweils m. w. N. *Hans*, in: Brinkmann/Sauer (Hrsg.), Einwanderungsgesellschaft Deutschland, 2016, S. 24, 28 ff.; *Scheller*, Gelegenheitsstrukturen, Kontakte, Arbeitsmarktintegration, S. 39 ff.

eine kulturell bzw. insbesondere strukturell homogene Gesellschaft.[230] Dabei gilt es hinsichtlich der Verwirklichung jedoch zwischen der gesellschaftlichen Makro- und Mikroebene zu unterscheiden. Denn mit Assimilation ist, bezogen auf die Makroebene, im Sinne einer Zielvorstellung ein Zustand anvisiert, in welchem keine systematischen Verteilungsunterschiede zwischen verschiedenen Bevölkerungsgruppen hinsichtlich zentraler gesellschaftlicher Eigenschaften und Ressourcen bestehen.[231] Betreffend die individuellen Akteure ist (kulturelle) Diversität dabei keineswegs unerwünscht, insoweit sich daraus auf der Makroebene keine problematischen Verteilungsdistinktionen ergeben.[232] Die Verwirklichung des Ziels einer kulturellen Homogenität in den für die gesellschaftliche Teilhabe und Einbeziehung relevanten Bereichen erfolgt insbesondere dadurch, dass im öffentlichen Bereich kulturelle Differenz keine Berücksichtigung erfährt (beispielsweise indem das öffentliche Leben auf die Vermittlung und Verwendung der einheimischen Sprache besteht).[233] Offenbaren sich Nachteile hinsichtlich der Verwirklichung von Teilhabechancen, wird die Ursache dafür tendenziell eher in Defiziten hinsichtlich des Humankapitals der Mitglieder der betroffenen Personengruppe gesehen.[234]

(3) Offenheit der Aufnahmegesellschaft[235]

Dabei ist jedenfalls festzuhalten, dass die Integration insbesondere auch von den Rahmenbedingungen abhängt, die in der Aufnahmegesellschaft vorherrschen.[236] Die Offenheit gegenüber den Migranten und ihren Bedürfnissen stellt insoweit die wichtigste Bedingung dar, die die Aufnahmegesellschaft im Integrationsprozess sicherstellen muss. Sie ist, im wechselseitigen Prozess der Integration, gewissermaßen das Spiegelbild der Bemühungen der Migranten sich die individuellen Voraussetzungen der gesellschaftlichen Partizipation anzueignen. Dabei wirken insbesondere Vorurteile und Diskriminierungen als Barrieren der Integration, indem sie Gruppen von Menschen herabwürdigen, Beziehungen verweigern und den Zugang zu Institutionen versperren.[237]

---

230 *Esser*, Integration und ethnische Schichtung, S. 18.

231 *Esser*, Integration und ethnische Schichtung, S. 21 f.; *Hans*, Assimilation oder Segregation?, S. 45 f.

232 *Esser*, Integration und ethnische Schichtung, S. 23, 36.

233 *Löffler*, Integration in Deutschland, S. 172 f.

234 Vgl. *Koopmans*, Assimilation oder Multikulturalismus?, S. 18.

235 Ausführlich dazu *Heckmann*, Integration von Migranten, S. 205 ff., 231 ff.

236 *Kluth*, ZAR 2016, 336, 339.

237 *Heckmann*, Integration von Migranten, S. 205.

Vorurteile sind negative und ablehnende Einstellungen gegenüber Menschen(-gruppen) aufgrund der Zuschreibung von Eigenschaften, die auf stereotypen gruppenspezifischen Vorstellungen beruhen.[238] Sie speisen sich inhaltlich aus gruppenfeindlichen gesellschaftlichen Ideologien, wie etwa Rassismus, Ethnozentrismus, Antisemitismus oder Islamfeindlichkeit.[239] Als Grundlage von Vorurteilen setzen sich die gruppenfeindlichen Ideologien in den individuellen Vorstellungen über zugeschriebene Eigenschaften, (negativen) Gefühlsbezügen zum Subjekt der Einstellung und letztlich auch damit verbundenen Handlungstendenzen fort.[240]

Damit ist zugleich partiell eine weitere Barriere der Integration in Gestalt von Diskriminierungen angesprochen, welche sich mitunter auf Vorurteile zurückführen lässt.[241] Diskriminierung meint in diesem Kontext die nicht auf legitimen Kriterien beruhende Ungleichbehandlung und kann als individuelle, institutionelle oder auch strukturelle Diskriminierung auftreten.[242] Sie manifestiert sich dann in individuellem Verhalten, in bestimmten Regeln und Praktiken in Organisationen und sozialen Strukturen[243], oder in einer gravierend benachteiligten sozialen Lage einer Bevölkerungsgruppe (beispielsweise auf dem Arbeitsmarkt), die weder durch massive individuelle noch institutionelle Diskriminierung erklärbar ist, sondern sich als Resultat unterlassener Förderung entpuppt[244]. Diskriminierung behindert insoweit die Integration, indem Lebenschancen beschnitten werden und durch Kontaktverweigerung Annäherungen zwischen Gruppen be- oder verhindert werden.[245]

(4) Bedeutung für die allgemeine Aufgabe der Integrationsförderung

Nach den vorstehenden Ausführungen stellt sich die Frage, ob aus der sozialwissenschaftlichen Verwendung des Integrationsbegriffs Anhaltspunkte für die Konkretisierung des betriebsverfassungsgesetzlichen Integrationsbegriffs gewonnen werden können.

Insofern erscheint es grundsätzlich vorstellbar, dass der Gesetzgeber sich bei der Verwendung des Begriffs der Integration an einer außerrechtlichen

238 *Davis*, in: Baeyer-Katte/Baumert/Jacobsen u. a. (Hrsg.), Vorurteile, 1964, S. 51, 53.
239 *Heckmann*, Integration von Migranten, S. 207.
240 *Heckmann*, Integration von Migranten, S. 208.
241 *Heckmann*, Integration von Migranten, S. 231.
242 *Heckmann*, Integration von Migranten, S. 231.
243 *Heckmann*, Integration von Migranten, S. 232.
244 *Heckmann*, Integration von Migranten, S. 234.
245 *Heckmann*, Integration von Migranten, S. 236.

Fachterminologie orientieren wollte.[246] Schließlich hat der Begriff hier seinen Ursprung.[247] Infolgedessen spricht für eine Orientierung an der fachwissenschaftlichen Verwendung zunächst die explizite Verwendung des Begriffs der Integration als solche[248], welcher – anders als vergleichbare Begriffe wie etwa dem der „Eingliederung" – ein (sozial-) wissenschaftlicher Fachbegriff ist, der sich kaum für die alltagssprachliche Verwendung eignet[249].

Ein Rekurs auf die Verwendungsweise(n) des Integrationsbegriffs in der sozialwissenschaftlichen Migrationsforschung darf aber dennoch nicht unreflektiert erfolgen, weil anderenfalls die Gefahr bestünde, der Betriebsverfassung einen außerrechtlichen (fachwissenschaftlich geprägten) Integrationsbegriff unterzuschieben.[250]

Es gilt vor diesem Hintergrund zu beachten, dass der Begriff der Integration nicht nur als sozialwissenschaftlicher Fachbegriff, sondern zudem auch als wertausfüllungsbedürftiger Begriff gilt.[251] Solche verwendet der Gesetzgeber gerade um die Rechtsanwendung im Einzelfall nicht durch eine eigene Wertentscheidung im Gesetzgebungsverfahren zu präjudizieren.[252]

Gleichwohl legt es auch die sozialwissenschaftliche Verwurzelung des Integrationsbegriffs nahe, dass §§ 43 Abs. 2 S. 3, 45 S. 1, 53 Abs. 2 Nr. 2, 70 Abs. 1 Nr. 4, 80 Abs. 1 Nr. 7, 88 Nr. 4 dem Zweck dienen sollen, die Teilhabe in den wesentlichen gesellschaftlichen Teilbereichen zu fördern. Schließlich ist dies Gegenstand der sozialwissenschaftlichen Forschung zur Integration. Eine wertende Festlegung auf Maßnahmen, die im Sinne soziologischer Theoreme spezifisch assimilatorisch oder multikulturalistisch akzentuiert sind, kann daraus jedoch nicht abgeleitet werden.

Damit geht die Schlussfolgerung einher, dass der betriebsverfassungsgesetzliche Regelungsrahmen grundsätzlich darauf zielt, der gesellschaftlichen Einbeziehung zuträgliche Gegebenheiten zu unterstützen und dieser abträglichen wiederum entgegenzuwirken. Es geht also darum, spezielle Maßnahmen zu ergreifen, die der Partizipation in den gesellschaftlichen Teilbereichen zuträglich

---

246 *Zippelius*, Juristische Methodenlehre, S. 38.

247 *Eichenhofer*, Begriff und Konzept der Integration im Aufenthaltsgesetz, S. 148.

248 Diesen Umstand übersieht GK-BetrVG/*Gutzeit*, § 88 Rn. 34.

249 Vgl. *Eichenhofer*, Begriff und Konzept der Integration im Aufenthaltsgesetz, S. 136.

250 Zur vergleichbaren Problematik im AufenthG siehe *Eichenhofer*, Begriff und Konzept der Integration im Aufenthaltsgesetz, S. 148.

251 Siehe oben S. 23 ff.

252 *Kamanabrou*, AcP 202 (2002), 662, 671.

sind, um die Verwirklichung von Teilhabechancen zu fördern.[253] Dazu gehört auch, Barrieren der Partizipation, wie Vorurteilen[254] oder Diskriminierungen[255], zu begegnen, um so Aspekte der Offenheit der Gesellschaft als wichtiger Bedingung eines gelingenden Integrationsprozesses mitzugestalten.[256]

cc) Zwischenergebnis

Der Gebrauch des Integrationsbegriffs außerhalb der Rechtswissenschaft weist – insbesondere angesichts der Verwendung in der öffentlichen Auseinandersetzung und der sozialwissenschaftlichen Prägung – darauf hin, dass der Gesetzgeber das Ziel verfolgt, die gesellschaftliche Einbeziehung und Teilhabe ausländischer Arbeitnehmer zu fördern. Dazu können spezielle Maßnahmen zur Unterstützung der Verwirklichung gesellschaftlicher Teilhabechancen ebenso gehören wie solche zur Gestaltung einer integrationsoffenen Gesellschaft.

c) Schlussfolgerungen aus der Verwendung des Integrationsbegriffs

Die Bezugnahme auf den Begriff der Integration in § 80 Abs. 1 Nr. 7 ermöglicht in terminologischer Hinsicht – insbesondere mit Blick auf die Unbestimmtheit des Integrationsbegriffs – keinen eindeutigen Schluss auf die Inhalte, die der Gesetzgeber damit verbindet.

Als Ausgangspunkt für weitere Überlegungen deutet der Wortlaut, ausgehend von einer einheitlichen Terminologie innerhalb des BetrVG und dem Verständnis des Integrationsbegriffs im AufenthG allerdings darauf hin, dass der Gesetzgeber den Zweck verfolgt, die eigenständige Teilnahme ausländischer Arbeitnehmer am wirtschaftlichen, gesellschaftlichen und kulturellen Leben zu unterstützen.

Dabei legen es auch die Verwendungsweisen des Integrationsbegriffs in öffentlichen Auseinandersetzungen und die sozialwissenschaftliche Prägung des Integrationsbegriffs nahe, § 80 Abs. 1 Nr. 7 als Mittel anzusehen, das der Gesetzgeber mit dem Ziel einsetzt, die gesellschaftliche Integration ausländischer Arbeitnehmer zu unterstützen. Gerade auch, weil durch die Bezugnahme auf ausländische Arbeitnehmer eine Verbindung zum Zuwanderungsdiskurs hergestellt wird, könnte so im Sinne der Konkretisierung des Leitgedankens grundsätzlich die Förderung der Verwirklichung gesellschaftlicher Teilhabechancen, in das Zentrum der betrieblichen Integrationsförderung rücken.

---

253 M. w. N. *Heckmann*, Integration von Migranten, S. 281 ff.

254 *Heckmann*, Integration von Migranten, S. 205 ff.

255 *Heckmann*, Integration von Migranten, S. 231 ff.

256 *Heckmann*, Integration von Migranten, S. 205 und S. 281 ff.

Insofern unterstützen die Verwendungsweisen des Integrationsbegriffs in der öffentlichen Auseinandersetzung und der sozialwissenschaftlichen Migrationsforschung die aufenthaltsgesetzlichen Implikationen und ergänzen sie um den Aspekt der Offenheit der Aufnahmegesellschaft. Die Integrationsförderung durch den Betriebsrat könnte also – komplementär[257] zu dem auf Integrationsleistungen ausländischer Personen gerichteten Integrationskonzept des AufenthG – auf Veränderungen in der Aufnahmegesellschaft zielen.

Diese Aspekte werden übersehen, wenn in der rechtswissenschaftlichen Literatur[258] bisweilen davon ausgegangen wird, dass der „Integrationsbegriff" zwar eher dem politischen Sprachgebrauch entspreche, aber sonst die terminologische Justierung in § 80 Abs. 1 Nr. 7 von „Eingliederung" zu „Integration" ohne Bedeutung sei.

2. Staatsangehörigkeit als Tatbestandsmerkmal?

§ 80 Abs. 1 Nr. 7 Hs. 1 bezieht die Integrationsaufgabe ausdrücklich auf „ausländische Arbeitnehmer". Daraus folgern Teile der Literatur im Sinne einer Restriktion des Anwendungsbereichs, dass damit ausschließlich solche Arbeitnehmer ohne die deutsche Staatsbürgerschaft gemeint seien.[259] Keine deutsche Staatsangehörigkeit zu besitzen wird somit faktisch als Tatbestandsvoraussetzung der Förderungsaufgabe interpretiert.

Demnach könnte der Leitgedanke der Förderung der Verwirklichung gesellschaftlicher Teilhabechancen, einschließlich des Aspekts der Offenheit der Aufnahmegesellschaft, ausschließlich hinsichtlich Arbeitnehmern verwirklicht werden, die keine deutschen Staatsangehörigen sind.

Hinweise auf eine alternative Lesart finden sich in Materialien der Antidiskriminierungsstelle des Bundes. Dort werden als denkbare Mittel zur Prüfung des Standes der Integration nach § 80 Bestandsaufnahmen und Analysen der Beschäftigten unter Berücksichtigung der Zahl der Beschäftigten mit Migrationshintergrund, die Prüfung von Stellenausschreibungen auf diskriminierende Inhalte sowie die Prüfung von Verteilungsunterschieden zwischen Personengruppen mit

---

257 Siehe dazu S. 142 ff., insbes. S. 143 f.

258 Etwa GK-BetrVG/*Gutzeit*, § 88 Rn. 34.

259 DKW/*Buschmann*, § 80 Rn. 65 ff.; *Fitting*, § 80 Rn. 32; vgl. Richardi/*Thüsing*, § 80 Rn. 45; *Lelley/Bruck/Yildiz*, BB 2018, 2164, 2165; wenngleich kritisch (siehe dort Fn. 1120) *Fröb*, Die Bekämpfung von Rassismus und Fremdenfeindlichkeit im Arbeitsrecht, S. 185; a. A.: GK-BetrVG/*Weber*, § 80 Rn. 54.

und ohne Migrationshintergrund bei Einstellungen und Tätigkeitszuweisungen vorgeschlagen.[260]

Die dortige Bezugnahme auf einen Migrationshintergrund lässt darauf schließen, dass der Gesetzgeber – aus Sicht der Antidiskriminierungsstelle – durch die Anführung „ausländischer" Arbeitnehmer kein von der Staatsangehörigkeit abhängiges Tatbestandsmerkmal normieren wollte.

a) *Statusbegriff*

Zwar ist zuzugeben, dass der Wortlaut zunächst insoweit eindeutig wirkt, als durch das Adjektiv „ausländisch" eine bestimmte Gruppe der Arbeitnehmer i. S. d. § 5[261] als Objekt der Förderaufgabe präzisiert zu werden scheint. Denn da als Ausländer im Rechtssinne, unter Bezugnahme auf Art. 116 Abs. 1 GG, gemeinhin Personen ohne (deutsche) Staatsangehörigkeit gelten[262], könnte dieses formelle Kriterium auch im Rahmen der betrieblichen Integrationsförderung einschlägig sein.

Die Staatsangehörigkeit beschreibt in diesem Zusammenhang einen rechtlichen Status, an welchen über die Verwendung des Begriffs „Ausländer" im Sinne eines Statusbegriffs ganze Bündel von Rechtsfolgen angeknüpft werden können.[263] Demnach könnte der Ausländerbegriff (auch im Betriebsverfassungsrecht) als Statusbegriff fungieren, indem an den Rechtsstatus als solchen die (persönliche) Anwendbarkeit eines ganzen Regelungsbündels[264] knüpft.[265]

Allerdings gilt es zu beachten, dass sowohl der persönliche Anwendungsbereich einer Vorschrift[266] wie auch die Übernahme der Inhalte eines Statusbegriffes[267] letztlich vor dem Hintergrund der Gesetzeszwecke zu bestimmen und insoweit keineswegs aus sich heraus abschließend sind. Allein aus der Verwendung eines Begriffs, der zugleich einen rechtlichen Status beschreibt, ist deshalb nicht zwingend darauf zu schließen, dass der Gesetzgeber den Begriff auch tatsächlich im

260 *Antidiskriminierungsstelle des Bundes*, Strategien gegen rassistisches Mobbing und Diskriminierung im Betrieb, 2015, S. 21 f.

261 DKW/*Buschmann*, § 80 Rn. 6.

262 *Dyrchs*, Ausländerspezifische Konflikte im abhängigen Erwerbsleben, S. 35.

263 *Barczak*, JuS 2020, 905, 909; *Dyrchs*, Ausländerspezifische Konflikte im abhängigen Erwerbsleben, S. 35.

264 Siehe dazu oben S. 27 ff. und unten S. 58 ff.

265 Vgl. *Barczak*, JuS 2020, 905, 909.

266 *Wank*, Juristische Methodenlehre, § 5 Rn. 82.

267 *Wank*, Juristische Methodenlehre, § 8 Rn. 79 ff.

Sinne eines Statusbegriffs verwenden und die Anwendbarkeit einer Vorschrift an eben diesen Status knüpfen wollte.[268]

Es ist also auch im Rahmen des § 80 Abs. 1 Nr. 7 kritisch zu hinterfragen, ob der Gesetzgeber darin mit der Bezugnahme auf ausländische Arbeitnehmer tatsächlich zum Ausdruck bringen wollte, dass die Vorschrift nur im Zusammenhang mit Arbeitnehmern ohne deutsche Staatsangehörigkeit einschlägig sein soll. Immerhin geht der Gesetzgeber auch im AufenthG davon aus, dass der rechtliche Status einer deutschen Staatsangehörigkeit als solcher nicht immer auch die Notwendigkeit der Integrationsförderung entfallen lässt, vgl. § 44 Abs. 4 S. 2 AufenthG.

b) Alternative Verwendungsweisen

Denn mit der Bezugnahme auf „ausländische" Arbeitnehmer könnte der Gesetzgeber ebenso die in Deutschland mit diesem Begriff häufig verbundene stereotype Einordnung von Menschen als fremd oder anders[269] aufgegriffen haben, um auf das Sachthema der Integration zu verweisen. Schließlich findet soweit ersichtlich auch im Zuge der öffentlichen Auseinandersetzung mit diesem Thema keine gegenständliche Beschränkung in Abhängigkeit von der Staatsangehörigkeit statt.

c) Historischer Kontext

Die Bezugnahme auf „ausländische" Arbeitnehmer in § 80 Abs. 1 Nr. 7 mit einer Bezugnahme auf die Staatsangehörigkeit gleichzusetzen, erscheint zwar bei oberflächlicher Betrachtung auch aus historischer Sicht nachvollziehbar, wurde doch bereits mit der Novelle des Betriebsverfassungsgesetzes aus dem Jahr 1972 dem Betriebsrat in § 80 Abs. 1 Nr. 7 a. F. die allgemeine Aufgabe gegeben, die Eingliederung der „ausländischen Arbeitnehmer" im Betrieb zu fördern.[270] Dies geschah ausweislich der Gesetzesbegründung vor dem Hintergrund der damals steigenden Zahl ausländischer Arbeitnehmer mit dem Zweck, neben den sonstigen Stellen, die sich mit ihrer Eingliederung und ihren Problemen beschäftigten, auch auf der betrieblichen Ebene eine Zuständigkeit zu begründen.[271] Da insoweit der politische Diskurs den Umgang mit Gastarbeitern betraf, die eben keine deutsche Staatsangehörigkeit hatten,[272] könnte auch die Entstehungsgeschichte von § 80

268 Vgl. *Wank*, Juristische Methodenlehre, § 8 Rn. 79 ff.
269 *Schiek*, AuR 2003, 44, 45.
270 Vgl. DKW/*Buschmann*, § 80 Rn. 63.
271 BT-Drs. 6/1786, S. 63 f.
272 Siehe dazu unten S. 161 ff.

Abs. 1 Nr. 7 dafür sprechen, unter „ausländischen Arbeitnehmern“ nur solche ohne deutsche Staatsangehörigkeit zu verstehen.

Gleichwohl ist zu berücksichtigen, dass die Vorschrift historisch gesehen aus der Notwendigkeit entstanden ist, den Umgang mit Gastarbeitern zu regeln. Aus diesem Grund stellte sich das Problem der Differenzierung zwischen Staatsangehörigkeit und „Fremdheit“ kaum – denn die im Ausland angeworbenen Gastarbeiter dürften zum weit überwiegenden Teil ohnehin keine deutsche Staatsangehörigkeit besessen haben. Vielmehr ging es schon damals in der Sache um den Umgang mit Problemen, die sich für die Gastarbeiter aus ihrer herkunftsspezifischen „Fremdheit“ ergaben.[273]

d) *Zwischenergebnis*

Die Bezugnahme des Gesetzgebers auf ausländische Arbeitnehmer in § 80 Abs. 1 Nr. 7 ist nicht zwingend als Normierung eines von der Staatsangehörigkeit abhängigen Tatbestandsmerkmals zu interpretieren, da der Statusbegriff des „Ausländers“ nicht auch als solcher verwendet worden sein muss und sich aus dem historischen Kontext für den Gesetzgeber keine Veranlassung zu einer dezidierten Entscheidung ergab.

3. *Einheitlichkeit der Aufgabe der Integrationsförderung*

Der Annahme, dass der Gesetzgeber anhand § 80 Abs. 1 Nr. 7 einen einheitlichen Leitgedanken formulieren wollte, könnte der weitere Wortlaut der Vorschrift entgegenstehen.

Denn nach § 80 Abs. 1 Nr. 7 könnte streng genommen zwischen mehreren selbstständigen Teilaufgaben differenziert werden. So hat der Betriebsrat „die Integration ausländischer Arbeitnehmer im Betrieb *und das Verständnis zwischen ihnen und den deutschen Arbeitnehmern zu fördern*, sowie *Maßnahmen zur Bekämpfung von Rassismus und Fremdenfeindlichkeit im Betrieb zu beantragen*“[274].

Aus § 80 Abs. 1 Nr. 7 könnten also im Sinne dreier selbstständiger Teilaufgaben die Integrationsförderung, die Verständnisförderung und die Rassismus- und Fremdenfeindlichkeitsbekämpfung abzuleiten sein. Und während eine Differenzierung zwischen Integrationsförderung und Verständnisförderung bislang

273 Siehe dazu unten S. 161 ff.

274 Kursivgesetzte Hervorhebung durch den Verfasser.

jedenfalls nicht dezidiert thematisiert wird[275], unterscheiden Teile der Literatur[276] tatsächlich zwischen der Aufgabe der Integrationsförderung und der Bekämpfung von Rassismus und Fremdenfeindlichkeit.

Vereinzelt wird dabei präzisierend angenommen, dass die Integrationsaufgabe zunächst einmal die Bekämpfung von *Ausländer*feindlichkeit erfasse.[277] Eben dieser Aspekt werde von Hs. 2 dadurch verstärkt, dass das Antragsrecht daraus über die Bekämpfung der *Ausländer*feindlichkeit hinaus auch Maßnahmen zur Bekämpfung von Rassismus und Fremdenfeindlichkeit erfasse.[278] Die die Bekämpfung der Ausländerfeindlichkeit „verstärkende" Wirkung wird dabei letztlich in einer tatbestandlichen Entkopplung des Antragsrechts aus Hs. 2 von einer nicht-deutschen Staatsangehörigkeit gesehen, weil dadurch (mutmaßlich gegenüber dem für die Integrationsförderung „ausländischer" Arbeitnehmer allgemein einschlägigen Antragsrechts aus § 80 Abs. 1 Nr. 2) von Rechtsextremismus, Rassismus, Fremdenfeindlichkeit und Antisemitismus bedrohte Personen unabhängig von ihrer Nationalität geschützt werden können.[279]

Noch strenger wird von *Fröb* zwischen zwei eigenständigen Aufgaben unterschieden: zum einen der Integrationsförderung nach Hs. 1 und zum anderen der Rassismus- und Fremdenfeindlichkeitsbekämpfung nach Hs. 2.[280] Demnach ziele die Aufgabe der Integrationsförderung insbesondere auf die Behebung soziokultureller Probleme wie Sprache, Lebensgewohnheiten oder Religion. Die Bekämpfung von Rassismus und Fremdenfeindlichkeit dagegen betreffe die Unterbindung feindlicher, aggressiv ablehnender Haltungen anderer Betriebsangehöriger.[281]

---

275 Vgl. etwa die Darstellungen bei: DKW/*Buschmann*, § 80 Rn. 65 f.; *Fitting*, § 80 Rn. 32; Richardi/*Thüsing*, § 80 Rn. 45.

276 Angesichts der Differenzierung zwischen der Bekämpfung von einerseits Ausländerfeindlichkeit und andererseits Rassismus und Fremdenfeindlichkeit offenbar DKW/*Buschmann*, § 80 Rn. 67; *Fröb*, Die Bekämpfung von Rassismus und Fremdenfeindlichkeit im Arbeitsrecht, S. 155 f., 185 f.

277 DKW/*Buschmann*, § 80 Rn. 65 f.

278 DKW/*Buschmann*, § 80 Rn. 67.

279 DKW/*Buschmann*, § 80 Rn. 67; vgl. auch *Rose*, KJ 2001, 157, 167 f.

280 *Fröb*, Die Bekämpfung von Rassismus und Fremdenfeindlichkeit im Arbeitsrecht, S. 185.

281 *Fröb*, Die Bekämpfung von Rassismus und Fremdenfeindlichkeit im Arbeitsrecht, S. 185.

Dennoch scheinen weite Teile der Literatur[282] (und wohl auch die Rechtsprechung[283]) davon auszugehen, dass die Bekämpfung von Rassismus und Fremdenfeindlichkeit zur Förderung der Integration ausländischer Arbeitnehmer gehört.

a) Durchlaufende Formulierung

Tatsächlich sprechen die besseren Argumente dafür, dass der Gesetzgeber keine unterschiedlichen, in sich abgeschlossenen Tatbestände zu normieren bezweckt hat.

Der insoweit relevante Wortlaut normiert unter § 80 Abs. 1 Nr. 7 die allgemeine Aufgabe „die Integration ausländischer Arbeitnehmer im Betrieb und das Verständnis zwischen ihnen und den deutschen Arbeitnehmern zu fördern sowie Maßnahmen zur Bekämpfung von Rassismus und Fremdenfeindlichkeit im Betrieb zu beantragen".

Diese durchlaufende Formulierung spricht eher dafür, dass der Gesetzgeber von einer einheitlichen Aufgabe ausgeht, welche unter dem Leitgedanken der Förderung der Integration auch die Bekämpfung von Rassismus und Fremdenfeindlichkeit miterfasst – zumal umgekehrt (insbesondere auch im Katalog der allgemeinen Aufgaben) eine Trennung verschiedener Aspekte innerhalb einer Aufgabenzuschreibung durch Semikolon zu erwarten wäre, wie etwa § 80 Abs. 1 Nrn. 3 und 5 zeigen.

b) Offenheit des Integrationsbegriffs

Außerdem kann auch das Argument, zwischen der Integrationsförderung und der Bekämpfung von Rassismus und Fremdenfeindlichkeit bestünde keine Kongruenz[284], mit Blick auf die Erkenntnisse zu den Verwendungsweisen des Integrationsbegriffs im BPersVG, dem öffentlichen Diskurs und der sozialwissenschaftlichen Forschung nicht überzeugen. Denn diese legen es nahe, in die Förderung der Integration inhaltlich auch den Aspekt der Sicherstellung der Offenheit der Aufnahmegesellschaft einzubeziehen – und damit die Bekämpfung desintegrativer Erscheinungsformen wie Rassismus und Fremdenfeindlichkeit im Sinne von § 80 Abs. 1 Nr. 7.

---

282 ErfK/*Kania*, § 80 BetrVG Rn. 16; GK-BetrVG/*Weber*, § 80 Rn. 54; wohl auch HWGNRH/*Nicolai*, § 80 Rn. 43 f.; Richardi/*Thüsing*, § 80 Rn. 45.

283 Vgl. LAG Baden-Württemberg, 25.03.2009 – 2 Sa 94/08, BeckRS 2009, 61835 Rn. 37, welches nicht zwischen verschiedenen Halbsätzen unterscheidet und dementsprechend wohl eine einheitliche Aufgabe annimmt.

284 *Fröb*, Die Bekämpfung von Rassismus und Fremdenfeindlichkeit im Arbeitsrecht, S. 185.

c) „Ausländische" Arbeitnehmer als Statusbegriff?

Darüber hinaus ist die Überlegung, dass der Gesetzgeber den Begriff der „ausländischen Arbeitnehmer" im Sinne eines Statusbegriffs verwendet habe[285], keineswegs zwingend.[286]

d) Historischer Kontext

Schließlich ging es bei der Änderung von § 80 Abs. 1 Nr. 7 darum, vor dem Hintergrund einer Zunahme fremdenfeindlicher Aktivitäten die Aufgabe der Integrationsförderung um ein Antragsrecht zur Bekämpfung von Rassismus und Fremdenfeindlichkeit zu *ergänzen*.[287] Es sollte also ein spezifisches Recht etabliert werden, um dem Betriebsrat die Wahrnehmung eines Aspektes der Aufgabe der Integrationsförderung zu erleichtern. Dieser Aspekt wurde dabei seinerseits aber nicht neu geschaffen, sondern – ausgehend von der Gesetzesbegründung[288] – nur verdeutlicht, dass er existiert.[289]

e) Zwischenergebnis

Vorzugswürdig ist demnach ein einheitliches Verständnis der Aufgabe der Integrationsförderung, welches auch die Bekämpfung von Rassismus und Fremdenfeindlichkeit umfasst. Die dagegen insbesondere von *Fröb*[290] geäußerte Kritik wurzelt in einer vermuteten Diskongruenz zwischen den Inhalten der Aufgabe der Integrationsförderung und der Bekämpfung von Rassismus und Fremdenfeindlichkeit. Dabei wird jedoch aufgrund einer zu oberflächlichen Auseinandersetzung mit der Aufgabe der Integrationsförderung deren Regelungsgehalt unsachgemäß verkürzt. Das vorstehend herausgearbeitete Verständnis ist diesbezüglich offener und vermeidet insofern die von *Fröb*[291] ins Feld geführte Diskongruenz. Deshalb erscheint es nicht angezeigt, eine ungeschriebene allgemeine Aufgabe des Betriebsrats herzuleiten, die dem Antragsrecht gem. § 80 Abs. 1 Nr. 7 Hs. 2 vorausläge.

---

285 Vgl. etwa DKW/*Buschmann*, § 80 Rn. 67; vgl. auch *Rose*, KJ 2001, 157, 167 f.

286 Siehe oben S. 48 ff.

287 BT-Drs. 14/5741, S. 46.

288 BT-Drs. 14/5741, S. 31.

289 Vgl. auch ErfK/*Kania*, § 80 BetrVG Rn. 16; siehe auch unten S. 84 ff.

290 *Fröb*, Die Bekämpfung von Rassismus und Fremdenfeindlichkeit im Arbeitsrecht, S. 184 ff.

291 *Fröb*, Die Bekämpfung von Rassismus und Fremdenfeindlichkeit im Arbeitsrecht, S. 185.

4. Integrationsförderung „im Betrieb“

Dass die Integration „im Betrieb“ gefördert werden soll, könnte – vom Wortlaut ausgehend – als Bezugnahme auf einen besonders „integrationsrelevanten“ gesellschaftlichen Teilbereich[292] zu lesen sein, in welchem eben auch eine Förderung der (gesellschaftlichen) Integration stattfinden soll.

Beim Betriebsbegriff handelt es sich zwar seinerseits um einen Begriff, der durch das BetrVG nicht etwa vorgegeben, sondern von diesem vielmehr als bekannt vorausgesetzt wird.[293] Er kann aber anhand der gesetzlichen Zwecke ermittelt werden.[294] Dabei wird, unter Berufung auf den Zweck, den Arbeitnehmern eine Repräsentation ihrer Interessen gegenüber dem Arbeitgeber zu ermöglichen, für das BetrVG grundsätzlich die organisatorische Einheit, innerhalb derer ein Unternehmer allein oder in Gemeinschaft mit seinen Mitarbeitern mit Hilfe von sächlichen und immateriellen Mitteln bestimmte arbeitstechnische Zwecke fortgesetzt verfolgt, als Betrieb angesehen.[295] Die Verwendung des Betriebsbegriffs im BetrVG erfolgt insbesondere auch dazu, den Rahmen für den Wirkungsbereich der Betriebsratsarbeit zu setzen.[296] Der Betriebsrat soll nämlich als betriebliche Interessenvertretung nicht primär allgemeinpolitisch wirken, sondern im Betrieb.[297]

---

292 Siehe oben S. 9 ff.

293 BT-Drs. 14/5741, S. 26; DKW/*Trümner*, § 1 Rn. 33; *Fitting*, § 1 Rn. 88; GK-BetrVG/*Franzen*, § 1 Rn. 26; Richardi/*Maschmann*, § 1 Rn. 19.

294 *Fitting*, § 1 Rn. 91.

295 M. w. N. zur (ständigen) Rspr. BAG, 28.04.2021 – 7 ABR 10/20, AP BetrVG 1972 § 19 Nr. 75; 17.05.2017 – 7 ABR 21/15, AP BetrVG 1972 § 4 Nr. 21; 07.05.2008 – 7 ABR 15/07, AP BetrVG 1972 § 1 Nr. 19; 14.09.1988 – 7 ABR 10/87, AP BetrVG 1972 § 1 Nr. 9; 29.01.1987 – 6 ABR 23/85, AP BetrVG 1972 § 1 Nr. 6; 07.08.1986 – 6 ABR 57/85, AP BetrVG 1972 § 1 Nr. 5; vgl. 03.12.1954 – 1 ABR 7/54 (Kiel), NJW 1955, 277 f.; zum Kriterium eines einheitlichen Leitungsapparates BAG, 14.12.1994 – 7 ABR 26/94, AP BetrVG 1972 § 5 Rotes Kreuz Nr. 3; jeweils m. w. N. ausserdem DKW/*Trümner*, § 1 Rn. 42; ErfK/*Koch*, § 1 BetrVG Rn. 8; *Fitting*, § 1 Rn. 94; GK-BetrVG/*Franzen*, § 1 Rn. 28; Richardi/*Maschmann*, § 1 Rn. 17; a. A. *Joost*, Betrieb und Unternehmen als Grundbegriffe im Arbeitsrecht, S. 112 ff., der entscheidend auf die räumliche Verbundenheit der Arbeitnehmer abstellen möchte; bisweilen verlangt die Rspr. einschränkend zusätzlich, dass sich der verfolgte Zweck nicht in der Befriedigung von Eigenbedarf erschöpfen dürfe, siehe zuletzt BAG, 02.03.2017 – 2 AZR 427/16, 19.07.2016 – 2 AZR 468/15, AP KSchG 1969 § 23 Nrn. 52 und 51; kritisch dazu DKW/*Trümner*, § 1 Rn. 42.

296 DKW/*Wedde*, Einl. Rn. 110.

297 Vgl. dazu unten S. 91 ff.

Vor diesem Hintergrund dürfte die Thematisierung des Betriebs auch in § 80 Abs. 1 Nr. 7, durch die Bezugnahme auf die organisatorische Einheit, die Sphäre konkretisieren, innerhalb derer die Integration gefördert werden soll. Schließlich träte eine solche Verdeutlichung, aufgrund der relativen Offenheit des Integrationsbegriffs auch keineswegs unerwartet auf.

5. Grammatische Implikationen

Die grammatische Auslegung der allgemeinen Aufgabe der Integrationsförderung gemäß § 80 Abs. 1 Nr. 7 ermöglicht ausgehend von der Verwendung des Integrationsbegriffs keine abschließende Inhaltsbestimmung.

Allerdings legen es der aufenthaltsgesetzliche Integrationsbegriff, die Verwendungsweisen in öffentlichen Auseinandersetzungen wie auch die sozialwissenschaftliche Prägung des Integrationsbegriffs nahe, § 80 Abs. 1 Nr. 7 als Mittel anzusehen, das der Gesetzgeber mit dem Ziel einsetzt, die gesellschaftliche Einbeziehung ausländischer Arbeitnehmer zu unterstützen, was auch die Mitwirkung an einer integrationsoffenen Aufnahmegesellschaft beinhaltet.

Die Bezugnahme auf ausländische Arbeitnehmer ist dabei nicht zwingend als staatsangehörigkeitsbasierte Restriktion des Anwendungsbereichs von § 80 Abs. 1 Nr. 7, also im Sinne eines personellen Anwendungsbereichs zu interpretieren. Wahrscheinlicher vielmehr ist, dass der Gesetzgeber generalisierend auf das Sachthema der Integration verweisen wollte, welches auch die Bekämpfung von Rassismus und Fremdenfeindlichkeit beinhaltet. Dieser Aspekt stellt sich dabei nicht als eigenständig dar, sondern wird in seiner Existenz hervorgehoben und durch ein spezifisches Antragsrecht unterstützt.

Dabei ist mit dem „Betrieb“ die Sphäre angesprochen, auf deren Gestaltung die Betätigung der betrieblichen Interessenvertretung grundsätzlich zielt und innerhalb derer die gesellschaftliche Partizipation gefördert werden soll.

III. Systematische Konkretisierung

Grundsätzlich geht es im Rahmen der systematischen Argumentation um eine logische Restriktion der Gesetzestexte anhand weiterer Zusammenhänge.[298] Dabei kann es sich insbesondere als hilfreich erweisen, einzelne Formulierungen aus dem Kontext des gesamten Gesetzestextes und weiterer Gesetze nachzuvollziehen.

298 *Schlachter*, Auslegungsmethoden im Arbeitsrecht, S. 12 f.

Dies ist auch erforderlich, um die Einheit des Rechts zu wahren.[299] Für die Interpretation unbestimmter Gesetzesfassungen gilt das im Ausgangspunkt nicht weniger, als für konditional aufgebaute Rechtssätze. Auch für deren Konkretisierung können sich im Wege der systematischen Auslegung Anhaltspunkte abseits anerkannter Fallgruppen ergeben.[300]

1. Regelungssystematik des BetrVG

Dabei gilt es, den Regelungsplan des gesetzlichen Normenkomplexes zu berücksichtigen, in dem sich die gegenständlichen Vorschriften befinden.[301]

a) Die Integration ausländischer Arbeitnehmer als Thema im Betrieb

Der Gesetzgeber hat bei der Reform des BetrVG im Jahr 2001 ein ganzes Bündel von Maßnahmen zur Unterstützung der betrieblichen Integration und Bekämpfung von Fremdenfeindlichkeit im Betrieb vorgesehen.[302]

Deshalb können sich Anhaltspunkte für die Konkretisierung des betriebsverfassungsgesetzlichen Leitgedankens der Integrationsförderung insbesondere aus dem Verständnis des Sachthemas ergeben, welches der Gesetzgeber diesen Maßnahmen zugrunde gelegt hat.

aa) Berichtspflichten des Arbeitgebers

In § 43 Abs. 2 S. 3 wird der Arbeitgeber dazu verpflichtet, regelmäßig wenigstens einmal pro Jahr auf einer der gem. § 43 Abs. 1 grundsätzlich vierteljährlich stattfindenden Betriebs- und Abteilungsversammlungen über die Integration der im Betrieb beschäftigten ausländischen Arbeitnehmer zu berichten.

Neben der Gleichstellung von Frauen und Männern und dem Umweltschutz wurde dadurch, in Gestalt der Zuwanderung in die Bundesrepublik, eines von „(...) drei Themen aufgegriffen, die zunehmende Bedeutung für den betrieblichen Alltag haben"[303].[304] Der Prozess der Zuwanderung verlange „(...) eine Integrationsförderung auch durch Integrationsangebote im betrieblichen

---

299 M. w. N. *Eichenhofer*, Begriff und Konzept der Integration im Aufenthaltsgesetz, S. 140; vgl. *Schlachter*, Auslegungsmethoden im Arbeitsrecht, S. 14; *Zippelius*, Juristische Methodenlehre, S. 43.

300 *Kamanabrou*, AcP 202 (2002), 662, 675.

301 Deinert/Wenckebach/Zwanziger/*Deinert*, § 10 Rn. 50.

302 BT-Drs. 14/5741, S. 31; DKW/*Buschmann*, § 80 Rn. 63.

303 BT-Drs. 14/5741, S. 41.

304 BT-Drs. 14/5741, S. 41 f.

Bereich“[305], weshalb der Arbeitgeber auch über die betriebliche Integration und Situation ausländischer Arbeitnehmer zu berichten habe.[306]

Außerdem verpflichtet § 53 Abs. 2 Nr. 2 den Unternehmer dazu, auf der gem. § 53 Abs. 1 wenigstens jährlich stattfindenden Betriebsräteversammlung in seinem Bericht zum Personal- und Sozialwesen auch die Integration der im Unternehmen beschäftigten ausländischen Arbeitnehmer zu berücksichtigen. Dies folgt der Überzeugung des Gesetzgebers, dass die Bekämpfung von Fremdenfeindlichkeit und Rassismus nicht nur eine Aufgabe der einzelnen Betriebe, sondern des ganzen Unternehmens sei.[307]

Der Arbeitgeber soll so dazu veranlasst werden, alltägliche und strukturelle Formen der Diskriminierung ausländischer Arbeitnehmer zu beobachten und Gegenmaßnahmen zu ergreifen. Auf diese Weise werde die Integration der ausländischen Mitarbeiter zum Thema im Betrieb.[308]

(1) Bezugnahme auf den Zuwanderungsdiskurs

Diese Bezugnahme auf das gesellschaftliche Phänomen der Zuwanderung in der Gesetzesbegründung deutet zunächst einmal darauf hin, dass der Gesetzgeber die durch die Anpassung der Berichtspflichten zum Thema im Betrieb aufgerufene Integration der ausländischen Mitarbeiter im Lichte des Zuwanderungsdiskurses verstanden wissen wollte.[309]

(2) Thematische Einbeziehung alltäglicher und struktureller Formen der Diskriminierung

Dabei geht der Gesetzgeber offenkundig davon aus, dass zum betrieblichen Themenfeld der Integration sachlich insbesondere alltägliche und strukturelle Formen der Diskriminierung ausländischer Arbeitnehmer zählen[310] und demnach unter den Integrationsbegriff von §§ 43 Abs. 2 S. 3, 53 Abs. 2 Nr. 2 fallen.

Insoweit ist insbesondere das ausdrückliche Ansprechen von struktureller Diskriminierung bemerkenswert, da diese neben individueller und institutioneller

---

305 BT-Drs. 14/5741, S. 42.

306 BT-Drs. 14/5741, S. 42.

307 BT-Drs. 14/5741, S. 42.

308 BT-Drs. 14/5741, S. 31.

309 Vgl. DKW/*Berg*, § 43 Rn. 28; vgl. auch *Fitting*, § 43 Rn. 23; ähnlich auch GK-BetrVG/*Weber*, § 42 Rn. 4.

310 BT-Drs. 14/5741, S. 31.

Diskriminierung als Integrationsbarriere gilt und somit der Offenheit der Aufnahmegesellschaft entgegensteht.[311]

(3) Thematische Einbeziehung der Bekämpfung von Fremdenfeindlichkeit und Rassismus

Darüber hinaus gilt es zu berücksichtigen, dass bei der Erstreckung der Berichtspflichten auf die „Integration“ ausländischer Arbeitnehmer davon ausgegangen wurde, dass das zugrundeliegende Sachthema auch die Bekämpfung von Fremdenfeindlichkeit und Rassismus mit umfasst[312] – mithin der Begriff der „Integration“ im Sinne von §§ 43 Abs. 2 S. 3, 53 Abs. 2 Nr. 2 diese einschließt.[313]

Aus sozialwissenschaftlicher Perspektive erscheint das auch konsequent, da Fremdenfeindlichkeit und Rassismus gesellschaftliche Ideologien bezeichnen, aus denen sich gruppenfeindliche Vorurteile speisen.[314] Diese wiederum beeinträchtigen die Offenheit der Aufnahmegesellschaft und stellen insoweit eine Barriere für die Integration dar.[315]

bb) Themenkatalog Betriebsversammlung

Gem. § 45 S. 1 gehört die Behandlung von Angelegenheiten der Integration der im Betrieb beschäftigten ausländischen Arbeitnehmer zu den zulässigen Themen einer Betriebs- und Abteilungsversammlung, sofern der Betrieb oder dessen Arbeitnehmer unmittelbar davon betroffen sind.

Dies dient ausgehend von der Gesetzesbegründung dem Zweck, eine wirksame Bekämpfung von Rassismus und Fremdenfeindlichkeit zu ermöglichen.[316] Indem Arbeitnehmer und Betriebsrat neben allgemeinen sozialpolitischen Angelegenheiten die Beschäftigung mit der Integration von ausländischen Arbeitnehmern im Rahmen von Betriebsversammlungen ermöglicht wird, soll diese zu einem „Forum gegen das Schweigen im Betrieb gegenüber Fremdenfeindlichkeit“ werden können.[317]

---

311 Siehe oben S. 42 f.

312 BT-Drs. 14/5741, S. 42.

313 Vgl. *Fitting*, § 43 Rn. 23, § 80 Rn. 22; vgl. zu § 53 Abs. 2 Nr. 2 GK-BetrVG/*Franzen*, § 53 Rn. 22.

314 *Heckmann*, Integration von Migranten, S. 215 ff.

315 *Heckmann*, Integration von Migranten, S. 205 ff.

316 BT-Drs. 14/5741, S. 42.

317 BT-Drs. 14/5741, S. 31.

Dabei wird mit der Erweiterung des Themenkatalogs, wie auch mit den Erweiterungen der Berichtspflichten des Arbeitgebers das Ziel verfolgt, die Integration der ausländischen Mitarbeiter zum Thema im Betrieb zu machen.[318]

Demnach geht der Gesetzgeber ausweislich der Gesetzesbegründung auch in § 45 S. 1 davon aus, dass zu dem betrieblichen Sachthema der Integration, mithin auch terminologisch zum Begriff der Integration, die Auseinandersetzung mit Rassismus und Fremdenfeindlichkeit zählt.[319]

cc) Die allgemeine Aufgabe der JAV

§ 70 Abs. 1 Nr. 4 normiert die allgemeine Aufgabe der JAV, die Integration der ausländischen Auszubildenden im Betrieb zu fördern.

Vor dem Hintergrund, dass die Grundlagen für Toleranz und ein friedliches Miteinander in der Jugend geschaffen würden, soll nach dem Willen des Gesetzgebers die JAV sich entsprechend engagieren.[320]

Zwar wird in § 70 Abs. 1 Nr. 4 die Förderung des Verständnisses mit den deutschen Arbeitnehmern sowie die Bekämpfung von Rassismus und Fremdenfeindlichkeit, anders als in § 80 Abs. 1 Nr. 7, nicht ausdrücklich angesprochen. Angesichts der insoweit eindeutigen Gesetzesbegründung, ist aber dennoch nicht von einem thematisch engeren Zuschnitt der allgemeinen Aufgabe der JAV auszugehen.[321] Denn der Gesetzgeber geht ausdrücklich davon aus, „dass es zu den allgemeinen Aufgaben *des Betriebsrats und der Jugend- und Auszubildendenvertretung* gehört, die Integration ausländischer Kollegen zu fördern. *Betriebsrat und Jugend- und Auszubildendenvertretung* können so von sich aus aktiv werden, um im Vorfeld Vorurteile abzubauen und sich für die Belange ausländischer Kollegen verstärkt einzusetzen".[322]

dd) Freiwillige Betriebsvereinbarungen

Der Gesetzgeber hat in § 88 Nr. 4 klargestellt, dass die Betriebspartner freiwillige Betriebsvereinbarungen über Maßnahmen zur Integration ausländischer Arbeitnehmer sowie zur Bekämpfung von Rassismus und Fremdenfeindlichkeit im Betrieb schließen können,[323] der Betriebsrat entsprechende Betriebsvereinbarungen

---

318 BT-Drs. 14/5741, S. 31, GK-BetrVG/*Weber*, § 45 Rn. 19, GK-BetrVG/*Weber*, § 43 Rn. 14.

319 DKW/*Berg*, § 45 Rn. 14; *Fitting*, § 45 Rn. 17.

320 BT-Drs. 14/5741, S. 44 f.; DKW/*Dornberger*, § 70 Rn. 11.

321 GK-BetrVG/*Oetker*, § 70 Rn. 17.

322 BT-Drs. 14/5741, S. 31 (kursivgesetzte Hervorhebung durch den Verfasser).

323 *Knolle*, AiB 2011, 228, 230.

also einsetzen kann, um seiner Aufgabe aus § 80 Abs. 1 Nr. 7 entsprechend die Integration zu fördern.[324]

Denkbar ist dazu etwa die Einrichtung von Beschwerdestellen und -verfahren gemäß § 86. Dabei kann das Beschwerderecht sachlich auch auf Umstände ausgedehnt werden, die einen geringen Bezug zur Arbeit aufweisen.[325] Weiterhin kann durch freiwillige Betriebsvereinbarungen ein betriebliches Mentorenprogramm geschaffen[326] oder auch der Einsatz von „Kulturmittlern" geregelt werden, um in aus kultureller Heterogenität der Belegschaft möglicherweise resultierenden betrieblichen Konflikten gezielt vermitteln zu können.[327] Außerdem können zur Förderung der Integration spezielle Vertretungen für ausländische Arbeitnehmer eingerichtet werden.[328] Mögliche Aufgaben können sich weiterhin im Zusammenhang mit der Bildungsplanung oder auch betrieblicher Konfliktlösung ergeben. Dabei gilt es Zusammensetzung, Zuständigkeiten und Kompetenzen der Vertretung ausdrücklich und genau zu regeln.[329] Zudem kann die Förderung der Integration durch die Etablierung paritätisch aus Vertretern der Betriebspartner zusammengesetzter Kommissionen institutionalisiert werden, die einen innerbetrieblichen Diskussions- und Handlungsprozess zu diesem Thema initiieren und moderieren.[330]

Über freiwillige Betriebsvereinbarungen kann weiterhin ein betriebliches Angebot von berufsbezogenen oder auch allgemein ausgerichteten Deutschsprachkursen geschaffen werden[331] und der Betriebsrat kann sich für eine innerbetriebliche Anerkennung ausländischer Qualifikationen einsetzen.[332]

Schließlich können durch Betriebsvereinbarungen erwünschte und unerwünschte bzw. unerlaubte Verhaltensweisen generell beschrieben und Maßnahmen

---

324 DKW/*Buschmann*, § 80 Rn. 63; *Franzen*, ZFA 2001, 423, 443; mit Umsetzungsbeispielen aus der Praxis *Seifert*, in: Haedrich (Hrsg.), Flucht, Asyl und Integration aus rechtlicher Perspektive, 2017, S. 153, 168 f.

325 *Knolle*, AiB 2011, 228, 232.

326 *Seifert*, in: Haedrich (Hrsg.), Flucht, Asyl und Integration aus rechtlicher Perspektive, 2017, S. 153, 169.

327 Vgl. dazu *Fitting*, § 88 Rn. 27; *Seifert*, in: Haedrich (Hrsg.), Flucht, Asyl und Integration aus rechtlicher Perspektive, 2017, S. 153, 169.

328 *Fitting*, § 88 Rn. 27.

329 *Knolle*, AiB 2011, 228, 231.

330 *Seifert*, in: Haedrich (Hrsg.), Flucht, Asyl und Integration aus rechtlicher Perspektive, 2017, S. 153, 169.

331 *Seifert*, in: Haedrich (Hrsg.), Flucht, Asyl und Integration aus rechtlicher Perspektive, 2017, S. 153, 169.

332 *Knolle*, AiB 2011, 228, 229.

bei Zuwiderhandlung geregelt werden.[333] Dabei können durch den Abschluss von Betriebsvereinbarungen allgemein gehaltene gesetzliche Diskriminierungsverbote präzisiert werden.[334] Insoweit ergeben sich für den Betriebsrat auch Möglichkeiten, Problemlagen im Rahmen der Rechtsdurchsetzung anzugehen. Denn, wenn Arbeitnehmerschutzvorschriften zusätzlich in Betriebsvereinbarungen festgehalten werden, kann der Betriebsrat deren Durchsetzung unter Umständen aus eigenem Recht geltend machen.[335] Das setzt allerdings voraus, dass sich der Arbeitgeber auch gegenüber dem Betriebsrat verpflichtet hat.[336] Denn anderenfalls ist dem Betriebsrat die Befugnis nicht gegeben, aus eigenem Recht die Einhaltung der zu Gunsten der Arbeitnehmer im Betrieb geltenden Regelungen zu verlangen.[337]

Dem Betriebsrat ergibt sich hier ein weites Feld denkbarer Maßnahmen. Gleichwohl zeigen auch die zur Förderung der Integration diskutierten Regelungsvorschläge, dass § 88 nach der herrschenden Meinung[338] tendenziell weniger dazu vorgesehen ist, dem Betriebsrat eine Möglichkeit zu bieten, dezidiert Einfluss auf einzelne personelle Angelegenheiten zu nehmen.

ee) Schlussfolgerungen

(1) Das Integrationsthema im Lichte des Zuwanderungsdiskurses

Durch die Anpassung der Berichtspflichten des Arbeitgebers bzw. des Themenkatalogs der Betriebsversammlung in den §§ 43 Abs. 2 S. 3, 53 Abs. 2 Nr. 2 bzw. § 45 S. 1 soll die Integration ausländischer Arbeitnehmer als betriebliches Thema ausgestaltet werden[339], das letztlich auch im Zusammenhang mit dem Zuwanderungsdiskurs zu verstehen ist.

Dabei soll die Ausgestaltung der Integration ausländischer Arbeitnehmer als Thema im Betrieb dazu dienen, dem Erfordernis an Integrationsangeboten im betrieblichen Bereich gerecht zu werden, das aufgrund der zuwanderungsbedingt notwendigen Integrationsförderung besteht.[340] Daraus wird deutlich, dass

---

333 *Fitting*, § 88 Rn. 27.

334 Laut *Knolle*, AiB 2011, 228, 230 (Fn. 31), haben die von Gewerkschaften angebotenen Muster-Betriebsvereinbarungen jedoch oft eher einen passiven und deklaratorischen Charakter; *Öztürk*, AiB 1994, 54, 55.

335 DKWF/*Buschmann*, § 80 Rn. 1.

336 GK-BetrVG/*Weber*, § 80 Rn. 32.

337 *Nebendahl*, DB 1990, 2018 ff.; passim *Nebendahl*, Die Überwachungspflicht des Betriebsrats aus § 80 Abs. 1 Nr. 1 BetrVG.

338 Vgl. m. w. N. DKW/*Berg*, § 88 Rn. 8 f.

339 BT-Drs. 14/5741, S. 31.

340 Vgl. BT-Drs. 14/5741, S. 42.

der Gesetzgeber entsprechende Maßnahmen (insbesondere des Arbeitgebers[341]) gleichsam als Maßnahmen zur Förderung der Integration ansieht.

(2) Alltägliche und strukturelle Diskriminierungen

Als Gegenstände von Maßnahmen zur Integrationsförderung kommen nach der Gesetzesbegründung explizit alltägliche und strukturelle Diskriminierungsformen in Betracht.[342] So soll letztlich dem gegenüber der rechtlichen Gleichstellung als defizitär empfundenen Stand der tatsächlichen Gleichbehandlung ausländischer Arbeitnehmer begegnet werden, der sich etwa in einer überproportionalen Betroffenheit von Rationalisierungsmaßnahmen manifestiere.[343]

Insoweit kristallisiert sich zunächst die Gleichbehandlung ausländischer Arbeitnehmer bzw. der Schutz vor Benachteiligungen als (Teil-)Aspekt der Aufgabe der Integrationsförderung heraus.[344] Zugleich spricht der Gesetzgeber implizit die materielle Gleichbehandlung an, die hinter der rechtlichen Gleichstellung zurückbleibe. Diese setzt allerdings, über die bestehenden Diskriminierungsverbote hinaus, voraus, dass Ausländer in bestimmter Weise begünstigt werden.[345]

Dieser Befund wird schließlich auch durch sozialwissenschaftliche Erkenntnisse bestätigt: Demnach ist unter struktureller Diskriminierung eine gravierend benachteiligte soziale Lage einer Bevölkerungsgruppe (beispielsweise auf dem Arbeitsmarkt) zu verstehen, die weder durch massive individuelle noch institutionelle Diskriminierung erklärbar ist, sondern sich als Resultat unterlassener Förderung entpuppt.[346]

(3) Rassismus und Fremdenfeindlichkeit

Dabei sieht der Gesetzgeber ganz offensichtlich mit der Integration thematisch und begrifflich auch die Bekämpfung von Rassismus und Fremdenfeindlichkeit verbunden.[347] Schließlich sollte dieser Aspekt durch die Ergänzungen in den §§ 43 Abs. 2 S. 3, 53 Abs. 2 Nr. 2, § 45 S. 1 und § 70 Abs. 1 Nr. 4 explizit aufgegriffen werden. Dort wiederum ist dem Wortlaut nach nur von der „Integration“ ausländischer Arbeitnehmer als Gegenstand von Betriebs- und Abteilungsversammlungen,

---

341 Vgl. BT-Drs. 14/5741, S. 31.

342 Vgl. BT-Drs. 14/5741, S. 31.

343 BT-Drs. 14/5741, S. 25.

344 So statt vieler auch DKW/*Buschmann*, § 80 Rn. 64; *Fitting*, § 80 Rn. 32; Richardi/*Thüsing*, § 80 Rn. 45.

345 *Knolle*, AiB 2011, 20, 21; *Däubler*, Das Arbeitsrecht 2, Rn. 1683.

346 *Heckmann*, Integration von Migranten, S. 234.

347 Vgl. auch ErfK/*Kania*, § 80 BetrVG Rn. 16.

der Berichtspflicht des Unternehmers bzw. einer allgemeinen Aufgabe der Jugend- und Auszubildendenvertretung die Rede. Dieses Ergebnis wird auch durch den Zweck der Aufnahme dieses Themas bestätigt, der, ausweislich der Gesetzesbegründung, ausdrücklich darin besteht, eine wirksame Bekämpfung von Rassismus und Fremdenfeindlichkeit zu ermöglichen.[348]

Wenn nun die Integration ausländischer Arbeitnehmer thematisch und terminologisch die Bekämpfung von Rassismus und Fremdenfeindlichkeit nicht erfassen würde, könnten diese Änderungen des BetrVG den entsprechend verfolgten Zweck nicht erreichen. Ein solches Verständnis wird vom Gesetzgeber kaum angestrebt werden.

(4) Staatsangehörigkeit

Bedenken könnten sich vor dem Hintergrund ergeben, dass in den §§ 43 Abs. 2 S. 3, 53 Abs. 2 Nr. 2, § 45 S. 1 und § 70 Abs. 1 Nr. 4 von der Integration „ausländischer" Arbeitnehmer die Rede ist.

Denn bisweilen wird aus der Verwendung des Begriffs der „ausländischen" Arbeitnehmer eine durch die Staatsangehörigkeit bestimmte Restriktion des Anwendungsbereiches gefolgert.[349]

Fremdenfeindlichkeit und Rassismus bezeichnen allerdings zunächsteinmal gesellschaftliche Ideologien, aus denen sich gruppenfeindliche Vorurteile speisen.[350] Diese wiederum beeinträchtigen die Offenheit der Aufnahmegesellschaft und stellen insoweit eine Barriere für die Integration dar[351] – unter anderem dann, wenn sich die Vorurteile in diskriminierenden Verhaltensweisen fortsetzen[352]. Auch der Gesetzgeber geht insoweit folgerichtig von desintegrativen Aspekten aus.[353]

Allerdings erfolgt Diskriminierung, also eine Ungleichbehandlung aufgrund illegitimer Kriterien, nicht „wegen" bestimmter Merkmale (beispielsweise der ethnischen und nationalen Herkunft, der Religion, der Hautfarbe, Kultur und Sprache), sondern sie nimmt diese zum Anlass und macht sich an ihnen fest.[354] Damit beruhen Diskriminierungen letztlich auf subjektiver Askription.

---

348 BT-Drs. 14/5741, S. 42 und S. 43.

349 Siehe bereits oben S. 47 ff.

350 *Heckmann*, Integration von Migranten, S. 215 ff.

351 *Heckmann*, Integration von Migranten, S. 205 ff.

352 Vgl. *Heckmann*, Integration von Migranten, S. 231 f.

353 Zum BPersVG 2021: BT-Drs. 19/26820, S. 110; siehe oben S. 30 f.

354 *Heckmann*, Integration von Migranten, S. 231 f.

Fremdenfeindliche und rassistische Vorurteile und Benachteiligungen geschehen also nicht wegen etwa der rechtlichen Beziehung des Einzelnen zu einem Staat.[355]

Ebenso beruht die zuwanderungsbedingte Notwendigkeit von Integrationsangeboten im betrieblichen Bereich weniger auf einer ausländischen Staatsangehörigkeit der zuwandernden Personen als vielmehr der besondere Situation, in der sich Migranten etwa hinsichtlich der Sprache, der Qualifikation oder auch der Religion befinden.[356]

Es erscheint vor diesem Hintergrund wenig sachgerecht, die Bezugnahme auf „ausländische" Arbeitnehmer in den §§ 43 Abs. 2 S. 3, 53 Abs. 2 Nr. 2, § 45 S. 1 und § 70 Abs. 1 Nr. 4 im Sinne eines an den rechtlichen Status der Staatsangehörigkeit anknüpfenden Tatbestandsmerkmals zu interpretieren[357].[358]

Vielmehr dürfte der Gesetzgeber mit der Bezugnahme auf „ausländische" Arbeitnehmer die mit diesem Begriff (ähnlich dem der Migranten[359]) häufig verbundene stereotype Einordnung von Menschen als fremd oder anders[360] aufgreifen und das Sachthema der Integration auch im betriebsverfassungsrechtlichen Regelungskomplex unabhängig von der Nationalität verstanden wissen wollen.

(5) Sachbezug

Dafür, dass § 80 Abs. 1 Nr. 7 nicht unmittelbar personenbezogen zu verstehen ist, spricht auch die Klarstellung in § 88 Nr. 4, wonach der Betriebsrat zur Förderung der Integration (auch) freiwillige Betriebsvereinbarungen schließen kann.

Denn dabei besteht im Ausgangspunkt eine umfassende Kompetenz der Betriebspartner zur Regelung betrieblicher und arbeitsrechtlicher Fragen.[361] § 88 ermöglicht es diesbezüglich unter Berücksichtigung der entsprechenden

355 *Riedlinger*, AiB 2019, 28, 28 f.; *Schiek*, AuR 2003, 44, 45; *Dyrchs*, Ausländerspezifische Konflikte im abhängigen Erwerbsleben, S. 35; *Fröb*, Die Bekämpfung von Rassismus und Fremdenfeindlichkeit im Arbeitsrecht, S. 17 ff.; siehe bereits oben S. 16 f.

356 *Deinert*, ZFA 2018, 17, 31; vgl. *Bast*, Aufenthaltsrecht und Migrationssteuerung, S. 93; siehe bereits oben S. 16 f.

357 So aber wohl DKW/*Buschmann*, § 80 Rn. 67; ausdrücklich *Fitting*, § 80 Rn. 32; im Ergebnis auch *Fröb*, Die Bekämpfung von Rassismus und Fremdenfeindlichkeit im Arbeitsrecht, S. 186.

358 Vgl. *Knolle*, AiB 2011, 228, 231, der Arbeitnehmer mit Migrationhintergrund einbeziehen will (Fn. 41).

359 Zu dessen Gebrauch *Bast*, Aufenthaltsrecht und Migrationssteuerung, S. 93.

360 *Schiek*, AuR 2003, 44, 45.

361 M. w. N. *Fitting*, § 88 Rn. 2.

(Binnen-)Schranken[362], primär kollektive Tatbestände normativ zu regeln.[363] § 88 ist jedoch nach der herrschenden Meinung[364] vom Gesetzgeber eher nicht dazu konzipiert worden, dem Betriebsrat eine Möglichkeit zu bieten, dezidiert Einfluss auf einzelne personelle Angelegenheiten zu nehmen.[365]

Wenn der Gesetzgeber aber in Gestalt von § 88 Nr. 4 ein solches Mittel als zur Verwirklichung der Integrationsförderung geeignet hervorhebt, erscheint auch für die Aufgabe der Integrationsförderung kein primär personenbezogenes Verständnis angezeigt.

Darauf deutet auch die Möglichkeit hin, Mitglieder des Betriebsrats gemäß § 37 Abs. 6 entsprechend § 37 Abs. 2 für die Teilnahme an Schulungs- und Bildungsveranstaltungen freizustellen, soweit diese Kenntnisse vermitteln, die für die Arbeit des Betriebsrats erforderlich sind. Denn dabei ist, vor dem Hintergrund des § 80 Abs. 1 Nr. 7, ein Bezug zu den Aufgaben des Betriebsrates etwa gegeben, wenn Schulungen die konkreten Möglichkeiten zur Bekämpfung von Rassismus und Fremdenfeindlichkeit auf betrieblicher Ebene zum Gegenstand haben.[366] Das Verhältnis der Aufgabe der Integrationsförderung zum AGG[367] legt es außerdem nahe, zum Erwerb der insoweit erforderlichen Kenntnisse auch Schulungen zum AGG in Betracht zu ziehen. Letztere sind angesichts der damit einhergehenden Vermittlung von Grundkenntnissen des allgemeinen Arbeitsrechts jedenfalls als erforderliche Kenntnisse vermittelnde Schulungen anerkannt.[368] Dabei vorauszusetzen, dass tatsächlich Diskriminierungsfälle im Betrieb auftauchen, überzeugt allerdings nicht[369] – insbesondere vor dem Hintergrund des präventiven Charakters der Aufgabe der Integrationsförderung.[370] Darüber hinaus erscheint das Voraussetzen betrieblicher Diskriminierungsfälle für einen Schulungsanspruch auch insoweit nicht schlüssig, als bereits das vorausgehende Identifizieren von Diskriminierungen spezifische Sachkenntnisse voraussetzen kann. Denn es kann, im Sinne der entscheidenden Frage, ob der Betriebsrat ohne diese Kenntnisse die

362 M. w. N. *Fitting*, § 88 Rn. 4.
363 Statt vieler m. w. N. GK-BetrVG/*Gutzeit*, § 88 Rn. 9.
364 Vgl. m. w. N. DKW/*Berg*, § 88 Rn. 8 f.
365 Vgl. allgemein zur Mitbestimmung in sozialen Angelegenheiten Richardi/*Richardi/Maschmann*, § 87 Rn. 1 ff.
366 GK-BetrVG/*Weber*, § 37 Rn. 200.
367 Siehe dazu unten S. 131 ff.
368 M. w. N. *Fitting*, § 37 Rn. 144; *Hayen*, AiB 2006, 730, 734 f.; *Schwering*, Das Allgemeine Gleichbehandlungsgesetz als Aufgabe und Instrument des Betriebsrates, S. 213.
369 So aber *Hanau*, ZIP 2006, 2189, 2199.
370 Siehe auch unten S. 86 ff.

ihm konkret obliegenden Aufgaben nicht sach- und fachgerecht erfüllen kann,[371] nicht angehen, Diskriminierungen erst geschehen lassen zu müssen und dann noch Gefahr zu laufen, sie nicht als solche zu erkennen.

Im Zusammenhang mit der Aufgabe der Integrationsförderung kommen außerdem unter dem Gesichtspunkt der besonderen Berücksichtigung der Interessen ausländischer Arbeitnehmer noch weitere Schulungsinhalte in Betracht. So wurde zwar in einem Fall für eine Fachtagung zu dem Thema „Ausländische Arbeitnehmer/innen in Hessen – Änderungen des Staatsangehörigkeitsrechts“ vom *ArbG Marburg*[372] die Erforderlichkeit hinsichtlich des Staatsangehörigkeitsrechts verneint. Die Erwägungen des Gerichts lassen allerdings darauf schließen, dass die Erforderlichkeit nicht bereits grundsätzlich daran scheiterte, dass das Staatsangehörigkeitsrecht für die Aufgaben des Betriebsrates an sich unerheblich wäre. Vielmehr wird angesichts der Ausführungen[373] zu den einzelnen Tagungsthemen deutlich, dass es einer differenzierten Betrachtung bedarf. So wird zwar dem Thema „Doppelte Staatsbürgerschaft aus verfassungsrechtlicher Sicht“, wie auch der Frage danach, ob für die Staatsangehörigkeit die Abstammung oder der Aufenthaltsort maßgeblich sein soll, keine betriebsverfassungsrechtliche Relevanz beigemessen. Diese wird jedoch hinsichtlich der Relevanz der doppelten Staatsbürgerschaft für die Integration prinzipiell für möglich gehalten und für den Einzelfall ein konkreter betrieblicher Bezug gefordert. Ein solcher, konkreter Bezug zu den betrieblichen Verhältnissen soll sich dabei auch mittelbar ergeben können, etwa, wenn mit der Staatsangehörigkeit auch die Erforderlichkeit einer Arbeitserlaubnis verknüpft ist.

Dadurch wird implizit die These bestätigt, dass hinsichtlich der Förderung der Integration im Ausgangspunkt ein sachlich-thematisches Verständnis angezeigt ist, das sich abstrakt an den Interessen ausländischer Arbeitnehmer orientiert. Die Frage nach konkreten betrieblichen Bezügen stellt sich dagegen erst in einem zweiten Schritt, sofern eine Maßnahme eine Abwägung mit weiteren Interessen erforderlich macht. Sie ist mit anderen Worten weniger qualitativer als vielmehr quantitativer Art.

ff) Zwischenergebnis

Der Gedanke einer einheitlichen Verwendung des Integrationsbegriffs legt es zunächst nahe, den Integrationsbegriff in § 80 Abs. 1 Nr. 7 und darüber die

---

371 *Fitting*, § 37 Rn. 142.

372 08.09.1999 – 1 Ca 322/99, NZA-RR 2000, 248 f.

373 ArbG Marburg, 08.09.1999 – 1 Ca 322/99, NZA-RR 2000, 248, 249.

allgemeine Aufgabe der Integrationsförderung inhaltlich an dem durch die §§ 43 Abs. 2 S. 3, 53 Abs. 2 Nr. 2, § 45 S. 1 und § 70 Abs. 1 Nr. 4 ausgestalteten Sachthema der „Integration ausländischer Arbeitnehmer" zu orientieren.

Soweit der Gegenstand der allgemeinen Aufgabe in der Förderung eines Zustands bzw. Prozesses besteht, gehören dazu sowohl Maßnahmen gegen alltägliche und strukturelle Formen der Diskriminierung ausländischer Arbeitnehmer wie auch die Bekämpfung von Fremdenfeindlichkeit und Rassismus.

Da der Gesetzgeber entsprechende Maßnahmen (des Arbeitgebers) gleichsam als Maßnahmen zur Förderung der Integration ansieht, sollten die entsprechenden Erscheinungsformen thematisch auch der allgemeinen Aufgabe aus § 80 Abs. 1 Nr. 7 unterfallen und zum Gegenstand der Gestaltungstätigkeit des Betriebsrates zählen können.

Infolgedessen dürfte auch der Bezug der Integrationsförderungsaufgabe auf „ausländische Arbeitnehmer" in § 80 Abs. 1 Nr. 7 nicht im Sinne der Verwendung eines Statusbegriffs zur Normierung eines von der Staatsangehörigkeit abhängigen Tatbestandsmerkmals zu verstehen sein.

Durch Rechtsextremismus, Rassismus, Fremdenfeindlichkeit und Antisemitismus konkret gefährdete Personen sollen also nicht nur in Abhängigkeit von ihrer Nationalität nicht befürchten müssen, im Arbeitsleben benachteiligt, beleidigt, belästigt, in ihrer körperlichen Integrität beeinträchtigt oder Opfer von Mobbing zu werden. Ebenso wenig endet die Notwendigkeit zur Verhinderung struktureller Benachteiligungen im Betrieb spezifische Förderungsmaßnahmen durchzuführen am Rechtsstatus der deutschen Staatsangehörigkeit. Denn die Aufgabe der Förderung der Integration ist weniger konkret personenbezogen als vielmehr abstrakt thematisch zu verstehen.

b) Konzeption betrieblicher Interessenvertretung

Es stellt sich allerdings die Frage, wie sich diese Befunde zur Konzeption betrieblicher Interessenvertretung verhalten.

aa) Schutzzweck des BetrVG

Durch den Abschluss eines Arbeitsvertrages verpflichtet sich der Arbeitnehmer grundsätzlich dazu, eine im Vorfeld eher allgemein formulierte Funktion innerhalb eines fremden Arbeits- oder Lebensbereiches auszufüllen, die regelmäßig erst durch die Ausübung des Direktionsrechts des Arbeitgebers näher konkretisiert wird.[374] Konstitutives Element eines Arbeitsverhältnisses ist dabei, dass

374 Statt vieler m. w. N. GK-BetrVG/*Wiese*, Einl. Rn. 76.

dieses Verhältnis der Bindung des einen an die Anweisungen des anderen in einem Arbeits- oder Lebensbereich angesiedelt ist, dessen Gestaltung (an sich) allein dem Weisungsbefugten vorbehalten ist. Denn durch ein weisungsgebundenes Tätigwerden zur Verfolgung fremder Zwecke, innerhalb fremdbestimmter Organisationsstrukturen, Arbeitsabläufe und ggf. Personenkonstellationen gibt der Einzelne innerhalb dieser vorgegebenen Ordnung seine persönliche Freiheit in weiten Teilen auf.[375]

Demgegenüber gebietet es der hohe Stellenwert, den die Verfassung der freien menschlichen Persönlichkeit und der menschlichen Würde sowie der Privatautonomie beimisst, diese persönliche Abhängigkeit auf ein erträgliches Maß zu begrenzen.[376]

Eben darauf, nämlich den Verlust persönlicher Freiheit der Arbeitnehmer auf ein erträgliches Maß zu reduzieren, der sich bei betrieblichen Arbeitsverhältnissen aus der Zugehörigkeit des Arbeitnehmers zu einem Arbeitsverband ergibt, zielt der betriebsverfassungsrechtliche Regelungsrahmen ab.[377] Die Mitbestimmung dient dazu, die Achtung des Arbeitnehmers als Person, seine menschliche Würde und die Entfaltung seiner Persönlichkeit im Rahmen des Arbeitsverhältnisses sicherzustellen.[378] Darauf deutet bereits der Bericht der Mitbestimmungskommission[379] hin, der bei Vorarbeiten zum BetrVG 1972[380] berücksichtigt wurde[381].[382]

Dabei entpuppt sich das BetrVG letztlich als spezielle Ausprägung des durch das Sozialstaatsprinzip grundgesetzlich legitimierten allgemeinen Schutzzwecks des Arbeitsrechts.[383] Das Sozialstaatsprinzip aus Art. 20 Abs. 1 GG legitimiert den Gesetzgeber, ein Sozialordnungsrecht zu schaffen[384] und rechtfertigt dabei auch

375 BT-Drs. 6/334, S. 56 ff.; m. w. N. GK-BetrVG/*Wiese*, Einl. Rn. 76; m. w. N. auch Richardi/*Richardi/Maschmann*, § 87 Rn. 8.

376 BVerfG, 20.12.1960 – 1 BvL 21/60, BVerfGE 12, 45, 51, 53 f.; m. w. N. GK-BetrVG/*Wiese*, Einl. Rn. 76.

377 DKW/*Däubler*, Einl. Rn. 47; ErfK/*Koch*, § 1 BetrVG Rn. 1; GK-BetrVG/*Wiese*, Einl. Rn. 81; *Waltermann*, Arbeitsrecht, Rn. 807.

378 BT-Drs. 6/334, S. 65; Jeweils m. w. N. DKW/*Däubler*, Einl. Rn. 47; ErfK/*Koch*, § 1 BetrVG Rn. 1; GK-BetrVG/*Wiese*, Einl. Rn. 81.

379 BT-Drs. 6/334, S. 56, 58, 65.

380 Betriebsverfassungsgesetz vom 15.01.1972, BGBl. I S. 13.

381 BR-Drs. 715/70, S. 31.

382 Jeweils m. w. N. DKW/*Däubler*, Einl. Rn. 47; GK-BetrVG/*Wiese*, Einl. Rn. 81; *Kummer*, Die Nichtausübung betriebsverfassungsrechtlicher Beteiligungsrechte, S. 20.

383 Statt vieler m. w. N. GK-BetrVG/*Wiese*, Einl. Rn. 82.

384 MünchArbr/*Fischinger*, § 6 Rn. 9.

den kollektiven Schutz des arbeitenden Menschen durch Betriebsräte.[385] Durch die Regelungen zur betrieblichen Mitbestimmung wird das Sozialstaatsprinzip vom Gesetzgeber ausgestaltet[386], indem der den grundgesetzlichen Freiheitsrechten zugrundeliegende Gedanke der Selbstbestimmung verwirklicht wird[387].[388] Die Mitbestimmung der Arbeitnehmer nach dem Betriebsverfassungsrecht „(…) ist das geeignete und erforderliche Mittel, Gemeinwohlinteressen an einer sozialen Ausgestaltung betrieblicher Verhältnisse unter Berücksichtigung von Grundrechtspositionen der Arbeitnehmer zu verwirklichen“[389].

bb) Kollektive Interessenvertretung

Das grundsätzliche Bedürfnis, Arbeitnehmer gegen Einbußen an persönlicher Freiheit aufgrund der Eingliederung in ein fremdbeherrschtes Arbeitsumfeld zu schützen, wurde vom Gesetzgeber durch die Etablierung einer kollektiven Interessenvertretung aufgegriffen.[390] Insofern wird der individuelle Schutzzweck primär auf kollektiver Ebene verwirklicht, vermittelt durch die Wahrnehmung der Beteiligungsrechte durch die betrieblichen Interessenvertretungen. Dadurch, dass die Repräsentanten ihre betriebsverfassungsrechtlichen Kompetenzen wahrnehmen (können), wird die Arbeitnehmerseite zum mitgestaltenden Subjekt bei der Ausgestaltung der arbeitsrechtlichen Beziehungen bzw. der Lebensrealität des betrieblichen Arbeitsplatzes insgesamt.[391] Das Gemeinwohlinteresse an einer sozialen Ausgestaltung betrieblicher Verhältnisse[392] wird somit durch die betrieblichen Interessenvertretungen gewahrt.

cc) Kollektives Interesse und Ermessen des Betriebsrates

Die Vertretungen treffen dabei selbst die Entscheidung darüber, welche Interessen gemeinschaftlich vertreten werden. Demgegenüber müssen abweichende Individualinteressen grundsätzlich zurückstehen.[393] Der Betriebsrat hat kein

---

385 GmS-OGB, 12.03.1987 – Gms-OGB 6/86, NJW 2571, 2573; Jarass/Pieroth/*Jarass*, Art. 20 Rn. 162.

386 BVerfG, 30.04.2015 – 1 BvR 2274/12, AP Nr. 88 zu § 118 BetrVG 1972.

387 MünchArbr/*Fischinger*, § 6 Rn. 9.

388 Zum ganzen statt vieler m. w. N. GK-BetrVG/*Wiese*, Einl. Rn. 53 f.

389 GK-BetrVG/*Wiese*, Einl. Rn. 58.

390 GK-BetrVG/*Wiese*, Einl. Rn. 83 f.

391 ErfK/*Koch*, § 1 BetrVG Rn. 2; GK-BetrVG/*Wiese*, Einl. Rn. 84, 87; *Gamillscheg*, Kollektives Arbeitsrecht II, S. 30.

392 GK-BetrVG/*Wiese*, Einl. Rn. 58.

393 Mit zahlreichen Nachweisen GK-BetrVG/*Wiese*, Einl. Rn. 80, 91.

imperatives Mandat, sondern arbeitet unabhängig von Weisungen der durch ihn repräsentierten Belegschaft auf das Wohl der Arbeitnehmer und des Betriebs hin (vgl. § 2 Abs. 1).[394] So wahrt der Betriebsrat die Interessen der Belegschaft als „kollektives Interesse" prinzipiell losgelöst von den jeweiligen individuellen Interessen des einzelnen Arbeitnehmers.[395]

Vor diesem Hintergrund sind die betrieblichen Interessenvertretungen gefordert, die innerhalb der Belegschaft bestehenden Interessen zu koordinieren, sowie aus den gegebenenfalls divergierenden Interessenlagen das Belegschaftsinteresse herauszufiltern und als kollektives Interesse gegenüber dem Arbeitgeber geltend zu machen.[396]

Es liegt dabei grundsätzlich im pflichtgemäßen Ermessen des Betriebsrates, darüber zu entscheiden, ob und wie dem kollektiven Interesse im konkreten Fall durch die Betätigung seiner betriebsverfassungsrechtlichen Befugnisse am besten gedient ist.[397]

dd) Insbesondere: Abwägung des kollektiven Interesses

Der Gesetzgeber geht zwar grundsätzlich davon aus, dass von den Repräsentanten der Belegschaft (bei der Verfolgung des kollektiven Belegschaftsinteresses[398]) auch Minderheitsinteressen angemessen vertreten werden können – sichert dies jedoch andererseits auch durch gesetzliche Verpflichtungen ab.[399]

Die Interessenvertretungen können das von ihnen definierte kollektive Interesse also nicht beliebig verfolgen, sondern sind an die von Rechtsprechung und Lehre entwickelten Innenschranken ihrer Regelungsmacht gebunden.[400]

---

394 GK-BetrVG/*Franzen*, § 1 Rn. 64 f.

395 M. w. N. und Beispielen aus der Rechtsprechung *Gamillscheg*, Kollektives Arbeitsrecht II, S. 26 ff.

396 ErfK/*Koch*, § 1 BetrVG Rn. 1; GK-BetrVG/*Wiese*, Einl. Rn. 80; *Blomeyer*, GS Dietz, 1973, S. 147, 157 f.; m. w. N. und Beispielen aus der Rechtsprechung *Gamillscheg*, Kollektives Arbeitsrecht II, S. 27 f.; *Zöllner/Loritz/Hergenröder*, § 48 Rn. 13 ff.

397 BAG, 12.03.1987 – 2 AZR 176/86, AP Nr. 47 zu § 102 BetrVG 1972 B. I. 1. d) aa); m. w. N. *Gamillscheg*, Kollektives Arbeitsrecht II, 2008, S. 29; *Zöllner/Loritz/Hergenröder*, § 48 Rn. 16.

398 BAG, 05.03.1974 – 1 ABR 19/73, AP Nr. 1 zu § 5 BetrVG 1972 III. 2. D).

399 *Gamillscheg*, Kollektives Arbeitsrecht II, S. 29 gibt die Rspr. insoweit verkürzt wieder, siehe BAG, 08.12.1981 – 3 ABR 53/80, AP Nr. 1 zu § 1 BetrAVG B. I. 3.

400 GK-BetrVG/*Wiese*, Einl. Rn. 91.

Als zwingendes staatliches Recht gehört dazu auch § 2 Abs. 1[401], dessen finale Vorgaben durch die allgemeinen Aufgaben konkretisiert werden[402].

Insofern wird durch die allgemeinen Aufgaben gemäß § 80 Abs. 1 – ähnlich zu § 75[403] – die Gestaltungsfreiheit der Interessenvertretung begrenzt.[404] Sie können nämlich diese Themenfelder auch dann nicht außer Acht lassen, wenn das selbst-definierte „kollektive Interesse" darauf nicht gerichtet ist; die allgemeinen Aufgaben binden den Betriebsrat als unverzichtbare Amtspflichten[405] – und zwar grundsätzlich unabhängig davon, ob die betrieblichen Interessenvertretungen diese Themen als gemeinschaftlich zu vertretende Interessen einordnen.

Wird die Aufgabe aus § 80 Abs. 1 Nr. 7 gröblich vernachlässigt, kann dies grundsätzlich als Pflichtverstoß im Sinne von § 23 Abs. 1 gewertet werden und den Ausschluss eines Betriebsratsmitglieds oder die Auflösung des gesamten Betriebsrates zur Folge haben.[406] Infolgedessen sind die Vertretungsorgane auch vor dem Hintergrund der allgemeinen Aufgaben weniger frei darin, die betriebliche Realität durch die Ausübung ihrer Befugnisse zu gestalten.

Vor diesem Hintergrund erschließt sich, dass beziehungsweise in welchem Umfang die Ausgestaltung von § 80 Abs. 1 Nr. 7 als Amtspflicht auch dem Zweck dient, die Ermessensausübung anzuleiten. Eine pflichtgemäße Bestimmung des kollektiven Interesses setzt insofern voraus, dass die Integration ausländischer Arbeitnehmer im Rahmen der vertretungsinternen Abwägungsprozesse von den betrieblichen Interessenvertretungen angemessen berücksichtigt wird.

Der Gesetzgeber vertraut betreffend die Themenbereiche der allgemeinen Aufgaben offenbar nicht darauf, dass sie allein durch die (überwiegend mehrheitsgeprägten[407]) mikropolitischen Aushandlungsprozesse adäquat von den Interessenvertretungen berücksichtigt werden und erlegt sie ihnen deshalb verpflichtend auf.

Dafür spricht auch die Neufassung des § 80 Abs. 1 Nr. 7 im Jahr 2001. Denn die Aufgabenvorschrift wurde in einer Phase angepasst, in der zum einen der

401 GK-BetrVG/*Kreutz*, § 77 Rn. 330.
402 Siehe oben S. 19
403 Siehe dazu unten S. 103 ff.
404 Vgl. *Picker*, FS Nörr, 2003, S. 709, 723.
405 *Zimmermann*, AuR 2017, 192 m. w. N.
406 GK-BetrVG/*Oetker*, § 23 Rn. 24; *Zimmermann*, AuR 2017, 192; *Kummer*, Die Nichtausübung betriebsverfassungsrechtlicher Beteiligungsrechte, S. 101 ff.
407 Vgl. HWGNRH/*Rose*, § 2 Rn. 28; m. w. N. *Gamillscheg*, Kollektives Arbeitsrecht II, S. 27.

Anteil ausländischer Arbeitnehmer in Betriebsräten insgesamt abnahm[408] und zum anderen unter den ausländischen Arbeitnehmern tendenziell der Anteil nicht organisierter und entsprechend schlechter repräsentierter Arbeitnehmer stieg[409].

§ 80 Abs. 1 Nr. 7 kann vor diesem Hintergrund gewissermaßen eine Signalwirkung für die tendenziell unterrepräsentierten Interessen ausländischer Arbeitnehmer als relevanten Aspekt entfalten um sicherzustellen, dass sie im Rahmen der vertretungsinternen Abwägungs- und Entscheidungsprozesse einbezogen werden.

ee) Aktivierungsfunktion der allgemeinen Aufgaben

Mit der Normierung der allgemeinen Aufgaben verfolgt der Gesetzgeber den Zweck, den Betriebsrat dazu zu verpflichten, durch seine Tätigkeit die im Katalog des § 80 Abs. 1 genannten Themenfelder zu gestalten.[410] Die allgemeinen Aufgaben haben also insbesondere die Funktion, den Betriebsrat diesbezüglich zu aktivieren.[411]

(1) Materielle Gleichstellung

Der Betriebsrat ist angesichts seiner Funktion als Interessenvertretung aller im Betrieb beschäftigten Arbeitnehmer dazu aufgerufen, dafür zu sorgen, dass der rechtlichen Gleichstellung im Betrieb auch die faktische Gleichbehandlung folgt.[412]

Bisweilen wird zwar mit Blick auf den Förderungsauftrag des Betriebsrats in Abrede gestellt, dass dieser ausländische Arbeitnehmer begünstigen solle oder überhaupt dürfe.[413]

Die vom Gesetzgeber anvisierte materielle Gleichstellung[414] setzt bisweilen jedoch, über die traditionellen Diskriminierungsverbote hinaus, voraus, dass Ausländer in bestimmter Weise begünstigt werden.[415] Gerade auch strukturelle Diskriminierungen machen insoweit spezifische Fördermaßnahmen erforderlich.[416]

---

408 *Niedenhoff*, Betriebsratswahlen, S. 31 f.

409 *Hinken*, in: Hunger (Hrsg.), Migration in erklärten und "unerklärten" Einwanderungsländern, 2001, S. 167, 176 f.

410 Siehe oben S. 18 f.

411 M. w. N. DKW/*Buschmann*, § 80 Rn. 65; Düwell/*Kohte/Schulze-Doll*, § 80 Rn. 31; vgl. Richardi/*Thüsing*, § 80 Rn. 1; *Zimmermann*, AuR 2017, 192.

412 *Kleveman*, AiB 1993, 529, 531 f.

413 Vgl. GK-BetrVG/*Weber*, § 80 Rn. 53, 45.

414 Siehe oben S. 66.

415 *Kleveman*, AiB 1993, 529, 532; vgl. *Knolle*, AiB 2011, 20, 21; *Däubler*, Das Arbeitsrecht 2, Rn. 1683.

416 Siehe oben S. 66.

(2) Fokussierung auf die Vertretung ausländerspezifischer Interessen

Mit der Aufgabenzuschreibung in § 80 Abs. 1 Nr. 7 bezweckt der Gesetzgeber deshalb grundsätzlich eine Aktivierung der betrieblichen Interessenvertretung im Sinne eines allgemein verstärkten Einsatzes für (gegebenenfalls besondere) Interessen ausländischer Arbeitnehmer.[417]

Denn das BetrVG geht konzeptionell von einem einheitlichen Interesse der Belegschaft aus, das der Vertretungstätigkeit des Betriebsrates als „kollektives Interesse" zugrunde liegt.[418]

Für die Repräsentation der Interessen auch ausländischer Arbeitnehmer ist insofern zunächst das aktive und passive Wahlrecht[419] von entscheidender Bedeutung; die Wahlrechte ermöglichen, vermittelt über die damit verbundene demokratische Legitimation der betrieblichen Interessenvertretungen, die interessengerechte Teilhabe an der Gestaltung der betrieblichen Sphäre.[420]

Aufgrund der Tatsache, dass die Konzeption des BetrVG von einem einheitlichen Belegschaftsinteresse ausgeht, das die Repräsentanten gegenüber dem Arbeitgeber vertreten, laufen Minderheiteninteressen aber dennoch Gefahr, nicht hinreichend berücksichtigt zu werden[421] – nicht zuletzt auch vor dem Hintergrund, dass diese ihrerseits nicht notwendigerweise einheitlich sein müssen. Das bedingt, dass der an sich individuelle Schutzzweck des BetrVG[422] insoweit verfehlt zu werden droht.

Deshalb ist, da die allgemeinen Aufgaben dazu dienen sollen, die soziale Schutzfunktion des Betriebsrates abzusichern,[423] § 80 Abs. 1 Nr. 7 als Aufforderung an den Betriebsrat zu verstehen, sich in einem umfassenden Sinne verstärkt für Interessen ausländischer Arbeitnehmer einzusetzen.

---

417 Darauf lässt auch BT-Drs. 14/5741, S. 31 schließen.

418 Siehe oben S. 76 ff.

419 Siehe dazu unten ausführlich S. 110 ff.

420 LAG Hessen 25.09.2003 – 9 TaBV 33/03, BeckRS 2003, 30451498; vgl. *Gamillscheg*, Kollektives Arbeitsrecht II, S. 30 ff.

421 Dies findet seine Fortsetzung etwa auch in dem für den Ermessensspielraum der Einigungsstelle geltenden Gebot der angemessenen Berücksichtigung von Arbeitgeber- und Belegschaftsinteressen: So ist im Rahmen des für die Bestimmung der Wertintensität einschlägigen Gesichtspunkts der Interessenhäufung „(...) ein Interesse, das von einem erheblichen Teil der betroffenen Arbeitnehmer nicht verfolgt wird, relativ – im Vergleich zu seiner abstrakten Eingangswertigkeit – abzuwerten", *Fiebig*, Der Ermessensspielraum der Einigungsstelle, S. 97; vgl. auch *Blank*, AuR 1994, 286, 292.

422 Siehe S. 73 f.

423 Siehe oben S. 19.

So wird die als Sachthema verstandene allgemeine Aufgabe der Integrationsförderung umgesetzt, indem sich der Betriebsrat verstärkt für die Berücksichtigung von ausländerspezifischen und insoweit gegebenenfalls unterrepräsentierten Interessen einsetzt. Auf diese Weise wird die gesellschaftliche Einbeziehung innerhalb der betrieblichen Sphäre gefördert durch deren angepasste Gestaltung seitens der Betriebspartner.

(3) Kompetenzakzessorietät

Dieser Förderauftrag ist seinem Adressatenkreis nach, entgegen des Wortlautes in § 80 Abs. 1 Nr. 7, nicht auf den (örtlichen) Betriebsrat begrenzt.[424]

Denn ansonsten bestünde etwa auf Unternehmensebene die Gefahr, dass, wenn der Gesamtbetriebsrat für eine Angelegenheit originär zuständig ist, keine an die Interessen ausländischer Arbeitnehmer angemessen angepasste Mitbestimmung durch das zuständige Organ erfolgt. § 53 Abs. 2 Nr. 2 verpflichtet aber den Unternehmer dazu, auf der Betriebsräteversammlung auch die Integration der im Unternehmen beschäftigten ausländischen Arbeitnehmer zu berücksichtigen. Dabei geht der Gesetzgeber davon aus, dass die Förderung der Integration nicht nur eine Aufgabe der einzelnen Betriebe, sondern des ganzen Unternehmens ist.[425]

Deshalb richtet sich die Aufgabe der Integrationsförderung grundsätzlich vielmehr an alle betriebsverfassungsrechtlichen Funktionsträger im Rahmen ihrer Zuständigkeit. So, wie sich § 75 als Kompetenzausübungsschranke kompetenzakzessorisch auswirkt[426], wirkt sich § 80 Abs. 1 Nr. 7 kompetenzakzessorisch als Kompetenzausübungsregel aus[427]. Davon scheint letztlich auch die Rechtsprechung auszugehen, wenn sie von einer Beeinflussung der rechtlichen Stellung auch des Arbeitgebers durch § 80 Abs. 1 Nr. 7 ausgeht.[428]

(4) Keine Beschränkung auf den Gleichbehandlungsgrundsatz

Allerdings wird die Integrationsförderungsaufgabe primär als Pflicht verstanden, auf eine gleiche Behandlung von ausländischen und deutschen

---

424 So aber DKW/*Deinert*, § 50 Rn. 72; HWGNRH/*Glock*, § 50 Rn. 19.

425 Vgl. BT-Drs. 14/5741, S. 42.

426 DKW/*Deinert*, § 50 Rn. 93.

427 Vgl. GK-BetrVG/*Franzen*, § 50 Rn. 11.

428 So ist nach LAG Baden-Württemberg, 25.03.2009 – 2 Sa 94/08, BeckRS 2009, 61835 Rn. 37, der Arbeitgeber gemäß §§ 75 Abs. 1, 80 Abs. 1 Nr. 7 BetrVG, 12 Abs. 3 AGG i. V. m. § 1 AGG dazu verpflichtet, schwerwiegende rassistische Äußerungen zu verhindern und zu ahnden.

Belegschaftsangehörigen[429] und die Einhaltung der Diskriminierungsverbote zu achten[430].

Diese Fokussierung erscheint mit Blick auf die Aktivierungsfunktion nicht unbedenklich. Denn durch die exponierte Herausstellung insbesondere des Gleichbehandlungsaspekts[431], der Vorurteils-[432] und Ausländerfeindlichkeitsbekämpfung[433] oder auch der Verhinderung von Ausbeutung durch illegale Beschäftigung[434] entsteht – unbeschadet gegebenenfalls der Anerkennung eines aktiven Mandats – der Eindruck, der Schwerpunkt der Integrationsförderung läge in der Bekämpfung von Verstößen gegen den betrieblichen Gleichbehandlungsgrundsatz aus § 75 Abs. 1 S. 1[435]. Damit wird gleichsam ein reaktiver Charakter der Aufgabe der Integrationsförderung vermittelt und der Blick darauf versperrt, dass der Gesetzgeber mit § 80 Abs. 1 Nr. 7 eine besondere gruppenspezifische Förderungspflicht normiert hat, die über Diskriminierungsverbote hinausgeht[436].

Dass dem so ist, zeigt sich auch am Verhältnis der allgemeinen Aufgaben untereinander: § 80 Abs. 1 Nr. 1 verpflichtet den Betriebsrat bereits dazu, die Einhaltung der zugunsten der Arbeitnehmer geltenden Vorschriften, mithin auch § 75 Abs. 1 S. 1, zu überwachen.[437] Läge der Fokus der Integrationsaufgabe überwiegend in der Verhinderung konkreter Ungleichbehandlungen, verbliebe für § 80 Abs. 1 Nr. 7 Hs. 1 neben § 80 Abs. 1 Nr. 1 i. V. m. § 75 Abs. 1 S. 1 kaum ein relevanter, eigenständiger Themenbereich.[438] Ein dementsprechender Wille des Gesetzgebers scheint eher fernliegend.

Gleichwohl wird die bestehende Suggestion eines reaktiven Charakters des Integrationsmandates durch eine enge Auslegung des Anlass- und Betriebsbezuges als Voraussetzung des Antragsrechts i. S. d. § 80 Abs. 1 Nr. 7 Hs. 2 und die

---

429 *Fitting*, § 80 Rn. 32; Richardi/*Thüsing*, § 80 Rn. 45.

430 GK-BetrVG/*Weber*, § 80 Rn. 54; Richardi/*Thüsing*, § 80 Rn. 45.

431 DKW/*Buschmann*, § 80 Rn. 65; *Fitting*, § 80 Rn. 32; Richardi/*Thüsing*, § 80 Rn. 45.

432 DKW/*Buschmann*, § 80 Rn. 65; *Fitting*, § 80 Rn. 32; Richardi/*Thüsing*, § 80 Rn. 45.

433 DKW/*Buschmann*, § 80 Rn. 66.

434 *Fitting*, § 80 Rn. 32.

435 Vgl. (insgesamt aber wohl weiter) DKW/*Buschmann*, § 80 Rn. 65; vgl. *Fitting*, § 80 Rn. 32; HWGNRH/*Nicolai*, § 80 Rn. 45; ausdrücklich aber Richardi/*Thüsing*, § 80 Rn. 45.

436 So Däubler/Beck/*Buschmann*, § 17 AGG Rn. 10; vgl. auch *Knolle*, AiB 2011, 20 f.

437 *Fitting*, § 80 Rn. 6; Richardi/*Thüsing*, § 80 Rn. 45.

438 Ähnlich, aber zu § 80 Abs. 1 Nr. 7 Hs. 2 abgrenzend *Sertkol*, Deutsch - Türkische Integration am Arbeitsplatz, S. 49.

Betonung des Verbots allgemeinpolitischer Betätigung[439] noch verstärkt – und zudem verschleiert, dass der Betriebsrat bei prinzipiell allen Entscheidungen insbesondere auch die (Minderheits-) Interessen ausländischer Arbeitnehmer zu berücksichtigen hat.

Ob dies der Intention des Gesetzgebers gerecht würde, scheint fraglich. Denn an sich formulierte der Gesetzgeber bereits 1972 die Erwartung an den Betriebsrat, er solle sich für die „Eingliederung“ ausländischer Arbeitnehmer einsetzen.[440] Nichtsdestoweniger sah er sich im Jahre 2001 – trotz rechtlicher Gleichstellung ausländischer Arbeitnehmer – mit nachweisbaren Gleichbehandlungsdefiziten und einer insgesamt besorgniserregenden gesellschaftlichen Entwicklung konfrontiert, der er mit den jüngsten Änderungen des BetrVG durch das BetrVerf-ReformG[441] im Betrieb als gesellschaftlichen Teilbereich zu begegnen suchte.[442] Vor diesem Hintergrund wurde von der Betriebsverfassung ein gesellschaftlicher Beitrag zur Förderung der betrieblichen Integration der ausländischen Arbeitnehmer erwartet[443] und Gesetzesänderungen zur Verbesserung der betrieblichen Integration beschlossen[444], um gegenüber den offenbar unzureichend vorhandenen Bemühungen eine Intensivierung zu erreichen. Es sollte insbesondere klargestellt werden, dass von den betrieblichen Interessenvertretungen im Rahmen der Integrationsarbeit ein aktives Engagement erwartet wird, um bereits im Vorfeld Vorurteile abzubauen und für die Belange ausländischer Arbeitnehmer einzutreten[445].

(5) Absicherung der Bekämpfung von Rassismus und Fremdenfeindlichkeit durch Spezifizierung

Damit die allgemeinen Aufgaben ihre Aktivierungsfunktion erfüllen können, beziehungsweise für die Mobilisierung von Recht im Allgemeinen, müssen die Adressaten der Regelungen eine Grundvorstellung davon haben, welchen Inhalt diese haben.[446]

---

439 *Fitting*, § 80 Rn. 23; Richardi/*Thüsing*, § 80 Rn. 26; *Engels/Trebinger/Löhr-Steinhaus*, DB 2001, 532, 542; *Franzen*, ZFA 2001, 423, 443; *Konzen*, RdA 2001, 76, 90; *Rieble*, ZIP 2001, 133, 141 f.

440 M. w. N. GK-BetrVG/*Weber*, § 80 Rn. 54.

441 Gesetz zur Reform des Betriebsverfassungsgesetzes vom 27.07.2001, BGBl. I S. 1852.

442 BT-Drs. 14/5741, S. 25.

443 BT-Drs. 14/5741, S. 26, 31.

444 BT-Drs. 14/5741, S. 31.

445 BT-Drs. 14/5741, S. 31.

446 Vgl. *Baer*, Rechtssoziologie, § 7 Rn. 10 f.

Diese Prämisse betrifft final aufgebaute Rechtssätze, wie die allgemeinen Aufgaben nach § 80 Abs. 1, im Besonderen: Denn Gesetze sind grundsätzlich der Ansatz des Gesetzgebers, mit dem Mittel der Sprache[447] abstrakte Regelungen zur Lösung konkreter Probleme zu formulieren[448]. Will der Gesetzgeber ein bestimmtes Ziel durch die Normierung eines Ge- oder Verbots erreichen, ist er darauf angewiesen, dass seine versprachlichte Vorstellung durch eine entsprechend angepasste Anwendung der Regelung verwirklicht wird.[449] Wenn dabei, wie bei einem Finalprogramm, nur das Ziel vorgegeben ist, muss die Wahl der Mittel am Ziel der Vorschrift ausgerichtet werden.[450]

Das den allgemeinen Aufgaben zugrundeliegende Modell finaler Steuerung baut insofern darauf, dass konkret am vorgegebenen Ziel ausgerichtete Maßnahmen ergriffen werden. Zugleich droht das vom Gesetzgeber anvisierte Ziel verfehlt zu werden, soweit die betrieblichen Interessenvertretungen nicht auf entsprechende Maßnahmen hinwirken. Dies wiederum erscheint umso wahrscheinlicher, je weniger Anhaltspunkte dafür bestehen, auf welche Weise die Integration gefördert werden kann.

Es ist deshalb auch mit Blick auf die vom Gesetzgeber gewählte Regelungstechnik davon auszugehen, dass in Gestalt der Bekämpfung von Rassismus und Fremdenfeindlichkeit in § 80 Abs. 1 Nr. 7 ein bestimmter einzelner Aspekt der im Übrigen weiter zu verstehenden Aufgabe der Integrationsförderung betont werden soll, um dessen Realisierung gesondert abzusichern.[451]

Auf diese Weise wird die besondere Bedeutung des Interesses an „angstfreier Teilhabe am Arbeitsleben“[452] im Kanon der Interessen ausländischer Arbeitnehmer hervorgehoben, welches es durch die Gestaltung eines offenen Arbeitsumfeld zu realisieren gilt, das frei von rassistischen und fremdenfeindlichen Vorurteilen, Diskriminierungungen sowie deren ideologischen Quellen ist.

Schließlich sollte ausweislich der Gesetzesbegründung[453] durch die Anpassung der § 70 Abs. 1 Nr. 4 bzw. § 80 Abs. 1 Nr. 7 „verdeutlicht“ werden, dass zu den allgemeinen Aufgaben von Jugend- und Auszubildendenvertretung und Betriebsrat die Förderung der Integration ausländischer Kollegen gehört.

---

447 *Wank*, Juristische Methodenlehre, § 1 Rn. 22.
448 *Wank*, Juristische Methodenlehre, § 1 Rn. 5.
449 *Wank*, Juristische Methodenlehre, § 1 Rn. 40.
450 *Wank*, Juristische Methodenlehre, § 1 Rn. 42.
451 Vgl. auch ErfK/*Kania*, § 80 BetrVG Rn. 16.
452 *Wenckebach*, AiB 2009, 274, 275.
453 BT-Drs. 14/5741, S. 31.

(6) Antragsrecht

Der Betriebsrat kann und soll zur Verwirklichung seiner (allgemeinen) Aufgaben gegenüber dem Arbeitgeber Maßnahmen beantragen, um im Rahmen der vertrauensvollen Zusammenarbeit eine aktive Rolle zu spielen.[454] So wird durch § 80 Abs. 1 Nr. 7 Hs. 2 klargestellt, dass der Betriebsrat im Zusammenhang mit der Förderung der Integration auch Maßnahmen gegen Rassismus und Fremdenfeindlichkeit beantragen kann, um die Betätigung zur Gestaltung dieses wichtigen Aspekts abzusichern.[455] Dem Betriebsrat eröffnet sich hier prinzipiell ein weites Feld denkbarer Maßnahmen, das sich im Vorhinein nicht abschließend bestimmen lässt.[456]

Allerdings wird in diesem Zusammenhang mitunter ein konkreter, betriebsbezogener Anlass[457] in Gestalt einer wenigstens sich abzeichnenden bzw. greifbar nah bevorstehenden, extremistischen Betätigung[458] als Auslöser des Antragsrechts abgeleitet. Anderenfalls überschreite die Betriebsratsarbeit die Grenze zur allgemeinpolitischen Betätigung[459]. Der Betriebsrat würde zum „funktionswidrigen Sachwalter allgemeinpolitischer Interessen"[460] und deshalb, durch die Einforderung der allgemeinen Sozialbindung des Unternehmens, die Grenze zur verfassten Gesellschaft überschritten.[461] Die Verbreitung von Parolen wie „Das Boot ist voll" würde demnach den Betriebsrat nicht dazu berechtigen, Gegenmaßnahmen beim Arbeitgeber zu beantragen.[462]

Es wird jedoch auch vertreten, dass das Antragsrecht nicht von besonderen betrieblichen Anlässen abhängig sein solle.[463] Argumentativ stützt sich diese Ansicht darauf, dass das Antragsrecht des Betriebsrats aus § 80 Abs. 1 Nr. 7 Hs. 2 die präventive Organisationspflicht des Arbeitgebers aus § 12 AGG,

---

454 Vgl. Richardi/*Thüsing*, § 80 Rn. 22.

455 BT-Drs. 14/5741, S. 31.

456 Siehe nur die für § 88 Nr. 4 vorgeschlagenen Maßnahmen oben auf S. 63 ff.

457 *Fitting*, § 80 Rn. 23; m. w. N. Richardi/*Thüsing*, § 80 Rn. 26; a. A. DKW/*Buschmann*, § 80 Rn. 68; GK-BetrVG/*Weber*, § 80 Rn. 54.

458 *Fitting*, § 80 Rn. 23; HWGNRH/*Nicolai*, § 80 Rn. 46; *Konzen*, RdA 2001, 76, 90; *Löwisch*, BB 2001, 1790.

459 *Fitting*, § 80 Rn. 23; Richardi/*Thüsing*, § 80 Rn. 26; *Engels/Trebinger/Löhr-Steinhaus*, DB 2001, 532, 542; *Franzen*, ZFA 2001, 423, 443; *Konzen*, RdA 2001, 76, 90; *Rieble*, ZIP 2001, 133, 141 f.

460 *Rieble*, ZIP 2001, 133, 142.

461 *Rieble*, ZIP 2001, 133, 142.

462 *Rieble*, ZIP 2001, 133, 141.

463 DKW/*Buschmann*, § 80 Rn. 68.

Benachteiligungen i. S. d. § 1 AGG (also gem. § 7 i. V. m. § 1 AGG auch Benachteiligungen aus Gründen der Rasse oder der ethnischen Herkunft) zu verhindern, konkretisiere und insoweit ebenfalls nicht von konkreten betrieblichen Anlässen abhänge.[464]

Für ein Antragsrecht, das nicht einen konkreten betriebsbezogenen Anlass der beschriebenen Art voraussetzt, spricht zunächst einmal der Wortlaut von § 80 Abs. 1 Nr. 7 Hs. 2, wonach dem Betriebsrat zur Aufgabe gemacht wird, Maßnahmen gegen Rassismus und Fremdenfeindlichkeit zu beantragen, ohne, dass dabei Voraussetzungen benannt würden.

Darüber hinaus spricht in systematischer Hinsicht zum einen der Vergleich mit der weit weniger anlassbasierten Antragsbefugnis[465] aus § 80 Abs. 1 Nr. 2 für eine weitere Auslegung des betrieblichen Anlasses. Zum anderen scheint es nicht überzeugend, für das mit verhältnismäßig milden Rechtsfolgen ausgestattete Antragsrecht (Pflicht des Arbeitgebers bloß zur Auseinandersetzung)[466] in Gestalt des Erfordernisses einer greifbar nah bevorstehenden, extremistischen Betätigung, eine kaum niedrigere Hürde anzunehmen als für das signifikant intensiver wirkende Zustimmungsverweigerungsrecht des Betriebsrates gemäß § 99 Abs. 2 Nr. 6 (Unzulässigkeit der anvisierten personellen Maßnahme)[467], welches die begründete Befürchtung fremdenfeindlicher Betätigung voraussetzt[468].

Schließlich kann es auch angesichts der Existenz von § 88 Nr. 4 nicht überzeugen, pauschal von einer Pflichtverletzung seitens des Betriebsrates in Gestalt einer allgemeinpolitischen Betätigung auszugehen, wenn Maßnahmen beantragt werden, ohne, dass dafür ein konkreter Anlass gegeben ist.[469]

Es ist dem Betriebsrat insoweit also nicht verwehrt, von sich aus präventiv tätig zu werden und zur Förderung der Integration auch Maßnahmen gegen Rassismus und Fremdenfeindlichkeit im Betrieb anzuregen.[470]

---

464 DKW/*Buschmann*, § 80 Rn. 68.

465 Vgl. Richardi/*Thüsing*, § 80 Rn. 23 f.

466 DKW/*Buschmann*, § 80 Rn. 36; *Fitting*, § 80 Rn. 18.

467 *Fitting*, § 99 Rn. 4.

468 *Fitting*, § 99 Rn. 256 m. w. N.

469 Bezeichnenderweise wird mitunter auch von Vertretern der Gegenansicht ein Wertungswiederspruch festgestellt (freilich, ohne diesen aufzulösen), vgl. Richardi/*Richardi*, § 88 Rn. 33.

470 Unbeschadet dessen erscheint es jedoch in der Sache empfehlenswert, möglichst konkret auf betriebliche Begebenheiten Bezug zu nehmen, vgl. *Kleveman*, AiB 1993, 529, 537.

(7) Zwischenergebnis

Demnach ist festzuhalten und hervorzuheben, dass der Fokus von § 80 Abs. 1 Nr. 7 auf der eigeninitiativen Förderung der betrieblichen Integration[471], das heißt dem verstärkten Einsatz für die gegebenenfalls besonderen Interessen ausländischer Arbeitnehmer liegt.

Durch die dementsprechend kompetenzakzessorisch sensibilisierte Tätigkeit betriebsverfassungsrechtlicher Funktionsträger soll die betriebliche Arbeitssphäre interessengerecht gestaltet werden.

Dabei sichert der Gesetzgeber das Interesse an einer angstfreien Teilhabe am Arbeitsleben zusätzlich über die Thematisierung der Bekämpfung von Rassismus und Fremdenfeindlichkeit in § 80 Abs. 1 Nr. 7 Hs. 2 ab.

ff) „Hybride" Struktur der Integrationsförderung durch Interessenvertretung

Die Ausgestaltung der Integration ausländischer Arbeitnehmer als im Betrieb zu behandelndes Sachthema erscheint mit Blick auf die Konzeption betrieblicher Interessenvertretung zunächst widersprüchlich, schließlich zielt sie darauf, den mit der Eingliederung in ein fremdes Arbeitsumfeld einhergehen Verlust persönlicher Entfaltungsfreiheit durch die Möglichkeiten dessen Gestaltung (mittelbar) zu beeinflussen. Dazu passt auf den ersten Blick ein möglichst an konkreten individuellen Interessen orientiertes Verständnis der Aufgaben der Interessenvertretung besser – also auch ein an konkreten individuellen Interessen im Betrieb beschäftigter ausländischer Arbeitnehmer orientiertes Verständnis der allgemeinen Aufgabe der Integrationsförderung.

Ein solches Verständnis der Aufgabe der Integrationsförderung würde allerdings erhebliche Friktionen aufwerfen, die der Gesetzgeber nicht intendiert haben dürfte. Zugleich ist es dem Gesetzgeber allerdings grundsätzlich nicht fremd, auch Themenbereiche zum Gegenstand betrieblicher Gestaltung zu erklären, die nicht unmittelbar an Interessen anknüpfen, die von in das betriebliche Arbeitsumfeld eingegliederten Arbeitnehmern verfolgt werden; § 80 Abs. 1 Nr. 9 zeigt das in Bezug auf die Förderung des betrieblichen Umweltschutzes deutlich[472].

Um einerseits die Ungereimtheiten zu vermeiden, die bei einem auf konkrete individuelle Interessen der ausländischen Belegschaftsmitglieder beschränkten

---

471 In diese Richtung auch DKW/*Buschmann*, § 80 Rn. 63 ff.; vgl. GK-BetrVG/*Weber*, § 80 Rn. 54.

472 Vgl. BT-Drs. 14/5741, S. 30 f.; ausführlich dazu *Däubler*, NZA 2020, 1155 ff.; *Picker*, FS Nörr, 2003, S. 709, 722 f.

Verständnis der Aufgabe der Integrationsförderung auftreten, andererseits aber auch den konzeptionellen Implikationen möglichst gerecht zu werden, ist deshalb für § 80 Abs. 1 Nr. 7 ein gewissermaßen hybrides Verständnis vorzugswürdig. Dabei ist im Grundsatz von einem sachlich-thematischen Förderauftrag auszugehen, der inhaltlich zunächst abstrakt ausgefüllt werden kann, etwa durch typische beziehungsweise typischerweise betroffene Interessen ausländischer Arbeitnehmer. Ist weiterhin die Berücksichtigung konkret im Betrieb vorhandener Interessenlagen gefragt, entfaltet § 80 Abs. 1 Nr. 7 diesbezüglich seine Signalwirkung. Auf diese Weise ergibt sich ein inhaltlich konsistentes Bild des Leitgedankens der Integrationsförderung.

c) Verhältnis zu weiteren Leitgedanken des Betriebsverfassungsrechts

Dieser Leitgedanke muss sich jedoch an weiteren Leitgedanken des Betriebsverfassungsrechts messen lassen, die sich insbesondere auch aus § 2 Abs. 1, § 74 Abs. 2 S. 2 und § 75 Abs. 1 ergeben[473].

aa) Vertrauensvolle Zusammenarbeit

In § 2 Abs. 1 normiert der Gesetzgeber den grundsätzlichen Rahmen für die soziale Schutzfunktion des Betriebsrats gegenüber den Arbeitnehmern des Betriebs.[474]

Durch die Vorschrift wird das Gebot der vertrauensvollen Zusammenarbeit formuliert, das den betrieblichen Interessenvertretungen einerseits und dem Arbeitgeber andererseits,[475] im Sinne einer grundsätzlichen Verhaltensanordnung, den Weg zur Verwirklichung der gesetzlichen Ziele vorgibt. Zentraler Gedanke ist es dabei, die Betriebspartner trotz gegensätzlicher Interessenlagen dazu zu verpflichten, bei der Verfolgung der eigenen Interessen diejenigen der Gegenseite nicht völlig außer Acht zu lassen, und so eine rein egoistische Interessenwahrnehmung zu verhindern.[476] Deshalb wird die Freiheit der Verfolgung von (durch die Vertretung definierten)[477] Belegschaftsinteressen durch das Wohl der Belegschaft und des Betriebs beschränkt.[478] Die zwischen Arbeitgeber- und Arbeitnehmerseite divergierenden, prinzipiell einseitigen Interessen sollen kooperativ überwunden werden, um Arbeitnehmern und Betrieb gleichermaßen zu nützen, woraus der

---

473 *Zöllner/Loritz/Hergenröder*, § 48 Rn. 11 f.

474 GK-BetrVG/*Weber*, § 80 Rn. 1.

475 Zu den Adressaten i. E. GK-BetrVG/*Franzen*, § 2 Rn. 7 ff.

476 GK-BetrVG/*Franzen*, § 2 Rn. 11 f.; *Schmitt*, Interessenkonflikte bei der Wahrnehmung des Betriebsratsamtes, S. 5.

477 Siehe oben S. 76 ff.

478 GK-BetrVG/*Franzen*, § 2 Rn. 43.

Belegschaft eine Mitverantwortung für den Betrieb erwächst; Belegschaft und Arbeitgeber werden so zu Partnern im Betrieb.[479] Diese Zusammenarbeit als Partner soll dem Wohl der Arbeitnehmer und des Betriebs zuträglich sein und sich deshalb an den wirtschaftlichen Interessen des Arbeitgebers und den grundlegenden Interessen der betrieblichen Arbeitnehmer orientieren.[480]

(1) Meinungsstand

Allerdings wird insoweit aus dem Gebot der vertrauensvollen Zusammenarbeit für die Interessenvertretung durch den Betriebsrat eine weitergehende Restriktion abgeleitet. Demnach dürfe der Betriebsrat auch keine anderen Interessen, als die der Belegschaft vertreten. Angesichts dessen wird für die Bestimmung des Inhalts der allgemeinen Aufgaben, gerade auch hinsichtlich § 80 Abs. 1 Nr. 7, hervorgehoben, dass auf das Wohl der Arbeitnehmer des Betriebs zu fokussieren sei – die Berücksichtigung des gesellschaftlichen, wirtschaftlichen, sozialen und ökologischen Umfelds bei den Entscheidungen des Betriebsrats wird dagegen für verfehlt gehalten.[481]

Aus solchen, darüber hinaus aber auch ordnungspolitischen Erwägungen wird die Berücksichtigung „allgemeinpolitischer" Aspekte im Rahmen der Betriebsratsarbeit bisweilen sehr kritisch gesehen und dementgegen ein enger Bezug auf betriebliche Belange vorausgesetzt.[482]

Allerdings können gegen die Ableitung eines derart restriktiven Verständnisses des Erfordernisses eines Betriebsbezuges aus § 2 Abs. 1 durchaus auch Bedenken erhoben werden. Denn ein Betriebsbezug setzt nicht zwingend auch einen Bezug zu einem Einzelarbeitsverhältnis voraus.[483] Und aus der gesetzlichen Vorgabe für die betrieblichen Interessenvertretungen und den Arbeitgeber, das Wohl der Arbeitnehmer und des Betriebs zu fördern, muss nicht gleichzeitig auch auf eine Aufforderung zu betriebsegoistischem Verhalten geschlossen werden. Vielmehr könnte jedenfalls die grundsätzlich bestehende Möglichkeit (nicht notwendigerweise

479 GK-BetrVG/*Franzen*, § 2 Rn. 15; *Schmitt*, Interessenkonflikte bei der Wahrnehmung des Betriebsratsamtes, S. 5.

480 BeckOK-ArbR/*Besgen*, § 2 BetrVG Rn. 12; DKW/*Berg*, § 2 Rn. 39; vgl. GK-BetrVG/*Franzen*, § 2 Rn. 43; vgl. HWGNRH/*Rose*, § 2 Rn. 28; *Gamillscheg*, Kollektives Arbeitsrecht II, S. 22 ff.

481 *Rieble*, ZIP 2001, 133, 141 f.; *Edenfeld*, Betriebsverfassungsrecht, Rn. 67, 198.

482 Richardi/*Thüsing*, § 80 Rn. 24; *Konzen*, RdA 2001, 76, 90; *Rieble*, ZIP 2001, 133, 141; *Edenfeld*, Betriebsverfassungsrecht, Rn. 67, 198.

483 *Däubler*, NZA 2020, 1155, 1156.

Verpflichtung[484]) der Berücksichtigung überbetrieblicher Gesichtspunkte bei der betrieblichen Interessenvertretung anzuerkennen sein.[485]

(2) Kollektivrechtlich realisierter Individualschutz

Dafür spricht insbesondere die Konzeption eines kollektivrechtlich realisierten Individualschutzes.[486] Der betriebsverfassungsrechtliche Regelungsrahmen zielt darauf ab, den Verlust persönlicher Freiheit des einzelnen Arbeitnehmers zu begrenzen, der aus der Eingliederung in ein fremdbestimmtes Arbeitsumfeld resultiert. Dazu werden Möglichkeiten geschaffen, über die Mitbestimmung im Betrieb die Gestaltung des Arbeitsumfeldes zu beeinflussen. Die Arbeitnehmer sollen an den Entscheidungen, die ihre persönliche Entfaltung betreffen, teilhaben. Dieser Gedanke, die Arbeitnehmer (mittelbar durch die betrieblichen Interessenvertretungen repräsentiert) zu „mitwirkenden Subjekten bei der Gestaltung des betrieblichen Geschehens zu machen“ und so deren „Selbstbestimmung im Arbeitsverhältnis angemessen Rechnung [zu tragen]“[487] prägt das BetrVG. Dabei werden die gemeinsamen Arbeitnehmerinteressen von den gewählten Vertretern definiert.[488] Deshalb ist es schließlich dem Betriebsrat auch grundsätzlich erlaubt, in der betrieblichen Verhandlungssituation Zugeständnisse zu machen, um dafür ggf. an anderen Stellen (selbst-definierte) „Vorteile“ erreichen zu können[489], die aus Sicht des Betriebsrats für die Interessen der Belegschaft wichtiger sind.[490] Es geht im BetrVG konzeptionell weniger darum, durch einzelne Mitbestimmungstatbestände zum Schutz der Arbeitnehmer isolierte Sachfragen zu regeln als vielmehr insgesamt eine gleichberechtigte Gestaltungsteilhabe der Arbeitnehmer zu gewährleisten.[491] Wenn diesen nun von vornherein über § 2 Abs. 1 die Möglichkeit genommen würde, überbetriebliche Gesichtspunkte zu berücksichtigen, wäre der repräsentierten Belegschaft in weiten Teilen die mittelbare Verwirklichung ihrer Persönlichkeit von vornherein versagt.

---

484 So aber wohl *Däubler*, Gewerkschaftsrechte im Betrieb, Rn. 74.

485 Vgl. BAG, 02.11.1955 – 1 ABR 30/54, AP BetrVG § 23 Nr. 1; DKW/*Berg*, § 2 Rn. 41; *Fitting*, § 2 Rn. 20, 57; Richardi/*Maschmann*, § 2 Rn. 15; *Krause*, RdA 2009, 129, 137.

486 Siehe dazu oben S. 73 ff.

487 GK-BetrVG/*Wiese*, Einl. Rn. 83.

488 GK-BetrVG/*Wiese*, Einl. Rn. 91.

489 Vgl. m. w. N. GK-BetrVG/*Franzen*, § 2 Rn. 14; kritisch dagegen etwa *Konzen*, FS Zöllner, 1998, S. 799, 806 f.

490 Zu Koppelungsgeschäften insgesamt vertiefend *Schoof*, AuR 2007, 289 ff.

491 GK-BetrVG/*Franzen*, § 2 Rn. 14.

Warum der Gesetzgeber mit der Normierung von § 2 Abs. 1 eben dies bezweckt haben sollte, leuchtet aber nicht ein. Schließlich können die Betriebsparteien durchaus auch übereinstimmend der Ansicht sein, überbetriebliche Gesichtspunkte bei der Gestaltung der betrieblichen Realität aufzugreifen. Um entsprechend konkret darauf hinzuwirken, muss allerdings denknotwendig von einer Betriebspartei ein entsprechender Impuls ausgehen. Bei konsequenter Anwendung der Beschränkung der Interessenvertretung auf betriebliche Interessen, wäre aber bereits der Impuls zu Maßnahmen betreffend überbetriebliche Gesichtspunkte gem. § 2 Abs. 1 ausgeschlossen. Das würde bei konsequenter Lesart, weil § 2 Abs. 1 zugleich Arbeitgeber und betriebliche Interessenvertretung bindet,[492] sogar dann gelten, wenn die Initiative dazu vom Arbeitgeber ausginge. Letzterem würde also gleichsam bereits die Möglichkeit genommen, kooperativ mit der Repräsentation der Arbeitnehmer überbetriebliche Gesichtspunkte aufzugreifen. Dem Gesetzgeber würde so implizit unterstellt, er habe den Betriebsparteien eine konsensgetragene Förderung des Allgemeinwohls untersagen wollen – denn diese setzt eben denknotwendig voraus, dass eine Partei entsprechende Vorschläge zunächst einmal anregt.

Diesen Aspekt scheinen Vertreter eines Ausschlusses der Berücksichtigung überbetrieblicher Gesichtspunkte zu verkennen. Denn es ist nicht ersichtlich, warum der Gesetzgeber solch weitreichende Restriktionen anvisieren und welche Rechtssubjekte der Gesetzgeber in eben einer solchen Konstellation vor Nachteilen zu schützen bezweckt haben sollte. Naheliegender ist vielmehr, dass § 2 Abs. 1 die Betriebspartner nach dem Willen des Gesetzgebers dazu verpflichtet, bei der Verfolgung der selbst definierten Eigeninteressen diejenigen der Gegenseite nicht aus den Augen zu verlieren und gegebenenfalls darauf Rücksicht zu nehmen. Eine darüberhinausgehende Präjudizierung verfolgbarer Interessen dürfte der Gesetzgeber dagegen nicht intendiert haben.

(3) Historische Entwicklung der Regelungssystematik

Das Argument, nach dem der Grundsatz der vertrauensvollen Zusammenarbeit den Betriebsrat bewusst nicht mehr ausdrücklich dem Allgemeinwohl verpflichte[493], überzeugt letztlich nicht. Denn die entsprechende Gesetzesänderung folgte als Annex dem Entfall der Allgemeinwohlverpflichtung des Vorstands

492 Vgl. GK-BetrVG/*Franzen*, § 2 Rn. 7.

493 So aber *Edenfeld*, Betriebsverfassungsrecht, Rn. 67.

einer AG.[494] Darauf bezogen wurde jedoch – wie auch bezüglich des betriebsverfassungsrechtlichen Wegfalls[495] – festgehalten, dass der Gesetzgeber ohnehin eine sozialstaatliche Verpflichtung zur Berücksichtigung allgemeiner Interessen voraussetze.[496] Ein Verbot der Berücksichtigung überbetrieblicher Interessen wollte der Gesetzgeber demnach in § 2 Abs. 1 nicht konstituieren. Schließlich ist der Einsatz des Privatrechts[497] zur Verwirklichung distributiver Zwecke auch im Bereich des Arbeitsrechts als Form eines Sonderprivatrechts, durchaus kein unbekanntes Phänomen.[498]

Darüber hinaus erscheint es zwar tatsächlich denkbar, dass der Gesetzgeber die allgemeine Allgemeinwohlverpflichtung in § 2 Abs. 1 entfallen ließ, weil er sie für zu unbestimmt und deshalb für die Betriebsparteien nicht zu handhaben ansah[499]. Gleichzeitig wurden im Laufe der Zeit jedoch zunehmend Aufgabenfelder in den Katalog der allgemeinen Aufgaben aufgenommen, die ganz überwiegend als eher allgemeinpolitische Felder betrachtet werden (wenn auch bisweilen mit kritischer Würdigung[500]) und regelmäßig nicht zum engeren Bereich der individuellen Arbeitnehmerinteressen zählen dürften (siehe etwa auch die Ergänzung betreffend den betrieblichen Umweltschutz in § 80 Abs. 1 Nr. 9). Es erscheint deshalb denkbar, dass der Gesetzgeber auf eine zu unbestimmte grundsätzliche Allgemeinwohlverpflichtung verzichten und stattdessen spezifische Aspekte über die § 2 Abs. 1 konkretisierenden allgemeinen Aufgaben in die Zusammenarbeit der Betriebsparteien einfließen lassen wollte.

So wird denn auch hervorgehoben, dass der Gesetzgeber 2001 die Lösung bestimmter Probleme, die sich auf der Makroebene als nicht hinreichend effektiv steuerbar erwiesen haben auf die Mikroebene verlagert habe.[501] § 2 Abs. 1 und der dortige Wegfall der Allgemeinwohlverpflichtung sprechen in dieser Lesart gerade nicht für eine engere Interpretation der allgemeinen Aufgaben, sondern für eine Spezifizierung des grundsätzlich durch die Belegschafts- und

---

494 BT-Drs. 6/1786, S. 35; zu BT-Drs. 6/2729, S. 18 f.; GK-BetrVG/*Franzen*, § 2 Rn. 1; Richardi/*Maschmann*, § 2 Rn. 15.

495 So unter Bezugnahme auf BT-Drs. 6/2729, S. 18 f. GK-BetrVG/*Wiese*, Einl. Rn. 106.

496 MüKoAktG/*Spindler*, § 76 AktG Rn. 78 m. w. N.

497 Zur Einordnung des Betriebsverfassungsrechts als Privatrecht statt vieler m. w. N. GK-BetrVG/*Wiese*, Einl. Rn. 92.

498 M. w. N. *Krause*, FS Adomeit, 2008, S. 377, 379 f. und 392 f.

499 GK-BetrVG/*Franzen*, § 2 Rn. 46.

500 *Picker*, RdA 2001, 259, 272 ff.; *Rieble*, ZIP 2001, 133, 141 f.

501 *Blanke/Rose*, RdA 2001, 92, 103 f.

Arbeitgeberinteressen gebildeten Wohles der Arbeitnehmer und des Betriebs im Sinne von § 2 Abs. 1 um die Themenfelder der allgemeinen Aufgaben.

Anderenfalls würde die legislatorische Entscheidung, aufgrund der zuwanderungsbedingt bestehenden Notwendigkeit der Integrationsförderung auch Maßnahmen zur Förderung der Integration im betrieblichen Bereich zu veranlassen[502], durch die Grundregel des Gebotes zur vertrauensvollen Zusammenarbeit überspielt werden.[503]

(4) Zwischenergebnis

Das Gebot der vertrauensvollen Zusammenarbeit bedeutet demnach für die Betriebsratstätigkeit zwar eine dogmatische Einschränkung, nach der, bei der Wahrnehmung der betriebsverfassungsrechtlichen Kompetenzen zur Vertretung der Arbeitnehmerinteressen, die Interessen der Gegenseite nicht völlig außer Acht gelassen werden dürfen. Welche Interessen die Betriebsparteien vertreten, entscheiden sie im Ausgangspunkt aber selbst, und können dabei auch überbetriebliche Gesichtspunkte berücksichtigen. Dafür, dass der Gesetzgeber den Betriebsparteien durch § 2 Abs. 1 überbetriebliche Themenbereiche grundsätzlich als Vertretungsgegenstände entziehen wollte, sind keine Anhaltspunkte ersichtlich. Durch § 2 Abs. 1 wird deshalb kein derart restriktives Erfordernis eines Betriebsbezugs veranlasst, demzufolge die Interessenvertretung generell isoliert von gesamtgesellschaftlichen Implikationen und überbetrieblichen Auswirkungen stattzufinden habe. Vielmehr sollen die betrieblichen Interessenvertretungen und der Arbeitgeber vertrauensvoll zusammenarbeiten, um kooperativ einen Ausgleich zwischen entgegenstehenden Interessen zum bestmöglichen Nutzen aller zu finden.[504] Dabei sind auch die Gesichtspunkte der Integrationsförderung zu berücksichtigen. Dies ist der Rahmen, den § 2 Abs. 1 für die soziale Schutzfunktion des Betriebsrats gegenüber den Arbeitnehmern des Betriebs aufstellt.

bb) Verbot parteipolitischer Betätigung, § 74 Abs. 2 S. 3

Wie die Zusammenarbeit der betrieblichen Interessenvertretungen und des Arbeitgebers im Einzelnen durchgeführt werden soll, konkretisiert der Gesetzgeber auch durch die Grundsätze für die Zusammenarbeit in § 74.[505]

---

502 Vgl. BT-Drs. 14/5741, S. 42.

503 Vgl. GK-BetrVG/*Jacobs*, § 74 Rn. 2; *Kreutz*, BlStSozArbR 1972, 44, 45.

504 GK-BetrVG/*Franzen*, § 2 Rn. 15.

505 GK-BetrVG/*Jacobs*, § 74 Rn. 1.

(1) Inhalt

So sollen Betriebsrat und Arbeitgeber gemäß Abs. 1 monatlich wenigstens einmal zu einer Besprechung zusammentreten (S. 1) und ernsthaft versuchen, strittige Fragen und Meinungsverschiedenheiten durch Unterbreitung von Vorschlägen und deren Verhandlung zu lösen (S. 2). Mit der Normierung dieser Pflicht[506], regelmäßig persönlich zusammenzufinden, soll eine institutionelle Basis für eine vertrauensvolle Zusammenarbeit geschaffen werden.[507] Auf diese Weise wird einer egoistischen Verfolgung nur eigener Interessen, die § 2 Abs. 1 gerade zu verhindern sucht, durch die Etablierung eines festen Rahmens für die Auseinandersetzung[508] mit den Standpunkten der Gegenseite, vorgebeugt.

Welche Standpunkte der Betriebsrat (unter anderem auch im Rahmen der monatlichen Besprechungen) einnehmen darf, wird durch das Gebot der vertrauensvollen Zusammenarbeit im Ausgangspunkt nicht vorgegeben.[509] Die (unter anderem) auch darin zum Ausdruck kommende Kooperationsmaxime wird allerdings durch die Friedensmaxime des § 74 Abs. 2 konkretisiert, indem Arbeitskampfmaßnahmen (S. 1 Hs. 1), Betriebsfrieden oder Arbeitsablauf beeinträchtigende Betätigungen (S. 2) und parteipolitische Betätigungen im Betrieb (S. 3 Hs. 1) verboten werden.[510] Dadurch sollen insbesondere störungsfreie Arbeitsabläufe und der Betriebsfrieden sichergestellt werden.[511]

Eine besondere Gefahr für eben diese Schutzgüter kann aus Sicht des Gesetzgebers aus parteipolitischen Betätigungen der Betriebspartner[512] resultieren. Darauf lässt das Verbot des S. 3 Hs. 1 schließen.[513] Denn einem Eintreten für oder gegen bestimmte politische Parteien wohnt besonderes Potenzial inne, Streitigkeiten und eine Polarisierung innerhalb der Belegschaft auszulösen, was der Zusammenarbeit und dem Betriebsklima insgesamt abträglich wäre.[514] So könnten sich etwa politisch Andersdenkende einer parteipolitischen Beeinflussung am Arbeitsplatz

506 GK-BetrVG/*Jacobs*, § 74 Rn. 10 f.

507 GK-BetrVG/*Jacobs*, § 74 Rn. 9.

508 Vgl. GK-BetrVG/*Jacobs*, § 74 Rn. 26.

509 Siehe oben S. 91 ff.

510 GK-BetrVG/*Jacobs*, § 74 Rn. 31.

511 GK-BetrVG/*Jacobs*, § 74 Rn. 34; unklar ist, ob darüber hinaus auch die Wahlfreiheit geschützt werden soll, dafür: GK-BetrVG/*Weber*, § 45 Rn. 28 m. w. N.; dagegen (bloßer Nebeneffekt): GK-BetrVG/*Jacobs*, § 74 Rn. 105 m. w. N.

512 Zu den Adressaten i. E. GK-BetrVG/*Jacobs*, § 74 Rn. 106 ff.

513 BT-Drs. 6/2729, S. 10; mit Hinweis auf die Stellungnahme des BT-Ausschusses für Arbeit und Sozialordnung GK-BetrVG/*Jacobs*, § 74 Rn. 103.

514 BAG, 17.03.2010 – 7 ABR 95/08, AP BetrVG 1972 § 74 Nr. 12.

kaum entziehen und in der Folge die parteipolitische Auseinandersetzung zum Gegenstand innerbetrieblicher Konfrontationen werden.[515]

(2) Parteipolitische Betätigung

Was unter dem Begriff der „Parteipolitik" zu verstehen ist, ist umstritten.[516] Jedenfalls erfasst ist die Betätigung für oder gegen politische Parteien i. S. v. Art. 21 GG und § 2 Abs. 1 PartG[517].[518] Nach einigen Stimmen aus der Literatur sollen aber auch nur solche Parteien erfasst sein.[519] Da die Gefahr innerbetrieblicher Konfrontationen, die den Betriebsfrieden und funktionierende Arbeitsabläufe beeinträchtigen können, jedoch nicht von der formellen Anerkennung als Partei i. S. d. Art. 21 GG und § 2 Abs. 1 PartG abhängt, gehen andere Stimmen unter Berufung auf den Zweck der Vorschrift davon aus, dass auch das Eintreten für andere politische Organisationen vom Verbot erfasst sei.[520] Noch weitergehend wird vertreten, dass auch das Eintreten für und gegen eine bestimmte politische Richtung verboten sei, unabhängig davon, ob diese auf einer bestimmten politischen Organisation beruhe.[521] Andere Autoren gehen dagegen von einem engeren Anwendungsbereich des Verbots aus, welches politische Richtungen nicht erfasse.[522] Das BAG hat, nachdem es zunächst den Anwendungsbereich des Verbots weiter gefasst hatte[523], zuletzt offengelassen, ob es weiterhin daran festhält.[524]

Davon unabhängig setzt das Verbot allerdings nach der herrschenden Meinung[525] voraus, dass, aus der Perspektive eines objektiv beobachtenden

---

515 GK-BetrVG/*Jacobs*, § 74 Rn. 105.

516 M. w. N. GK-BetrVG/*Jacobs*, § 74 Rn. 113 ff.

517 Gesetz über die politischen Parteien in der Fassung der Bekanntmachung vom 31. Januar 1994, BGBl. I S. 149.

518 GK-BetrVG/*Jacobs*, § 74 Rn. 113.

519 M. w. N. DKW/*Berg*, § 74 Rn. 59; *Radke*, BB 1957, 1112, 1113; *Hofmann*, Das Verbot parteipolitischer Betätigung im Betrieb, S. 62.

520 ErfK/*Kania*, § 74 BetrVG Rn. 25; *Fitting*, § 74 Rn. 46; GK-BetrVG/*Jacobs*, § 74 Rn. 114; Richardi/*Maschmann*, § 74 Rn. 61.

521 GK-BetrVG/*Jacobs*, § 74 Rn. 115; Richardi/*Maschmann*, § 74 Rn. 61; *Schmitt*, Interessenkonflikte bei der Wahrnehmung des Betriebsratsamtes, S. 28.

522 DKW/*Berg*, § 74 Rn. 56; *Fitting*, § 74 Rn. 48.

523 BAG, 12.06.1986 – 6 ABR 67/84, AP BetrVG 1972 § 74 Nr. 5; weitere Nachweise bei GK-BetrVG/*Jacobs*, § 74 Rn. 116.

524 BAG, 17.03.2010 – 7 ABR 95/08, AP BetrVG 1972 § 74 Nr. 12; *Krause*, JA 2011, 708.

525 M. w. N. *Hofmann*, Das Verbot parteipolitischer Betätigung im Betrieb, S. 65; *Schmitt*, Interessenkonflikte bei der Wahrnehmung des Betriebsratsamtes, S. 29.

Belegschaftsangehörigen, eine ausdrückliche oder deutlich erkennbare Bezugnahme auf eine politische Partei, Organisation oder Bewegung erfolgt.[526]

Aus dieser Perspektive kann eine Betätigung für oder gegen eine politische Partei, Organisation oder Richtung beispielsweise angesichts einer Bezugnahme auf unmittelbar diese, auf Koalitionen oder auf deren Repräsentanten vorliegen.[527] Zugleich führt aber nach Ansicht des BVerfG sogar eine ausdrückliche Aufforderung zur Wahl bestimmter Politiker nicht zwingend zu dem Schluss einer parteipolitischen Betätigung und zwar selbst dann nicht, wenn zugleich deren Parteizugehörigkeit angegeben wird.[528]

(3) Stellungnahme und Bedeutung für den Leitgedanken der Integrationsförderung

Die Förderung der Integration ist zwar ohne Zweifel Gegenstand parteipolitischer Auseinandersetzungen.[529]

Das betriebsverfassungsrechtliche Verbot parteipolitischer Betätigung wird vom Gesetzgeber allerdings durch § 74 Abs. 2 S. 3 Hs. 2 relativiert. Angelegenheiten tarifpolitischer, sozialpolitischer, umweltpolitischer und wirtschaftlicher Art bleiben demnach vom Verbot parteipolitischer Betätigung unberührt, soweit sie den Betrieb oder die Arbeitnehmer unmittelbar betreffen.[530] Dies führt zwar nicht dazu, dass auf diesen Gebieten eine parteipolitische Betätigung zulässig wäre.[531] Jedenfalls aber sind Angelegenheiten dieser Themenfelder, wenn und soweit sie den Betrieb oder seine Arbeitnehmer unmittelbar betreffen, zulässige Gegenstände der Betriebsratstätigkeit – und zwar grundsätzlich unabhängig davon, ob und wie sich die politische Parteienlandschaft dazu verhält.[532]

Vor diesem Hintergrund vermag es nicht zu überzeugen, wenn das Verbot der parteipolitischen Betätigung aus § 74 Abs. 2 S. 3 zur Begründung eines engen Verständnisses der Integrationsförderungsaufgabe aus § 80 Abs. 1 Nr. 7 angeführt

---

526 Vgl. BVerfG, 28.04.1976 – 1 BvR 71/73, AP BetrVG 1972 § 74 Nr. 2; GK-BetrVG/*Jacobs*, § 74 Rn. 119; *Hofmann*, Das Verbot parteipolitischer Betätigung im Betrieb, S. 65.

527 M. w. N. GK-BetrVG/*Jacobs*, § 74 Rn. 119.

528 BVerfG, 28.04.1976 – 1 BvR 71/73, AP BetrVG 1972 § 74 Nr. 2.

529 Siehe nur die Umfangreichen Ausführungen in *Heckmann*, Integration von Migranten, S. 245 ff.

530 GK-BetrVG/*Jacobs*, § 74 Rn. 125.

531 GK-BetrVG/*Jacobs*, § 74 Rn. 128.

532 GK-BetrVG/*Jacobs*, § 74 Rn. 129.

wird.[533] Denn § 74 Abs. 2 S. 3 liegt nicht die Wertung zugrunde, das macht Hs. 2 deutlich, dass das betriebliche Arbeitsumfeld vollständig politikfrei gehalten werden sollte.[534]

Das Verbot parteipolitischer Betätigung aus § 74 Abs. 2 S. 3 wirkt sich deshalb für die Aufgabe des Betriebsrates aus § 80 Abs. 1 Nr. 7, die Integration ausländischer Arbeitnehmer im Betrieb zu fördern, zunächst insofern aus, als dass die Beschäftigung des Betriebsrates mit den thematisch einschlägigen Sachfragen nicht zur Propaganda für oder gegen eine Partei missbraucht[535] werden darf.

Wenn der Gesetzgeber die Betriebsratsarbeit in § 74 Abs. 2 S. 3 unter ein Verbot der parteipolitischen Betätigung stellt, folgt im übrigen aus einer konkreten Aufgabenzuschreibung an den Betriebsrat für die inhaltliche Bestimmung des Verbots, dass die Betriebsratsarbeit zur Befassung mit dieser Aufgabe letztlich auch dann keine parteipolitische Betätigung ist, wenn sich eine politische Partei die damit verbundenen Aspekte zu eigen macht.[536] Denn der Gesetzgeber bringt gerade durch die allgemeinen Aufgaben, darunter auch die Integrationsaufgabe zum Ausdruck, dass zu eben diesen Bereichen die Diskussion erwünscht ist.[537] Diese legislatorische Entscheidung in einem dem Gesetzgeber bekannten Interessenkonflikt darf nicht ignoriert werden.[538]

(4) Zwischenergebnis

Das Verbot parteipolitischer Betätigung bedeutet für die allgemeine Aufgabe der Integrationsförderung, dass der Betriebsrat bei der Wahrnehmung der Integrationsaufgabe grundsätzlich keine Parteipolitik betreiben darf. Konkrete Maßnahmen sind also daran zu messen, ob sie mit dem Verbot vereinbar sind – ohne allerdings Hs. 2 aus den Augen zu verlieren.

Eine grundsätzliche, die Integrationsförderungsaufgabe einschränkende Wirkung ist der Vorschrift aber nicht zu entnehmen. Es geht vielmehr darum, sicherzustellen, dass die insoweit relevanten Sachfragen von Parteipolitik abgegrenzt behandelt werden. Den sachlichen Diskurs dazu traut der Gesetzgeber

---

533 So aber *Picker*, RdA 2001, 259, 274; *Rieble*, ZIP 2001, 133, 141 f.; *Edenfeld*, Betriebsverfassungsrecht, Rn. 70.

534 So auch GK-BetrVG/*Jacobs*, § 74 Rn. 127 mit Hinweis auch auf die Unvereinbarkeit dessen mit Art. 5 Abs. 1 GG.

535 Vgl. ErfK/*Kania*, § 74 BetrVG Rn. 30; ähnlich GK-BetrVG/*Jacobs*, § 74 Rn. 129.

536 DKW/*Buschmann*, § 80 Rn. 5.

537 Vgl. GK-BetrVG/*Weber*, § 42 Rn. 4.

538 Vgl. GK-BetrVG/*Jacobs*, § 74 Rn. 2; *Kreutz*, BlStSozArbR 1972, 44, 45.

aber den Akteuren der Betriebsverfassung auch dann zu, wenn dieser politisch umstritten ist.

cc) Grundsätze für die Behandlung der Betriebsangehörigen, § 75 Abs. 1

Durch § 75 Abs. 1 a. F. wurde im Jahr 1972 der unausgesprochene integrationspolitische Grundsatz der Integration durch (arbeits-) rechtliche Gleichstellung in der Betriebsverfassung verankert.[539] Infolgedessen hat der darin auch heute noch enthaltene betriebsverfassungsrechtliche Gleichbehandlungsgrundsatz[540] Bedeutung für das Verständnis der Aufgabe der Integrationsförderung gem. § 80 Abs. 1 Nr. 7. Der häufig formulierte Gedanke, dass die Aufgabe der Integrationsförderung der Durchsetzung des betriebsverfassungsrechtlichen Gleichbehandlungsgrundsatzes diene[541], erschließt sich nicht zuletzt vor diesem Hintergrund.

(1) Ausrichtung

Dabei darf allerdings ein bedeutender Aspekt nicht untergewichtet oder gar übersehen werden: Die Diskriminierungsverbote des § 75 Abs. 1 beschreiben einen status negativus – die Förderpflichten des § 80 Abs. 1 dagegen einen status aktivus.[542] Der betriebsverfassungsrechtliche Gleichbehandlungsgrundsatz aus § 75 Abs. 1 ist insbesondere im Lichte des in Art. 3 Abs. 1 GG normierten verfassungsrechtlichen Gleichheitssatzes zu lesen.[543] Es geht darin um die formale Gleichheit vor dem Gesetz – nicht jedoch um Gleichheit bei der Verteilung von Gütern, Bildung, Arbeit und Lebenschancen; die Gleichheit vor dem Gesetz ist nicht darauf ausgelegt, reale Unterschiede auszugleichen.[544]

So naheliegend es also zunächst anmutet, die Gleichbehandlung als Ziel der Aufgabe der Integrationsförderung anzusehen, so problematisch entpuppt es sich bei Lichte betrachtet aber auch. Denn ausgehend von einer solchen Lesart entsteht zum einen der Eindruck, dass die Aufgabe der Integrationsförderung primär darauf gerichtet sei, auf diskriminierende Ungleichbehandlungen zu reagieren – was jedoch bereits über § 80 Abs. 1 Nr. 1 i. V. m. § 75 Abs. 1 erreicht wird[545] und

---

539 *Laschet*, ZAR 2007, 1, 2.

540 Siehe dazu BAG, 23.03.2010 – 1 AZR 832/08, AP BetrVG 1972 § 75 Nr. 55; bezugnehmend darauf Düwell/*Lorenz*, § 75 Rn. 4.

541 Siehe nur ErfK/*Kania*, § 80 BetrVG Rn. 16; vgl. *Fitting*, § 80 Rn. 32; Richardi/*Thüsing*, § 80 Rn. 54.

542 Düwell/*Kohte/Schulze-Doll*, § 80 Rn. 31.

543 *Kleveman*, AiB 1993, 529, 533.

544 *Blank*, AuR 1994, 286, 287.

545 Statt vieler m. w. N. GK-BetrVG/*Weber*, § 80 Rn. 19.

deshalb bei der Gestaltung von § 80 Abs. 1 Nr. 7 eher nicht im Zentrum der gesetzgeberischen Intention gestanden haben dürfte.

Damit soll nicht bestritten werden, dass die Gleichbehandlung partiell in der Aufgabe der Integrationsförderung mit enthalten ist. Schließlich legt es bereits die sozialwissenschaftliche Prägung des Integrationsbegriffs nahe, einen effektiven Schutz vor Diskriminierungen mit einzubeziehen.[546] Allerdings wird der Blick auf die funktional grundlegend unterschiedliche Zielrichtung von Benachteiligungsverboten gegenüber aktiver Förderung verbaut, wie sie sich auch aus der strukturell ähnlichen Materie des AGG[547] ergibt. Während demnach die benachteiligende ungleiche Behandlung verboten wird, um die formal-rechtliche Gleichstellung abzusichern, dienen proaktive Förderungsmaßnahmen der effektiven Herstellung von Chancengleichheit.[548]

(2) Diskriminierungsschutz als Teilaspekt

Für den Inhalt der Aufgabe der Integrationsförderung bedeutet demnach der Blick auf § 75 Abs. 1, dass es dem Gesetzgeber zur Ergänzung des darin normierten Benachteiligungsverbots bei der Integrationsförderung primär um die Durchsetzung tatsächlicher Gleichbehandlung gegangen ist. § 80 Abs. 1 Nr. 7 fußt insoweit zwar auf § 75 Abs. 1 und trägt dessen Wertungen in sich. Allerdings geht der spezifische Förderauftrag in § 80 Abs. 1 Nr. 7 über die Benachteiligungsverbote hinaus[549], indem zur Bekämpfung struktureller Diskriminierung die spezifische (zuvor angesichts struktureller Diskriminierung möglicherweise unterbliebene)[550] Förderung in Gestalt eines verstärkten Einsatzes für die Interessen ausländischer Arbeitnehmer angeordnet wird.

Zwar gehen einzelne Stimmen davon aus, dass auch § 75 Abs. 1 die Verpflichtung beinhalte, Ungleiches ungleich zu behandeln und deshalb den den besonderen Lebensbedingungen entsprechenden Interessen ausländischer Arbeinehmer erforderlichenfalls besonders Rechnung zu tragen.[551] § 75 Abs. 1 drücke insoweit das aus der Verfassung abzuleitende Verbot der Herausbildung eines Kastenwesens aus und enthalte die Verpflichtung, gegen die Unterprivilegierung

546 Siehe oben S. 42 f.

547 Siehe dazu unten S. 131 ff.

548 Vgl. m. w. N. *Amthauer*, Zu den Auswirkungen des AGG auf die Betriebsverfassung, S. 26 f.

549 Däubler/Beck/*Buschmann*, § 17 AGG Rn. 10; *Schwering*, Das Allgemeine Gleichbehandlungsgesetz als Aufgabe und Instrument des Betriebsrates, S. 258.

550 Siehe oben S. 42 f.

551 *Blank*, AiB 1982, 87, 88.

ausländischer Arbeitnehmer vorzugehen. Demnach sei spätestens dann, wenn kollektive Nachteile zu einem langfristigen Gruppenschicksal zu werden drohen, von einer unzulässigen Benachteiligung auszugehen.[552]

Für den Inhalt der Aufgabe der Integrationsförderung ergeben sich daraus allerdings keine Besonderheiten. Denn auch wenn das zuträfe, wären diese Inhalte, da die Aufgabe der Integrationsförderung die Wertungen von § 75 Abs. 1 als Grundlage in sich trägt, mit enthalten. § 80 Abs. 1 Nr. 7 hätte nurmehr den Zweck, diesen Aspekt zu verdeutlichen.

(3) Wirkweise

Gemäß § 75 Abs. 1 ist der Betriebsrat dazu verpflichtet, bei der Ausübung seines Amtes, insbesondere bei den Entscheidungen, die er in Ausübung der Mitbestimmung zu treffen hat (etwa ob er seine Zustimmung zu einer Einstellung verweigern will) von der Überlegung auszugehen, ob er damit dem Grundsatz von Recht und Billigkeit entspricht, und die geltenden Diskriminierungsverbote zu beachten.[553] § 75 Abs. 1 enthält insoweit eine verbindliche Rechtsgrundlage für die Ausübung der Mitbestimmung.[554]

Es wurde bereits dargelegt,[555] dass auch die allgemeinen Aufgaben dazu dienen, die Gestaltungstätigkeit der betrieblichen Interessenvertretungen anzuleiten. Dass § 75 Abs. 1 ebenfalls deren Verhalten bei Entscheidungen zur Ausübung der betriebsverfassungsrechtlichen Befugnisse in grundlegender Weise beeinflusst, lässt zunächst einmal Raum dafür, den Schutz vor Benachteiligungen als einen Aspekt der Aufgabe der Integrationsförderung anzusehen. Der Blick auf § 75 Abs. 1 verdeutlicht aber auch, unter der Prämisse einer einheitlichen Anwendung von § 80 Abs. 1 Nr. 7, dessen Wirkweise: Die Gestaltungstätigkeit der betrieblichen Interessenvertretungen wird angeleitet indem ihr Verhalten, insbesondere auch bei Entscheidungen zur Ausübung der Mitbestimmung, von der Überlegung auszugehen haben, wie sie sich zum Themenbereich der Integration ausländischer Arbeitnehmer verhalten. Das kann die Berücksichtigung von Benachteiligungsverboten ebenso erforderlich machen wie die besondere Einbeziehung der Interessen ausländischer Arbeitnehmer.

---

552 *Seggern*, AiB 1982, 85.

553 Richardi/*Maschmann*, § 75 Rn. 4.

554 DKW/*Berg*, § 75 Rn. 1; *Fitting*, § 75 Rn. 1, 4.

555 Siehe oben S. 79 ff.

(4) Insbesondere Ermessenssteuerung

Insofern zeigt sich, dass § 80 Abs. 1 Nr. 7 weniger § 75 konkretisiert – sondern es sich partiell eher umgekehrt verhält. Dazu passt, dass § 75 Abs. 1 personenbezogen ausgestaltet ist (schließlich geht es um die Behandlung der Arbeitnehmer nach Recht und Billigkeit), § 80 Abs. 1 Nr. 7 aber sachthemenbezogen (einschließlich personeller Komponenten in Gestalt der Benachteiligungsverbote und der besonderen Einbeziehung der Interessen ausländischer Arbeitnehmer bei Entscheidungen der Interessenvertretungen).

Soweit § 75 Abs. 1 hinsichtlich des Schutzes vor Benachteiligungen § 80 Abs. 1 Nr. 7 konkretisiert, wirkt sich allerdings zugleich der (Teil-)Aspekt der besonderen Einbeziehung der Interessen ausländischer Arbeitnehmer auch auf die Maßstäbe aus, die im Rahmen der auf Einzelfallgerechtigkeit zielenden[556] Bindung der Betriebspartner an eine Behandlung der Arbeitnehmer nach den Grundsätzen der Billigkeit anzulegen sind.

Verdeutlicht werden soll dies anhand der Maßstäbe, die sich für die Ermessensbetätigung der Einigungsstelle angesichts der entsprechenden Bindung an die Billigkeit aus § 76 Abs. 5 S. 3 ergeben. Denn da der Spruch der Einigungsstelle nur die Einigung der Betriebspartner ersetzt, geben diese Vorgaben zugleich einen inhaltlich konkretisierenden Maßstab auch für die Zusammenarbeit von Arbeitgeber und Betriebsrat ab.[557]

Demnach wird die Billigkeit durch die Angemessenheit definiert, welche es erforderlich macht, für eine entsprechende Ermessensentscheidung sachbezogene Belange zu ermitteln und das Gewicht zu bestimmen, welches den Belangen im Rahmen der gegebenenfalls erforderlichen Abwägung zukommt. Der Wertigkeitsmaßstab beruht dabei auf den sich aus der Rechtsordnung ergebenden Wertungsgesichtspunkten.[558] Da nun das BetrVG prinzipiell von einem einheitlichen Interesse der Belegschaft ausgeht, kann es zu einer Abwertung von Interessen kommen, die von der Mehrheit der betroffenen Arbeitnehmer nicht verfolgt werden.[559]

Die allgemeine Aufgabe der Integrationsförderung wirkt sich vor diesem Hintergrund auf die Ermessensbetätigung des Betriebsrats aus, indem sie zum einen ein Schlaglicht auf die Interessen der ausländischen Arbeitnehmer wirft, um sicherzustellen, dass deren sachbezogenen Belange nicht übersehen werden.

---

556 Ausfürlich m. w. N. GK-BetrVG/*Jacobs*, § 75 Rn. 34 ff.

557 Vgl. GK-BetrVG/*Jacobs*, § 76 Rn. 1 ff.; vgl. *Müller*, ZFA 1972, 213, 233 ff.

558 *Fiebig*, Der Ermessensspielraum der Einigungsstelle, S. 92 f., 95 ff.

559 *Fiebig*, Der Ermessensspielraum der Einigungsstelle, S. 97.

Zum anderen bringt der Gesetzgeber zum Ausdruck, dass auch eine Ermessensentscheidung zugunsten von Interessen, die nicht von der Mehrheit der betroffenen Arbeitnehmer geteilt werden, unter dem Gesichtspunkt der Billigkeit getroffen werden kann.

(5) Zwischenergebnis

Der betriebsverfassungsrechtliche Gleichbehandlungsgrundsatz aus § 75 Abs. 1 ist im Lichte von Art. 3 Abs. 1 GG zu lesen und darauf ausgerichtet, die formale Gleichbehandlung sicherzustellen. Zu diesem Zweck wird die benachteiligende Ungleichbehandlung verboten. Die allgemeine Aufgabe der Förderung der Integration aus § 80 Abs. 1 Nr. 7 hat insoweit einen anderen Schwerpunkt – es geht darum, über die Benachteiligungsverbote hinaus spezifische Fördermaßnahmen zu veranlassen. Gleichwohl ist die Durchsetzung der Benachteiligungsverbote als Teilaspekt thematisch in der Integrationsförderung enthalten. § 80 Abs. 1 Nr. 7 wirkt sich dabei insbesondere als Vorschrift aus, die das Verhalten der Interessenvertretungen zur Ausübung ihrer Befugnisse an Überlegungen rückkoppelt, wie es sich zum Themenbereich der Integration ausländischer Arbeitnehmer verhalten würde. Auf diese Weise wird die ermessensgetragene Entscheidungsfindung angeleitet.

dd) Einordnung des Leitgedankens der Integrationsförderung

Die betrieblichen Interessenvertretungen sind gemäß § 2 Abs. 1 dazu verpflichtet, zum Wohle der Arbeitnehmer und des Betriebs vertrauensvoll mit dem Arbeitgeber zusammenzuarbeiten. Dabei ist keinem der Betriebspartner untersagt, auch überbetriebliche Belange aufzugreifen. Durch die Normierung von § 80 Abs. 1 Nr. 7 verpflichtet der Gesetzgeber den Betriebsrat dazu, auch das Thema der Förderung der Integration ausländischer Arbeitnehmer im Rahmen dieser Zusammenarbeit aufzugreifen. Eine parteipolitische Agitation ist dem Betriebsrat dabei zwar verboten – es ist allerdings der gesetzgeberische Wille zu berücksichtigen, das Thema der Integration ausländischer Arbeitnehmer zum Gegenstand der betrieblichen Auseinandersetzung zu machen, obwohl es gesamtgesellschaftlich und auch parteipolitisch diskutiert wurde und wird. Ein auf § 80 Abs. 1 Nr. 7 einschränkend wirkendes Verständnis des Verbots ist vor diesem Hintergrund abzulehnen. Ein betrieblicher Diskurs zu Fragen der Integrationsförderung ist deshalb auch dann zulässig, wenn diese zugleich Gegenstand parteipolitischer Positionen und Diskussionen sind. Dabei kommt inhaltlich nicht nur die Verhinderung von Benachteiligungen zur Förderung der Integration im betrieblichen Kontext in Betracht. § 80 Abs. 1 Nr. 7 ist vielmehr darauf angelegt, das gesamte ermessensgetragene Verhalten des Betriebsrates darauf zurückzubeziehen, wie es sich zum betrieblichen Sachthema der Integration ausländischer Arbeitnehmer verhält. Das bedeutet insbesondere auch eine Sensibilisierung für die Interessen ausländischer Arbeitnehmer als Teil des betriebsverfassungsrechtlichen Leitgedankens.

Mit Blick auf die wechselseitige Verantwortung der Aufnahmegesellschaft und Zuwanderer zum Gelingen der Integration beizutragen, könnte darin zugleich ein Gesichtspunkt der Öffnung der Aufnahmegesellschaft liegen. Denn wenn von den Betriebspartnern tatsächlich die Mitbestimmung auch mit Blick auf die Interessen ausländischer Arbeitnehmer ausgeübt würde, dürfte sich zugleich auch die betriebliche Sphäre als Teil der Aufnahmegesellschaft der Partizipation von Zuwanderern öffnen.

d) Bildung der Vertretung

Weitere Anhaltspunkte zur Konkretisierung der Aufgabe der Integrationsförderung aus § 80 Abs. 1 Nr. 7 ergeben sich aus dem für die Bildung der Interessenvertretung einschlägigen Wahlrecht. Denn seit der Reform des BetrVG 1952[560] durch das BetrVG 1972 haben ausländische Arbeitnehmer nicht nur das aktive, sondern auch das passive Wahlrecht, da diese die in § 7 BetrVG 1952 noch enthaltene Kopplung des passiven Wahlrechts an die (von der deutschen Staatsangehörigkeit abhängige) Wählbarkeit zum Bundestag entfallen ließ.[561]

Insofern ermöglicht seitdem die Beschäftigung in einem mitbestimmten Betrieb auch demokratische Partizipation,[562] welche – auf die betriebliche Sphäre bezogen – für die Repräsentation der Interessen auch ausländischer Arbeitnehmer von entscheidender Bedeutung ist. Denn eine sachgerechte Interessenvertretung setzt die gleichberechtigte Teilhabe am demokratischen Prozess der Bildung der Repräsentanz voraus.[563] Sie vermittelt die Teilhabe an der interessengerechten Gestaltung der betrieblichen Abläufe.[564]

---

560 Betriebsverfassungsgesetz vom 11.10.1952, BGBl. I S. 681.

561 *Brill*, BB 1978, 1574; *Kleveman*, AiB 1993, 529, 530; *Dyrchs*, Ausländerspezifische Konflikte im abhängigen Erwerbsleben, S. 276.

562 *Thränhardt*, in: Meier-Braun/Weber (Hrsg.), Deutschland Einwanderungsland, ³2017, S. 206, 209; dazu insges. umfangreich *Hinken*, Integration durch Mitbestimmung.

563 Vgl. *Hinken*, Integration durch Mitbestimmung, S. 209.

564 LAG Hessen 25.09.2003 – 9 TaBV 33/03, BeckRS 2003, 30451498; vgl. *Gamillscheg*, Kollektives Arbeitsrecht II, S. 30 ff.

Es erscheint deshalb an sich wenig überraschend, dass ein die Integration ausländischer Arbeitnehmer betreffender betriebsverfassungsrechtlicher Leitgedanke (auch) für das zugehörige Wahlrecht konstatiert wird[565] – erstaunlich ist vielmehr, dass dieser bei der dezidierten Auseinandersetzung mit der allgemeinen Aufgabe der Integrationsförderung nicht ersichtlich aufgegriffen wird.

aa) Gesetzliche Konkretisierung des Leitgedankens der Integration ausländischer Arbeitnehmer

Soweit von einem betriebsverfassungsrechtlichen Leitgedanken der Integration ausländischer Arbeitnehmer ausgegangen wird[566], erfolgt eine Verortung einer gesetzlichen Konkretisierung dessen in § 2 Abs. 5 WO[567]. Nach dieser Vorschrift soll der Wahlvorstand vor Einleitung der Betriebsratswahl ausländische Arbeitnehmer, die der deutschen Sprache nicht mächtig sind, über die Modalitäten der Betriebsratswahl in geeigneter Weise unterrichten.

Nach der herrschenden Ansicht[568] handelt es sich bei § 2 Abs. 5 WO, entgegen der Formulierung als „Soll"-Vorschrift, um eine wesentliche Vorschrift über das Wahlverfahren im Sinne von § 19 Abs. 1, deren Verletzung zur Anfechtbarkeit der Betriebsratswahl führen kann.[569] Denn an sich können auch Soll-Vorschriften

---

565 Davon scheint das BAG (13.10.2004 – 7 ABR 5/04, AP WahlO BetrVG 1972 § 2 Nr. 1 Rn. 11 f.) auszugehen, wenn es zunächst ausführt, wesentliche Wahlvorschriften i. S. v. § 19 Abs. 1 könnten ausnahmsweise Soll-Vorschriften sein, wenn sie *elementare Grundprinzipien der Betriebsratswahl* enthalten oder *tragende Grundsätze des Betriebsverfassungsrechts* berühren und dies für § 2 Abs. 5 WO mit der Begründung bejaht, diese Regelung solle *die Ausübung des aktiven und passiven Wahlrechts* sicherstellen und diene der *betrieblichen Integration ausländischer Arbeitnehmer*; vgl. *Däubler*, Das Arbeitsrecht 2, Rn. 1678; ähnlich *Helm*, AiB 1993, 70.

566 BAG, 13.10.2004 – 7 ABR 5/04, AP WahlO BetrVG 1972 § 2 Nr. 1 Rn. 11 f.

567 Erste Verordnung zur Durchführung des Betriebsverfassungsgesetzes vom 11.12.2001, BGBl. I S. 3494.

568 So ArbG Frankfurt a. M., 26.01.2011 – 7 BV 239/10, BeckRS 2012, 69943, II. 2. c) cc) (1); Richardi/*Forst*, § 2 WO 2001 Rn. 21; *Rudolph/Fuhrmann*, AiB 2014, 52; *Sertkol*, Deutsch - Türkische Integration am Arbeitsplatz, S. 178 f.

569 BAG, 13.10.2004 – 7 ABR 5/04, AP WahlO BetrVG 1972 § 2 Nr. 1 Rn. 12; LAG Rheinland-Pfalz, 17.06.2015 – 4 TaBV 14/14, BeckRS 2015, 72007 Rn. 53; DKW/*Homburg*, § 2 WO 2001 Rn. 26; *Fitting*, § 2 WO 2001 Rn. 12; GK-BetrVG/*Jacobs*, § 2 WO Rn. 19; zum BetrVG 1972 m. w. N. *Brill*, BB 1978, 1574; *Buschkröger*, AiB 1999, 545, 546; *Kleveman*, AiB 1993, 529, 535; *Däubler*, Das Arbeitsrecht 2, Rn. 1678; *Dyrchs*, Ausländerspezifische Konflikte im abhängigen Erwerbsleben, S. 277; dagegen: Richardi/*Forst*, § 2 WO 2001 Rn. 21; *Sertkol*, Deutsch - Türkische Integration am Arbeitsplatz, S. 181.

ausnahmsweise wesentliche Wahlvorschriften i. S. v. § 19 Abs. 1 sein, wenn sie elementare Grundprinzipien der Betriebsratswahl enthalten oder tragende Grundsätze des Betriebsverfassungsrechts berühren.[570] Auf § 2 Abs. 5 WO treffe dies zu, weil durch die Norm die Ausübung des aktiven und passiven Wahlrechts sichergestellt werden und sie zudem der betrieblichen Integration ausländischer Arbeitnehmer dienen solle.[571]

Dagegen wird bisweilen mit dem Gedanken argumentiert, dass auf diese Weise ein Anreiz zum Erlernen der deutschen Sprache verloren gehe und insofern ein Wiederspruch zu dem in § 80 Abs. 1 Nr. 7 normierten Gedanken der Integrationsförderung drohe.[572] Außerdem spreche die Entstehungsgeschichte der Norm gegen eine Auslegung als Vorschrift im Sinne von § 19 Abs. 1.[573] Der wortgleiche Vorgänger des § 2 Abs. 5 WO in seiner heutigen Fassung sei in § 2 Abs. 5 WO 1972 ausweislich der Gesetzesbegründung bewusst als Soll-Verpflichtung gestaltet worden, um Wahlanfechtungen zu vermeiden.[574]

Dafür, an einen Verstoß gegen § 2 Abs. 5 WO dennoch die Folge der Anfechtbarkeit gemäß § 19 Abs. 1 zu knüpfen, spricht indes die eminente Bedeutung einer Information im Vorfeld der Wahl für die demokratische Partizipation. Schließlich kann eine Unterstützung beim Ausfüllen des Stimmzettels durch Wahlhelfer, angesichts des Grundsatzes der geheimen Wahl, eine gegebenenfalls die Stimmabgabe beeinträchtigende Sprachbarriere nicht mehr überwinden.[575] Darüber hinaus droht letztlich auch kein Widerspruch zu dem in § 80 Abs. 1 Nr. 7 zum Ausdruck kommenden Grundgedanken der Integrationsförderung. Denn dieser ist nach den bislang gewonnenen Erkenntnissen primär darauf gerichtet, eine verstärkte Berücksichtigung der Interessen ausländischer Arbeitnehmer zu erreichen.

Davon kann durchaus auch erfasst sein, sprachunkundigen Arbeitnehmern das Erlernen der deutschen Sprache zu ermöglichen – allerdings nicht (genau das zeigt eben die gesetzliche Konkretisierung des Leitgedankens der Integration ausländischer Arbeitnehmer durch § 2 Abs. 5 WO) um den Preis, eben jene Mechanismen zu erodieren, die überhaupt erst eine effektive und interessengerechte demokratische Partizipation sicherstellen sollen.

---

570 BAG, 13.10.2004 – 7 ABR 5/04, AP WahlO BetrVG 1972 § 2 Nr. 1 Rn. 11.

571 BAG, 13.10.2004 – 7 ABR 5/04, AP WahlO BetrVG 1972 § 2 Nr. 1 Rn. 12.

572 *Sertkol*, Deutsch - Türkische Integration am Arbeitsplatz, S. 181.

573 *Ricken*, BAGReport 2005, 151.

574 *Ricken*, BAGReport 2005, 151.

575 ArbG Bremen, 19.07.1972 – 3 Ca 3252/72, DB 1972, 1830, 1831; vgl. DKW/*Homburg*, § 10 Rn. 1, 6a f.; *Fitting*, § 14 Rn. 12; *Brill*, BB 1978, 1574.

Der Blick auf § 2 Abs. 5 WO untermauert damit zugleich die Intention des Gesetzgebers, durch die Normierung von § 80 Abs. 1 Nr. 7 für eine Sensibilisierung der betrieblichen Interessenvertretungen hinsichtlich Interessen ausländischer Arbeitnehmer zu sorgen.

bb) Beurteilungsspielraum hinsichtlich der Notwendigkeit der Unterrichtung

Der Wahlvorstand hat betreffend die Frage, ob eine besondere Art und Weise der Unterrichtung erforderlich ist, einen eng gesteckten Beurteilungsspielraum.[576]

(1) Maßstab

Der Maßstab des Beurteilungsspielraumes ist vom Zweck der Vorschrift bestimmt. Dieser besteht darin, ausländischen Arbeitnehmern die wesentlichen Grundsätze über die durchzuführende Wahl zu vermitteln, um ihnen in gleicher Weise wie den deutschen Arbeitnehmern die Wahrnehmung ihres aktiven und passiven Wahlrechts zu ermöglichen.[577]

Deshalb kommt es entscheidend darauf an, ob die vorhandenen Deutschkenntnisse es den ausländischen Arbeitnehmern ermöglichen, die Wahlvorschriften und den Inhalt eines Wahlausschreibens zu verstehen. Im Zweifel muss der Wahlvorstand von unzureichenden Sprachkenntnissen ausgehen[578].[579]

Vor diesem Hintergrund sind allein für die tägliche Arbeit ausreichende Sprachkenntnisse nicht zwingend als ausreichend anzusehen, wenn die Arbeit ihrerseits nur geringe Deutschkenntnisse voraussetzt.[580] Weitere Indizien können sich im Übrigen aus der betrieblichen Praxis ergeben.[581]

---

576 Vgl. BAG, 13.10.2004 – 7 ABR 5/04, AP WahlO BetrVG 1972 § 2 Nr. 1; *Fitting*, § 2 WO 2001 Rn. 12; m. w. N. *Sertkol*, Deutsch - Türkische Integration am Arbeitsplatz, S. 179; *Brill*, BB 1978, 1574.

577 BAG, 13.10.2004 – 7 ABR 5/04, AP WahlO BetrVG 1972 § 2 Nr. 1 Rn. 14; LAG Rheinland-Pfalz, 22.07.2015 – 7 TaBV 7/15, BeckRS 2015, 72010 Rn. 73; LAG Frankfurt, 05.07.1965 – 1 Ta BV 1/65, DB 1965, 1746; *Buschkröger*, AiB 1999, 545, 546.

578 *Helm*, AiB 1993, 70, 71.

579 BAG, 13.10.2004 – 7 ABR 5/04, AP WahlO BetrVG 1972 § 2 Nr. 1 Rn. 14.

580 BAG, 13.10.2004 – 7 ABR 5/04, AP WahlO BetrVG 1972 § 2 Nr. 1 Rn. 14; LAG Rheinland-Pfalz, 22.07.2015 – 7 TaBV 7/15, BeckRS 2015, 72010 Rn. 73.

581 Siehe dazu etwa BAG, 13.10.2004 – 7 ABR 5/04, AP WahlO BetrVG 1972 § 2 Nr. 1 Rn. 15 f.; LAG Rheinland-Pfalz, 22.07.2015 – 7 TaBV 7/15, BeckRS 2015, 72010 Rn. 74 ff.; jeweils m. w. N. DKW/*Homburg*, § 2 WO 2001 Rn. 28; *Herbert/Oberrath*, DB 2010, 391, 393; *Oberrath/Herbert*, NZA 2012, 1260, 1262; *Sertkol*, Deutsch - Türkische Integration am Arbeitsplatz, S. 179.

(2) Staatsangehörigkeit

Da § 2 Abs. 5 WO auf die Sprachkenntnisse ausländischer Arbeitnehmer abstellt, ist auch für diesen Kontext zu hinterfragen, ob insoweit das formelle Kriterium der Nationalität angesprochen werden soll. Davon hängt ab, ob § 2 Abs. 5 WO den Wahlvorstand dazu verpflichtet, auch Arbeitnehmer mit deutscher Staatsangehörigkeit bei entsprechenden sprachlichen Defiziten in geeigneter Weise zu unterrichten, wie solche ohne die deutsche Staatsangehörigkeit.[582] Infolgedessen gilt es auch für die Unterrichtungspflicht des Wahlvorstands zu überprüfen, ob der Begriff des „ausländischen" Arbeitnehmers zwingend im Sinne eines Statusbegriffes[583] zu interpretieren ist.

Dagegen spricht, dass in diesem Falle Arbeitnehmer mit vergleichbar gelagerten Sprachproblemen allein aufgrund ihrer Staatsangehörigkeit hinsichtlich ihrer demokratischen Partizipationsmöglichkeiten benachteiligt zu werden drohen – ohne, dass dafür eine sachliche Rechtfertigung ersichtlich wäre.

Die Entstehungsgeschichte spricht zwar vor dem Hintergrund, dass die Formulierung bereits seit 1972 unverändert besteht und insofern die damalige Normierung auch im Lichte des Umgangs mit der Eingliederung der Gastarbeiter zu verstehen ist, dafür, dass der Gesetzgeber primär Arbeitnehmer ohne deutsche Staatsangehörigkeit vor Augen hatte. Allerdings lieferte die damalige gesellschaftspolitische Ausgangslage auch keine Veranlassung dafür, sich dezidiert gegen ein von der Nationalität unabhängiges Verständnis zu entscheiden.[584]

Der Zweck der Vorschrift, den elementaren demokratischen Grundsatz der Gleichheit der Wahl zu verwirklichen[585], spricht schließlich entscheidend dafür, die Anwendbarkeit von § 2 Abs. 5 WO nicht streng an den Rechtsstatus der Staatsangehörigkeit zu knüpfen. Der Wahlvorstand muss also auch dann im Sinne von § 2 Abs. 5 WO tätig werden, wenn ihm herkunftsbezogene Sprachdefizite von Arbeitnehmern bekannt sind oder sein mussten[586], die die deutsche Staatsangehörigkeit haben.

---

582 Befürwortend: GK-BetrVG/*Jacobs*, § 2 WO Rn. 19; *Rudolph/Fuhrmann*, AiB 2014, 52, 53.

583 Siehe dazu etwa oben S. 48 ff.

584 Siehe bereits oben S. 50 f.

585 BAG, 13.10.2004 – 7 ABR 5/04, AP WahlO BetrVG 1972 § 2 Nr. 1 Rn. 12.

586 Zur Bedeutung weiterer tatsächlicher Begebenheiten und deren Aussagekraft siehe statt vieler jeweils m. w. N. *Fitting*, § 2 WO 2001 Rn. 12; GK-BetrVG/*Jacobs*, § 2 WO Rn. 20; *Rudolph/Fuhrmann*, AiB 2014, 52, 53 f.

(3) Zwischenergebnis

Dass dem Wahlvorstand auch dann noch ein Beurteilungsspielraum verbleibt, wenn keine Arbeitnehmer ohne deutsche Staatsangehörigkeit hinsichtlich der Ausübung ihres Wahlrechts schutzbedürftig sind, führt auch für den darin konkretisierten Leitgedanken der Integration ausländischer Arbeitnehmer zu einem Erkenntnisgewinn.

Es entspricht demnach der Intention des Gesetzgebers, in grundsätzlicher Weise dafür zu sorgen, dass Menschen aufgrund einer besonderen Lage, in der sie sich etwa zuwanderungsbedingt befinden, keine Nachteile hinsichtlich der Verwirklichung ihrer Partizipationschancen im betrieblichen Bereich entstehen. Daraus resultierende Hürden sollen nicht dazu führen, dass ihre Interessen in geringerem Ausmaß durch das System der betrieblichen Interessenvertretung verwirklicht werden können.

Gegenstand der Konkretisierung des Leitgedankens der Integration ausländischer Arbeitnehmer ist mithin die Verwirklichung der sozialen Schutzfunktion der Betriebsverfassung, indem das betriebliche Arbeitsumfeld auch unter Berücksichtigung der Interessen ausländischer Arbeitnehmer gestaltet wird.

Von dieser Grundlage ausgehend kann § 80 Abs. 1 Nr. 7 neben § 2 Abs. 5 WO als weitere Konkretisierung des Leitgedankens der Integration ausländischer Arbeitnehmer angesehen werden. Um sicherzustellen, dass die soziale Schutzfunktion der Betriebsverfassung verwirklicht wird, sollen die betrieblichen Interessenvertretungen die Integration ausländischer Arbeitnehmer fördern, indem sie grundsätzlich bei der Amtsausübung besondere Aufmerksamkeit gegenüber den Interessen ausländischer Arbeitnehmer an den Tag legen.

So ergänzt § 80 Abs. 1 Nr. 7 die Konkretisierung des Leitgedankens der Integration ausländischer Arbeitnehmer in § 2 Abs. 5 WO, indem an die Gewährleistung gleicher (demokratischer) Partizipationschancen anschließend eine Sensibilisierung und Aktivierung hinsichtlich des tatsächlichen Einsatzes für die Belange ausländischer Arbeitnehmer verpflichtend angeordnet wird.

cc) Ermessensausübung hinsichtlich der Art und Weise der Unterrichtung

Der Wahlvorstand hat gemäß § 2 Abs. 5 WO die Pflicht, Arbeitnehmer, die die deutsche Sprache nicht hinreichend beherrschen, im Vorfeld von Betriebsratswahlen in geeigneter Weise zu unterrichten. Darin hat der Gesetzgeber partiell den Leitgedanken der Integration ausländischer Arbeitnehmer konkretisiert.

Vor diesem Hintergrund ist auch zu überprüfen, auf welche Art und Weise der Wahlvorstand seiner Unterrichtungspflicht gerecht werden und sein in dieser

Angelegenheit grundsätzlich bestehendes Ermessen[587] zweckmäßig einsetzen kann, um dem im Leitgedanken der Integrationsförderung zum Ausdruck kommenden Willen des Gesetzgebers zur Geltung zu verhelfen.

Schließlich könnten die daraus gewonnenen Erkenntnisse auch Rückschlüsse auf die antizipierte Wirkweise der Amtsausübung betrieblicher Interessenvertretungen zur Förderung der Integration zulassen.

(1) Veröffentlichung von Übersetzungen des Wahlausschreibens ausreichend?

Hinsichtlich konkreter Maßnahmen, die der Wahlvorstand ergreifen kann, wird dabei diskutiert, inwieweit die Veröffentlichung eines übersetzten Wahlausschreibens zur Information geeignet sein beziehungsweise unter Umständen sogar ausreichen kann.[588]

Richtigerweise ist zunächst davon auszugehen, dass die Pflicht zur Unterrichtung in geeigneter Weise insbesondere dazu führen soll, dass Arbeitnehmer unabhängig von ihrer ausländischen Herkunft in gleicher Weise von ihrem aktiven und passiven Wahlrecht Gebrauch machen können.[589]

Zu diesem Zweck versucht der Normgeber angesichts des Wortlautes der Vorschrift einerseits gegebenenfall bestehende Sprachdefizite zu egalisieren – immerhin geht es gemäß § 2 Abs. 5 WO um ausländische Arbeitnehmer, „die der deutschen Sprache nicht mächtig sind". Allerdings soll, da über „Wahlverfahren, Aufstellung der Wähler- und Vorschlagslisten, Wahlvorgang und Stimmabgabe" zu unterrichten ist, augenscheinlich auch über den Inhalt des Wahlausschreibens hinausgehendes Wissen zur Betriebsratswahl bereitgestellt werden. So muss letzteres dem Wortlaut nach wohl keine Informationen zur „Aufstellung" der Wählerlisten als solcher beinhalten (vgl. § 3 Abs. 2 Nr. 3 WO, der nur die Konsequenzen fehlender Eintragung sowie die Einspruchsmöglichkeit anspricht).

Der Wortlaut spricht demnach dafür, dass es aus Sicht des Gesetzgebers nicht ausreicht, Sprachdefizite zu egalisieren, um Arbeitnehmern ausländischer Herkunft eine gleichwertige Wahrnehmung des aktiven und passiven Wahlrechts zu

---

587 *Fitting*, § 2 WO 2001 Rn. 12; GK-BetrVG/*Jacobs*, § 2 WO Rn. 21; *Helm*, AiB 1993, 70, 71; *Kleveman*, AiB 1993, 529, 535; *Oberrath/Herbert*, NZA 2012, 1260, 1262; m. w. N. *Dyrchs*, Ausländerspezifische Konflikte im abhängigen Erwerbsleben, S. 277.

588 In diese Richtung LAG Hamm, 17.05.1973 – 8 Ta BV 11/73, DB 1973, 1403; unklar Richardi/*Forst*, § 2 WO 2001 Rn. 21; dagegen GK-BetrVG/*Jacobs*, § 2 WO Rn. 21; in diese Richtung auch DKW/*Homburg*, § 2 WO 2001 Rn. 27, 29.

589 Vgl. GK-BetrVG/*Jacobs*, § 2 WO Rn. 21.

ermöglichen; der bloße Aushang einer Übersetzung des Wahlausschreibens kann also für eine hinreichende Information im Sinne von § 2 Abs. 5 WO nicht genügen.

Dafür könnte auch das systematische Verhältnis zwischen § 2 Abs. 5 WO und § 3 WO insofern sprechen, als dass mit dem Erlass des Wahlausschreibens gemäß § 3 Abs. 1 S. 2 WO die Wahl eingeleitet wird, die Information gemäß § 2 Abs. 5 WO jedoch vor der Einleitung der Wahl zu erfolgen hat.[590] Wenngleich die Unterrichtungspflicht auch Arbeitnehmer erfasst, die in zeitlicher Hinsicht erst nach der Einleitung der Wahl ihre Beschäftigung aufgenommen haben[591], ist dem vorstehenden Argument angesichts der gesetzlichen Unterscheidung zwischen Vorbereitung und Einleitung der Betriebsratswahl[592] zuzustimmen.

Würde aus Sicht des Gesetzgebers die Veröffentlichung einer Übersetzung des Wahlausschreibens genügen, hätte außerdem die Normierung einer entsprechenden Vorgabe in oder nach § 3 Abs. 4 WO nähergelegen als diese in § 2 Abs. 5 WO vorzunehmen.

Es genügt deshalb prinzipiell nicht, eine Übersetzung des Wahlausschreibens zu veröffentlichen.

(2) Veröffentlichung von Übersetzungen des Wahlausschreibens notwendig?

Umstritten ist allerdings auch, ob eine solche in jedem Falle erforderlich ist, um § 2 Abs. 5 WO gerecht zu werden.[593]

Dafür spricht zwar die besondere Bedeutung des Wahlausschreibens.[594] Wenn jedoch der Wahlvorstand die ausländischen Arbeitnehmer auf andere Weise in die Lage versetzt, ihr aktives und passives Wahlrecht zu betätigen, folgt aus der Ratio von § 2 Abs. 5 WO keine Notwendigkeit, auch eine Übersetzung des Wahlausschreibens zu veröffentlichen.[595]

---

590 So GK-BetrVG/*Jacobs*, § 2 WO Rn. 21.

591 LAG Rheinland-Pfalz, 22.07.2015 – 7 TaBV 7/15, BeckRS 2015, 72010 Rn. 80.

592 GK-BetrVG/*Jacobs*, § 3 WO Rn. 1.

593 Dafür LAG Frankfurt, 05.07.1965 – 1 Ta BV 1/65, DB 1965, 1746; DKW/*Homburg*, § 2 WO 2001 Rn. 29; wohl auch *Fitting*, § 2 WO 2001 Rn. 12; *Herbert/Oberrath*, DB 2010, 391, 393; *Oberrath/Herbert*, NZA 2012, 1260, 1262; *Rudolph/Fuhrmann*, AiB 2014, 52, 54; dagegen GK-BetrVG/*Jacobs*, § 2 WO Rn. 21; unklar: BAG, 13.10.2004 – 7 ABR 5/04, AP WahlO BetrVG 1972 § 2 Nr. 1 Rn. 14 insoweit, als unter anderem das potenzielle Verständnis des Inhalts des Wahlausschreibens als Maßstab für die Beurteilung hinreichender Sprachkenntnisse herangezogen wird.

594 DKW/*Homburg*, § 2 WO 2001 Rn. 29.

595 So auch GK-BetrVG/*Jacobs*, § 2 WO Rn. 21; wohl auch Richardi/*Forst*, § 2 WO 2001 Rn. 21.

Die Veröffentlichung einer Übersetzung des Wahlausschreibens ist also nicht zwingend erforderlich, um § 2 Abs. 5 WO gerecht zu werden. Gleichwohl erscheint sie, angesichts der zentralen Bedeutung des Wahlausschreibens für die Betriebsratswahlen[596], empfehlenswert.[597]

(3) Hinweis auf Abrufbarkeit

Betreffend gegebenenfalls zahlreicher nur gering vertretener Sprachen ist unklar, ob ein Hinweis in den Hauptsprachen genügen kann, dass erforderlichenfalls eine Unterrichtung in weiteren Sprachen abgerufen werden kann.[598]

Dagegen wird argumentiert, dass zu Lasten der „kleineren" Nationalitäten gegen den Gleichbehandlungsgrundsatz verstoßen zu werden drohe, wenn Übersetzungen nur in die Hauptsprachen erfolgten, woraus die Notwendigkeit erwachse, die Informationen in sämtliche vertretene Sprachen zu übersetzen.[599] Zudem könnten die Hauptsprachen unter Umständen schwierig zu identifizieren seien.[600]

Die Informationen in sämtliche vertretene Sprachen zu übersetzen wird vereinzelt wiederum mit der Begründung abgelehnt, dass dies zu erheblichen Kosten für den Arbeitgeber führen würden.[601]

Richtigerweise ist davon auszugehen, dass der Veröffentlichung von Übersetzungen im Rahmen von § 2 Abs. 5 WO bereits insoweit eine quantitative Grenze innewohnt, als sich ein ausufernder Gebrauch sogar desinformierend und damit gegebenenfalls zweckwidrig auswirken kann.[602]

Hinweise darauf, dass erforderlichenfalls eine Unterrichtung in weiteren Sprachen abgerufen werden kann, können also vom Wahlvorstand dazu eingesetzt werden, der Verpflichtung aus § 2 Abs. 5 WO gerecht zu werden.

---

596 Vgl. DKW/*Homburg*, § 2 WO 2001 Rn. 29.

597 Vgl. *Helm*, AiB 1993, 70, 71.

598 So LAG Hessen, 25.09.2003 – 9 TaBV 33/03, BeckRS 2003, 30451498; *Fitting*, § 2 WO 2001 Rn. 12; *Oberrath/Herbert*, NZA 2012, 1260, 1262; *Rudolph/Fuhrmann*, AiB 2014, 52, 54; dagegen LAG Rheinland-Pfalz, 17.06.2015 – 4 TaBV 14/14, BeckRS 2015, 72007 Rn. 53; letztlich uneindeutig *Sertkol*, Deutsch - Türkische Integration am Arbeitsplatz, S. 180 f.

599 LAG Rheinland-Pfalz, 17.06.2015 – 4 TaBV 14/14, BeckRS 2015, 72007 Rn. 53; *Sertkol*, Deutsch - Türkische Integration am Arbeitsplatz, S. 180.

600 *Sertkol*, Deutsch - Türkische Integration am Arbeitsplatz, S. 180.

601 *Oberrath/Herbert*, NZA 2012, 1260, 1262; *Sertkol*, Deutsch - Türkische Integration am Arbeitsplatz, S. 180.

602 *Rudolph/Fuhrmann*, AiB 2014, 52, 54 veranschaulichen das am Beispiel von Übersetzungen eines zwei DIN-A4 Seiten langen Wahlausschreibens in 56 Sprachen, welche eine Wandtapete von 8x1 m ergäben.

(4) Informationsveranstaltung

In Betracht kommt außerdem eine Informationsveranstaltung zu organisieren, in deren Rahmen gegebenenfalls der Einsatz eines Dolmetschers angezeigt sein kann,[603] auch um gezielt ausländische Kollegen hinsichtlich der Wahrnehmung ihres passiven Wahlrechts ansprechen zu können.[604]

(5) Zwischenergebnis

Aus den im Einzelnen diskutierten Maßnahmen beziehungsweise deren Wirkweise kristallisiert sich aber auch ein gewissermaßen übergeordneter Gedanke heraus. Geeignete Maßnahmen zeichnen sich demnach dadurch aus, dass sie an die besondere Lage anknüpfen, in der sich die schutzbedürftigen Arbeitnehmer befinden (hier etwa Sprachdefizite, aber auch andere Besonderheiten, die die Verwirklichung formalrechtlich gleicher Möglichkeiten demokratischer Partizipation in tatsächlicher Hinsicht beeinträchtigen können). Daran anknüpfende Maßnahmen sind qualitativ als geeignet anzusehen, wenn sie dazu führen können, das identifizierte Hindernis zu egalisieren. Der Gesetzgeber hat dabei dem Wahlvorstand einen Ermessensspielraum eingeräumt, weil eine allgemeingültige Festlegung auf bestimmte Maßnahmen angesichts der Vielfalt zur Überwindung des Partizipationshindernisses in Betracht kommender Maßnahmen nicht als zweckmäßig empfunden wurde.

Das spricht dafür, auch bei § 80 Abs. 1 Nr. 7 davon auszugehen, dass die Amtsausübung des Betriebsrats unter anderem dann zur Förderung der Integration ausländischer Arbeitnehmer beiträgt, wenn es auch von den durch die Gestaltung der betrieblichen Sphäre betroffenen Belangen ausländischer Arbeitnehmer ausgeht und darüber hinaus darauf zielt, Barrieren zu egalisieren, die der Verwirklichung gesellschaftlicher Partizipationschancen im betrieblichen Kontext entgegenstehen.

dd) Ausländische Wahlbewerber

Gemäß § 15 Abs. 1 soll die Zusammensetzung der Vertretung der Zusammensetzung der Belegschaft entsprechen.[605] Die zu Wahlvorschlägen Berechtigten[606] werden dadurch appellativ aufgefordert, möglichst auf eine die betrieblichen

603 *Däubler*, Das Arbeitsrecht 2, Rn. 1678.

604 *Kleveman*, AiB 1993, 529, 535.

605 DKW/*Homburg*, § 15 Rn. 1a.

606 Zu den Einzelheiten der Vorschlagsberechtigung von Arbeitnehmern und Gewerkschaften siehe etwa *Fitting*, § 14 Rn. 5, 44 ff.

Organisations- und Personalstrukturen wiederspiegelnde Zusammensetzung der Vertretung zu achten.[607] Dabei folgt § 15 Abs. 1 dem Gedanken, dass gruppenzugehörige Arbeitnehmer besonders dazu geeignet sind, die für die Gruppe typischen Belange in die betriebliche Interessenvertretung einzubringen.[608]

Auch wenn ausländische Arbeitnehmer von § 15 nicht explizit angesprochen werden, ist eine angemessene Berücksichtigung bei der Aufstellung der Wahlvorschläge dennoch wünschenswert, um dem Gleichbehandlungsgrundsatz gem. § 75 wie auch dem Grundsatz einer sachgerechten Interessenvertretung zu entsprechen.[609]

Dieser Grundsatz besteht (das wird insbesondere mit Blick auf § 15 Abs. 2 deutlich) in der sachgerechten Berücksichtigung gruppenspezifisch unterschiedlicher Interessenlagen und beruflicher Probleme im Rahmen der betrieblichen Interessenvertretung.[610]

Demgegenüber wohnt einer defizitären Repräsentation ausländerspezifischer Interessen die Gefahr inne, die Entstehung an herkunftsspezifischen Interessen orientierter Listen herauszufordern;[611] da die Amtsträger aber konzeptionell als Vertreter der gesamten Belegschaft vorgesehen sind,[612] dürfte dem Gesetzgeber an einer solchen Entwicklung kaum gelegen sein.[613]

Darüber hinaus beeinflusst die demokratische Legitimation auch die Akzeptanz der Betriebsverfassung durch die Belegschaft und sollte deshalb auch dadurch

---

607 *Fitting*, § 15 Rn. 2.

608 *Fitting*, § 15 Rn. 7a.

609 DKW/*Homburg*, § 15 Rn. 2; *Fitting*, § 15 Rn. 1; ähnlich GK-BetrVG/*Jacobs*, § 15 Rn. 7; wohl auch Richardi/*Thüsing*, § 15 Rn. 4; *Knolle*, AiB 2011, 20, 22; *Dyrchs*, Ausländerspezifische Konflikte im abhängigen Erwerbsleben, S. 276 f.; bereits zum BetrVG 1972: vgl. *Blank*, AuR 1994, 286, 292; *Brill*, BB 1978, 1574, 1575; *Kleveman*, AiB 1993, 529, 534 f.; zum Personalvertretungsrecht *Pakirnus*, PersR 1995, 193, 194.

610 Vgl. *Fitting*, § 15 Rn. 7a; vgl. zu § 15 Abs. 2: GK-BetrVG/*Jacobs*, § 15 Rn. 16 mit Verweis auf BT-Drs. 14/5741, S. 37.

611 Vgl. *Brill*, BB 1978, 1574, 1575; vgl. m. w. N. *Sertkol*, Deutsch - Türkische Integration am Arbeitsplatz, S. 239; dieses Phänomen scheint auch dem Sachverhalt zugrunde zu liegen, den das LAG Hamm, 12.02.1976 – 8 TaBV 90/75, DB 1976, 922 f. zu entscheiden hatte.

612 *Gamillscheg*, Kollektives Arbeitsrecht II, S. 354.

613 Zu demokratietheoretisch problematischen Aspekten einer entlang ethnischer Grenzen gespaltenen Gesellschaft insgesamt *Langenfeld*, Integration und kulturelle Identität zugewanderter Minderheiten, S. 373 ff.

verstärkt werden, dass die Interessenvielfalt innerhalb der Belegschaft auch bei der Zusammensetzung der Vertretung zum Ausdruck kommt.[614]

ee) Fremdenfeindliche Wahlbewerber

Dass umgekehrt fremdenfeindlich eingestellte Wahlbewerber im Falle ihres Erfolges, ein Problem für die Verwirklichung der Aufgabe der Integrationsförderung darstellen können, liegt an sich auf der Hand: Es ist schlechterdings aufgrund ihrer Gesinnung nicht anzunehmen, dass sie sich im Rahmen ihrer Ermessensspielräume in verstärktem Maße für die besonderen Belange ausländischer Arbeitnehmer einsetzen werden.

Gleichwohl sieht das Betriebsverfassungsrecht keine dezidierten Handlungsmöglichkeiten vor, um zu verhindern, dass fremdenfeindlich eingestellte Bewerber für ein Betriebsratsamt gewählt werden.[615] Insbesondere hat der Wahlvorstand abseits § 8 Abs. 1 S. 3 i. V. m. §§ 45 ff. StGB Wahlvorschläge nicht auf eine etwaige Fremdenfeindlichkeit der Bewerber zu prüfen.[616] Und da die gem. § 130 StGB strafbare Volksverhetzung schon aufgrund der Strafandrohung gem. § 12 Abs. 1 StGB kein Verbrechen darstellt, ergeben sich insoweit keine relevanten Kompetenzen des Wahlvorstands.

Allerdings führt natürlich auch der mit einer Kandidatur eines Arbeitnehmers für ein Betriebsratsamt einhergehende, verstärkte arbeitsrechtliche Schutz[617] nicht dazu, dass dadurch fremdenfeindliche Agitation des Bewerbers im Betrieb zulässig würde. Vielmehr können Arbeitgeber und Betriebsrat die grundsätzlich gegenüber fremdenfeindlich agierenden Betriebsratsmitgliedern und Arbeitnehmern zur Verfügung stehenden Instrumente des BetrVG und des Individualarbeitsrechts auch gegenüber Wahlbewerbern in Stellung bringen, soweit deren Voraussetzungen vorliegen.[618] Insoweit führt auch der Umstand, dass der Wahlbewerber möglicherweise aus seiner besonderen Rolle heraus wirkliche oder vermeintliche Missstände im Betrieb oder im Hinblick auf den amtierenden Betriebsrat ggf. mit scharfen Worten kritisieren will, nicht dazu, dass er in Ausübung des Grundrechts der freien Meinungsäußerung aus Art. 5 Abs. 1 GG die Schranken übertreten dürfte, die durch das Recht der persönlichen Ehre Dritter gem. Art. 5 Abs. 2 GG

---

614 Vgl. *Gamillscheg*, Kollektives Arbeitsrecht II, S. 31 f.
615 Ausführlich m. w. N. *Göpfert/Jungbauer*, NZA 2022, 85, 87 ff.
616 *Göpfert/Jungbauer*, NZA 2022, 85, 87.
617 Dazu ausführlich Däubler/Deinert/*Deinert*, § 15 KSchG Rn. 1 ff.
618 *Göpfert/Jungbauer*, NZA 2022, 85, 88 ff.

sowie die Grundregeln des Arbeitsverhältnisses im Sinne wesentlicher arbeitsvertraglicher Pflichten abgesteckt werden.[619]

Dabei ist allerdings mit Blick auf § 20 Abs. 1 S. 2 zu berücksichtigen, dass ggf. zweifelsfrei auf die Sanktion individualarbeitsrechtlichen Fehlverhaltens abzustellen ist, da eine Kündigung mit der Absicht, auf die Betriebsratswahl einzuwirken unwirksam wäre.[620] Hinsichtlich des von der individualarbeitsrechtlichen Sphäre abzugrenzenden Bereichs betriebsverfassungsrechtlicher Pflichtverletzungen ist betreffend Wahlbewerber zu beachten, dass Verfahren nach § 23 Abs. 1 in analoger Anwendung mangels einer vorweggenommenen gesetzlichen Verhaltenspflicht nach § 75 ausscheiden müssen.[621] Das gilt auch für die ermessenssteuernde Amtspflicht der Integrationsförderung in Gestalt der allgemeinen Aufgabe aus § 80 Abs. 1 Nr. 7, denn deren Adressat ist nicht der Wahlbewerber.

Insofern unterscheidet sich die rechtliche Stellung der Wahlbewerber von der rechtlichen Stellung gewählter Vertreter: Letztere sind nach erfolgter Wahl an die allgemeine Aufgabe der Integrationsförderung aus § 80 Abs. 1 Nr. 7 im Sinne einer Amtspflicht gebunden. Wird sie gröblich vernachlässigt, kann dies als Pflichtverstoß im Sinne von § 23 Abs. 1 gewertet werden und den Ausschluss eines Betriebsratsmitglieds oder die Auflösung des gesamten Betriebsrates zur Folge haben.[622]

ff) Zwischenergebnis

Insoweit konkretisieren also die Vorschriften zur Bildung der Vertretung und § 80 Abs. 1 Nr. 7 sich ergänzende Aspekte eines Leitgedankens der Integration ausländischer Arbeitnehmer.

§ 2 Abs. 5 WO bezweckt in grundsätzlicher Weise dafür zu sorgen, dass die besondere Lage, in der sich Menschen zuwanderungsbedingt befinden, nicht dazu führt, dass deren Interessen trotz rechtlicher Gleichstellung bereits keinen tatsächlichen Eingang in die Mechanismen betrieblicher Interessenvertretung finden können. § 15 Abs. 1 macht zudem deutlich, dass die Verwirklichung des betriebsverfassungsrechtlichen Schutzgedankens von einer sachgerechten Berücksichtigung auch gruppenspezifisch unterschiedlicher Interessenlagen und beruflicher Probleme im Rahmen der betrieblichen Interessenvertretung abhängt.

---

619 M. w. N. BAG, 15.12.1977 – 3 AZR 184/76, AP BGB § 626 Nr. 69.

620 *Göpfert/Jungbauer*, NZA 2022, 85, 90.

621 Ausführlich *Göpfert/Jungbauer*, NZA 2022, 85, 87 f.

622 GK-BetrVG/*Oetker*, § 23 Rn. 24; *Zimmermann*, AuR 2017, 192; *Kummer*, Die Nichtausübung betriebsverfassungsrechtlicher Beteiligungsrechte, S. 101 ff.

Daran anknüpfend sichert der Gesetzgeber in § 80 Abs. 1 Nr. 7 den Leitgedanken der Integration ausländischer Arbeitnehmer ab, indem er die gewählten Repräsentanten der Belegschaft dafür sensibilisiert, ihr Verhalten zur Ausfüllung ihrer betriebsverfassungsgesetzlichen Funktion auch anhand der Interessen ausländischer Arbeitnehmer auszurichten und die Gestaltung der betrieblichen Sphäre mit Blick auf diese mitzubestimmen. Das schließt es ein, Faktoren zu egalisieren, die der gesellschaftlichen Partizipation ausländischer Arbeitnehmer im betrieblichen Kontext entgegenstehen. Insoweit knüpfen also letztlich § 80 Abs. 1 Nr. 7 und § 2 Abs. 5 WO gleichermaßen an die tatsächlichen Schwierigkeiten an, die sich aus der zuwanderungsbedingt besonderen Lage hinsichtlich der Verwirklichung von Teilhabechancen in der betrieblichen Sphäre ergeben können. Der Betriebsrat ist dabei aber nicht darauf verwiesen, abzuwarten, bis sich ein Hindernis tatsächlich in einer konkreten Beeinträchtigung von Interessen manifestiert, sondern kann auch präventiv Maßnahmen ergreifen.

e) Der Leitgedanke der Integrationsförderung im betriebsverfassungsrechtlichen Normengefüge

Die betriebsverfassungsrechtlichen Regelungsstrukturen zeigen zunächst, dass der Gesetzgeber in Gestalt der Zuwanderung ein überbetriebliches Phänomen zum Gegenstand betrieblicher Auseinandersetzung und der Gestaltung durch die betrieblichen Interessenvertretungen machen wollte. Dabei wird dem Betriebsrat über die allgemeine Aufgabe aus § 80 Abs. 1 Nr. 7 auferlegt, sich im Rahmen seiner Betätigung zur Gestaltung der betrieblichen Verhältnisse verstärkt für die Interessen ausländischer Arbeitnehmer einzusetzen. Die Bezugnahme auf „ausländische Arbeitnehmer" als von der Staatsangehörigkeit abhängiges Tatbestandsmerkmal zu verstehen, beziehungsweise § 80 Abs. 1 Nr. 7 insgesamt auf konkrete Interessen ausländischer Belegschaftsmitglieder zu reduzieren, würde sich allerdings wegen der vom Gesetzgeber verfolgten Ziele als zweckwidrig erweisen. Deshalb ist vielmehr ein gewissermaßen hybrides Verständnis von § 80 Abs. 1 Nr. 7 angezeigt. Dabei ist im Grundsatz von einem sachlich-thematischen Förderauftrag auszugehen, der inhaltlich zunächst abstrakt ausgefüllt werden kann; etwa durch typische beziehungsweise typischerweise betroffene Interessen ausländischer Arbeitnehmer. Soweit konkret im Betrieb vorhandene Interessenlagen abzuwägen sind, entfaltet § 80 Abs. 1 Nr. 7 diesbezüglich eine Signalwirkung.

Der insoweit herausgearbeitete Leitgedanke der Integrationsförderung verträgt sich auch mit den weiteren Leitgedanken des Betriebsverfassungsrechts. Insbesondere schließt es die Verpflichtung des Betriebsrats, gemäß § 2 Abs. 1 mit dem Arbeitgeber vertrauensvoll zum Wohle der Arbeitnehmer und des Betriebs zusammenzuarbeiten, nicht aus, auch Aspekte aufzugreifen, die gegenwärtig (noch) keine konkreten Interessen von Belegschaftsangehörigen betreffen. Das Verbot parteipolitischer Betätigung verbietet dabei zwar eine parteipolitische Agitation, lässt allerdings Raum für die betriebliche Behandlung auch parteipolitisch umstrittener Themen, solange die Auseinandersetzung damit sachorientiert auf eine angepasste Mitbestimmung der betrieblichen Sphäre bezogen erfolgt. Gegenüber dem betriebsverfassungsrechtlichen Gleichbehandlungsgrundsatz hat die allgemeine Aufgabe aus § 80 Abs. 1 Nr. 7 einen anderen Schwerpunkt – obwohl die Durchsetzung der Benachteiligungsverbote durchaus als Teilaspekt thematisch in der Integrationsförderung enthalten ist, geht es primär darum, über die Benachteiligungsverbote hinaus eine spezifische Förderung durch angemessene Interessenvertretung zu veranlassen. § 80 Abs. 1 Nr. 7 wirkt sich dabei insbesondere als Vorschrift aus, die die ermessensgetragene Amtsführung der Interessenvertretungen zur Ausübung ihrer Befugnisse daran rückkoppelt, wie es sich zum Themenbereich der Integration ausländischer Arbeitnehmer verhielte, sich also auf abstrakt typische oder konkrete Interessen ausländischer Arbeitnehmer auswirkt.

Dadurch konkretisiert § 80 Abs. 1 Nr. 7 ergänzend neben § 2 Abs. 5 WO den betriebsverfassungsrechtlichen Leitgedanken der Integration ausländischer Arbeitnehmer. Denn durch die Verpflichtung des Wahlvorstands zur Unterrichtung über die Betriebsratswahlen wird gleichsam an der Wurzel betrieblicher Interessenvertretung angesetzt und durch die Unterstützung der demokratischen Partizipation bereits in einem sehr frühen Stadium darauf hingewirkt, dass die Interessen ausländischer Arbeitnehmer in die Mechanismen betrieblicher Interessenvertretung eingehen können. Und auch die Konkretisierung in § 80 Abs. 1 Nr. 7 entfaltet eine sehr grundlegende Wirkung, indem die als Amtspflicht ausgestaltete allgemeine Aufgabe das auf einer pflichtgemäßen Ermessensausübung beruhende Entscheidungsverhalten der Interessenvertretung sachgerecht an die (abstrakten) Interessen ausländischer Arbeitnehmer bindet. So wird mit der Normierung der allgemeinen Aufgabe aus § 80 Abs. 1 Nr. 7 letztlich der Leitgedanke der Integration ausländischer Arbeitnehmer auf der Ebene der Ausübung der betrieblichen Mitbestimmung fortgeschrieben.

2. *Betriebsverfassungsexterne Regelungssystematik*

Im Rahmen der systematischen Auslegung wird außerdem das Verhältnis verschiedener Gesetze zueinander untersucht, um die Regelungsziele zu ermitteln.[623] Schließlich gilt es, auch um die „Einheit des Rechts" zu wahren, die Bedeutung

623 Deinert/Wenckebach/Zwanziger/*Deinert*, § 10 Rn. 50.

eines einzelnen Rechtssatzes vor dem Hintergrund dessen systematischer Einbettung in die gesamte Rechtsordnung zu ermitteln.[624] Deshalb können auch Grundentscheidungen des Gesetzgebers, die sich aus anderen Rechtsgebieten extrahieren lassen, im Zuge der systematischen Auslegung einer Vorschrift berücksichtigt werden, indem sie durch entsprechende Interpretation der gegenständlichen Regelung zuendegedacht werden.[625]

Dergestalt Gedanken aus anderen Rechtsgebieten aufzugreifen, liegt zunächst einmal bei einer inhaltlichen Verwandtschaft der Rechtsgebiete nahe.[626]

Im Jahr 2006 ist das vom Gesetzgeber zur Umsetzung europarechtlicher Vorgaben erlassene AGG[627] in Kraft getreten.[628] Dabei lag auch die Erkenntnis zu Grunde, dass bestimmte Bevölkerungsgruppen merkmalsbezogen schlechtere Chancen auf dem Arbeitsmarkt haben. Insbesondere Menschen mit Migrationshintergrund seien schlechter in die Arbeitswelt eingebunden und aufgrund dessen materiellen und immateriellen Nachteilen ausgesetzt.[629] Das AGG sollte dabei als ein Baustein einer umfassenden Integrationspolitik fungieren, die an den vielfältigen Ursachen der besorgniserregenden sozialen Lage der benachteiligten Personengruppen ansetzt.[630] Damit wird zugleich die Frage aufgeworfen, in welchem Verhältnis das AGG zur Aufgabe der Integrationsförderung nach § 80 Abs. 1 Nr. 7 steht.

Darüber hinaus ist es erforderlich, die Einheit der *gesamten* Rechtsordnung nicht aus dem Blick zu verlieren und deshalb auch Regelungsregime zu berücksichtigen, deren Einschlägigkeit sich nicht unmittelbar aufdrängt. Für die systematische Konkretisierung des Leitgedankens betriebsverfassungsrechtlicher Integrationsförderung könnte aus diesem Grund auf Gedanken des AufenthG zurückgegriffen werden. Es ist zwar zuzugeben, dass sich der Sprung vom Betriebsverfassungsrecht als zivilrechtlicher Materie[631] zum AufenthG als öffentlich-rechtlichem Normenkomplex nicht unmittelbar aufdrängt; der berühmte „Blick über den Tellerrand" erscheint aber dennoch angezeigt, weil das Themengebiet

---

624 *Schlachter*, Auslegungsmethoden im Arbeitsrecht, S. 14; *Zippelius*, Juristische Methodenlehre, S. 43.

625 M. w. N. *Schlachter*, Auslegungsmethoden im Arbeitsrecht, S. 14 f.

626 Vgl. *Schlachter*, Auslegungsmethoden im Arbeitsrecht, S. 14 f.

627 Art. 1 des Gesetzes zur Umsetzung europäischer Antidiskriminierungsrichtlinien vom 14.08.2006, BGBl. S. 1897.

628 Däubler/Beck/*Däubler*, Einleitung (AGG) Rn. 1, 3.

629 BT-Drs. 16/1780, S. 23.

630 BT-Drs. 16/1780, S. 24 f.

631 *Fitting*, § 1 Rn. 351 f.; GK-BetrVG/*Wiese*, Einl. Rn. 92 ff.

der Integration vom Gesetzgeber im Rahmen der Normierung des AufenthG dezidiert aufgegriffen wurde.[632]

a) *Bundespersonalvertretungsgesetz (BPersVG)*

Der Personalrat hat gemäß § 62 Nr. 7 BPersVG die allgemeine Aufgabe, die Integration ausländischer Beschäftigter in die Dienststelle und das Verständnis zwischen ihnen und den deutschen Beschäftigten zu fördern sowie Maßnahmen zur Bekämpfung gruppenbezogener Menschenfeindlichkeit in der Dienststelle zu beantragen.

Durch die Neufassung dieser allgemeinen Aufgabe des Personalrats im Jahr 2022 sollte insbesondere eine Angleichung an das betriebsverfassungsrechtliche Äquivalent in § 80 Abs. 1 Nr. 7 erreicht werden.[633]

Hinsichtlich der Implikationen für die allgemeine Aufgabe des Betriebsrats, die Integration zu fördern, sei auf die Ausführungen oben[634] verwiesen.

b) *Allgemeines Gleichbehandlungsgesetz (AGG)*

aa) Ergänzung der vertrauensvollen Zusammenarbeit

Durch das AGG wird der allgemeine betriebsverfassungsrechtliche Grundsatz der vertrauensvollen Zusammenarbeit aus § 2 Abs. 1 ergänzt,[635] indem der soziale Dialog zwischen Arbeitgeber und Arbeitnehmervertretungen um den Benachteiligungsschutz erweitert und so die Verwirklichung der Gleichbehandlung auf betrieblicher Ebene gefördert wird[636]. Der Schutz vor Benachteiligungen wird so vergleichbar mit § 75 Abs. 1 zu einer Leitlinie für die vertrauensvolle Zusammenarbeit der Betriebsparteien.[637]

Inhaltlich folgt daraus für die Aufgabe der Integrationsförderung, die von vornherein den Benachteiligungsschutz nach § 75 Abs. 1 beinhaltet,[638] aufgrund der weitestgehenden Kongruenz der Benachteiligungsverbote nach dem AGG und dem BetrVG[639], keine weitergehende Bedeutung.

---

632 Siehe bereits oben S. 31 ff.
633 BT-Drs. 19/26820, S. 109 f.
634 Siehe S. 30 f.
635 *Bauer/Krieger/Günther*, § 17 AGG Rn. 8; Hey/Forst/*Forst*, § 17 Rn. 14.
636 Schiek/*Kocher*, § 17 AGG Rn. 1.
637 *Amthauer*, Zu den Auswirkungen des AGG auf die Betriebsverfassung, S. 203.
638 Siehe oben S. 103 ff.
639 Däubler/Beck/*Buschmann*, § 17 AGG Rn. 10.

Allerdings wird durch § 17 Abs. 1 AGG die Möglichkeit der Betriebsparteien bekräftigt, gemäß § 5 AGG zugunsten bestimmter Gruppen positive Maßnahmen zum Ausgleich besonderer Nachteile zu ergreifen.[640] § 5 AGG versetzt die Betriebsparteien dazu in die Lage, faktische Ungleichheiten zulasten bestimmter Gruppen, die durch Einstellungen, Verhaltensmuster und Strukturen in der Gesellschaft verursacht sind[641], durch betriebliche Maßnahmen aufzugreifen und auszugleichen.[642]

Das bedeutet für die Auseinandersetzung mit der Frage, ob die Betriebspartner überbetriebliche Belange berücksichtigen dürfen[643] ein weiteres systematisches Argument. Denn wenn § 17 Abs. 1 AGG die Betriebspartner dazu anleiten soll, in vertrauensvoller Zusammenarbeit den Schutz vor Benachteiligungen in der betrieblichen Sphäre zu realisieren und zu diesem Zweck auch positive Maßnahmen zu ergreifen, die auf den Ausgleich gesellschaftlich bedingter faktischer Ungleichheiten zulasten bestimmter Gruppen zielen, kann der Gesetzgeber in § 2 Abs. 1 kaum die Berücksichtigung solcher überbetrieblichen Belange ausschließen wollen.

bb) Zulässigkeit von Maßnahmen der Integrationsförderung

Unmittelbare Bedeutung für die Aufgabe der Integrationsförderung aus § 80 Abs. 1 Nr. 7 entfaltet insbesondere § 5 AGG.

Denn die darin für positive Maßnahmen niedergelegten Grundsätze zulässiger Differenzierungen gelten gleichsam für die Bestimmung der Zulässigkeit von Maßnahmen zur Realisierung der besonderen Förderpflichten aus den allgemeinen Aufgaben des Betriebsrats.[644] Das betrifft insbesondere spezifische Regelungen der Betriebsparteien mit dem Ziel der Gleichstellung bisher benachteiligter Gruppen.[645] Die betrieblichen Interessenvertretungen können also im Rahmen von § 5 AGG prinzipiell ihren gruppenspezifischen Förderaufgaben aus § 80 Abs. 1 nachkommen, ohne sich Benachteiligungsvorwürfen der übrigen Belegschaft auszusetzen.[646]

---

640 *Bauer/Krieger/Günther*, § 17 Rn. 9; Schiek/*Kocher*, § 17 AGG Rn. 1, 4, 8; *Amthauer*, Zu den Auswirkungen des AGG auf die Betriebsverfassung, S. 203.

641 EuGH, 17.10.1995 – C-450/93, NZA 1995, 1095, 1096

642 *Amthauer*, Zu den Auswirkungen des AGG auf die Betriebsverfassung, S. 120.

643 Siehe oben S. 91 ff.

644 *Amthauer*, Zu den Auswirkungen des AGG auf die Betriebsverfassung, S. 237.

645 *Amthauer*, Zu den Auswirkungen des AGG auf die Betriebsverfassung, S. 237.

646 Vgl. *Amthauer*, Zu den Auswirkungen des AGG auf die Betriebsverfassung, S. 120.

Dabei fällt allerdings auf, dass das AGG einerseits die Frage der Staatsangehörigkeit nicht ausdrücklich thematisiert[647], § 75 Abs. 1 aber Benachteiligungen wegen der als Staatsangehörigkeit zu verstehenden Nationalität erfasst.[648] § 75 Abs. 1 verbietet insofern eine Benachteiligung wegen einer deutschen Staatsangehörigkeit ebenso wie solche wegen einer ausländischen Staatsangehörigkeit oder Staatenlosigkeit.[649]

§ 80 Abs. 1 Nr. 7 wiederum nimmt Bezug auf „ausländische Arbeitnehmer". Dies geschah zwar in der Intention, den sachlichen Gegenstand der Förderaufgabe zu präzisieren[650] – nicht um den Anwendungsbereich der Förderungsaufgabe in Abhängigkeit von der Staatsangehörigkeit einzugrenzen. Das Aufgreifen der Staatsangehörigkeit durch die Betriebsparteien sollte damit aber dennoch nicht ausgeschlossen werden. Der Betriebsrat ist demnach bei Fördermaßnahmen zwar nicht auf die Staatsangehörigkeit beschränkt, kann aber durchaus auf sie abstellen.

Daraus ergibt sich mit Blick auf die Rechtfertigung einer Maßnahme nach § 5 AGG die Notwendigkeit anhand des in Bezug genommenen Merkmals zu differenzieren:

(1) Deckungsgleiche Merkmale

Wird im Rahmen einer Maßnahme zur Förderung der Integration ausländischer Arbeitnehmer auf verpönte Merkmale im Sinne des AGG und des § 75 Abs. 1 abgestellt (etwa vor dem Hintergrund, dass sich die dokumentierte Randständigkeit von Deutschen mit Migrationshintergrund wie auch Ausländern und Ausländerinnen im Alltag häufig hinsichtlich der ethnischen Herkunft und der Religion überschneidet,[651] auf eben diese) kommt eine Rechtfertigung über § 5 AGG in Betracht.[652] Die Rechtfertigungsgründe des AGG sind insoweit im Rahmen des betriebsverfassungsrechtlichen Schutzes vor Benachteiligungen entsprechend anzuwenden, da anderenfalls in Ermangelung einer betriebsverfassungsrechtlichen Regelung von Ausnahmetatbeständen eine Regelungslücke und Wertungswidersprüche drohten.[653]

647 Däubler/Beck/*Däubler*, § 1 AGG Rn. 35.

648 DKW/*Berg*, § 75 Rn. 39; *Fitting*, § 75 Rn. 67; GK-BetrVG/*Jacobs*, § 75 Rn. 63.

649 GK-BetrVG/*Jacobs*, § 75 Rn. 63.

650 Siehe oben S. 67 ff.

651 BT-Drs. 16/1780, S. 23 f.

652 BAG, 23.03.2010 – 1 AZR 832/08; AP BetrVG 1972 § 75 Nr. 55; GK-BetrVG/*Jacobs*, § 75 Rn. 46.

653 GK-BetrVG/*Jacobs*, § 75 Rn. 46.

Dabei ist allerdings zu beachten, dass durch die Merkmale der „Rasse" und der ethnischen Herkunft im Sinne von § 1 AGG umfassend alle Personen erfasst werden sollen, die aufgrund bestimmter (zugeschriebener) Unterschiede von der regionalen Mehrheit als nicht zugehörig, als fremd wahrgenommen werden.[654] Mithin kann auch beim benachteiligenden (scheinbaren) Abstellen auf die Staatsangehörigkeit durchaus das Merkmal der ethnischen Herkunft im Sinne von § 1 AGG betroffen sein, wenn der fragliche ausländische Staat durch ein Staatsvolk charakterisiert wird, das die Voraussetzungen einer Ethnie erfüllt[655], was regelmäßig der Fall sein dürfte.[656]

(2) Merkmal der Staatsangehörigkeit

Wenn hingegen tatsächlich im Rahmen einer Maßnahme zur Förderung der Integration ausländischer Arbeitnehmer anhand der Staatsangehörigkeit differenziert wird, bedeutet das nach dem Regelungsrahmen des AGG keine verbotene Benachteiligung, weil dieser in § 1 AGG das Merkmal der Nationalität nicht erfasst[657]. Die Frage einer Rechtfertigung der „positiven Maßnahme" stellt sich also insoweit nicht. § 75 Abs. 1 verbietet demgegenüber prinzipiell auch eine Benachteiligung wegen einer deutschen Staatsangehörigkeit.[658] Damit stellt sich die Frage, ob für die Realisierung der Aufgabe der Integrationsförderung auch direkt an die Staatsangehörigkeit angeknüpft werden kann.[659]

Nach *Jacobs*[660] und *Worzalla*[661] soll ein solcher Fall ebenso in entsprechender Anwendung von § 5 AGG gerechtfertigt werden können. Dagegen geht *Fitting*[662] wohl davon aus, dass eine Rechtfertigung nach § 5 AGG nur dann in Betracht kommt, wenn das die unterschiedliche Behandlung begründende Merkmal auch von § 1 AGG erfasst ist. Allerdings erscheint es im Interesse an einer möglichst einheitlichen Regelungssystematik innerhalb der Rechtfertigung gemäß § 75 Abs. 1 grundsätzlich untersagter Benachteiligungen überzeugend, § 5 AGG auch

654 Däubler/Beck/*Däubler*, § 1 AGG Rn. 32; *Schiek*, AuR 2003, 44, 46.
655 BAG, 21.06.2012 – 8 AZR 364/11, NZA 2012, 1235
656 BT-Drs. 16/1780, S. 31; Däubler/Beck/*Däubler*, § 1 AGG Rn. 36; *Meinel/Heyn/Herms*, § 1 Rn. 14.
657 Däubler/Beck/*Däubler*, § 1 AGG Rn. 35; GK-BetrVG/*Jacobs*, § 75 Rn. 63.
658 GK-BetrVG/*Jacobs*, § 75 Rn. 63.
659 GK-BetrVG/*Jacobs*, § 75 Rn. 46.
660 GK-BetrVG/*Jacobs*, § 75 Rn. 46.
661 HWGNRH/*Worzalla*, § 75 Rn. 30.
662 *Fitting*, § 75 Rn. 60.

auf Benachteiligungen aufgrund von Merkmalen, die von § 1 AGG nicht erfasst sind, entsprechend anzuwenden.

cc) Materielle Gleichstellung

Im Übrigen sind zwar gemäß § 17 Abs. 1 AGG die Ziele des AGG als Konkretisierung von § 2 Abs. 1 im Sinne betriebsverfassungsrechtlicher Leitgedanken zu berücksichtigen, zu deren Realisierung auch positive Maßnahmen im Sinne von § 5 AGG in Betracht kommen können.[663]

Das AGG hat selbst aber nicht die positive Förderung der Chancengleichheit zum Ziel.[664] Dessen grundlegendes Ansinnen besteht vielmehr in der Gewährleistung von Normanwendungsgleichheit, indem durch Benachteiligungsverbote ein diskriminierungsfreies Umfeld geschaffen werden soll.[665] § 17 Abs. 1 AGG, das heißt letztlich die Ratio des AGG, ergänzt sich aber mit der allgemeinen Aufgabe aus § 80 Abs. 1 Nr. 7, indem der Gesetzgeber bei letzterer von einer besonderen gruppenspezifischen Förderungspflicht ausgeht, die über Diskriminierungsverbote hinausgeht.[666]

Für diese ergänzende Wirkung bleibt also letztlich insbesondere Raum hinsichtlich der proaktiven positiven Förderung der Chancengleichheit um letztlich durch die individuelle Verwirklichung der gesellschaftlichen Teilhabechancen des Arbeitslebens auf eine materielle Gleichstellung hinzuwirken.

dd) Zwischenergebnis

Die Vorschriften des AGG entfalten für die Aufgabe der Integrationsförderung zunächst einmal mittelbar Bedeutung, da § 17 Abs. 1 AGG im Zusammenspiel mit § 5 AGG verdeutlicht, dass den Betriebsparteien nicht schon über die Verpflichtung gemäß § 2 Abs. 1 vertrauensvoll zum Wohle der Arbeitnehmer und des Betriebs zusammenzuarbeiten verboten sein kann, überbetriebliche Gesichtspunkte zu berücksichtigen. Auch § 80 Abs. 1 unterliegt damit nicht grundsätzlich einer Einschränkung durch ein Verbot allgemeinpolitischer Betätigung.

Darüber hinaus ergibt sich aus dem Zusammenspiel des Diskriminierungsschutzes nach dem AGG und § 75 Abs. 1 für die allgemeine Aufgabe der

---

663 BeckOK-BGB/*Horcher*, § 17 AGG Rn. 4; ErfK/*Schlachter*, § 17 AGG Rn. 1; NK-GA/*Schneider*, § 17 AGG Rn. 2.

664 *Amthauer*, Zu den Auswirkungen des AGG auf die Betriebsverfassung, S. 24 ff.

665 *Amthauer*, Zu den Auswirkungen des AGG auf die Betriebsverfassung, S. 28.

666 Däubler/Beck/*Buschmann*, § 17 AGG Rn. 10.

Integrationsförderung eine Rechtfertigungsmöglichkeit für Förderungsmaßnahmen, die für sich genommen verbotene Benachteiligungen darstellen würden.

Schließlich folgt aus dem Verhältnis des Regelungsrahmens des AGG zu § 80 Abs. 1 Nr. 7, dass es bei der Förderung der Integration ausländischer Arbeitnehmer um eine proaktive positive Förderung der Chancengleichheit geht, um letztlich durch die individuelle Verwirklichung der gesellschaftlichen Teilhabechancen des Arbeitslebens auf eine materielle Gleichstellung hinzuwirken

c) Völkerrechtliche Verpflichtung

In diese Richtung deutet auch das 1961 ratifizierte[667] Übereinkommen Nr. 111 der IAO über die Diskriminierung in Beschäftigung und Beruf insofern, als es die Beeinträchtigung der Gleichheit der Gelegenheiten in Beschäftigung oder Beruf in den Diskriminierungsbegriff einbezieht und somit über § 75 Abs. 1 hinausgeht.[668] Die von § 75 Abs. 1 nicht erfasste „Gleichheit der Gelegenheiten" sollte, da IAO-Abkommen Nr. 111 bei der Auslegung innerstaatlichen Rechts zu berücksichtigen ist, auch bei der Interpretation von § 80 Abs. 1 Nr. 7 zum Ausdruck kommen.[669]

d) AufenthG

aa) Das aufenthaltsgesetzliche Integrationskonzept

Die Bundesrepublik Deutschland scheint ihren Frieden damit gemacht zu haben, ein Einwanderungsland zu sein. Dafür steht neben symbolischer Anerkennung nicht zuletzt eine Reihe greifbarer einwanderungspolitischer Aktivitäten.[670] Und auch der Gestaltung des politischen Gegenstücks, als mit den Folgen der Einwanderung befasstes Betätigungsfeld namentlich die Integrationspolitik[671], hat sich der Gesetzgeber seit der Jahrtausendwende gewidmet.

Aus diesen Maßnahmen sticht besonders das AufenthG hervor. Denn es markiert (ursprünglich 2002 durch Art. 1 des ZuwanderungsG[672] eingeführt), nach gängiger Lesart den ersten dezidierten Ansatz, verbindliche Rahmenbedingungen

---

667 BGBl. 1961 II, S. 97.

668 *Blank*, AuR 1994, 286, 287 f.

669 Vgl. *Blank*, AuR 1994, 286, 287 f.

670 *Langenfeld/Lehner*, ZAR 2020, 215 ff.

671 Vgl. *Deinert/Fontana*, NJW 2018, 2767.

672 Gesetz zur Steuerung und Begrenzung der Zuwanderung und zur Regelung des Aufenthalts und der Integration von Unionsbürgern und Ausländern vom 20.06.2002, BGBl. I S. 1946.

für die (Sozial-) Integration aufzustellen.[673] Und tatsächlich geht der Gesetzgeber selbst, ausweislich der Gesetzesbegründung, davon aus, dass der bislang einseitig auf Zuwanderungsbegrenzung ausgerichtete Regelungsrahmen nur vereinzelt und begrenzt die Integration fördere.[674] Erfolgreiche Zuwanderung setze aber gegenseitige Akzeptanz und die Eingliederung in das wirtschaftliche, gesellschaftliche und kulturelle Leben voraus. Dafür sei eine systematische Förderung der Integration erforderlich.[675]

Durch das AufenthG solle deshalb ein Mindestbestand staatlicher Integrationsangebote in Gestalt von Sprachkursen und der Einführung in die Lebensverhältnisse geregelt werden.[676] Unter anderem diese Anpassungen gingen dabei maßgeblich auf eine breite öffentliche Diskussion im Zusammenhang mit der „Green-Card-Initiative" und den Bericht der Unabhängigen Kommission „Zuwanderung" zurück.[677]

Insofern wurde mit der Normierung des AufenthG der seit der Jahrtausendwende um sich greifenden Erkenntnis Rechnung getragen, dass die gesellschaftliche Integration von Ausländern nicht allein über gesellschaftliche Aushandlungsprozesse zu erreichen ist, sondern staatlicher Steuerung bedarf.[678] Soziale Probleme wie mangelnde Sprachkenntnisse, Bildungsdefizite, eine gegenüber Inländern geringer ausgeprägte Beteiligung am Erwerbsleben bzw. häufiger vorkommender Bezug von Sozialleistungen, räumliche Segregation und eine höhere Kriminalitätsrate wurden – angestoßen durch die Erkenntnisse der Unabhängigen Kommission „Zuwanderung" aus dem Jahr 2001 – zunehmend als Ergebnis einer versäumten Integrationspolitik benannt.[679]

In der Folge wurde durch § 43 Abs. 1 AufenthG die nach Bereichen gegliederte wirtschaftliche, gesellschaftliche und kulturelle Einbeziehung[680] als „Grundsatz der Integration" festgelegt.[681] Dabei offenbart sich eine inhaltliche Nähe zu den aus der sozialwissenschaftlichen Integrationsforschung bekannten[682] Dimensionen

673 Siehe nur *Eichenhofer*, DÖV 2014, 776 f.; *Eichenhofer*, ZAR 2016, 251, 253; *Kau*, NVwZ 2018, 1337, 1338.
674 BT-Drs. 15/420, S. 60.
675 BT-Drs. 15/420, S. 60 f.
676 BT-Drs. 15/420, S. 62.
677 BT-Drs. 15/420, S. 62 f.
678 M. w. N. *Eichenhofer*, DÖV 2014, 776, 779 f.
679 M. w. N. *Eichenhofer*, DÖV 2014, 776, 779 f.
680 *Burgi*, DVBl. 2016, 1015, 1016.
681 *Groß*, ZAR 2007, 315, 317.
682 Siehe oben S. 37 ff.

der Platzierung, Kulturation und Interaktion.[683] Um entsprechenden sozialen Problemlagen zu begegnen und die Einbeziehung in den entsprechenden Bereichen (bzw. Dimensionen) vorbereitend zu unterstützen, verfolgt der Gesetzgeber im AufenthG konzeptuell ein „Fördern und Fordern" von Integrationsleistungen der Zuwanderer.[684]

Das AufenthG fordert dementsprechend, nach Aufenthaltsstatus gestaffelt, bestimmte Integrationsleistungen auf den Gebieten der wirtschaftlichen, kulturellen und sozialen Integration ein, fördert aber deren Erbringung auch durch praktische Unterstützung.[685] So wird etwa einerseits zwar die Erteilung eines Aufenthaltstitels durch §§ 104a, 104b AufenthG von Sprachkenntnissen als kulturellen Fähigkeiten abhängig gemacht, allerdings deren Erwerb auch durch Integrationskurse unterstützt.[686] Aus den zur Verwirklichung dieses Konzepts[687] erlassenen Vorschriften werden vier Kriterien abgeleitet, die für die Bewertung der (Sozial-)Integration von Zuwanderern maßgeblich seien: ausreichende Kenntnisse (1) der Deutschen Sprache und (2) der Rechts- und Gesellschaftsordnung sowie der Kultur, (3) die Fähigkeit, den eigenen Lebensunterhalt zu sichern und (4) die öffentliche Sicherheit und Ordnung nicht zu gefährden.[688]

Außerdem wird nach den entsprechenden Mechanismen der „Forderung und Forderung" laut *Eichenhofer* deutlich, dass Integration aus der Perspektive des AufenthG darauf zielt, durch Lern- und Sozialisationsprozesse der betroffenen Individuen, die über den Erwerb bestimmter Fähigkeiten und Kenntnisse zu Bildungs- und Arbeitsmarkterfolg führen sollen, ein Abrutschen in das soziale Abseits zu verhindern.[689] Der Gesetzgeber versteht demnach unter seiner Integrationsaufgabe, Integrationsdefizite, die Ausländern zunächst anhaften, beheben und deren Entstehung vorbeugen zu müssen.[690] Die dabei insbesondere durch Prozesse der (Ak-)Kulturation[691] beispielsweise hinsichtlich der Sprachkompetenz

683 Vgl. auch *Burgi*, DVBl. 2016, 1015, 1016.

684 Huber/Eichenhofer/Endres de Oliveira/*Eichenhofer*, 1. Teil C. Rn. 981.

685 *Eichenhofer*, Begriff und Konzept der Integration im Aufenthaltsgesetz, S. 152 ff.

686 *Eichenhofer*, Begriff und Konzept der Integration im Aufenthaltsgesetz, S. 157.

687 Zum Integrationskonzept des AufenthG ausführlich *Eichenhofer*, Begriff und Konzept der Integration im Aufenthaltsgesetz.

688 *Eichenhofer*, Begriff und Konzept der Integration im Aufenthaltsgesetz, S. 274.; *Eichenhofer*, DÖV 2014, 776, 778 m. w. N.; *Groß*, ZAR 2007, 315, 316.

689 *Eichenhofer*, Begriff und Konzept der Integration im Aufenthaltsgesetz, S. 274 ff.

690 *Eichenhofer*, Begriff und Konzept der Integration im Aufenthaltsgesetz, S. 275.

691 *Eichenhofer*, Begriff und Konzept der Integration im Aufenthaltsgesetz, S. 277.

(ohne erzwungene kulturelle Assimilation[692]) vermittelte Integrationsfähigkeit zielt insofern letztlich auf die Herstellung von Chancengleichheit.[693] Insofern wohnt dem (aufenthaltsgesetzlichen) Integrationskonzept auch der Gedanke inne, Nachteile hinsichtlich Platzierungschancen auf dem Arbeitsmarkt durch individuelle Förderung zu kompensieren. Dabei erkennt der Gesetzgeber angesichts der Normierung von § 44 Abs. 4 S. 2 AufenthG offenkundig, dass die Notwendigkeit zur Förderung der Integration letztlich nicht vom rechtlichen Status der Staatsangehörigkeit abhängt.

Damit liegt der Schwerpunkt des implizit festgelegten aufenthaltsgesetzlichen Integrationskonzeptes in der Herstellung subjektiver Voraussetzungen, die für die Verwendungsfähigkeit (primär der ersten Zuwanderergeneration) auf dem Arbeitsmarkt entscheidend sind.[694] Das AufenthG beschränkt sich so im Wesentlichen darauf, für die Integration einen gewissermaßen autarken Partizipations-, Lern- und Sozialisationsprozess anzustoßen, den die Zuwanderer dann letztverantwortlich – insbesondere eben auch durch die Wahrnehmung von Teilnahmechancen am und des Erwerbsleben(s) – selbst zu leisten haben.[695]

bb) Zulässigkeit der Berücksichtigung

Dem Ansatz, Inhalte des aufenthaltsgesetzlichen Integrationskonzeptes bei der Inhaltsbestimmung der betriebsverfassungsgesetzlichen Regelungszusammenhänge zu berücksichtigen, widerstreitet zunächst einmal nicht § 1 Abs. 1 S. 5 AufenthG, wonach Regelungen in anderen Gesetzen unberührt bleiben sollen. Denn die Vorschrift stellt lediglich klar, dass Regelungen aus spezielleren Gesetzen anwendbar bleiben und dem AufenthG im Konfliktfall vorgehen.[696] Das BetrVG fällt aber ausgehend von der Spezifizierung in AVV 1.1.5 (Allgemeine Verwaltungsvorschrift zum AufenthG) nicht unter diese speziellen Gesetze. Daran ändert auch der Umstand nichts, dass diese Spezifizierung nicht abschließend ausgestaltet ist. Selbst wenn nämlich § 1 Abs. 1 S. 5 AufenthG auch das BetrVG erfassen sollte, droht (soweit ersichtlich) keine grundsätzliche Kollision zwischen dem Integrationskonzept des AufenthG und der betriebsverfassungsinternen Regelungssystematik – schließlich negiert auch ein weites Verständnis der

692 *Eichenhofer*, Begriff und Konzept der Integration im Aufenthaltsgesetz, S. 279 f.
693 *Eichenhofer*, Begriff und Konzept der Integration im Aufenthaltsgesetz, S. 282.
694 Vgl. BT-Drs. 15/420, S. 61, 87; *Kau*, NVwZ 2018, 1337, 1340; ähnlich *Eichenhofer*, Begriff und Konzept der Integration im Aufenthaltsgesetz, S. 170.
695 *Eichenhofer*, Begriff und Konzept der Integration im Aufenthaltsgesetz, S. 284.
696 BeckOK-Ausländerrecht/*Eichenhofer*, § 1 AufenthG Rn. 20.

Integrationsförderungsaufgabe nicht den Betrieb als unmittelbaren Entfaltungsrahmen der Tätigkeit des Betriebsrates.[697]

Die Regelungszusammenhänge des AufenthG können demnach grundsätzlich bei der Inhaltsbestimmung der betriebsverfassungsgesetzlichen Integrationsförderungsaufgabe berücksichtigt werden.

cc) Schlussfolgerungen

Das AufenthG geht von der Defizitthese aus, nach der Ausländer Integrationsdefizite mitbrächten, die durch individuelle Lern- und Sozialisationsprozesse aufzufangen seien, indem bestimmte Fähigkeiten und Kenntnisse erworben werden, die wiederum zur erfolgreichen Partizipation an den zentralen gesellschaftlichen Teilbereichen – insbesondere aber der Bildung und dem Arbeitsmarkt – führten.[698]

Da auch die sozialwissenschaftlichen Integrationstheorien von einem Zusammenhang zwischen der Fähigkeit der Migranten, sich in der Aufnahmegesellschaft aufgrund ihrer individuellen Fähigkeiten und Kenntnisse zurechtzufinden und einer stabilen gesellschaftlichen Positionierung ausgehen, liegt der Schluss nahe, dass das AufenthG die – in sozialwissenschaftlicher Terminologie – Sozialintegration der Zuwanderer bezweckt.[699] Dabei visiert es grundsätzlich alle Dimensionen der Sozialintegration an, fokussiert aber auf die (Ak-) Kulturation.[700] Weil insbesondere eine gelungene Platzierung in Gestalt der erfolgreichen Partizipation am Arbeitsmarkt letztlich ohne ein Mindestmaß an Kulturation, etwa hinsichtlich der Sprache als kultureller Fähigkeit, nicht auskommt, erscheint dieser Ansatz konsequent; das AufenthG geht ja gerade davon aus, durch erfolgreiche Partizipation unter anderem am Arbeitsmarkt ein Abrutschen in das soziale Abseits verhindern zu können.[701]

Um die Einheit der Rechtsordnung als konsistentes, in sich schlüssiges Gesamtsystem zu erhalten, scheint es geboten, diese Aspekte bei der Auslegung der Integrationsförderungsaufgabe des Betriebsrates zu berücksichtigen und so die gesetzgeberischen Grundentscheidungen des AufenthG auf dem Gebiet der Integrationspolitik im Betriebsverfassungsrecht zu Ende zu denken.[702]

Auch im Rahmen der Aufgabe der Integrationsförderung des Betriebsrates gilt es demnach grundsätzlich zu beachten, dass der Gesetzgeber unter der

---

697 Siehe oben S. 55 f.

698 *Eichenhofer*, Begriff und Konzept der Integration im Aufenthaltsgesetz, S. 274 f.

699 *Eichenhofer*, Begriff und Konzept der Integration im Aufenthaltsgesetz, S. 276 f.

700 *Eichenhofer*, Begriff und Konzept der Integration im Aufenthaltsgesetz, S. 277.

701 *Eichenhofer*, Begriff und Konzept der Integration im Aufenthaltsgesetz, S. 275.

702 Vgl. *Schlachter*, Auslegungsmethoden im Arbeitsrecht, S. 14 f.

Integration letztlich die erfolgreiche Partizipation an den zentralen gesellschaftlichen Bereichen insgesamt versteht. Die grammatische Auslegung hatte bereits in diese Richtung gewiesen. Es liegt demnach nahe, dass das BetrVG gleich dem AufenthG grundsätzlich an allen Dimensionen der Integration interessiert ist und diesbezüglich günstige Voraussetzungen schaffen möchte.

Da insoweit das AufenthG die individuelle (Ak-)Kulturation, also den Erwerb essentiell partizipationsrelevanter Fähigkeiten und Kenntnisse der Migranten, als Mittel zum Zweck ansieht, eine erfolgreiche Partizipation am Arbeitsmarkt grundsätzlich zu ermöglichen, mag dieser Aspekt im Rahmen der betriebsverfassungsrechtlichen Integrationsförderung weniger im Fokus stehen. Denn die betriebsverfassungsrechtliche Aufgabe der Integrationsförderung bezieht sich thematisch primär auf die mitbestimmende Gestaltung der betrieblichen Sphäre unter Berücksichtigung der (abstrakten) Interessen ausländischer Arbeitnehmer. Es geht vorwiegend also um (potenzielle) Interessen von Personen, die bereits Zugang zum Arbeitsmarkt gefunden haben und demnach in der Regel schon über die dafür erforderlichen kulturellen Kompetenzen verfügen. Die essentielle individuelle (Ak-)Kulturation (etwa in Gestalt des Spracherwerbs) als „Mittel zum Zweck" dürfte demnach regelmäßig bereits vorliegen.

Demgegenüber könnte sich die Aufgabe der Integrationsförderung des Betriebsrates gewissermaßen als „Anschlussförderung" verstehen lassen. Es ginge demnach bei der Förderung der Integration durch den Betriebsrat darum, im Anschluss an den insbesondere durch das AufenthG geförderten Eintritt in den Arbeitsmarkt, die mit der Partizipation an selbigem verbundenen Integrationspotenziale bestmöglich nutzbar zu machen – auch unter Berücksichtigung der Wechselwirkungen mit der gesamtgesellschaftlichen (Sozial-)Integration. So könnte sich die Integrationsförderung durch den Betriebsrat schließlich in das insgesamt zunehmend an fachwissenschaftlichen Erkenntnissen orientierte gesetzliche Modell der Integrationsförderung einfügen[703], indem der Betriebsrat innerhalb seines Einflussbereiches auf das Bestehen und die Realisierung gleicher Teilhabechancen hinwirkt.

Die im Rahmen der aufenthaltsgesetzlichen Integrationsförderung durch bestimmte Maßnahmen adressierten Integrationsdefizite könnten deshalb auch als Gegenstände betrieblicher Integrationsförderung in Betracht kommen, indem der Betriebsrat darauf hinwirkt, diese in der betrieblichen Sphäre im Rahmen

---

703 Vgl. m. w. N. *Kluth*, ZAR 2016, 336, 340; vgl. auch *Thym*, ZAR 2016, 241, 242, der jedoch dem Anschein nach § 80 Abs. 1 Nr. 7 übersieht.

seiner Gestaltungsmöglichkeiten zu egalisieren. Das kann insbesondere auch durch angemessene Veränderungen im betrieblichen Arbeitsumfeld geschehen.

So könnten etwa gleichsam durch § 43 Abs. 1, 2 S. 2 AufenthG adressierte Sprachdefizite[704] nicht nur im Rahmen der betrieblichen Berufsbildung[705] berücksichtigt werden. Denkbar ist ebenfalls, mit Rücksicht auf die Interessen ausländischer Arbeitnehmer, bei Betriebsratssprechstunden[706] oder Betriebsversammlungen[707] Dolmetscher einzusetzen oder den betrieblichen Informationsfluss[708] mehrsprachig zu gestalten. Außerdem kann möglicherweise bei der Entscheidung über die Einführung von Englisch als Betriebssprache berücksichtigt werden, dass sie etwaige ausbaufähige Deutschkenntnisse ausländischer Arbeitnehmer im betrieblichen Bereich egalisieren[709] kann.

e) *Verfassungsrecht*

Angesichts der weitreichenden Bedeutung der Regelung integrationsrelevanter Sachfragen überrascht es kaum, dass die Diskussion auch mit Bezug auf die Verfassung geführt wird.[710] Schließlich wird in der Sicherstellung des Fortbestandes des Gemeinwesens eine zentrale Funktion der Verfassung gesehen.[711] Zu diesem Zweck enthält die Verfassung unter anderem Rahmenbedingungen, die die staatliche Herrschaftsausübung legitimieren, organisieren und limitieren.[712]

Dabei werden dem Staat durch Staatszielbestimmungen sachlich umschriebene Gestaltungsaufträge auferlegt, welche sich unter anderem als Auslegungsrichtlinien hinsichtlich unbestimmter Rechtsbegriffe und bei der Ermessensausübung auswirken können[713].[714]

---

704 *Eichenhofer*, Begriff und Konzept der Integration im Aufenthaltsgesetz, S. 122 f.
705 Siehe dazu ausführlich S. 224 ff.
706 Siehe dazu unten S. 196 f.
707 Siehe dazu unten S. 197 f.
708 Siehe dazu unten S. 199.
709 Siehe dazu unten S. 204.
710 *Kluth*, Juristentagsgutachten 2018, D1, D48 ff. m. w. N.
711 Umfangreich zum Ganzen m. w. N. HStR IV/*Uhle*, § 82 Rn. 1 ff.; m. w. N. ausserdem Sachs/*Sachs/von Coelln*, Einführung Rn. 6; *Smend*, Verfassung und Verfassungsrecht, S. 78 f.
712 *Dreier*, FS Schneider, 2008, S. 70, 79.
713 BT-Drs. 12/6000, S. 68.
714 BT-Drs. 12/6000, S. 77.

aa) Integrationsförderung als Staatszielbestimmung?

Nach in der verfassungsrechtlichen Literatur verbreiteter Ansicht soll aus dem aus dem Grundgesetz ein Staatsziel der Integrationsförderung abzuleiten sein.[715]

So leitet *Uhle* aus dem Grundgesetz das Staatsziel der „Vitalität und Dauerhaftigkeit der freiheitlichen Verfassungsordnung" ab.[716] Dieses beruhe letztlich auf dem kulturell geprägten alltäglichen Verhalten der Mitglieder.[717] Der Verfassungsstaat sei deshalb dazu verpflichtet[718], die bestehenden kulturell geprägten Wertvorstellungen zu fördern.[719] Das gelte auch gegenüber neu hinzukommenden Bevölkerungsteilen.[720] Dabei ginge es insbesondere darum, die tradierte und somit verfassungsprägende kulturelle Identität freiheitsgerecht zu pflegen.[721]

Langenfeld leitet einen Verfassungsauftrag der Integration nach Art eines Staatszieles aus dem Sozialstaatsprinzip, der allgemeinen Integrationsfunktion der Verfassung und dem Demokratieprinzip ab. Demnach folge aus dem in Art. 20 Abs. 1 GG niedergelegten Sozialstaatsprinzip, dass der Verfassungsstaat es nicht hinnehmen dürfe, wenn beachtliche Teile der Bevölkerung dauerhaft von der chancengleichen Teilhabe an gesellschaftlichen Gütern ausgeschlossen wären. Da „(...) die Verfestigung ethnischer Strukturen mit dem Ziel der Bewahrung der kulturellen Eigenständigkeit und separaten kulturellen Entwicklungen der Zuwandererminderheiten in Abgrenzung zur Mehrheitsgesellschaft (...)" jedoch eben diese Lebenschancen mitunter beeinträchtige, sei dem Staat die Förderung von Prozessen ethnischer Differenzierung untersagt.[722] Ähnliches folge aus der Aufgabe des Staates, die gesamtgesellschaftliche Stabilität zu wahren[723] und aus demokratietheoretischen Überlegungen. Denn der Prozess demokratischer Willensbildung sei ohne ein Mindestmaß sozialer und politischer Einheit

---

715 Zustimmend m. w. N. *Burgi*, DVBl. 2016, 1015, 1019 f.; *Wagner*, Kulturelle Integration und Grundgesetz, S. 437 ff., insb. S. 439 f.

716 *Uhle*, Freiheitlicher Verfassungsstaat und kulturelle Identität, S. 355 ff.

717 HStR IV/*Uhle*, § 82 Rn. 53 m. w. N.

718 *Uhle*, in: Depenheuer/Grabenwarter (Hrsg.), Der Staat in der Flüchtlingskrise, 2016, S. 250, 253 f.

719 Vgl. HStR IV/*Uhle*, § 82 Rn. 37.

720 HStR IV/*Uhle*, § 82 Rn. 44; *Uhle*, in: Depenheuer/Grabenwarter (Hrsg.), Der Staat in der Flüchtlingskrise, 2016, S. 250, 251 f.

721 Vgl. HStR IV/*Uhle*, § 82 Rn. 54 ff.; *Uhle*, in: Depenheuer/Grabenwarter (Hrsg.), Der Staat in der Flüchtlingskrise, 2016, S. 250, 255 ff.

722 *Langenfeld*, Integration und kulturelle Identität zugewanderter Minderheiten, S. 370 ff.

723 *Langenfeld*, Integration und kulturelle Identität zugewanderter Minderheiten, S. 216 ff., 373 f.

kaum vorstellbar.[724] Dies setze die Verringerung kultureller Inkompatibilitäten[725] durch einerseits Aufnahmebereitschaft der Mehrheitsgesellschaft und andererseits Anpassungsleistungen der Zuwanderer voraus[726]. Auch wenn dabei ein staatlicher Assimilationsdruck in Gestalt aufgezwungener kultureller Identität gegenüber grundrechtlich geschützter kultureller Entfaltungsfreiheit unzulässig wäre[727], habe die Mehrheitsgesellschaft ein berechtigtes Interesse daran, dass der Staat eine Angleichung der Zugewanderten an die Lebensumstände der Mehrheit fördere.[728]

Dagegen leitet *Wagner* aus einer Analyse für die kulturelle Integration relevanter Verfassungsnormen ein Staatsziel der kulturellen Integration ab. Dieses fordere alle staatlichen Akteure auf, die kulturellen Entfaltungsmöglichkeiten individueller und kollektiver Akteure sphärenunabhängig in möglichst freiheitsaffirmativer Form zu achten.[729]

Die Diskussion der Integration als Staatsziel fußt demnach (wohl übereinstimmend) auf dem Befund, dass die Förderung gesellschaftlichen Zusammenhalts ein Grundanliegen der Verfassung darstellt[730]. Allerdings werden daraus unterschiedliche Folgerungen insbesondere hinsichtlich des Inhalts des diesbezüglich zu fordernden staatlichen Handelns abgeleitet. So wird etwa aus freiheitssystematischen Implikationen eine verfassungsrechtliche Pflichtaufgabe der gesellschaftlichen Integration, auf der Grundlage sozialwissenschaftlicher Erkenntnisse ein Staatsziel der (Sozial-)Integration, oder aus grundrechtsdogmatischen Erwägungen ein Staatsziel der kulturellen Integration gefolgert. Danach sei hoheitliches Handeln im Integrationskontext entweder darauf auszurichten, verfassungsrechtlichen Anpassungserwartungen gegenüber zuwandernden Bevölkerungsteilen (grundrechtskonform) gerecht zu werden oder – dem entgegenstehend akzentuiert – kulturelle Heterogenität zu schützen. Das Grundgesetz soll mit anderen Worten einen übergeordneten, bindenden Maßstab für die (kulturelle) Integration normieren, dessen inhaltliche Grundausrichtung nach jeweiliger Lesart entweder eher auf eine Anpassungserwartung gegenüber den Zuwanderern oder eine Öffnungsverantwortung der Aufnahmegesellschaft zielt. So lässt sich für das Verfassungsrecht ein Streitstand feststellen, der der sozialwissenschaftlichen

---

724 *Langenfeld*, Integration und kulturelle Identität zugewanderter Minderheiten, S. 376 f. m. w. N.

725 *Langenfeld*, Integration und kulturelle Identität zugewanderter Minderheiten, S. 372.

726 *Langenfeld*, Integration und kulturelle Identität zugewanderter Minderheiten, S. 370.

727 *Langenfeld*, Integration und kulturelle Identität zugewanderter Minderheiten, S. 372.

728 *Langenfeld*, Integration und kulturelle Identität zugewanderter Minderheiten, S. 374.

729 *Wagner*, Kulturelle Integration und Grundgesetz, S. 437 ff.

730 Statt vieler m. w. N. *Wagner*, Kulturelle Integration und Grundgesetz, S. 440.

Auseinandersetzung[731] zwischen Theoremen, die assimilations- oder multikulturell akzentuierte Integrationskonzepte proklamieren,[732] gewissermaßen ähnelt.

Bedenken diesbezüglich bestehen nach hier vertretener Ansicht insbesondere hinsichtlich der konzeptuellen Ableitungen, die aus der im Wesentlichen unbestrittenen Integrationsfunktion der Verfassung gezogen werden. Es erscheint zweifelhaft, ob die Verfassung tatsächlich – über die bestehenden grundgesetzlichen Rahmenbedingungen hinaus – auch eine dezidierte Grundsatzentscheidung dazu trifft, wie die Integration zuwandernder Bevölkerungsteile in die Bestandsgesellschaft erfolgen soll (um die gesamtgesellschaftliche Integration zu sichern). Denn der deutsche Verfassungsstaat ist zwar grundsätzlich darauf angewiesen, dass seine materialen Grundlagen, Prinzipien und Ziele von den Menschen anerkannt werden, die gegenwärtig und zukünftig in der daraus resultierenden (Rechts-) Ordnung leben.[733] Die Verfassung enthält aber bereits entsprechende Regelungsstrukturen. Dazu wird, auf der Grundlage einer inhaltlich gestaltungsoffenen Prägung, die politisch-demokratische Moderation gegenläufiger Interessen ermöglicht.[734] Darüber hinaus könnte sich eine konzeptionelle Festlegung der Verfassung bezüglich des „Wie“ der Integrationsförderung tatsächlich kontraproduktiv auswirken. Denn die Leistung demokratisch legitimierter Staatstätigkeit, durch die Verrechtlichung von Sachfragen (auch kulturelle) Makrokonflikte differenzieren und entpolitisieren zu können[735], würde letztlich eingeschränkt[736]. Ob es tatsächlich „(…) der Anspruch der Staatsrechtslehre sein (muss), im Rahmen der grundgesetzlichen Moderation des Prozesses kultureller Integration zu *agieren*“ anstatt nachträglich auf kulturelle Pluralisierung zu *reagieren*,[737] mag an dieser Stelle unbeantwortet bleiben – das Grundgesetz stellt jedenfalls für die Moderation unterschiedlicher Interessen primär auf demokratische Grundsätze ab. Dabei wird der Volkswille zwangsläufig zeitversetzt reproduziert und widerstreitende Interessen demnach bewusst von der Verfassung demokratisch zeitverzögert moderiert. Damit gestaltet die Verfassung die Moderation (kultureller)

---

731 Zur Diskussion etwa m. w. N. *Kunz*, ZAR 2018, 107 ff.; nach weiteren Unteransichten differenzierend *Hans*, in: Brinkmann/Sauer (Hrsg.), Einwanderungsgesellschaft Deutschland, 2016, S. 24, 28 ff.; *Esser*, Integration und ethnische Schichtung, S. 17 Fn. 4; umfangreich zum Ganzen auch *Löffler*, Integration in Deutschland, S. 86 ff.

732 Siehe oben S. 40 ff.

733 HStR IV/*Uhle*, § 82 Rn. 5.

734 *Dreier*, FS Schneider, 2008, S. 70, 80.

735 M. w. N. *Gärditz*, EuGRZ 2017, 516, 521.

736 M. w. N. *Gärditz*, EuGRZ 2017, 516, 523.

737 *Wagner*, Kulturelle Integration und Grundgesetz, S. 70.

Integration eben nicht unmittelbar proaktiv. „Die Sicht des politisch Handelnden, der den Verfassungsimpuls aufnimmt und in Aktionsprogramme umsetzt, ist dem Verfassungsexegeten verwehrt, der nicht politische Spekulation, sondern juristische Reflexion zu leisten hat."[738]

Ein subsumtionsfähiges Staatsziel im Sinne eines Integrationskonzeptes ist demnach dem Grundgesetz nicht zu entnehmen.

bb) Sozialstaatsprinzip

Der Staat ist aber jedenfalls angesichts des Sozialstaatsprinzips aus Art. 20 Abs. 1 GG dazu verpflichtet, für einen Ausgleich der sozialen Gegensätze zu sorgen, um eine gerechte Sozialordnung zu verwirklichen.[739] Das gilt grundsätzlich für alle Lebensbereiche. Der Gesetzgeber ist demnach auch im Bereich des Arbeitslebens dazu verpflichtet, die formale Rechtsgleichheit zu materieller sozialer Gerechtigkeit oder Chancengleichheit weiterzuentwickeln.[740] Es ist dem Sozialstaatsprinzip mithin an einer Angleichung der tatsächlichen Voraussetzungen zur effektiven Betätigung der Freiheitsrechte, durch materielle Leistung, Organisation und Verfahren, gelegen.[741]

Das Sozialstaatsprinzip ist insofern einerseits bereits Legitimationsgrundlage für die Institutionalisierung der Mitbestimmung der Arbeitnehmer im Betrieb nach dem BetrVG, als diese dem Arbeitnehmer (mittelbare) Selbstbestimmung in einem fremdbestimmten Arbeitsumfeld ermöglicht.[742] Die von einem einheitlichen Interesse der Arbeitnehmer ausgehende Konzeption des BetrVG droht jedoch, trotz formeller Gleichbehandlung aller Belegschaftsinteressen, materiell die Interessen betrieblicher Minderheiten zu vernachlässigen.[743]

Andererseits entfaltet das Sozialstaatsprinzip seine Wirkung aber auch als Auslegungsgrundsatz, demzufolge von mehreren möglichen Interpretationen

---

738 So (freilich zum Versuch konkreter Ableitungen aus dem Sozialstaatsprinzip) *Isensee*, in: Doehring/Isensee/Kisker u. a. (Hrsg.), Veröffentlichungen der Vereinigung der Deutschen Staatsrechtslehrer, 2013, S. 50, 88.

739 BVerfG, 18.07.1967 – 2 BvF 3, 4, 5, 6, 7, 8/62, 2 BvR 139, 140, 334, 335/62, BVerfGE 22, 180, 204; BVerfG, 16.07.1985 – 1 BvL 5/80, 1 BvR 1023/83, 1227/84, BVerfGE 69, 272, 314; Jarass/Pieroth/*Jarass*, Art. 20 Rn. 161; *Blank*, AuR 1994, 286, 287.

740 Dreier/*Wittrek*, Art. 20 GG Rn. 35; Jarass/Pieroth/*Jarass*, Art. 20 Rn. 159 f.; *Blank*, AuR 1994, 286, 287.

741 Vgl. Dreier/*Wittrek*, Art. 20 GG Rn. 35.

742 Siehe oben S. 73 ff.

743 Siehe oben S. 76 ff.

einer Norm diejenige Vorrang hat, die den sozialen Ausgleich am besten gewährleistet.[744] Und die Gesetzesmaterialien zum BetrVG deuten darauf hin, dass die Betriebsparteien durch die Prinzipien des Sozialstaats verpflichtet sein sollen.[745]

Das dem Gesetzgeber durch Art. 20 Abs. 1 GG zur Verwirklichung aufgetragene Staatsziel der Chancengleichheit spricht deshalb dafür, dass die Aufgabe der Integrationsförderung nach § 80 Abs. 1 Nr. 7 darauf zielt, einen sozialen Ausgleich im Rahmen der betrieblichen Interessenvertretung zu bewirken und dem Betriebsrat auferlegt, über die formell gleiche Behandlung der Interessen ausländischer Arbeitnehmer gemäß § 75 Abs. 1 hinaus, diese im Rahmen der Abwägung des kollektiven Interesses besonders zu berücksichtigen.

Da dieses konzeptionell der Ermessensbetätigung des Betriebsrates zugrunde liegt,[746] dient § 80 Abs. 1 Nr. 7 so in grundsätzlicher Weise der Herstellung und Realisierung von Chancengleichheit hinsichtlich der Verwirklichung des allgemeinen betriebsverfassungsrechtlichen Schutzgedankens auch zugunsten ausländischer Arbeitnehmer.

cc) Sozialstaatsprinzip vs. Schutzpflichten

Gegen eine Interpretation des Leitgedankens betriebsverfassungsrechtlicher Integrationsförderung im Lichte des Sozialstaatsprinzips könnte es zwar sprechen, wenn der Gesetzgeber hier weniger im Sinne sozialstaatlicher Gestaltung, sondern aufgrund grundgesetzlicher Schutzpflichten tätig geworden wäre.

Allerdings gibt auf Ebene der Betriebsverfassung schon § 75 wieder, was Art. 3 GG als allgemeines Grundrecht postuliert und dient so dem Gesetzgeber zur Erfüllung entsprechender Schutzpflichten.[747] Dabei geht es jedoch nicht um Gleichheit bei der Verteilung von Gütern, Bildung, Arbeit und Lebenschancen und zu diesem Zweck reale Unterschiede auszugleichen[748] – sondern um die Absicherung der formal-rechtlichen Gleichstellung.[749] Der vom Gesetzgeber im Rahmen von § 80 Abs. 1 Nr. 7 erwartete Einsatz für die Belange ausländischer Arbeitnehmer geht darüber jedoch hinaus.[750]

---

744 MünchArbr/*Fischinger*, § 6 Rn. 8.

745 BT-Drs. 6/1786, S. 35; *Fitting*, § 2 Rn. 20; Richardi/*Maschmann*, § 2 Rn. 15.

746 Siehe oben S. 76 f.

747 *Gamillscheg*, Kollektives Arbeitsrecht II, S. 716.

748 *Blank*, AuR 1994, 286, 287.

749 Vgl. m. w. N. *Amthauer*, Zu den Auswirkungen des AGG auf die Betriebsverfassung, S. 26 f.

750 Siehe oben S. 103 ff.

Die insoweit geforderten[751] proaktiven Förderungsmaßnahmen dienen der effektiven Herstellung von Chancengleichheit.[752] Diese ist aber letztlich Gegenstand sozialstaatlicher Gestaltung. Mithin ist die Aufgabe der Integrationsförderung auch primär in diesem Lichte zu verstehen.

dd) Zwischenergebnis

Der durch die Etablierung betrieblicher Mitbestimmung umgesetzte sozialstaatliche Gestaltungsauftrag zum Schutz der Arbeitnehmer in betrieblichen Arbeitsverhältnissen erfährt somit mit der Normierung von § 80 Abs. 1 Nr. 7 seinerseits eine sozialstaatlich zur Gewährleistung von Chancengleichheit angezeigte Modifikation.

f) Gesamtschau gesetzesübergreifender Wechselwirkungen

Aus Regelungskontexten außerhalb der Betriebsverfassung ergibt sich angesichts des Zusammenspiels mit dem AGG für die Aufgabe der Integrationsförderung zunächst eine Bestätigung des Befunds, dass den betrieblichen Interessenvertretungen nicht per se verwehrt sein kann, im Rahmen der Gestaltung der betrieblichen Verhältnisse auch überbetriebliche Gesichtspunkte aufzugreifen. Insbesondere aus § 5 AGG ergibt sich zudem eine Rechtfertigungsmöglichkeit für positive Maßnahmen zugunsten ausländischer Arbeitnehmer. Weiterhin zeigt sich, dass die Normierung der Aufgabe der Integration ausländischer Arbeitnehmer auf eine proaktive positive Förderung der Chancengleichheit zielt, um letztlich durch die individuelle Verwirklichung der gesellschaftlichen Teilhabechancen des Arbeitslebens auf materielle Gleichstellung hinzuwirken.

In diese Richtung deuten auch völkerrechtliche Verpflichtungen, da diese die tatsächliche Gleichheit der Gelegenheiten in Beschäftigung oder Beruf fordern.

Dabei knüpft die betriebliche Integrationsförderung im Sinne einer „Anschlussförderung“ auch an das aufenthaltsgesetzliche Konzept der Integrationsförderung an, welches an individuellen Integrationsdefiziten ansetzend danach strebt, den Erwerb für die Partizipation auf dem Arbeitsmarkt essenzieller subjektiver Ressourcen zu unterstützen. Diesen Grundgedanken im Rahmen der betriebsverfassungsrechtlichen Regelungsmaterie konsequent fortzuführen bedeutet, für die sich an den insbesondere durch das AufenthG geförderten Eintritt in den Arbeitsmarkt anschließende Phase dafür zu sorgen, dass ausländische

---

751 Siehe oben S. 66 f.

752 Vgl. m. w. n. *Amthauer*, Zu den Auswirkungen des AGG auf die Betriebsverfassung, S. 26 f.

Arbeitnehmer auch tatsächlich erfolgreich daran teilhaben können. Die mit der Partizipation an selbigem verbundenen Integrationspotenziale sollen bestmöglich realisiert werden können. Der Betriebsrat hat zu diesem Zweck die Aufgabe, gegenüber den (abstrakten) Interessen ausländischer Arbeitnehmer an der Gestaltung des betrieblichen Arbeitsumfeldes besonders aufmerksam zu sein und sie bei seiner Entscheidungsfindung besonders zu berücksichtigen. Komplementär zur auf Integrationsleistungen einzelner Ausländer zielenden Integrationsförderung durch das AufenthG ist dabei die betriebliche Integrationsförderung primär auf Veränderungen in der betrieblichen Sphäre als Teilbereich der Aufnahmegesellschaft gerichtet.

Auf diese Weise wird der Gesetzgeber weniger tätig, um von Grundrechten ausgehende spezifische Schutzpflichten zu bedienen, sondern nimmt eine sozialstaatlich zur Gewährleistung effektiver Chancengleichheit gebotene Akzentuierung der betrieblichen Mitbestimmung vor. Schließlich soll der sozialstaatliche Gestaltungsauftrag zum Schutz der Arbeitnehmer in betrieblichen Arbeitsverhältnissen universell verwirklicht werden.

3. *Systematische Implikationen*

Die systematische Auslegung bestätigt den Befund der grammatischen Interpretation, demnach in Gestalt der Zuwanderung ein überbetriebliches Phänomen zum Gegenstand betrieblicher Auseinandersetzung und der Gestaltung durch die Betriebspartner gemacht werden sollte. Dabei ist von einem im Grundsatz sachlich-thematischen Förderauftrag auszugehen der inhaltlich zunächst abstrakt, etwa durch typische, beziehungsweise typischerweise betroffene Interessen ausländischer Arbeitnehmer, ausgefüllt werden kann. Hinsichtlich im Betrieb konkret vorhandener Interessenlagen entfaltet § 80 Abs. 1 Nr. 7 eine Signalwirkung. Auf diese Weise wird das ermessensgetragene Verhalten der Interessenvertretungen zur Ausübung ihrer Befugnisse daran rückgekoppelt, wie es sich zum so verstandenen Themenbereich der Integration ausländischer Arbeitnehmer verhielte. Der bereits im Wahlrecht partiell konkretisierte betriebsverfassungsrechtliche Leitgedanke der Integration ausländischer Arbeitnehmer wird so durch § 80 Abs. 1 Nr. 7 auch auf Ebene der Mitbestimmungsdurchführung konkretisiert und fortgeschrieben, um sicherzustellen, dass die soziale Schutzfunktion zugunsten aller Arbeitnehmer nicht nur verwirklicht werden kann, sondern auch verwirklicht wird.

Die Förderung der Integration ausländischer Arbeitnehmer zielt dabei auf die Förderung der Chancengleichheit, um letztlich durch Unterstützung der individuellen Verwirklichung gesellschaftlicher Teilhabechancen des Arbeitslebens auch die materielle Gleichstellung realisieren zu können. Dabei wird durch entsprechend interessengerechte Gestaltung des betrieblichen Arbeitsumfeldes an die aufenthaltsgesetzliche Integrationsförderung angeknüpft und letztlich der sozialstaatlichen Verpflichtung aus Art. 20 Abs. 1 GG entsprochen, für einen Ausgleich der sozialen Gegensätze und eine gerechte Sozialordnung auch im betrieblich (mit-)bestimmten Arbeitsleben zu sorgen.

IV. Historische Konkretisierung

Für die Ermittlung der Ziele, die der Gesetzgeber mit der Formulierung bestimmter Regelungen verfolgt, können sich wichtige Anhaltspunkte aus deren historischer Entwicklung, insbesondere auch ausgehend von den Gesetzesmaterialien[753] ergeben.[754] Dabei kann zunächst einmal von dem Gedanken ausgegangen werden, dass jede gesetzliche (Neu-)Regelung auf dem Impuls eines bis dato unzureichenden Ist-Zustandes beruht. Um den Sinn einer Regelung richtig verstehen zu können ist es deshalb erforderlich, die Zustände vor und nach Neuregelungen miteinander abzugleichen.[755]

1. *Entwicklung der Integrationspolitik*[756]

Die Frage danach, was der Gesetzgeber unter dem Begriff der Integration verstehen könnte, lenkt den Blick auf ein seit Jahrzehnten umstrittenes Feld politischer Auseinandersetzung.

a) *Integration auf Zeit*

Das in Deutschland praktizierte, unausgesprochene Konzept der Integration war seit dem Beginn der Anwerbung von Gastarbeitern zunächst auf Integration durch Arbeit und soziale Rechte gerichtet.[757] Dabei wurde insbesondere auf die rechtliche Gleichstellung der Gastarbeiter auf dem Gebiet des Arbeits- und Sozialrechts Wert gelegt.[758] Dies manifestierte sich nicht zuletzt auch in der

753 Dazu m. w. N. auch BVerfG, 16.2.1983 – 2 BvE 1/83, 2 BvE 2/83, 2 BvE 3/83, 2 BvE 4/83, NJW 1983, 735 (738).

754 *Schlachter*, Auslegungsmethoden im Arbeitsrecht, S. 17; *Zippelius*, Juristische Methodenlehre, S. 42.

755 *Wank*, Juristische Methodenlehre, § 10 Rn. 25 m. w. N.

756 Dazu umfangreich m. w. N. *Eichenhofer*, Begriff und Konzept der Integration im Aufenthaltsgesetz, S. 31 ff.

757 *Thym*, ZAR 2016, 241, 242.

758 *Laschet*, ZAR 2007, 1 f.

Änderung des BetrVG im Jahr 1972, wodurch in § 75 BetrVG der betriebliche Gleichbehandlungsgrundsatz eingefügt wurde.[759] Über diese passive Integrationspolitik durch arbeits- und sozialrechtliche Gleichbehandlung hinaus fand jedoch lange keine aktive Integrationspolitik statt.[760] Vielmehr lag der politische Fokus damals auf einer „sozialen Integration auf Zeit" und mentaler „Erhaltung der Rückkehrbereitschaft" der Gastarbeiter.[761] Denn es ging seit den 1960er Jahren (angesichts des durch Anwerbeabkommen manifestierten Rotationsprinzips) in der Sache darum, für die Gastarbeiter bloß ein bestmögliches Integrationsniveau im Rahmen einer ohnehin nur befristet intendierten Aufenthaltsdauer zu erreichen – nicht jedoch deren vollständige (gesellschaftliche) Integration.[762] Eine dauerhafte Teilnahme am gesellschaftlichen Leben der Gastarbeiter und deren Familien war dabei, was sich nicht zuletzt auch in Gestalt der segregierten Beschulung manifestierte, nicht gewollt.[763] Das damalige Verständnis der gesellschaftlichen Eingliederung war demnach primär formal geprägt.

b) Einwanderung in „kein Einwanderungsland"

Die Realität entwickelte sich jedoch anders als erwartet: So blieben etwa auf Drängen der Wirtschaft Gastarbeiter entgegen dem Rotationsprinzip häufig deutlich länger als ursprünglich vorgesehen (die Arbeitgeber konnten so wiederkehrende Einarbeitungskosten vermeiden) und verlegten in der Folge auch ihren Lebensmittelpunkt nach Deutschland.[764] Gleichwohl drehte sich der politische Diskurs mehr um die normative Frage, ob Deutschland ein Einwanderungsland sein wolle, als um die empirische Frage, ob Deutschland tatsächlich ein Einwanderungsland und wie damit ggf. konstruktiv umzugehen ist.[765] Bereits in den 1980er Jahren vorliegende Erkenntnisse, denen zufolge Deutschland schon

---

759 *Laschet*, ZAR 2007, 1, 2.

760 *Laschet*, ZAR 2007, 1, 2.

761 *Bade*, in: Bade/Hiesserich (Hrsg.), Nachholende Integrationspolitik und Gestaltungsperspektiven der Integrationspraxis, 2007, S. 21, 43.

762 M. w. N. *Eichenhofer*, Begriff und Konzept der Integration im Aufenthaltsgesetz, S. 31 ff.

763 *Eichenhofer*, Begriff und Konzept der Integration im Aufenthaltsgesetz, S. 33 f.

764 *Kunz*, ZAR 2018, 107, 108; *Bade*, in: Bade/Hiesserich (Hrsg.), Nachholende Integrationspolitik und Gestaltungsperspektiven der Integrationspraxis, 2007, S. 21, 39; m. w. N. *Eichenhofer*, Begriff und Konzept der Integration im Aufenthaltsgesetz, S. 35; *Wagner*, Kulturelle Integration und Grundgesetz, S. 49.

765 *Eichenhofer*, Begriff und Konzept der Integration im Aufenthaltsgesetz, S. 41.

damals ein Einwanderungsland war, wurden in der Folge politisch ignoriert[766] oder mittels symptomatischer Bekämpfung der Einwanderungssituation – letztlich erfolglos – inadäquat beantwortet.[767] So kam es schließlich zu dem Paradoxon einer „Einwanderungssituation ohne Einwanderungsland"[768] und, weil Integrationspolitik zur Gesellschaftspolitik eines *Einwanderungslandes* gehört[769] wenig überraschend, infolge der Erkenntnisverweigerung zu keiner nennenswerten Integrationspolitik.[770]

c) *Richtungswechsel*

Dieser Zustand begann sich ab dem Jahr 1990 zu verändern[771], als im Entwurf des AuslG anerkannt wurde, dass die Idee einer bloß vorübergehenden Anwesenheit einer Vielzahl der im Ausland angeworbenen Arbeitnehmer sich nicht verwirklichen würde.[772] Vor diesem Hintergrund wurde die Notwendigkeit der Integration dieses Personenkreises in die hiesigen wirtschaftlichen, sozialen und kulturellen Lebensverhältnisse konstatiert und als gesamtpolitisches Ziel formuliert, dessen Erreichung von der Offenheit der einheimischen Bevölkerung wie auch der Anpassungsbereitschaft der niedergelassenen Ausländer abhänge.[773] Die Integration wurde dabei gleichzeitig als staatliche Aufgabe anerkannt, die nicht nur das Ausländerrecht betreffe.[774] Passend geht insoweit auch aus einer Antwort

766 *Bade*, in: Bade/Hiesserich (Hrsg.), Nachholende Integrationspolitik und Gestaltungsperspektiven der Integrationspraxis, 2007, S. 21, 44 f.

767 *Bade*, in: Bade/Hiesserich (Hrsg.), Nachholende Integrationspolitik und Gestaltungsperspektiven der Integrationspraxis, 2007, S. 21, 41; *Eichenhofer*, Begriff und Konzept der Integration im Aufenthaltsgesetz, S. 41 f.

768 *Bade*, in: Bade/Hiesserich (Hrsg.), Nachholende Integrationspolitik und Gestaltungsperspektiven der Integrationspraxis, 2007, S. 21, 39.

769 *Bade*, in: Bade/Hiesserich (Hrsg.), Nachholende Integrationspolitik und Gestaltungsperspektiven der Integrationspraxis, 2007, S. 21, 38; *Eichenhofer*, Begriff und Konzept der Integration im Aufenthaltsgesetz, S. 42.

770 *Eichenhofer*, ZAR 2012, 135, 137; *Meier-Braun*, in: Meier-Braun/Weber (Hrsg.), Deutschland Einwanderungsland, [3]2017, S. 12, 14 f.; *Heckmann*, Integration von Migranten, S. 247.

771 Zum Ganzen umfassend m. w. N. *Eichenhofer*, Begriff und Konzept der Integration im Aufenthaltsgesetz, S. 46 ff.

772 BT-Drs. 11/6321, S. 40.

773 BT-Drs. 11/6321, S. 40 f.; *Eichenhofer*, Begriff und Konzept der Integration im Aufenthaltsgesetz, S. 47 f.

774 *Eichenhofer*, Begriff und Konzept der Integration im Aufenthaltsgesetz, S. 47 schließt dies aus der Bezeichnung als „gesamtpolitisches Ziel".

der Bundesregierung auf eine kleine Anfrage der Linken nach der Ausrichtung der Integrationspolitik im Jahr 1992 hervor, dass, wenngleich wenigstens teilweise die Übernahme bestimmter kultureller Gewohnheiten für erforderlich gehalten werde, jedoch ausdrücklich die kulturelle Identität zugewanderter Personen respektiert werden solle.[775]

Inhaltlich muten die 1990 veranlassten Veränderungen allerdings noch eher zögerlich an. Denn materiell ging es dem Gesetzgeber (zunächst) nur darum, den Aufenthaltsstatus rechtlich so abzusichern, dass darauf fußend überhaupt eine Zukunftsplanung ermöglicht wurde.[776] Insofern wurde gewissermaßen das „Konzept" der anvisierten vorübergehenden Integration ohne aktive gesellschaftliche Partizipation normativ „aufgegeben" aber materiell die Umsetzung der Integration durch arbeits- und sozialrechtliche Gleichstellung im Wesentlichen nur um die Verbesserung der aufenthaltsrechtlichen Stellung ergänzt. Dennoch wird darin ein erster und insofern bedeutsamer Innovationsschritt in der Integrationspolitik gesehen.[777]

Der wesentliche Vollzug des sich damit ankündigenden Paradigmenwechsels in der Integrationspolitik fand um die Jahrtausendwende statt[778] und könnte an einem Bekenntnis der neu zusammengesetzten Bundesregierung im Jahr 1998 festgemacht werden.[779] Denn im damaligen Koalitionsvertrag wurde anerkannt, dass ein unumkehrbarer Zuwanderungsprozess stattgefunden hat und für die Zukunft auf die Integration der auf Dauer in der Bundesrepublik lebenden Zuwanderer gesetzt werden solle, die sich zu den Werten der Verfassung bekennen.[780] Und tatsächlich ist für die Folgezeit eine deutlich erhöhte Aktivität des Gesetzgebers im

---

775 Vgl. BT-Drs. 12/2035, S. 4.

776 BT-Drs. 11/6321, S. 41; *Eichenhofer*, Begriff und Konzept der Integration im Aufenthaltsgesetz, S. 48 ff.

777 *Bade*, in: Bade/Hiesserich (Hrsg.), Nachholende Integrationspolitik und Gestaltungsperspektiven der Integrationspraxis, 2007, S. 21, 51.

778 *Bade*, in: Bade/Hiesserich (Hrsg.), Nachholende Integrationspolitik und Gestaltungsperspektiven der Integrationspraxis, 2007, S. 21, 54; *Eichenhofer*, Begriff und Konzept der Integration im Aufenthaltsgesetz, S. 52; *Heckmann*, Integration von Migranten, S. 247.

779 Wenngleich zurückhaltend *Bade*, in: Bade/Hiesserich (Hrsg.), Nachholende Integrationspolitik und Gestaltungsperspektiven der Integrationspraxis, 2007, S. 21, 55; *Meier-Braun*, in: Meier-Braun/Weber (Hrsg.), Deutschland Einwanderungsland, [3]2017, S. 12, 16; *Heckmann*, Integration von Migranten, S. 247.

780 Koalitionsvertrag zwischen SPD und Bündnis 90/Die Grünen, 1998, S. 36.

Bereich der Integrationspolitik zu konstatieren.[781] So wurden etwa das Staatsangehörigkeitsrecht reformiert und das ZuwanderungsG erlassen.[782] Ferner wurden außerhalb legislativer Anstrengungen im Jahr 2000 die unabhängige Kommission Zuwanderung („Süssmuth-Kommission") und 2006 die deutsche Islamkonferenz ins Leben gerufen sowie 2007 ein nationaler Integrationsplan erstellt.[783] Mit diesen Maßnahmen wurde letztlich ein migrationspolitisches Modernisierungsprojekt eingeleitet und die Integrationsaufgabe gesetzlich anerkannt.[784] Dadurch wurde letztlich in gewisser Weise das Verständnis der Integration als eher formale Einbeziehung auf Zeit durch eine deutlich sozialer geprägte und dauerhafte Interpretation abgelöst bzw. ergänzt.

d) Zwischenergebnis

Obwohl also bereits in den 1980er Jahren absehbar war, dass sich Deutschland faktisch zu einem Einwanderungsland entwickelt hatte, dauerte es 20 Jahre bis zum Vollzug eines Paradigmenwechsels in der Integrationsgesetzgebung. Das während der Gastarbeiteranwerbung verfolgte Ziel, einer bloß bestmöglichen Integration auf Zeit unter Aufrechterhaltung der Rückkehroption ohne weitergehende gesellschaftliche Einbeziehung, wurde dabei schließlich ersetzt. Seit der Jahrtausendwende wurde die Notwendigkeit (an-)erkannt, auch für die gesellschaftliche Einbeziehung günstige Voraussetzungen zu schaffen.

2. Entwicklung der Integrationsförderung im Rahmen des BetrVG

§ 80 Abs. 1 Nr. 7 a. F. enthielt seit der BetrVG-Novelle 1972 die allgemeine Aufgabe, „die Eingliederung ausländischer Arbeitnehmer im Betrieb und das Verständnis zwischen ihnen und den deutschen Arbeitnehmern zu fördern." Ausgehend von der Gesetzesbegründung geschah die Normierung dieser neuen Aufgabe im Jahr 1972 anlässlich der Zunahme der Zahl ausländischer Arbeitnehmer.[785] In Gestalt des Betriebsrats sollte sich deshalb, neben den sonstigen Stellen, die sich mit der Eingliederung und den Problemen ausländischer Arbeitnehmer beschäftigen,

---

781 *Meier-Braun*, in: Meier-Braun/Weber (Hrsg.), Deutschland Einwanderungsland, ³2017, S. 12, 18; *Heckmann*, Integration von Migranten, S. 247 ff.

782 *Meier-Braun*, in: Meier-Braun/Weber (Hrsg.), Deutschland Einwanderungsland, ³2017, S. 12, 18; *Heckmann*, Integration von Migranten, S. 247 ff.

783 *Meier-Braun*, in: Meier-Braun/Weber (Hrsg.), Deutschland Einwanderungsland, ³2017, S. 12, 18; *Heckmann*, Integration von Migranten, S. 247 ff.

784 *Kunz*, ZAR 2018, 107, 109; *Filsinger*, in: Alisch (Hrsg.), Älter werden im Quartier: Soziale Nachhaltigkeit durch Selbstorganisation und Teilhabe, 2014, S. 169, 171.

785 BT-Drs. 6/1786, S. 63 f.

eine weitere Institution um die Eingliederung der ausländischen Arbeitnehmer im Betrieb bemühen und das Verständnis zwischen diesen und den deutschen Arbeitnehmern fördern.[786] Die Normierung der Aufgabenvorschrift ist insofern als Ansatz des Gesetzgebers zu verstehen, die zu dieser Zeit virulente Frage der Integration der „Gastarbeiter" adäquat zu beantworten.[787]

a) *Integration auf Zeit im Betriebsverfassungsrecht*

Damals war in der Ausländerpolitik das Leitbild der Integration auf Zeit von sich nur vorübergehend in der BRD aufhaltenden Gastarbeitern vorherrschend, welches nicht auf deren dauerhafte und stabile Positionierung in der Gesellschaft insgesamt ausgerichtet war.

Die Arbeitsmarkt- und Sozialpolitik bildete dabei keine Ausnahme, wie sich etwa aus den Veröffentlichungen des Bundesarbeitsblattes ergibt: So wurden in der vierten Ausgabe des Bundesarbeitsblatts aus dem Jahr 1970 Grundsätze zur Eingliederung ausländischer Arbeitnehmer publiziert, die am 2. Februar desselben Jahres vom Koordinierungskreis und dem Länderausschuss „Ausländische Arbeitnehmer" vereinbart wurden. Diese erkannten die Notwendigkeit zur Unterstützung einer alsbaldigen Eingliederung in Gesellschaft und Arbeitswelt aus wirtschaftlichen, sozialen und menschlichen Gründen an (Nr. 3). Der Bedarf an Hilfestellungen dazu wurde etwa in den Bereichen (Nr. 5) Information und Beratung zu Lebensverhältnissen und Arbeit wie auch (Nr. 7) tatsächlicher Realisierung der arbeits- und sozialrechtlichen Gleichstellung identifiziert. Bemühungen zur Eingliederung waren damals auch als gesellschaftliche Aufgaben erkannt worden, deren Erfolg von der Mitwirkung der ausländischen Arbeitnehmer abhänge (Nr. 10). Dabei aber wurde explizit von einem zeitlich begrenzten Aufenthalt der ausländischen Arbeitnehmer ausgegangen (Nr. 2).[788]

Als konkrete Bereiche, in denen Hilfeleistungen in der betrieblichen Sphäre für erforderlich gehalten wurden, wurde eine angemessene Ausstattung des Arbeitsplatzes, die Bereitstellung von Dolmetschern, die Einweisung in Vorschriften der Arbeitssicherheit, Hilfe bei der Erledigung von Formalitäten im Zusammenhang mit dem Aufenthalt sowie Information über außerbetriebliche

---

786 BT-Drs. 6/1786, S. 64.

787 *Seifert*, in: Haedrich (Hrsg.), Flucht, Asyl und Integration aus rechtlicher Perspektive, 2017, S. 153, 166.

788 Bundesarbeitsblatt 4/1970, S. 281.

Eingliederungshilfen identifiziert und ausgeführt, dass solche Hilfeleistungen auch Gegenstand der Tätigkeit der Organe der Betriebsverfassung sein sollten.[789]

b) Betriebsverfassungsrechtliche Integrationsförderung als Bestandteil der Integrationspolitik

Vor diesem Hintergrund erscheint die kurze Zeit später im Januar 1972 erfolgte Normierung der allgemeinen Aufgabe der Förderung der Eingliederung ausländischer Arbeitnehmer in § 80 Abs. 1 Nr. 7 a. F. kaum zufällig und nicht als isoliert auf betriebliche Belange bezogen zu verstehen sein. Es drängt sich vielmehr auf, bereits § 80 Abs. 1 Nr. 7 a. F. als im Betriebsverfassungsrecht umgesetzten Teilaspekt der Integrationspolitik insgesamt zu begreifen, welcher genuin auf die tatsächliche Verwirklichung eines migrationspolitischen Leitbildes zielt.

Diese Lesart wird auch durch die Grundsätze zur Eingliederung ausländischer Arbeitnehmer und ihrer Familien vom 20. April 1972 unterstützt, denen zufolge (Nr. 2) rechtlich und tatsächlich darauf Rücksicht zu nehmen sei, dass zwar grundsätzlich ein nur vorübergehender Aufenthalt der Gastarbeiter in der BRD intendiert ist – dieser aber immer häufiger länger andauere.[790] Die Eingliederung (Nr. 11) könne nicht alleinige Aufgabe des Staates sein, sondern sei Sache aller Gruppen der Gesellschaft.[791] Von diesen Grundsätzen ausgehend wurde eine Verpflichtung der Organe der Betriebsverfassung konstatiert, an der betrieblichen Eingliederung mitzuwirken, etwa in Gestalt der Bereitstellung angemessenen Wohnraums, der Ausstattung der Arbeitsplätze, der Bereitstellung von Dolmetschern oder auch der Vorbereitung von Führungskräften. Die Betriebe müssten ferner bei der Erledigung von Formalitäten im Zusammenhang mit dem Aufenthalt unterstützen und darüber informieren, welche betriebsexternen Stellen bei der Eingliederung behilflich sein können.[792]

Wenn die Gesetzesbegründung nun also davon ausging, dass aufgrund der steigenden Zahl ausländischer Arbeitnehmer eine Notwendigkeit dazu besteht, dass sich neben den sonstigen Stellen auch der Betriebsrat um die Eingliederung ausländischer Arbeitnehmer bemüht[793], schien demnach ein gesellschaftspolitisches Leitbild in die Betriebsverfassung transportiert worden zu sein. Daraus folgt wiederum, dass eine zweckmäßige Bestimmung des Inhalts der Förderung der

789 Bundesarbeitsblatt 4/1970, S. 282.
790 Bundesarbeitsblatt 6/1972, S. 380.
791 Bundesarbeitsblatt 6/1972, S. 380.
792 Bundesarbeitsblatt 6/1972, S. 381.
793 BT-Drs. 6/1786, S. 64.

Eingliederung nicht losgelöst von einer Rückkopplung an die gesamtgesellschaftliche Dimension erfolgen konnte. Der Betriebsrat wurde insofern, als mit der Umsetzung beauftragte Institution, gleichsam zu einem normativ legitimierten Akteur auf dem Feld der Migrationspolitik – einer Politik, die ihrerseits dem Leitbild einer Integration auf Zeit folgte.

c) *Integrationspolitischer Richtungswechsel auf dem Gebiet des Betriebsverfassungsrechts*

Diese Ausrichtung wurde jedoch um die Jahrtausendwende zugunsten eines auf dauerhafte und möglichst vollständige gesellschaftliche Teilhabe gerichteten Modells abgelöst, dem es um konsistente Sozialintegration geht.[794] Der entsprechende politische Gesinnungswandel und auch dessen nachfolgende Umsetzung in der Gesetzgebung fußte seinerseits maßgeblich auf Erkenntnissen der Migrationsforschung – beispielsweise denen der Unabhängigen Kommission „Zuwanderung".[795] Das Umdenken in der Integrationspolitik hin zu einer an fachwissenschaftlichen Erkenntnissen orientierten Legislatur war gleichwohl frühzeitiger angelegt, wie etwa der Koalitionsvertrag der neu gewählten Bundesregierung im Jahr 1998[796] oder auch bereits die Einsetzung der Unabhängigen Kommission „Zuwanderung" am 12. September 2000 durch den Bundesinnenminister[797] zeigen.

Deshalb spricht, von der Prämisse ausgehend, dass legislative Betätigung auf einem als defizitär wahrgenommenen Ist-Zustand fußt,[798] die Novelle des BetrVG durch das BetrVerf-ReformG im Jahr 2001 eine deutliche Sprache.

Denn dadurch wurde in § 80 Abs. 1 Nr. 7 gegenüber der alten Fassung das Wort „Eingliederung" durch das Wort „Integration" ersetzt und ein zweiter Halbsatz angefügt, womit eine Verdeutlichung des Aufgabeninhalts bezweckt wurde.[799]

Demnach genügte die Förderung der Eingliederung (auf Zeit) den veränderten Ansprüchen der gesellschaftlichen Realität auch im betrieblichen Kontext nicht mehr. Auch dort sollte demgegenüber einem gesamtgesellschaftlichen Bedürfnis nach einer konsistenten Sozialintegration Rechnung getragen werden. In diese

---

794 Siehe oben S. 158 ff.

795 Vgl. nur die Rezeption des Berichts der Unabhängigen Kommission Zuwanderung in den Gesetzgebungsmaterialien zum AufenthG, BT-Drs. 15/420 S. 61, 63, 75, 117, 119.

796 Koalitionsvertrag zwischen SPD und Bündnis90/Die Grünen, 1998, S. 36.

797 *Unabhängige Kommission "Zuwanderung"*, Zuwanderung gestalten - Integration fördern, 2001, S. 1.

798 Siehe oben S. 155.

799 BT-Drs. 14/5741, S. 31.

Richtung weist auch die Gesetzesbegründung, wenn sie davon ausgeht, dass ein unumkehrbarer Prozess der Zuwanderung nach Deutschland eine Integrationsförderung auch durch Integrationsangebote im Betrieb erforderlich mache.[800] Der Inhalt der Aufgabe der Integrationsförderung ist also – angesichts der Entstehungsgeschichte der Vorschrift – genuin darauf angewiesen, vor dem Hintergrund einer Rückkopplung an die gesamtgesellschaftliche Dimension ermittelt zu werden. Dabei scheint letztlich eine Orientierung an fachwissenschaftlichen Erkenntnissen angezeigt, weil die Umformulierung von „Eingliederung" zu „Integration" (2001)[801] mit dem – wohl um die Jahrtausendwende, spätestens aber am 12. September 2000 begonnenen[802] – pragmatischen Paradigmenwechsel der Integrationspolitik zusammenfällt.

Dagegen spricht auch nicht die Normierung im Rahmen des Katalogs der allgemeinen Aufgaben des Betriebsrates im BetrVG. Denn unter anderem diese wurden bereits in vorangegangenen Fassungen der Vorschrift von dem Gedanken getragen, eine sozialpolitische Funktion der Betriebsverfassung zu implementieren.[803]

d) Zwischenergebnis

Die Entwicklung der deutschen Integrationspolitik lässt sich also auch anhand der verschiedenen Entwicklungsstadien des BetrVG nachweisen. Das BetrVG scheint dabei, schon seitdem die Frage der Integration angeworbener Gastarbeiter als Gegenstand legislativer Gestaltung aufgegriffen wurde, ein wichtiger Bestandteil des deutschen Integrationskonzeptes gewesen zu sein.[804]

Da dieses seit der Jahrtausendwende auch der Notwendigkeit Rechnung trägt, für eine nachhaltige gesellschaftliche Einbeziehung günstige Voraussetzungen zu schaffen, sollte auch die betriebsverfassungsgesetzliche Integrationsförderung in diesem Lichte interpretiert werden.

---

800 BT-Drs. 14/5741, S. 42.

801 DKW/*Buschmann*, § 80 Rn. 63.

802 BeckOK-Ausländerrecht/*Eichenhofer*, § 1 AufenthG Rn. 4 ff.

803 *Fröb*, Die Bekämpfung von Rassismus und Fremdenfeindlichkeit im Arbeitsrecht, S. 165 f.

804 So geht auch aus einer Antwort des Bundesministers für Arbeit und Sozialordnung auf eine kleine Anfrage im Jahr 1972 hervor, dass „vor allem aber (…) mannigfache Leistungen der Betriebe, z. B. auf dem Gebiete des Unfallschutzes, des Baues von Unterkünften, der betrieblichen Anlernung und der Betreuung" zur Eingliederung ausländischer Arbeitskräfte beitragen sollen – allerdings einer Eingliederung auf Zeit: BT-Drs. 6/3085, S. 5.

3. *Historische Implikationen*

Es erscheint deshalb angesichts der historischen Entwicklung der Betriebsverfassung angezeigt, die betriebsverfassungsrechtliche Integrationsförderungsaufgabe in diesen Kanon eines sozialpolitisch in Pflicht genommenen Privatrechts einzuordnen[805] und dabei als Bestandteil der legislativen Gestaltung der Bedingungen gesellschaftlicher Partizipation (in der mitbestimmten betrieblichen Arbeitswelt). Schließlich stellte die Betriebsverfassung, bereits seitdem die Frage der gesellschaftlichen Einbeziehung der Gastarbeiter virulent wurde, das Substrat der normativen Verankerung des deutschen Integrationsmodells dar.[806]

V. Teleologische Auslegung

Rechtsnormen sind, auf das Wesentliche reduziert, verbindlich festgesetzte Handlungsvorschriften, deren Sinn darin besteht, Verhaltensweisen der Normunterworfenen zu ordnen.[807] Diese Steuerung sozialer Prozesse folgt regelmäßig einem bestimmten rechtspolitischen Modell; der Gesetzgeber strebt also bei der Wahrnehmung seiner Normsetzungskompetenz grundsätzlich die Verwirklichung eines bestimmten Zweckes an. Um die konkrete Bedeutung der aufgestellten Handlungsvorschriften bzw. den Inhalt von Rechtsnormen zutreffend bestimmen zu können, ist es deshalb erforderlich, diese Zwecke zu berücksichtigen – also Rechtsnormen nach ihrer Teleologie auszulegen.[808]

1. *Gesetzesbegründung*

Ausdrückliche Hinweise auf die vom Gesetzgeber angestrebten Zwecke können sich aus den Materialien, insbesondere aus der amtlichen Begründung zu einem Gesetz in Teil A, Allgemeines, ergeben.[809]

Ausgehend davon verfolgte der Gesetzgeber bei der Reform des BetrVG 2001 auch das Ziel, dass die Betriebsverfassung ihren gesellschaftlichen Beitrag dazu leistet, „die Integration von ausländischen Mitbürgern und Kollegen zu fördern

---

805 Vgl. m. w. N. *Fröb*, Die Bekämpfung von Rassismus und Fremdenfeindlichkeit im Arbeitsrecht, S. 178 f.

806 *Laschet*, ZAR 2007, 1, 2; insgesamt ähnlich *Seifert*, in: Haedrich (Hrsg.), Flucht, Asyl und Integration aus rechtlicher Perspektive, 2017, S. 153, 166.

807 *Zippelius*, Juristische Methodenlehre, S. 1.

808 *Zippelius*, Juristische Methodenlehre, S. 41.

809 *Wank*, Juristische Methodenlehre, § 11 Rn. 8.

und zugleich Sanktionen gegen Rassismus und Fremdenfeindlichkeit im Betrieb zu erleichtern".[810]

Dabei wurden die Befunde aufgegriffen, dass zum einen trotz rechtlicher Gleichstellung die tatsächliche Gleichbehandlung ausländischer Arbeitnehmer im Betrieb immer noch unbefriedigend sei, was sich exemplarisch an einer überproportionalen Betroffenheit von Rationalisierungsmaßnahmen zeige. Zum anderen gebe eine Zunahme rechtsextremistischer, fremdenfeindlicher und antisemitischer Straftaten Grund zur Sorge.[811]

Der vom Gesetzgeber antizipierte gesellschaftliche Beitrag der Betriebsverfassung liegt demnach grosso modo darin, innerhalb der betrieblichen Sphäre diesen gesamtgesellschaftlichen Fehlentwicklungen entgegenzuwirken. Wenn die Gesetzesbegründung sodann davon ausgeht, dass die betriebliche Integration ausländischer Arbeitnehmer und die Bekämpfung fremdenfeindlicher Betätigung im Betrieb durch unter anderem die Verdeutlichung der allgemeinen Aufgabe des Betriebsrates aus § 80 Abs. 1 Nr. 7 unterstützt werden soll[812], gilt es, diese Verdeutlichung auch am vorstehenden Grundgedanken auszurichten.

2. *Regelungseffizienz*

Allerdings geht daraus nicht hervor, welche Betätigungsfelder mit „Integrationsrelevanz" sich konkret für den Betriebsrat ergeben können, was insbesondere mit Blick auf das angestrebte, eigeninitiative Tätigwerden des Betriebsrates[813] problematisch erscheint. Denn der Gesetzgeber strebt im Sinne der Effektivität einer Regelung ein Verständnis der Norm an, welches darauf hoffen kann, tatsächlich durchgesetzt zu werden.[814] Wenn aber nicht hinreichend deutlich wird, was genau der Betriebsrat tun, worauf er achten soll, scheint ein Tätigwerden des Betriebsrates aus eigenem Antrieb eher unwahrscheinlich. Schließlich setzt die Mobilisierung von Recht allgemein voraus, dass die Regelungsadressaten eine Grundvorstellung vom Regelungsinhalt haben.[815]

Deshalb soll hier vorgeschlagen werden, auf fachwissenschaftliche Erkenntnisse zu den grundsätzlichen Zusammenhängen zwischen betrieblicher Interessenvertretung und der (gesellschaftlichen) Integration zurückzugreifen. Denn damit ein

810 BT-Drs. 14/5741, S. 26.
811 BT-Drs. 14/5741, S. 25.
812 BT-Drs. 14/5741, S. 31.
813 BT-Drs. 14/5741, S. 31.
814 M. w. N. *Wank*, Juristische Methodenlehre, § 11 Rn. 72.
815 Vgl. *Baer*, Rechtssoziologie, § 7 Rn. 10 f.

Rechtssatz, wie vom Gesetzgeber angestrebt, einen Bereich der Realität sachgerecht regeln kann, ist auch eine an tatsächlichen Wirkungszusammenhängen orientierte Interpretation des Rechts erforderlich, für welche fachwissenschaftliche Erkenntnisse maßgeblich sind.[816] Die Rechtswissenschaft mag zwar nicht zuvorderst auf Verstehen und Erklären abzielen – auf einem fundierten Verständnis sozialer Zusammenhänge gründen, sollte sie aber doch allemal.[817]

Solche Erkenntnisse wiederum, die die Frage betreffen, wie Migranten Teil dieser Gesellschaft werden und werden können, sind Ergebnisse insbesondere der sozialwissenschaftlichen Migrationsforschung.[818] Sie sollten Eingang in die betriebsverfassungsrechtliche Integrationsförderung finden. Nicht umsonst hat schließlich der Gesetzgeber auch im Rahmen der Gestaltung des aufenthaltsgesetzlichen Konzeptes zur Integrationsförderung sozialwissenschaftliche Erkenntnisse einfließen lassen.[819]

Diesen zufolge ist etwa strukturellen Benachteiligungen als im Sinne der Offenheit der Aufnahmegesellschaft integrationsrelevantem Aspekt[820] durch gezielte Fördermaßnahmen entgegenzuwirken[821]. Eine solche gezielte Fördermaßnahme ist die Normierung des betriebsverfassungsgesetzlichen Leitgedanken der Integrationsförderung. Durch die Betonung des umfassend zu verstehenden besonderen Einsatzes für die Belange ausländischer Arbeitnehmer wird der potenziellen Unterrepräsentation deren Interessen in grundsätzlicher Weise entgegengewirkt. Folgen betriebliche Interessenvertretungen diesem normativen Appell, wird die Entscheidungstätigkeit der Interessenvertretungen insbesondere auch durch die Berücksichtigung von Interessen ausländischer Arbeitnehmer geprägt. Geschieht dies, so legen sozialwissenschaftliche Erkenntnisse allgemein eine substanziell bessere Stellung von Beschäftigten mit Migrationshintergrund in betrieblichen Kontexten nahe.[822]

---

816 Vgl. *Kluth*, ZAR 2016, 336, 339; *Wank*, Juristische Methodenlehre, § 11 Rn. 22.

817 Vgl. *Kluth*, ZAR 2016, 336, 339.

818 *Kluth*, ZAR 2016, 336; *Hans*, in: Brinkmann/Sauer (Hrsg.), Einwanderungsgesellschaft Deutschland, 2016, S. 24.

819 Siehe oben S. 137 ff.

820 Siehe oben S. 42 f.

821 Siehe oben S. 66 f.

822 Vgl. zu der Konstellation, dass die entsprechend geprägte Mitbestimmung auf dem Einfluss von Arbeitsmigranten in den Arbeitnehmervertretungen beruht *Hinken*, Integration durch Mitbestimmung, S. 215 f.

3. *Regelungsfolgen*

Da sich der Gesetzgeber mit der Normierung einer Vorschrift verspricht, einen bestimmten Sachverhalt sachgerecht zu lösen, gilt es im Rahmen der teleologischen Auslegung auch die (voraussichtlichen) Folgen der Norm zu beachten – und anhand dessen die denkbaren Auslegungsmöglichkeiten gegeneinander abzuwägen.[823]

Vor diesem Hintergrund überzeugen Ausführungen, denen zufolge das zusammengefasste Ziel von § 80 Abs. 1 Nr. 7 in der Verhinderung einer ethnischen Spaltung der Belegschaft zu erkennen sei[824], jedenfalls nicht uneingeschränkt. Denn die nach der Gesetzesbegründung ersichtlich angestrebte,[825] mittelbare Förderung der gesamtgesellschaftlichen Integration ausländischer Arbeitnehmer kann unter Umständen durch ethnische Gemeinschaften gerade gefördert werden[826] – wenigstens soweit diese eine Auffangfunktion erfüllen können[827]. Deshalb erscheint die Annahme der Verhinderung einer ethnischen Spaltung der Belegschaft als übergeordnetem Ziel, jedenfalls in ihrer Pauschalität aus teleologischen Erwägungen zu kurz gegriffen.

Schließlich kann auch Überlegungen nicht beigepflichtet werden, nach denen der Normzweck in einer gleichen Behandlung von deutschen und ausländischen Arbeitnehmern bestehe[828], weil gleichsam ein Tätigwerden erst im Falle des Bekanntwerdens von Ungleichbehandlungen nahegelegt würde. Darüber hinaus gilt es zu beachten, dass eine praktisch inhaltsgleiche Verpflichtung des Betriebsrates bereits aus dem in § 75 Abs. 1 normierten Gleichbehandlungssatz folgt.[829] Dieser galt jedoch bereits vor der Reform des BetrVG im Jahr 2001 als „Anker" des deutschen Integrationsmodells in der Betriebsverfassung[830] und die Aufgabe des Betriebsrates, dessen Durchsetzung zu überwachen, gehörte gem. § 80 Abs. 1 Nr. 1 bereits vorher zu dessen allgemeinen Aufgaben[831]. Die zur Verdeutlichung erfolgte

823 *Wank*, Juristische Methodenlehre, § 11 Rn. 38 f.

824 *Sertkol*, Deutsch - Türkische Integration am Arbeitsplatz, S. 49.

825 Siehe oben S. 65.

826 *Hans*, in: Brinkmann/Sauer (Hrsg.), Einwanderungsgesellschaft Deutschland, 2016, S. 24 ff.

827 Vgl. *Oberrath/Herbert*, NZA 2012, 1260, 1261; *Esser*, Integration und ethnische Schichtung, S. 20.

828 So aber *Fitting*, § 80 Rn. 32; HWGNRH/*Nicolai*, § 80 Rn. 43; *Oberrath/Herbert*, NZA 2012, 1260, 1261.

829 Richardi/*Thüsing*, § 80 Rn. 45.

830 *Laschet*, ZAR 2007, 1, 2.

831 *Fitting*, § 80 Rn. 6.

Anpassung des § 80 Abs. 1 Nr. 7[832] wäre infolgedessen inhaltlich weitestgehend leergelaufen. Der oben genannten Lesart ist zwar zuzugestehen, dass ausgehend von der Gesetzesbegründung der Schluss auf die Förderung der Gleichbehandlung als Gesetzeszweck prima facie naheliegend erscheint. Denn diese rekurriert auf eine bislang defizitäre Entwicklung der tatsächlichen Gleichbehandlung am Beispiel einer überproportionalen Betroffenheit ausländischer Arbeitnehmer von Rationalisierungsmaßnahmen.[833] Gleichwohl sollte dieser Umstand nicht dazu führen, die Augen vor den komplexen Kausalketten zu verschließen, die letztlich die Teilhabe am Arbeitsmarkt und damit der Gesellschaft insgesamt determinieren. Vielmehr scheint es angezeigt, sich auf das übergeordnete integrationspolitische Ziel der Herstellung von Chancengleichheit zu besinnen.[834] Dass der Gesetzgeber aufgrund einer häufigeren Betroffenheit ausländischer Arbeitnehmer von Rationalisierungsmaßnahmen eine mangelhafte Gleichbehandlung konstatiert, ist aus diesem Blickwinkel eher als das Aufgreifen eines Symptoms defizitärer Chancengleichheit zu sehen. Damit ist wohlverstanden der Appell verbunden, in der betrieblichen Sphäre an der tatsächlichen Realisierung von Chancen zur gesellschaftlichen Teilhabe mitzuwirken.

Dass der Integrationsauftrag „(...) betroffenen Arbeitnehmern vorwiegend das Arbeiten im Betrieb erleichtern (...)" solle,[835] scheint vor diesem Hintergrund zwar etwas zu kurz zu greifen, weist aber immerhin in die richtige Richtung.

Die im Rahmen der betrieblichen Interessenvertretung zu einzelnen Angelegenheiten zu treffenden Entscheidungen sollten nämlich nach der Teleologie von § 80 Abs. 1 Nr. 7 insgesamt umfassend an dem Ziel der tatsächlichen Realisierung gesellschaftlicher Teilhabechancen ausländischer Arbeitnehmer in der durch Interessenvertretung mitbestimmt gestalteten betrieblichen Sphäre ausgerichtet werden.

4. *Teleologische Implikationen*

Die der Normierung von § 80 Abs. 1 Nr. 7 zugrundeliegende Teleologie verdeutlicht, dass der Gesetzgeber den Zweck verfolgt, festgestellten gesamtgesellschaftlichen Fehlentwicklungen auch auf betrieblicher Ebene zu begegnen. Unter der

---

832 BT-Drs. 14/5741, S. 31.

833 BT-Drs. 14/5741, S. 25.

834 Unter Verweis auf Sachverständigenrat deutscher Stiftungen für Integration und Migration, Einwanderungsgesellschaft 2010. Jahresgutachten 2010, S. 13 *Berlit*, ZAR 2018, 287, 232; dazu m. w. N. *Eichenhofer*, Begriff und Konzept der Integration im Aufenthaltsgesetz, S. 282.

835 *Fröb*, Die Bekämpfung von Rassismus und Fremdenfeindlichkeit im Arbeitsrecht, S. 36.

Aufgabe zur Förderung der Integration ausländischer Arbeitnehmer im Betrieb ist demnach aus teleologischen Erwägungen zu verstehen, dass sich der Betriebsrat (auch) proaktiv für die Belange ausländischer Arbeitnehmer einsetzt und so auf der Basis deren betrieblicher Determinierung die Integration ausländischer Arbeitnehmer in die Gesellschaft insgesamt fördert. Dadurch wirkt der Betriebsrat darauf hin, dass die Betriebsverfassung ihren gesellschaftlichen Beitrag zur Integration erbringt: indem die betriebliche Arbeitswelt unter Berücksichtigung insbesondere auch der Interessen ausländischer Arbeitnehmer mitbestimmt wird, wirkt sie sich zugleich integrationsfördernd aus.

C. Zusammenfassung

Mit der Normierung von § 80 Abs. 1 Nr. 7 beabsichtigt der Gesetzgeber, einen betriebsverfassungsrechtlichen Leitgedanken zu konkretisieren und verpflichtet zu diesem Zweck generalklauselartig den Betriebsrat dazu, die Integration ausländischer Arbeitnehmer im Betrieb zu fördern.

Die Inhalte der allgemeinen Aufgabe des Betriebsrates aus § 80 Abs. 1 Nr. 7 können angesichts der Normierung als Generalklausel nicht abschließend subsumtionsfähig bestimmt werden. Da der Vorschrift ein Modell finaler Steuerung zugrunde liegt, überrascht dieses Ergebnis nicht weiter. Damit die Vorschrift trotzdem ihre vom Gesetzgeber zugedachte Wirkung entfalten kann, ist es aber erforderlich, vom Zweck der Vorschrift ausgehend Kriterien zu entwickeln, um anhand deren Maßstäben konkrete Maßnahmen identifizieren zu können.

Im Rahmen der dementsprechend angezeigten Überlegungen zur methodengerechten Konkretisierung lassen sich bereits aus dem Wortlaut von § 80 Abs. 1 Nr. 7 Anhaltspunkte dafür extrahieren, dessen Normierung als Mittel des Gesetzgebers zur Verfolgung des Ziels anzusehen, die gesellschaftliche Einbeziehung ausländischer Arbeitnehmer durch die Mitwirkung des Betriebsrats an der Gestaltung einer integrationsoffenen Aufnahmegesellschaft zu fördern. Dabei zeigt sich auch, dass die Bezugnahme auf „ausländische" Arbeitnehmer in § 80 Abs. 1 Nr. 7 keineswegs zwingend als staatsangehörigkeitsbasierte Restriktion des Anwendungsbereichs von § 80 Abs. 1 Nr. 7 – also im Sinne eines Tatbestandsmerkmals – zu verstehen sein muss. Und auch die Verwendung des Betriebsbegriffs ist weniger darauf angelegt, einen durch die Belegschaftszugehörigkeit begrenzten personellen Anwendungsbereich festzulegen, als vielmehr die gegenständliche Sphäre zu umschreiben, auf deren mitbestimmende Gestaltung die Betätigung der betrieblichen Interessenvertretung zielt. Innerhalb dieser Sphäre soll die gesellschaftliche Partizipation gefördert werden, was auch das (präventive) Vorgehen gegen Rassismus und Fremdenfeindlichkeit einschließt. Dieser Aspekt wird nicht als eigenständige Aufgabe normiert, sondern nur dessen Existenz verdeutlicht und seine Verwirklichung durch ein spezifisches Antragsrecht unterstützt.

Die systematische Argumentation bestätigt, dass durch die Normierung von § 80 Abs. 1 Nr. 7 das überbetriebliche Phänomen der Zuwanderung zu einem Aspekt der Gestaltung der betrieblichen Sphäre durch die betrieblichen Interessenvertretungen gemacht wurde. Dessen Behandlung gründet auf einem sachlich-thematisch zu verstehenden Förderauftrag der inhaltlich einerseits abstrakt, etwa durch typische, beziehungsweise typischerweise betroffene Interessen ausländischer Arbeitnehmer ausgefüllt werden kann, aber auch durch konkret im Betrieb vorhandene (individuelle) Interessenlagen. Diesbezüglich entfaltet § 80 Abs. 1 Nr. 7 eine Signalwirkung und bindet das ermessensgetragene Verhalten der Interessenvertretungen zur Ausübung ihrer Befugnisse an die Auswirkungen für den so verstandenen Themenbereich der Integration ausländischer Arbeitnehmer. Durch diese Verpflichtung zur Förderung der Integration ausländischer Arbeitnehmer setzt der Gesetzgeber die bereits in § 2 Abs. 5 WO partiell begonnene Konkretisierung des betriebsverfassungsrechtlichen Leitgedanken der Integration ausländischer Arbeitnehmer auch auf Ebene der Ausübung der Mitbestimmung fort: es wird sichergestellt, dass die soziale Schutzfunktion der Betriebsverfassung nicht nur zugunsten aller Arbeitnehmer verwirklicht werden kann, sondern auch verwirklicht wird. Demnach gilt es sicherzustellen, dass alle Arbeitnehmer in einem mitbestimmten Arbeitsumfeld effektiv die gleichen Möglichkeiten zur Realisierung gesellschaftlicher Teilhabechancen des Arbeitslebens haben. Das entsprechend interessengerecht sensibilisierte Entscheidungsverhalten betrieblicher Interessenvertretungen soll dazu durch angepasste Gestaltung des betrieblichen Arbeitsumfeldes beitragen. Auf diese Weise entspricht der Gesetzgeber mittelbar seiner sozialstaatlichen Verpflichtung aus Art. 20 Abs. 1 GG für einen Ausgleich der sozialen Gegensätze und eine gerechte Sozialordnung auch im betrieblich (mit-)bestimmten Arbeitsleben zu sorgen.

Die historische Entwicklung der Betriebsverfassung zeigt dabei zum einen, dass die damit einhergehende sozialpolitische Inpflichtnahme privatrechtlicher Regelungszusammenhänge kein Novum darstellt – weder allgemein auf die Aufgaben betrieblicher Interessenvertretungen bezogen, noch spezifisch hinsichtlich des Themas der gesellschaftlichen Partizipation ausländischer Arbeitnehmer in betrieblichen Kontexten. Zum anderen lässt sich nachweisen, dass die allgemeine Aufgabe der Förderung der Integration (beziehungsweise Eingliederung, § 80 Abs. 1 Nr. 7 a. F.) ausländischer Arbeitnehmer bereits seit den Zeiten der Gastarbeiteranwerbung ein wichtiger Bestandteil deutscher Integrationspolitik war und ist.

Die Teleologie deutet schließlich ebenfalls darauf hin, die betriebliche Integrationsförderung am Maßstab der tatsächlichen Realisierung gesellschaftlicher Teilhabechancen im betrieblich beeinflussbaren Bereich auszurichten.

§ 3 Förderung der Integration durch betriebliche Interessenvertretungen

Der Regelungsrahmen des BetrVG soll angesichts der vorstehenden Ergebnisse daraufhin untersucht werden, inwieweit ein solcher Leitgedanke durch die betrieblichen Interessenvertretungen realisiert und dazu die Entscheidungstätigkeit betrieblicher Interessenvertretungen durch die allgemeine Aufgabe der Integrationsförderung angeleitet werden kann.

Da eine Analyse des gesamten betriebsverfassungsrechtlichen Normenkomplexes offensichtlich den Umfang dieser Arbeit sprengen würde, werden zu diesem Zweck aus den einzelnen Teilbereichen der betriebsverfassungsgesetzlichen Regelungsmaterie ausgewählte Aspekte der betrieblichen Interessenvertretung exemplarisch überprüft.

Um die oben herausgearbeitete Konkretisierung des betriebsverfassungsgesetzlichen Leitgedanken der Integrationsförderung dadurch zu verifizieren, erscheint es angebracht, möglichst aus den zentralen Bereichen der Mitbestimmungsordnung Beispiele zu finden.

Dabei legt es bereits § 2 Abs. 1 nahe, auch auf die Entscheidungsfindung betrieblicher Interessenvertretungen hinsichtlich der Zusammenarbeit mit Gewerkschaften einzugehen.

Weil weiterhin eine erfolgreiche Umsetzung des betriebsverfassungsgesetzlichen Schutzgedanken durch die betrieblichen Interessenvertretungen fundamental von deren interner Organisation abhängt, ist auch dieser Regelungskomplex eingehend zu untersuchen. Denn wenn bereits die intraorganisationellen Strukturen, Abläufe und Gestaltungsentscheidungen Defizite hinsichtlich einer sachgerechten Interessenvertretung aufweisen, drohen sich diese Defizite auch bei der Betätigung materieller Mitbestimmungsrechte fortzusetzen.

Vor dem Hintergrund, dass diese letztlich den Kern der betriebsverfassungsrechtlichen Regelungskonzeption zur Mitbestimmung der Arbeitnehmer im Betrieb bilden, ist schließlich auf die Entscheidungstätigkeit im Zusammenhang mit konkreten Mitbestimmungstatbeständen einzugehen. Die Frage nach einem – unter Berücksichtigung des in § 80 Abs. 1 Nr. 7 normierten Leitgedanken – integrationsfördernden Einsatz seiner Kompetenzen durch den Betriebsrat betrifft dabei die Mitbestimmung in sozialen Angelegenheiten ebenso wie die Mitbestimmung in personellen Angelegenheiten. Deshalb sollen aus diesen Bereichen ausgewählte Mitbestimmungstatbestände daraufhin analysiert werden, inwieweit die Entscheidungstätigkeit zur Ausübung der Mitbestimmung durch § 80 Abs. 1 Nr. 7 angeleitet werden kann. Um dabei zu belegen, dass in Gestalt der

Integrationsförderung ein allgemeiner Leitgedanke vom Gesetzgeber konkretisiert wurde, erfolgt diese Untersuchung am Beispiel von Normen, die der Gesetzgeber nicht explizit in einen Zusammenhang mit der Integrationsförderung gesetzt hat. Deshalb werden Vorschriften abseits der offenkundig zur Förderung der Integration angedachten §§ 88 Nr. 4, 99 Abs. 2 Nr. 6, 104 (siehe dazu nur die Gesetzesbegründung, BT-Drs. 14/5741, S. 31, 48, 50, 51, sowie die hinsichtlich des Aspektes der Bekämpfung von Rassismus und Fremdenfeindlichkeit ausführliche Arbeit von *Fröb*[836]) untersucht. Da der Schutz vor Diskriminierungen nach hier herausgearbeitetem Verständnis einen Teilaspekt der Integrationsförderung darstellt,[837] wird an einzelnen Stellen auf dementsprechende Gesichtspunkte eingegangen. Da sich diese Arbeit jedoch der (potenziellen) Beeinflussung des Entscheidungsverhaltens betrieblicher Interessenvertretungen zur Ausübung ihrer Befugnisse unter dem Eindruck eines weiteren Verständnisses der Aufgabe der Integrationsförderung nähert, liegt darauf kein dezidierter Schwerpunkt (siehe dazu im Übrigen etwa die Untersuchungen von *Amthauer*[838] oder auch *Schwering*[839]).

Betreffend eine integrationsfördernde Gestaltung betrieblicher Regelungsstrukturen bietet es sich angesichts deren grundsätzlicher Bedeutung an, näher auf das Entscheidungsverhalten zu den Mitbestimmungsrechten in sozialen Angelegenheiten gemäß § 87 Abs. 1, der Beteiligung an der Personalplanung gemäß § 92 und der Berufsbildung gemäß §§ 96 ff. einzugehen. Im Zusammenhang mit personellen Einzelmaßnahmen soll eine integrationsfördernde Betätigung von Mitbestimmungstatbeständen am Beispiel der Mitbestimmung bei Kündigungen gemäß § 102 verdeutlicht werden. Schließlich ist vor dem Hintergrund der Zusammenhänge zwischen einer für die Integrationsförderung sachgerechten Interessenvertretung und den handelnden Funktionsträgern auf deren Kündigungsschutz gemäß § 103 einzugehen.

A. Zusammenarbeit mit Gewerkschaften

Die betrieblichen Interessenvertretungen haben gemäß § 2 Abs. 1 die Möglichkeit, sich nach pflichtgemäßem Ermessen bei der Erfüllung ihrer betriebsverfassungsrechtlichen Aufgaben von den im Betrieb vertretenen Gewerkschaften unterstützen zu lassen, wenn sie dies für sachdienlich und geboten halten.[840]

---

836 *Fröb*, Die Bekämpfung von Rassismus und Fremdenfeindlichkeit im Arbeitsrecht.

837 Siehe oben S. 104 f.

838 *Amthauer*, Zu den Auswirkungen des AGG auf die Betriebsverfassung.

839 *Schwering*, Das Allgemeine Gleichbehandlungsgesetz als Aufgabe und Instrument des Betriebsrates.

840 BAG, 21.06.2005 – 7 AZR 418/05, AuR 2006, 454; GK-BetrVG/*Franzen*, § 2 Rn. 23.

I. Mitgliederwerbung

Zur Förderung der Integration ausländischer Arbeitnehmer gemäß § 80 Abs. 1 Nr. 7 ist es den betrieblichen Interessenvertretungen auferlegt, sich besonders für die Interessen ausländischer Arbeitnehmer einzusetzen. Und es liegt grundsätzlich im Interesse der Arbeitnehmer, auch der nicht deutschsprachigen, am Informationsfluss im Rahmen der betrieblichen Sphäre teilhaben zu können.[841] Die betrieblichen Interessenvertretungen sollten deshalb versuchen, Gewerkschaften, die im Betrieb Mitgliederwerbung betreiben,[842] dazu zu veranlassen, entsprechende Materialien gegebenenfalls in allen im Betrieb gesprochenen Sprachen zu verteilen.[843] Dabei ist jedoch zu beachten, dass der Betriebsrat selbst (als Organ der Betriebsverfassung) weder Werbung für bestimmte Gewerkschaften, noch für Gewerkschaften überhaupt betreiben und auch kein Informationsmaterial verteilen darf.[844]

II. Konzeption von Schulungsveranstaltungen

Weiterhin ist zu berücksichtigen, dass gemäß § 37 Abs. 7 ein Anspruch von Betriebsratsmitgliedern auf bezahlte Freistellung für die Teilnahme an arbeitsbehördlich (in Kooperation mit Gewerkschaften und Arbeitgeberverbänden) als geeignet anerkannten Schulungs- und Bildungsveranstaltungen besteht. Die behördliche Anerkennung setzt dabei voraus, dass die zu vermittelnden Kenntnisse der Arbeit des Betriebsrates dienlich und förderlich sind.[845]

In diesem Zusammenhang sollte berücksichtigt werden, dass die betriebliche Integrationsförderung inhaltlich insbesondere auch vom Grundgedanken der sachgerechten Interessenvertretung[846] aus zu verstehen ist. Deshalb gilt es im Rahmen der inhaltlichen Ausrichtung entsprechender Bildungsveranstaltungen vermeintlich allgemeine Themen, die ausländische Arbeitnehmer und ihre Interessen aber besonders betreffen, mit der betrieblichen Integrationsförderung zu verknüpfen; das Thema der prekären Beschäftigung beispielsweise sollte aufgrund der überproportionalen Betroffenheit ausländischer Arbeitnehmer

---

841 Vgl. zu den im Tätigkeitsbericht des Betriebsrats auf Betriebsversammlungen enthaltenen Informationen ArbG München, 14.03.1974 – 20 Bv 57/73, BB 1974, 1022; *Brill*, BB 1978, 1574, 1575.

842 Zu Zulässigkeit und Grenzen statt vieler m. w. N. GK-BetrVG/*Franzen*, § 2 Rn. 84 ff.

843 *Knolle*, AiB 2011, 20, 22.

844 BAG, 14.02.1967 – 1 AZR 494/65, AP GG Art. 9 Nr. 10 = NJW 1967, 843, 846; Richardi/*Maschmann*, § 2 Rn. 171.

845 BAG, 11.08.1993 – 7 ABR 52/92, DB 1994, 535, 536 f.; *Knolle*, AiB 2011, 20, 23.

846 Siehe oben S. 122 ff.

in Zusammenhang zur Förderung der Integration ausländischer Arbeitnehmer gebracht werden.[847]

Darüber hinaus erscheint es mit Blick auf den Gedanken einer sachgerechten Interessenvertretung[848] hinsichtlich der Interessen ausländischer Arbeitnehmer allgemein zweckmäßig, Gewerkschaften betreffend die Ausgestaltung von Schulungsveranstaltungen dafür zu sensibilisieren, ihre Bildungsangebote derart zu konzipieren, dass sie auch von ausländischen Betriebsratsmitgliedern effektiv wahrgenommen werden können und nicht eine objektiv neutrale Ausgestaltung indirekt die Teilnahme erschwert.[849] Insoweit dies die Frage der sprachlichen Durchführung betrifft, sind bilinguale Schulungen gegenüber rein muttersprachlichen vorzuziehen, da diese neben der Vermittlung originär betriebsverfassungsrechtlicher Inhalte auch einen Beitrag zur Verbesserung deutscher Sprachkenntnisse leisten können, was wiederum der Wahrnehmung betriebsverfassungsrechtlicher Aufgaben in einer primär deutschsprachig geprägten Arbeitswelt zuträglich sein dürfte.[850]

Dabei kann durch die Nachfrage solcherart konzipierter Veranstaltungen zugleich auch in tatsächlicher Hinsicht auf die Entwicklung entsprechender Schulungsangebote sowie deren Anerkennung hingewirkt werden.[851]

III. Ergebnis

Der Betriebsrat ist gemäß § 2 Abs. 1 dazu verpflichtet, zum Wohl der Arbeitnehmer und des Betriebs mit dem Arbeitgeber im Zusammenwirken mit den im Betrieb vertretenen Gewerkschaften vertrauensvoll zusammenzuarbeiten. § 80 Abs. 1 Nr. 7 leitet dabei das Entscheidungsverhalten inhaltlich an. Das Zusammenwirken mit den im Betrieb vertretenen Gewerkschaften kann dabei zunächst einmal grundsätzlich in der Weise betroffen sein, als der Betriebsrat die Gewerkschaften dafür sensibilisiert, ihre für die betriebliche Interessenvertretung relevanten Aktivitäten auf die betrieblichen Belange abzustimmen und so nicht zuletzt die Aufgabenwahrnehmung durch die betrieblichen Interessenvertretungen zu unterstützen. In diesem Rahmen kann sodann für die Partizipationsinteressen ausländischer Arbeitnehmer in Gestalt der Teilhabe am betrieblichen Informationsfluss eingestanden werden.

847 *Knolle*, AiB 2011, 20, 23.
848 Siehe oben S. 122 ff.
849 *Knolle*, AiB 2011, 20, 23.
850 *Sertkol*, Deutsch - Türkische Integration am Arbeitsplatz, S. 189.
851 *Knolle*, AiB 2011, 20, 23.

B. Vertretungsinterne Maßnahmen

Um sich erfolgreich für die Belange der Arbeitnehmer einsetzen zu können ist es für den Betriebsrat erforderlich, Strukturen zu schaffen, die eine effektive Aufgabenwahrnehmung ermöglichen. Die Betriebsverfassung sieht insoweit verschiedene Möglichkeiten vor, die Geschäftsführung zu strukturieren und Aufgaben zu delegieren,[852] wobei der Betriebsrat einen weiten Gestaltungsspielraum genießt und größtenteils selbst darüber entscheidet, wie er sich zum Zweck der Wahrnehmung seiner (allgemeinen) Aufgaben organisiert.[853]

I. Führung der laufenden Geschäfte

Eine der gesetzlichen Intention angemessene Betriebsratsarbeit zur Wahrnehmung der allgemeinen Aufgaben setzt zunächst voraus, dass der Betriebsrat – das heißt in der Regel gemäß § 27 Abs. 2, 3 insbesondere der Betriebsausschuss oder der Betriebsratsvorsitzende – deren Bedeutung erkennt und sie entsprechend bereits bei der Führung der laufenden Geschäfte berücksichtigt werden.[854] Inhaltlich gehören dazu nach der herrschenden Meinung nach innen wirkende Maßnahmen[855]; Maßnahmen mit Außenwirkung, etwa in Gestalt von Entscheidungen in Beteiligungs- und Mitbestimmungsangelegenheiten, werden demgegenüber im Rahmen der Führung der laufenden Geschäfte nur vorbereitet[856].

Da sich jedoch die Willensbildung des Betriebsrates und seiner Ausschüsse in Beschlüssen materialisiert, die in den Sitzungen gefasst werden[857], darf die Bedeutung der Vorbereitung von Sitzungen der Vertretungsorgane nicht unterschätzt werden. Der Vorsitzende legt dabei die Tagesordnung[858], wie auch den Termin der Sitzung[859] nach pflichtgemäßem Ermessen fest, § 29 Abs. 2.

---

852 Dazu mit übersichtlicher Darstellung *Edenfeld*, Betriebsverfassungsrecht, Rn. 130 ff.

853 *Zimmermann*, AuR 2017, 192, 192 f.

854 *Zimmermann*, AuR 2017, 192, 193.

855 BAG, 15.08.2012 – 7 ABR 16/11, NZA 2013, 284, 285; m. w. N. *Fitting*, § 27 Rn. 67 f.; m. w. N. auch *Edenfeld*, Betriebsverfassungsrecht, Rn. 131; a. A. Richardi/*Thüsing*, § 27 Rn. 50.

856 Vgl. *Fitting*, § 27 Rn. 65, 68.

857 *Nawrot*, AiB 2018, 53.

858 DKW/*Wedde*, § 29 Rn. 20; vgl. *Fitting*, § 29 Rn. 47.

859 DKW/*Wedde*, § 29 Rn. 16; *Fitting*, § 29 Rn. 22.

1. Tagesordnung

Hinsichtlich der Wahrnehmung der allgemeinen Aufgaben ist also im Rahmen der Führung der laufenden Geschäfte darauf zu achten, dass die entsprechenden Themengebiete regelmäßig im Rahmen der Vorbereitung von Betriebsratssitzungen, Betriebsversammlungen und Monatsgesprächen auf die Tagesordnung bzw. Agenda gesetzt werden.[860] Dabei sollte die Berücksichtigung nicht vorformuliert unter dem Punkt „Sonstiges" erfolgen, sondern anlassbezogen und in einer Art und Weise, die dem Betriebsrat auch konkrete Beschlüsse ermöglicht;[861] anderenfalls erscheint angesichts der darin zum Ausdruck kommenden Geringschätzung der allgemeinen Aufgaben eine Amtspflichtverletzung denkbar.[862] Denn wenn ein Thema nicht in einer der Beschlussfassung zugänglichen Weise behandelt wird, ist es faktisch dem Willensbildungsprozess entzogen und einer entsprechenden allgemeinen Aufgabe des Betriebsrates kaum pflichtgemäß gerecht zu werden. Es ist deshalb zugleich Gegenstand der Aufgabe der Integrationsförderung im Sinne von § 80 Abs. 1 Nr. 7, die Förderung der Integration adäquat in Tagesordnungen zu berücksichtigen.

Die einzelnen Betriebsratsmitglieder haben die Möglichkeit, entsprechend ihrer eigenständigen Einschätzung der betrieblichen Verhältnisse als Grundlage der Wahrnehmung der allgemeinen Aufgaben[863], anzuregen und zu beantragen, bestimmte Themen als Gegenstände der Tagesordnung aufzunehmen.[864] Solche Anträge müssen grundsätzlich zwar nur berücksichtigt werden, es besteht aber dann eine Verpflichtung, bestimmte Tagesordnungspunkte auch tatsächlich anzuberaumen, wenn wenigstens ein Viertel aller Betriebsratsmitglieder den Antrag unterstützt, § 29 Abs. 3.[865]

2. Terminierung

Denkbar erscheint ausserdem, bei der Terminierung auf Partizipationshindernisse speziell ausländischer Betriebsratsmitglieder Rücksicht zu nehmen.[866]

---

860 *Zimmermann*, AuR 2017, 192, 193.

861 M. w. N. DKW/*Wedde*, § 29 Rn. 22; vgl. *Fitting*, § 29 Rn. 46; *Zimmermann*, AuR 2017, 192.

862 *Zimmermann*, AuR 2017, 192.

863 ArbG Hannover, 30.11.2011 – 11 BVGa 1/11, BeckRS 2012, 65538.

864 *Nawrot*, AiB 2018, 53.

865 *Nawrot*, AiB 2018, 53.

866 Siehe auch unten zur partizipationsfreundlichen Ausgestaltung von Berufsbildungsmaßnahmen S. 224 ff.

Denn das BetrVG geht von der Prämisse aus, dass gruppenzugehörige Arbeitnehmer besonders dazu geeignet sind, die für die Gruppe typischen Belange in die betriebliche Interessenvertretung einzubringen.[867] Wenn also speziell ausländische Betriebsratsmitglieder überproportional häufig aufgrund der zeitlichen Lage der Sitzungen an der Teilnahme gehindert wären, könnte dies dem Gedanken einer sachgerechten Interessenvertretung widersprechen. Denn eine sachgerechte Auseinandersetzung mit den Belangen ausländischer Arbeitnehmer im Prozess der Willensbildung erschiene dann weniger wahrscheinlich. Insofern ist der Gedanke einer sachgerechten Interessenvertretung mit der Aufgabe der Integrationsförderung verknüpft. Es ist also bei der Festlegung der zeitlichen Lage der Betriebsratssitzungen nicht nur darauf zu achten, dass möglichst viele Mitglieder teilnehmen können[868], sondern im Rahmen des pflichtgemäßen Ermessens[869] darauf zu achten, die Vertretung der Belange ausländischer Arbeitnehmer nicht mittelbar zu untergraben.

Im Betriebsrat vertretene Minderheiten haben insoweit den Möglichkeiten zur Beeinflussung von Tagesordnungen[870] vergleichbare Möglichkeiten, im Vorfeld von Sitzungen Einfluss auf deren Terminierung zu nehmen.[871]

3. *Zwischenergebnis*

Der Leitgedanke der Förderung der Integration wirkt sich also auf die Entscheidungsfindung betreffend die laufenden Geschäfte insbesondere aus, indem er für das Vorfeld der Betätigung materieller Mitbestimmungsrechte fordert, dass konkrete Beschlüsse zu diesem Thema gefasst werden können und davon abgesehen eine sachgerecht an den Interessen ausländischer Arbeitnehmer orientierte Beschlussfassung nicht an der vermehrten Abwesenheit besonders kompetenter Vertreter scheitert.

II. Angemessene Freistellungen

Grundvoraussetzung einer erfolgreichen Aufgabenwahrnehmung der Betriebsräte ist allerdings auch, dass diese in tatsächlicher Hinsicht die Kapazitäten dafür haben, sich ihren (allgemeinen) Aufgaben widmen zu können. Das bedeutet, dass neben einer kontinuierlichen Berücksichtigung der allgemeinen Aufgaben

867 Siehe oben S. 122 ff.
868 Vgl. DKW/*Wedde*, § 30 Rn. 2 ff.
869 DKW/*Wedde*, § 29 Rn. 16; *Fitting*, § 29 Rn. 22.
870 Siehe dazu zuvor S. 182 f.
871 *Nawrot*, AiB 2018, 53.

in Tagesordnungen und Monatsgesprächen zur Unterstützung einer angemessenen Behandlung seitens der Einzelmitglieder auch auf (unter Umständen auch im Rahmen der Personalplanung gemäß § 92 Abs. 1 zu berücksichtigende[872]) angemessene Freistellung gem. § 37 Abs. 2 zu achten ist.[873]

III. Benennung konkreter Zuständigkeiten

Mit Blick auf die Bearbeitung der Integrationsaufgabe gilt es weiterhin zu beachten, dass sich die Festlegung konkreter Zuständigkeiten innerhalb der Organe betrieblicher Interessenvertretung positiv auswirken kann.[874]

1. Bildung von Ausschüssen

Eine Möglichkeit, Zuständigkeitsbereiche zu konkretisieren, besteht insbesondere in der Bildung von Ausschüssen. Diesen können an sich verschiedenste Tätigkeitsbereiche und Aufgaben zugewiesen werden. Dabei ist es bereits für die Errichtung des Ausschusses erforderlich, konkret im Einzelnen dessen Aufgaben auch tatsächlich zu bestimmen[875] – wodurch gleichsam auch die die Wahrnehmung der Integrationsaufgabe fördernde Wirkung der Zuständigkeitsfestlegung sichergestellt wird.

a) Vorbereitende Aufgabenübertragung

So kann der Betriebsrat gem. § 28 ab einer Betriebsgröße von wenigstens 101 Arbeitnehmern Ausschüsse bilden (gemäß Abs. 2 auch gemeinsam mit dem Arbeitgeber) und ihnen „bestimmte Aufgaben" übertragen, ohne dabei einer Zweckmäßigkeitskontrolle unterworfen zu sein[876]. Hinsichtlich der Integrationsaufgabe bietet es sich nach der Intention des Gesetzgebers etwa ausdrücklich an, die Beschlussfassung des Betriebsrates im Vorfeld von einem „Integrationsausschuss" vorbereiten zu lassen.[877] Einem solchen (Fach-) Ausschuss kann zur Unterstützung der Integrationsarbeit die (generelle[878]) Aufgabe gegeben werden, auf der Grundlage von (ggf. einzuholenden) Informationen, Lösungsvorschläge für erkannte Problemlagen zu entwickeln und

872 Siehe dazu auch unten S. 213 ff.

873 *Zimmermann*, AuR 2017, 192, 193.

874 *Dälken*, Beschäftigte mit Migrationshintergrund integrieren – Beispiele guter Praxis, S. 39.

875 *Fitting*, § 28 Rn. 22 f.

876 *Zimmermann*, AuR 2017, 192, 193.

877 BT-Drs. 14/5741, S. 40; LAG Berlin-Brandenburg 15.2.2018 – 14 TaBV 675/17, Rn. 39; GK-BetrVG/*Raab*, § 28 Rn. 11; *Zimmermann*, AuR 2017, 192, 193.

878 *Zimmermann*, AuR 2017, 192, 193.

bereits ausformulierte Beschlussvorlagen für die BR-Sitzungen zu entwerfen.[879] Eine Verpflichtung dazu, einen solchen Ausschuss zu bilden, besteht jedoch (auch unter Berücksichtigung der Diskriminierungsverbote des AGG) nicht.[880]

b) Aufgaben zur selbständigen Erledigung

Ab einer Betriebsgröße von 201 Arbeitnehmern können dem dann zu bildenden Betriebsausschuss vom Betriebsrat durch Beschluss der Mehrheit seiner Mitglieder Aufgaben zur selbstständigen Erledigung übertragen werden.[881] Diese Möglichkeit ist auch für (Fach-) Ausschüsse und gemeinsame Ausschüsse vorgesehen, wenn ein Betriebsausschuss gewählt wurde, §§ 27 Abs. 2 S. 2 Hs. 1, 28 Abs. 1 S. 3 Hs. 1, Abs. 2.[882] Ein entsprechend gebildeter Ausschuss tritt im Rahmen der Übertragung an die Stelle des Betriebsrates und seine Entscheidungen ersetzen die des Betriebsrats.[883] Um in der Folge der Übertragung den Zuständigkeitsbereich des Ausschusses klar von dem des Betriebsrates abgrenzen zu können, ist es für die Übertragung von Aufgaben zur selbständigen Erledigung erforderlich, die entsprechenden Gegenstände präzise zu beschreiben.[884] Vor dem Hintergrund des damit angesprochenen Bedürfnisses nach Rechtssicherheit, rechtfertigt sich auch das für die Übertragung bestehende Schriftformerfordernis.[885] Gerade die damit zwangsweise verbundene Festsetzung klarer Zuständigkeiten ist einer effizienten Wahrnehmung der Integrationsaufgabe dienlich.

c) Delegation der allgemeinen Aufgabe als solcher?

Fraglich ist jedoch, ob die Delegationskompetenz auch die Wahrnehmung allgemeiner Aufgaben i. S. d. § 80 Abs. 1[886] und damit die Aufgabe der Integrationsförderung gem. § 80 Abs. 1 Nr. 7 erfasst.

---

879 GK-BetrVG/*Raab*, § 28 Rn. 17.

880 LAG Niedersachsen, 24.04.2009 – 10 TaBV 55/08, NZA-RR 2009, 532, 534; Däubler/Beck/*Buschmann*, § 17 AGG Rn. 10.

881 *Edenfeld*, Betriebsverfassungsrecht, Rn. 131.

882 *Fitting*, § 27 Rn. 70; *Fitting*, § 28 Rn. 7.

883 ArbG Essen, 29.07.2003 – 2 BV 38/03, NZA-RR 2004, 361, 362; DKW/*Wedde*, § 27 Rn. 36; *Fitting*, § 27 Rn. 71.

884 *Fitting*, § 28 Rn. 23.

885 M. w. N. *Fitting*, § 27 Rn. 82.

886 Bejahend: LAG Baden-Württemberg, 10.04.2013 – 2 TaBV 6/12, NZA-RR 2013, 411, 414; *Zimmermann*, AuR 2017, 192, 193; unklar jeweils: DKW/*Wedde*, § 27 Rn. 36 ff.; *Fitting*, § 28 Rn. 9 ff.; GK-BetrVG/*Raab*, § 27 Rn. 70 ff.; Richardi/*Thüsing*, § 27 Rn. 62.

Grundsätzlich genießt der Betriebsrat hinsichtlich der Delegation von Aufgaben zur selbständigen Erledigung weite Gestaltungsräume[887], solange der Betriebsrat als Gesamtorgan für einen Kernbereich seiner gesetzlichen Befugnisse zuständig bleibt.[888] Dieser Kernbereich ist nicht auf die einzeln übertragene Befugnis bezogen, sodass hinsichtlich jeder Befugnis eine Restkompetenz beim Betriebsrat verbleiben müsste, sondern auf den gesamten Aufgabenbereich des Betriebsrats. Demnach kann ein Mitbestimmungstatbestand auch insgesamt delegiert werden.[889]

Mit dieser ungeschriebenen Binnenschranke, nach welcher sich der Betriebsrat durch die Übertragung von Aufgaben zur selbständigen Erledigung nicht selbst bedeutungslos stellen darf[890], wird sowohl die Übertragung einzelner allgemeiner Aufgaben i. S. d. § 80 Abs. 1 wie auch der allgemeinen Aufgaben insgesamt für möglich gehalten.[891]

Es ist aber fraglich, inwieweit eine Übertragung zur selbstständigen Erledigung auch hinsichtlich allgemeiner Aufgaben möglich ist.[892] Bedenken daran ergeben sich insbesondere aus dem Zweck der Übertragungsmöglichkeit und der Wirkweise der allgemeinen Aufgaben sowie deren Funktion.

Denn da den allgemeinen Aufgaben keine eigenständigen Beteiligungsrechte entspringen, sondern dem Betriebsrat insgesamt als Leitmaxime hinsichtlich der Wahrnehmung seiner gesetzlichen Beteiligungsrechte dienen[893], wird umgekehrt die (pflichtgemäße) Aufgabenwahrnehmung insbesondere in den Entscheidungen zur Ausübung der übrigen Beteiligungsrechte Gestalt annehmen.[894]

---

887 Dazu insgesamt m. w. N. *Fitting*, § 27 Rn. 74 ff.

888 BAG, 15.08.2012 – 7 ABR 16/11, NZA 2013, 284, 286.

889 BAG, 15.08.2012 – 7 ABR 16/11, NZA 2013, 284, 286.

890 BAG, 15.08.2012 – 7 ABR 16/11, NZA 2013, 284, 286.

891 LAG Baden-Württemberg 10.04.2013 – 2 TaBV 6/12, NZA-RR 2013, 411, 414; *Zimmermann*, AuR 2017, 192, 193; vgl. zur Delegation auf den GBR DKW/*Deinert*, § 50 Rn. 136; ebenso *Fitting*, § 50 Rn. 66.

892 Vom BAG, 27.05.2015 – 7 ABR 24/13, juris, wurde offengelassen, ob die vom Betriebsrat praktizierte Bildung von Koordinationsausschüssen (einschließlich der Übertragung der allgemeinen Aufgaben nach § 80 Abs. 1 zur selbständigen Erledigung, siehe LAG Baden-Württemberg, 10.04.2013 – 2 TaBV 6/12, NZA-RR 2013, 411, 412) abstrakt (un-)zulässig ist; zu den Problemen der Bestimmung delegationsfähiger Inhalte bereits *Becker*, Die Übertragung von Betriebsratsbefugnissen auf Ausschüsse und einzelne Betriebsratsmitglieder, S. 93 ff.

893 *Seifert*, in: Haedrich (Hrsg.), Flucht, Asyl und Integration aus rechtlicher Perspektive, 2017, S. 153, 166.

894 *Fitting*, § 80 Rn. 4.

Wenn aber einerseits das wesentliche Merkmal der Übertragung von Aufgaben zur selbständigen Erledigung darin besteht, dass dadurch der Ausschuss eigenständig Beschlüsse fassen und Entscheidungen treffen kann, andererseits aber allgemeinen Aufgaben keine konkreten Befugnisse anhaften,[895] scheint eine entsprechende Übertragbarkeit widersprüchlich. Denn der mit der Aufgabe bedachte Ausschuss hat faktisch keine Möglichkeit (entsprechend des Zweckes der Übertragungsmöglichkeit, die Betriebsratsarbeit zu straffen[896]) selbständig die ihm übertragene allgemeine Aufgabe zu erfüllen.

Plausibler scheint demgegenüber vielmehr die Annahme, dass der Gesetzgeber im Rahmen der Delegation von Aufgaben zur selbständigen Erledigung solche Mitbestimmungstatbestände ins Auge gefasst hat, die einer unmittelbaren Ausübung durch Beschlussfassung zugänglich sind.[897] Die allgemeinen Aufgaben haben aber schlechterdings weniger den Charakter von Beteiligungsrechten als vielmehr, ausweislich ihrer Normierung im ersten Abschnitt des vierten Teils unter „Allgemeines", den von Generalklauseln. Sie überlagern, wie etwa der Gleichbehandlungsgrundsatz, das Verbot parteipolitischer Betätigung oder die Friedenspflicht, „vor die Klammer gezogen" das eigentliche materielle Betriebsverfassungsrecht.[898] Diese Generalklauseln verhalten sich jedoch kompetenzakzessorisch, da sie sich erst auf das Entscheidungsverhalten hinsichtlich der Betätigung betriebsverfassungsrechtlicher Kompetenzen auswirken.[899]

Gegen die Möglichkeit, allgemeine Aufgaben zur selbstständigen Erledigung zu übertragen, spricht deshalb auch deren Funktion[900], die gesamte Betriebsratsarbeit gleich einer Generalklausel zu steuern und somit grundsätzlich in jedwede Betriebsratstätigkeit Eingang zu finden. Denn die Übertragung zur selbständigen Erledigung bedingt zwar nicht, dass der Betriebsrat seine Primärzuständigkeit für den übertragenen Themenbereich verlöre; Entscheidungen des Betriebsrates im Zusammenhang mit der übertragenen Aufgabe sind allerdings nur noch mit

---

895 Siehe oben S. 18 f.

896 BT-Drs. 6/1786, S. 39.

897 In diese Richtung weisen auch die Beispiele der Gesetzesbegründung, BT-Drs. 6/1786, S. 39.

898 *Nebendahl*, Die Überwachungspflicht des Betriebsrats aus § 80 Abs. 1 Nr. 1 BetrVG, 1989, S. 27 f.

899 Vgl. zu § 80 Abs. 1 Nr. 1: BAG, 16.08.2011 – 1 ABR 22/10, NZA 2012, 342, 344; zu § 75: BAG, 23.03.2010 – 1 ABR 82/08, NZA 2011, 642, 643; 18.05.2010 – 1 ABR 96/08, NZA 2011, 171, 172 f.; *Fitting*, § 50 Rn. 46.

900 Richardi/*Thüsing*, § 80 Rn. 1; *Zimmermann*, AuR 2017, 192; *Edenfeld*, Betriebsverfassungsrecht, Rn. 192/193.

absoluter Mehrheit möglich, weil sie sich wie ein teilweiser Widerruf auswirken[901] und der Widerruf einer Übertragung zur selbständigen Erledigung, wie auch die ursprüngliche Aufgabenübertragung, einen von der Mehrheit der Mitgliederzahl des Betriebsrates getragenen Beschluss voraussetzt, § 27 Abs. 2 S. 4.[902] Soweit dem Betriebsrat dadurch Kompetenzen entzogen sind[903], genießt also der mit der Aufgabe bedachte Ausschuss eine gewisse Autonomie. Daraus folgt für den Fall der Delegation allgemeiner Aufgaben, dass diese bezüglich der übrigen Kompetenzen des Betriebsrates (etwa die zur Förderung der Durchsetzung der Gleichstellung von Frauen und Männern i. S. d. § 80 Abs. 1 Nr. 2a ausgeübte Mitbestimmung in personellen Angelegenheiten gem. §§ 92 ff.)[904] nicht mehr zum Tragen kämen. Denn der mit der selbständigen Erledigung der allgemeinen Aufgaben bedachte Ausschuss kann nicht-übertragene Beteiligungs- und Mitbestimmungsrechte nicht wahrnehmen. Dem Betriebsrat wiederum sind durch die Delegation grundsätzlich Entscheidungen auf dem übertragenen Gebiet entzogen[905] – unbeschadet einer möglichen Beschlussfassung mit absoluter Mehrheit[906]. Folglich könnte die Generalklausel in einem erheblichen Teil ihre steuernde Wirkung nicht entfalten. Das jedoch kann schwerlich im Sinne des Gesetzgebers sein.

Damit wirkt die Übertragung allgemeiner Aufgaben zur selbständigen Erledigung insgesamt nicht zweckmäßig, sondern systemwidrig und ist insofern als unzulässig anzusehen. Dieses Ergebnis wird durch die Gesetzesbegründung insoweit gestützt, als der Gesetzgeber beispielhaft für zur selbständigen Erledigung zu übertragenden Aufgaben – anders als hinsichtlich der Fachausschüsse im Sinne von § 28 Abs. 1 S. 1 – keine allgemeinen Aufgaben in Bezug genommen hat.[907]

d) Zwischenergebnis

Der Betriebsrat kann etwa mit der Bildung von Ausschüssen zu einer verbesserten Wahrnehmung der Aufgabe der Integrationsförderung beitragen, da sich die konkrete Zuständigkeitsfestlegung aktivierend auswirken kann. Allerdings

---

901 GK-BetrVG/*Raab*, § 27 Rn. 79; Richardi/*Thüsing*, § 27 Rn. 67.
902 *Fitting*, § 27 Rn. 87; GK-BetrVG/*Raab*, § 27 Rn. 82.
903 *Becker*, Die Übertragung von Betriebsratsbefugnissen auf Ausschüsse und einzelne Betriebsratsmitglieder, S. 39.
904 GK-BetrVG/*Weber*, § 80 Rn. 37; HWK/*Sittard*, § 80 BetrVG Rn. 16.
905 *Becker*, Die Übertragung von Betriebsratsbefugnissen auf Ausschüsse und einzelne Betriebsratsmitglieder, S. 39.
906 GK-BetrVG/*Raab*, § 27 Rn. 79; Richardi/*Thüsing*, § 27 Rn. 67.
907 BT-Drs. 6/1786, S. 39.

können allgemeine Aufgaben als solche nicht zur selbstständigen Erledigung übertragen werden.

2. *Arbeitsgruppen*

Eine weitere Möglichkeit, durch die Delegation von Aufgaben auf organisatorischer Ebene integrationsfördernd zu agieren besteht in Betrieben mit mehr als 100 Arbeitnehmern darin, gemäß § 28a Arbeitsgruppen zu begründen. Dafür ist zunächst eine (Rahmen-) Vereinbarung zwischen Betriebsrat und Arbeitgeber erforderlich, durch welche die Arbeitsgruppe mit einem grundlegenden Tätigkeitsbereich bedacht wird. Im Zusammenhang mit diesem Tätigkeitsbereich kann der Betriebsrat dann durch Mehrheitsbeschluss bestimmte Aufgaben auf die Arbeitsgruppe übertragen.[908]

Denkbare Gegenstände einer Behandlung in einer Arbeitsgruppe sind beispielsweise die Urlaubsplanung[909] oder gruppenspezifische Bildungsmaßnahmen.[910] Dabei können Arbeitsgruppen der Integration in doppelter Hinsicht zuträglich sein. So erscheint zunächst eine die gegebenenfalls bestehenden gruppenspezifischen Interessenlagen sachgerecht berücksichtigende Behandlung der Aufgabe bei einer personellen Beteiligung von Gruppenangehörigen naheliegend.[911] Darüber hinaus können aber die Arbeitsgruppen auch einen institutionellen Rahmen dafür bieten, mittelbar etwas gegen etwaig bestehende gruppenbezogene Vorurteile zu unternehmen, da diesen am effektivsten über gemeinsame positive Erfahrungen und dabei insbesondere das gemeinsame Lösen von Problemen die Grundlage entzogen werden kann.[912] Für beide Aspekte können Arbeitsgruppen bei entsprechender Zusammensetzung Gelegenheiten bieten.[913]

3. *Zwischenergebnis*

Insofern ergeben sich aus den Möglichkeiten zur Aufgabendelegation Chancen, den Aktivierungsgedanken der allgemeinen Aufgaben zu konkretisieren. Zugleich ist aber darauf zu achten, dass damit nicht gleichsam der Betriebsrat auch insgesamt seiner Aufgabe aus § 80 Abs. 1 Nr. 7 bereits genüge getan hätte und an

908 *Edenfeld*, Betriebsverfassungsrecht, Rn. 133.
909 Siehe dazu auch unten S. 207 ff.
910 *Knolle*, AiB 2011, 20, 22.
911 Siehe bereits oben die Ausführungen zur Bildung der Vertretung auf S. 122 ff.
912 *Heckmann*, Integration von Migranten, S. 224 ff.
913 Vgl. *Knolle*, AiB 2011, 20, 22.

die Kompetenzakzessorietät des Leitgedankens der Integrationsförderung[914] zu erinnern.

IV. Ausländische Betriebsratsmitglieder

Um dem (Leit-) Gedanken eines verstärkten Einsatzes für die Interessen ausländischer Arbeitnehmer zu entsprechen, gilt es, neben der Terminierung von Sitzungen auch an weiteren Stellen auf Partizipationshindernisse ausländischer Betriebsratsmitglieder Rücksicht zu nehmen.

1. Sprachbarriere

a) Schulungen

So kommt zur Überwindung der Sprachbarriere hinsichtlich Schulungen zu Kenntnissen, die für die Arbeit des Betriebsrats erforderlich sind, bei ausländischen Betriebsratsmitgliedern auch dann eine Schulung in ihrer Muttersprache als erforderlich im Sinne von § 37 Abs. 6 in Betracht, wenn prinzipiell bereits ausreichende umgangssprachliche Deutschkenntnisse vorhanden sind.[915] Schließlich ist im BetrVG bereits konzeptionell angelegt, dass im Betriebsrat auch (ausländische) Arbeitnehmer vertreten sein können, deren Sprachkenntnisse nicht ausreichen, um einer Betriebsratsschulung in deutscher Sprache folgen zu können.[916] Das Betriebsverfassungsrecht kann aber nur dann den ihm zugrundeliegenden Schutzzweck erfüllen, wenn die Betriebsratsmitglieder ihre Aufgaben und Rechte kennen.[917] Von dem Gedanken der sachgerechten Interessenvertretung[918] einerseits und dem § 80 Abs. 1 Nr. 7 zugrundeliegenden Ziel eines verstärkten Eintretens der Interessenvertretungen für die Belange ausländischer Arbeitnehmer[919] andererseits ausgehend, sind die entsprechenden Kenntnisse ausländischer Betriebsratsmitglieder für die Integration der ausländischen Arbeitnehmer erst recht essenziell.

---

914 Siehe oben S. 81 f.

915 ArbG Berlin, 03.03.2011 – 24 BV 15046/10, BB 2011, 756; LAG Hamm, 10.10.1974 – 8 TaBv 17/74, BB 1974, 1439 f.; DKW/*Wedde*, § 37 Rn. 131; *Fitting*, § 37 Rn. 149; zustimmend wohl auch *Windeln*, ArbRB 2011, 269, 270; ebenso *Wolmerath*, jurisPR-ArbR 33/2011, Anm. 3; kritisch *Dyrchs*, Ausländerspezifische Konflikte im abhängigen Erwerbsleben, S. 280.

916 *Windeln*, ArbRB 2011, 269, 270.

917 *Wolmerath*, jurisPR-ArbR 33/2011, Anm. 3.

918 Siehe oben S. 122 ff.

919 Siehe oben S. 79 ff.

Dagegen überzeugt es nicht, mit Hinweis auf § 80 Abs. 1 Nr. 7 Hs. 1 eine muttersprachliche Schulung als unverhältnismäßig abzulehnen, wenn eine Teilnahme an einer bilingualen Veranstaltung möglich ist.[920] Denn der Gedanke, dass § 80 Abs. 1 Nr. 7 Hs. 1 den Betriebsratsmitgliedern auftrage, den ausländischen Arbeitnehmern ein Vorbild darin zu sein, die deutsche Sprache zu erlernen,[921] verkennt das Ziel betriebsverfassungsrechtlicher Interessenvertretung und den Zweck der Aufgabe der Integrationsförderung – es geht dem Gesetzgeber darum, für die Interessen ausländischer Arbeitnehmer zu sensibilisieren und die Interessenvertreter zu aktivieren, für diese einzutreten, nicht aber unterschwellig die Bereitschaft zum Erlernen der deutschen Sprache zu erhöhen. Dieser Bereich kultureller Integration ist eher Gegenstand der aufenthaltsgesetzlichen Integrationsförderung.[922] Es sollte zwar durchaus auch im Interesse ausländischer Arbeitnehmer liegen, die deutsche Sprache zu erlernen.[923] Der Gesetzgeber dürfte dieses im Rahmen der betriebsverfassungsrechtlichen Integrationsförderung aber nicht um den Preis der Qualifikation der Interessenvertreter forcieren wollen.

b) Sachmittel

Darüber hinaus können übersetzte Gesetzestexte und Tarifverträge zu den erforderlichen sachlichen Mitteln im Sinne von § 40 Abs. 2 gehören, um sicherzustellen, dass auch ausländische Betriebsratsmitglieder unabhängig an der Entscheidungsfindung mitwirken können.[924] Dasselbe gilt für Protokolle von Betriebsratssitzungen[925] und auch Tagesordnungen sowie andere die Betriebsratssitzungen vorbereitende Unterlagen.

c) Sitzungen

Schließlich kommt im Rahmen von Betriebsratssitzungen der Einsatz eines Dolmetschers in Betracht, um nicht deutschsprachigen Betriebsratsmitgliedern die Partizipation innerhalb der Interessenvertretung zu ermöglichen.[926] Dabei zeigt

---

920 So aber *Sertkol*, Deutsch – Türkische Integration am Arbeitsplatz, S. 188 f.

921 *Sertkol*, Deutsch - Türkische Integration am Arbeitsplatz, S. 188.

922 Siehe oben S. 137 ff.

923 Siehe dazu ausführlicher unten S. 224 ff.

924 *Helm*, AiB 1993, 70, 71.

925 ArbG Frankfurt, 05.03.1997 – 14 BV 170/96, AiB 1998, 524, 525; *Ebel*, AiB 1998, 525, 526; *Windeln*, ArbRB 2011, 269, 270.

926 ArbG Frankfurt, 05.03.1997 – 14 BV 170/96, AiB 1998, 524, 525; DKW/*Buschmann*, § 80 Rn. 65; *Ebel*, AiB 1998, 525, 526; *Kleveman*, AiB 1993, 529, 533; *Mückl/Butz*, ArbRAktuell 2013, 34, 36.

auch die Normierung von § 16 Abs. 1 EBRG[927], dass der Gesetzgeber den Einsatz von Dolmetschern prinzipiell als zum Ausschluss von Verständnisschwierigkeiten angemessenes und erforderliches Mittel erachtet.[928]

d) *Zwischenergebnis*

Um die Integration zu fördern, kann es sich also im Sinne einer sachgerechten Interessenvertretung anbieten, etwaigen Partizipationshindernissen von Betriebsratsmitgliedern entgegen zu wirken.

2. *Internes Benachteiligungsverbot?*

Fraglich ist, ob die Benachteiligungsverbote gemäß § 75 Abs. 1 auch für die interne Geschäftsführung des Betriebsrates gelten.[929] Dafür spricht insbesondere auch der Gedanke einer sachgerechten Interessenvertretung[930] – denn wenn die für einen Einsatz zugunsten spezifischer (Minderheiten-) Interessen besonders geeigneten Interessenvertreter bei der Wahrnehmung ihrer Aufgaben benachteiligt werden, ist zu befürchten, dass sich diese Benachteiligung in einer Benachteiligung der (Minderheiten-) Interessen fortsetzt.

3. *Zwischenergebnis*

Insoweit tritt hier die Verschränkung des Gedanken einer sachgerechten Interessenvertretung mit der Förderung der Integration besonders deutlich zutage: ein verstärkter Einsatz für die Interessen ausländischer Arbeitnehmer setzt die Kenntnis von den entsprechenden Belangen voraus – sind entsprechend „sachnahe“ Interessenvertreter vermehrt Partizipationshindernissen ausgesetzt, kann daraus auch ein die Interessen ausländischer Arbeitnehmer vernachlässigendes Entscheidungsverhalten der Interessenvertretung resultieren. § 80 Abs. 1 Nr. 7 entfaltet auch für das diesbezügliche Entscheidungsverhalten seine Steuerungswirkung, insbesondere in Gestalt des Auftrags, Partizipationshindernissen ausländischer Betriebsratsmitglieder entgegenzuwirken.

---

927 Europäische Betriebsräte-Gesetz in der Fassung der Bekanntmachung vom 07.12.2011, BGBl. S. 2650.

928 ArbG Frankfurt, 05.03.1997 – 14 BV 170/96, AiB 1998, 524, 525.

929 Dafür *Kleveman*, AiB 1993, 529, 535; dagegen *Fitting*, § 75 Rn. 21.

930 Siehe oben S. 122 ff.

V. Organisation zur Interessenvertretung

Eine elementare Voraussetzung von § 80 Abs. 1 Nr. 7 ist, dass sich der Betriebsrat auf etwaige besondere (sprachliche) Probleme ausländischer Arbeitnehmer einstellt.[931] So lässt sich durch die Überwindung von Sprachschwierigkeiten vermeiden, dass ausländische Arbeitnehmer an den Rand der Betriebsgemeinschaft gedrängt werden.[932]

Hinsichtlich der Entscheidungsfindung zur Gestaltung organisatorischer Strukturen bieten sich insoweit verschiedene Anknüpfungspunkte für eine entsprechend sensibilisierte Interessenvertretung.

1. Sprechstunde

So kann der Betriebsrat die gemäß § 39 grundsätzlich bestehende Möglichkeit nutzen, eine besondere Sprechstunde für ausländische Arbeitnehmer einzurichten; auf diese Weise kann Offenheit für deren Belange demonstriert[933] und ausländischen Arbeitnehmern sowohl ein niedrigschwelliger Zugang zur betrieblichen Interessenartikulation geboten werden, wie auch zugleich dem Betriebsrat eine Gelegenheit, gegebenenfalls Auskunft über die Interessen ausländischer Arbeitnehmer zu erhalten.

Dazu, für ausländische Betriebsangehörige besondere Sprechstunden einzuführen, ist der Betriebsrat zwar nicht verpflichtet.[934] Erforderlichenfalls ist aber wenigstens allgemein zur Überwindung von Sprachschwierigkeiten im Rahmen der Sprechstunden ein Dolmetscher hinzuzuziehen, weil ansonsten das Recht zur Benutzung der Sprechstunde leerliefe.[935] Dabei kann im Einzelfall ein im Betrieb für den Arbeitgeber tätiger Dolmetscher, wegen seines Einsatzes „auf Seiten" des Arbeitgebers, ungeeignet sein.[936]

---

931 ArbG München, 14.03.1974 – 20 Bv 57/73, BB 1974, 1022.

932 *Helm*, AiB 1993, 70.

933 *Kleveman*, AiB 1993, 529, 536.

934 *Brill*, BB 1978, 1574, 1575.

935 DKW/*Buschmann*, § 80 Rn. 65; *Brill*, BB 1978, 1574, 1575; *Kleveman*, AiB 1993, 529, 533; vgl. zum Personalvertretungerecht *Pakirnus*, PersR 1995, 193, 194; *Seggern*, AiB 1982, 85, 86; *Däubler*, Das Arbeitsrecht 2, Rn. 1678.

936 *Seggern*, AiB 1982, 85, 86.

Weiterhin kann sich die Durchführung besonderer Sprechstunden empfehlen, um den Bildungsbedarf ausländischer Mitarbeiter für einen interessengerechten Einsatz der Mitbestimmungsmöglichkeiten bei der Berufsbildung[937] zu ermitteln.[938]

2. *Betriebsversammlung*

Außerdem ist im Rahmen von Betriebsversammlungen darauf zu achten, dass die nicht deutschsprachigen Arbeitnehmer aus § 75 Abs. 1 S. 1 einen Anspruch auf gleichberechtigte Teilnahme an der Betriebsversammlung haben, der auch die Teilhabe an den im Tätigkeitsbericht des Betriebsrates enthaltenen Informationen beinhaltet.[939] Gegebene sprachliche Benachteiligungen sind deshalb auszugleichen, etwa durch die Bereitstellung von Übersetzungen des Tätigkeitsberichts des Betriebsrates[940], die zur Vorbereitung der Betriebsversammlung bereits im Vorfeld schriftlich herausgegeben werden können[941]. Der Betriebsrat hat letztlich nach pflichtgemäßem Ermessen darüber zu entscheiden, ob die Erstellung eines verschriftlichten Tätigkeitsberichts und dessen Übersetzung erforderlich sind.[942] Dabei ist der Betriebsrat entgegen dem *LAG Düsseldorf*[943] auch nicht durch die gewählte Form des eigentlichen Berichts zugleich in der Art und Weise der Egalisierung sprachlicher Benachteiligungen festgelegt, da ansonsten der Arbeitgeber mit sachlich nicht zu rechtfertigenden Kosten belastet zu werden drohte.[944]

Darüber hinaus können im Rahmen von Betriebsversammlungen Dolmetscher eingesetzt werden[945], um insgesamt sicherzustellen, dass auch die nicht deutschsprachigen Arbeitnehmer dem Verlauf der Versammlung folgen und sich selbst beteiligen können.[946]

---

937 Siehe dazu unten S. 224 ff.

938 *Klein*, AiB 2016, 48, 50.

939 ArbG München, 14.03.1974 - 20 Bv 57/73, BB 1974, 1022; *Brill*, BB 1978, 1574, 1575.

940 ArbG München, 14.03.1974 - 20 Bv 57/73, BB 1974, 1022; DKW/*Buschmann*, § 80 Rn. 65; *Blank*, AuR 1994, 286, 291.

941 *Kleveman*, AiB 1993, 529, 537; *Seggern*, AiB 1982, 85.

942 Ausführlich m. w. N. *Helm*, AiB 1993, 70, 72.

943 Vgl. Beschluss vom 30.01.1981 - 16 TaBV 21/80, DB 1981, 1093 f.

944 So überzeugend *Helm*, AiB 1993, 70, 72.

945 ArbG Stuttgart, 27.02.1986 - 17 Ca 315/85, AiB 1986, 168; DKW/*Buschmann*, § 80 Rn. 65; *Herbst*, AiB 1986, 168; *Kleveman*, AiB 1993, 529, 533; *Däubler*, Das Arbeitsrecht 2, Rn. 1678; *Dyrchs*, Ausländerspezifische Konflikte im abhängigen Erwerbsleben, S. 279.

946 M. w. N. *Brill*, BB 1978, 1574, 1575; *Knolle*, AiB 2011, 228, 232; vgl. zum Personalvertretungerecht *Pakirnus*, PersR 1995, 193, 194; *Seggern*, AiB 1982, 85.

Der Betriebsrat kann auch im Vorfeld ausländische Kollegen zu eigenen Beiträgen ermutigen und bei deren Vorbereitung unterstützen.[947]

Bei der Wahl des Dolmetschers sollte der Betriebsrat (wie ggf. auch im Rahmen der Sprechstunden) darauf achten, dass dieser das Vertrauen der ausländischen Arbeitnehmer genießt, was auf einen im Betrieb vorhandenen Dolmetscher, aufgrund dessen vorheriger Tätigkeit für den Arbeitgeber, nicht immer zutrifft.[948]

Inhaltlich bestand bereits vor der Reform des BetrVG im Jahr 2001 die Möglichkeit, im Rahmen von Betriebsversammlungen die Eingliederung der ausländischen Arbeitnehmer in sozialer und gesellschaftlicher Hinsicht anhand ihrer konkreten Belange im Betrieb zu thematisieren. Ziel sollte es dabei sein, zur Achtung und Toleranz anderer Arbeitskollegen beizutragen, Mentalitätsunterschiede zu erklären und diejenigen in das betriebliche Abseits zu stellen, die die Grundsätze des § 75 nicht für sich anerkennen wollen. In diesem Zusammenhang wurde empfohlen, die Auseinandersetzung so konkret wie möglich an den Umständen im Betrieb festzumachen.[949]

3. *Information (auch) ausländischer Arbeitnehmer*

Um (auch) ausländische Arbeitnehmer stärker einzubeziehen kommt schließlich, bei konkreten Anlässen[950], der Einsatz von Informationsschriften und Flugblättern in den Landessprachen in Betracht.[951]

So kann es je nach den konkreten betrieblichen Gegebenheiten angezeigt sein, für die im Betrieb beschäftigten Arbeitnehmer hinsichtlich deren betrieblicher Stellung relevante Informationen in verschiedenen Sprachen zugänglich zu machen.[952] In Betracht kommen etwa Informationen zu Betriebsvereinbarungen, der Rechtslage zu Überstunden, der Urlaubsplanung oder auch Gesundheitszulagen.[953]

Angesichts administrativer aufenthaltsrechtlicher Besonderheiten kann dem Betriebsrat außerdem auch empfohlen werden, Arbeitnehmer ohne deutsche Staatsangehörigkeit über Aushänge, Informationsschreiben oder auch Betriebsversammlungen zu Notwendigkeit, Voraussetzungen und Modalitäten

947 *Seggern*, AiB 1982, 85, 86.
948 *Seggern*, AiB 1982, 85, 85.
949 *Kleveman*, AiB 1993, 529, 537.
950 Vgl. m. w. N. *Fitting*, § 40 Rn. 19; *Kleveman*, AiB 1993, 529, 537.
951 *Blank*, AuR 1994, 286, 291.
952 *Helm*, AiB 1993, 70, 72.
953 *Helm*, AiB 1993, 70, 72.

einer Verlängerung ihres Aufenthaltstitels bzw. ihrer Arbeitserlaubnis[954] zu informieren.[955]

Zu diesem Zweck können außerdem Sprechstunden eingerichtet sowie zum Wahrnehmen dieses Angebotes ermuntert werden.[956]

4. *Zwischenergebnis*

Anknüpfungspunkte für die Wirkung von § 80 Abs. 1 Nr. 7, die Entscheidungstätigkeit des Betriebsrats an die Belange (insbesondere auch) ausländischer Arbeitnehmer zu koppeln, ergeben sich also auch betreffend die Organisation zur Interessenvertretung. Dabei kommt etwa Fragen der konkreten Ausgestaltung von Sprechstunden, Betriebsversammlungen oder auch des betrieblichen Informationsflusses besondere Bedeutung zu.

VI. Ergebnis

Der Leitgedanke der Förderung der Integration wirkt sich also zunächst auf die Entscheidungsfindung zur internen Organisation aus, indem er bereits im Vorfeld der Betätigung materieller Mitbestimmungsrechte fordert, dass Beschlüsse gefasst werden können, die sachgerecht (insbesondere auch) an den Interessen ausländischer Arbeitnehmer orientiert sind. Insoweit sollte unter anderem auf etwaige Partizipationshindernisse ausländischer Betriebsratsmitglieder besonders Rücksicht genommen werden. Weiterhin kann durch die Benennung konkreter Zuständigkeiten ein angemessener Einsatz der Interessenvertretung für die Belange ausländischer Arbeitnehmer begünstigt werden. Schließlich sollte bei der konkreten Ausgestaltung von Sprechstunden, Betriebsversammlungen oder auch des betrieblichen Informationsflusses auf die (Partizipations-) Interessen ausländischer Arbeitnehmer Rücksicht genommen werden.

Auf diese Weise können betriebliche Interessenvertretungen bereits im Rahmen organisatorischer Entscheidungen die Grundlage dafür schaffen, anschließend auch durch die Betätigung materieller Mitbestimmungsrechte die Integration zu fördern.

---

954 Siehe § 4a Abs. 1 und Abs. 4 AufenthG

955 Vgl. *Lohre/Rehwald*, AiB 1994, 218, 219.

956 Vgl. *Lohre/Rehwald*, AiB 1994, 218, 220.

C. Materielle Mitbestimmung

Die Tatbestände materieller Mitbestimmung stehen im Zentrum der betriebsverfassungsrechtlichen Regelungskonzeption zur Mitbestimmung der Arbeitnehmer im Betrieb, da letztlich durch ihre Betätigung der betriebsverfassungsrechtliche Schutzgedanke verwirklicht werden kann. Deswegen ist zu überprüfen, inwieweit der Leitgedanke der Integrationsförderung durch ein entsprechendes Entscheidungsverhalten verwirklicht werden kann.

I. Betriebliche Regelungsstrukturen

Das durch § 80 Abs. 1 Nr. 7 angeleitete Entscheidungsverhalten des Betriebsrats kann dabei insbesondere zu einer integrationsfördernden Gestaltung der betrieblichen Regelungsstrukturen führen, sofern es von einer angemessenen Berücksichtigung der Interessen ausländischer Arbeitnehmer getragen ist.

1. Mitbestimmung in sozialen Angelegenheiten

Möglichkeiten dazu können sich auch im Rahmen der Mitbestimmungsrechte nach § 87 ergeben.[957] Die Aufgabe der Integrationsförderung leitet dabei das Entscheidungsverhalten des Betriebsrates zur Mitbestimmung in sozialen Angelegenheiten aufgrund der Konkretisierung von § 2 Abs. 1 durch § 80 Abs. 1[958] ähnlich einer (Binnen-)Schranke der Regelungsmacht der Betriebspartner an.[959]

Zur Förderung der Integration ausländischer Arbeitnehmer sollte deshalb bei der Mitbestimmung von Arbeitsbedingungen (wie Kleidungs- und Verhaltensregeln, Arbeitszeit- und Pausenregeln, Urlaubsgrundsätzen und Sozialeinrichtungen)[960] besonders auf die Interessen ausländischer Arbeitnehmer geachtet werden. Auf diese Weise lassen sich Aspekte der Integrationsfreundlichkeit der Arbeitsgesellschaft[961] in der betrieblichen Sphäre fördern.

Allerdings befinden sich die betrieblichen Interessenvertretungen angesichts der Aufgabenzuschreibung auch in einem Zielkonflikt, der in typischer Weise mit der Begünstigung bestimmter Gruppen zur Herstellung von Chancengleichheit[962] verbunden ist: Gruppenspezifische Vorteilsgewährung kann ihrerseits als

---

957 *Fitting*, § 88 Rn. 28; vgl. GK-BetrVG/*Gutzeit*, § 88 Rn. 35.

958 Siehe oben S. 19.

959 Vgl. *Knolle*, AiB 2011, 20 ff.

960 *Dyrchs*, Ausländerspezifische Konflikte im abhängigen Erwerbsleben, S. 419 Fn. 1590.

961 Vgl. *Deinert/Fontana*, NJW 2018, 2767, 2770.

962 *Heckmann*, Integration von Migranten, S. 111.

umgekehrte Diskriminierung wahrgenommen werden und Spannungen zwischen unterschiedenen Gruppen unter Umständen verstärken.[963] Insofern könnte der Einsatz für ausländische Arbeitnehmer als Bevorzugung aufgefasst werden und zu Ablehnungsreaktionen führen.

Deshalb sollte über eine an Sachzusammenhängen orientierte Ausgestaltung und flankierend deren Erläuterung (zum Beispiel im Rahmen von Betriebsversammlungen[964]) dem Anschein einer ungerechtfertigten Begünstigung ausländischer Arbeitnehmer begegnet und das Verständnis für die Situation ausländischer Beschäftigter und angepasster Maßnahmen gefördert werden.[965] Entsprechenden Vorurteilen kann so unter Umständen von vornherein der Nährboden entzogen werden.[966]

a) *Fragen der Ordnung des Betriebs und des Verhaltens der Arbeitnehmer im Betrieb*

Der Gesetzgeber hat dem Betriebsrat in § 87 Abs. 1 Nr. 1 ein Recht dazu eingeräumt, über Fragen der Ordnung des Betriebs und des Verhaltens der Arbeitnehmer im Betrieb mitzubestimmen, worunter auch allgemeingültige Verhaltensregeln zur Sicherung des ungestörten Betriebsablaufs und zur Gestaltung des Zusammenlebens und Zusammenwirkens der Arbeitnehmer im Betrieb fallen.[967] Denn die Arbeitnehmer sollen gleichberechtigt an der Gestaltung der betrieblichen Ordnung beteiligt sein,[968] um innerhalb der arbeitsvertraglichen Direktionsbefugnis den Schutz ihrer Persönlichkeitsrechte durch Mitbestimmung zu verwirklichen.[969]

aa) Sozialverhalten

Mit Blick auf die Persönlichkeitsrechte ausländischer Arbeitnehmer sind neben „Ethik-Richtlinien" auch Regeln und Maßnahmen gegen Mobbing/Stalking, das

---

963 Vgl. *Colneric*, AiB 1982, 152, 156; *Heckmann*, Integration von Migranten, S. 112.

964 Siehe oben S. 197 f.

965 Vgl. zum Personalvertretungerecht *Pakirnus*, PersR 1995, 193, 194.

966 Vgl. *Heckmann*, Integration von Migranten, S. 225 f.

967 BAG, 09.12.1980 – 1 ABR 1/78, AP BetrVG 1972 § 87 Ordnung des Betriebes Nr. 2; 08.08.1989 – 1 ABR 65/88, AP BetrVG 1972 § 87 Ordnung des Betriebes Nr. 15; GK-BetrVG/*Wiese*, § 87 Rn. 177; GK-BetrVG/*Gutzeit*, § 88 Rn. 35.

968 BAG, 18.04.2000 – 1 ABR 22/99, AP BetrVG 1972 § 87 Überwachung Nr. 33; *Fitting*, § 87 Rn. 64.

969 BAG, 28.05.2002 – 1 ABR 32/01, AP BetrVG 1972 § 87 Ordnung des Betriebes Nr. 39; *Fitting*, § 87 Rn. 63.

heißt Ausgrenzung und Diskriminierung oder auch die Festlegung der Umgangssprache im Betrieb möglich.[970]

An der Gestaltung einer solchen Regelung wirkt der Betriebsrat eigenverantwortlich nach pflichtgemäßem Ermessen mit.[971] Dabei vertritt er im Rahmen der Entscheidung über die Einführung einer Betriebssprache kraft seiner Repräsentationsfunktion einheitlich das kollektive Interesse der Belegschaft und hat zu diesem Zweck zunächst die belegschaftsinternen Partialinteressen gegebenenfalls gegeneinander abzuwägen um sodann gegenüber dem Arbeitgeber für das gefundene Ergebnis einzutreten.[972] § 80 Abs. 1 Nr. 7 dient insoweit dem Zweck, die betrieblichen Interessenvertretungen für die Belange ausländischer Arbeitnehmer zu sensibilisieren und sich verstärkt für deren Interessen einzusetzen.[973] Auf diese Weise wird die Ermessensbetätigung des Betriebsrats im Rahmen seiner betrieblichen Entscheidungstätigkeit angeleitet.[974]

Dabei darf der Arbeitgeber aufgrund des engen Zusammenhangs zwischen der Entfaltung der Persönlichkeit im Sinne von Art. 2 Abs. 1 GG und sprachlicher Kommunikation regelmäßig nicht einseitig die im Betrieb zu sprechende Sprache festlegen.[975] Die Betriebspartner können die Betriebssprache nach überwiegender Ansicht[976] in Rechtsprechung[977] und Literatur[978] als Frage der betrieblichen Ordnung allerdings im Rahmen von § 87 Abs. 1 Nr. 1 regeln, soweit mit der Festlegung der Sprache, als wichtigstem Kommunikationsmittel auch bezüglich sozialer Kontaktaufnahmen, nicht nur das Arbeitsverhalten, sondern insbesondere auch das betriebliche Miteinander betroffen ist.[979]

Insoweit ist zu bedenken, dass die Einführung etwa der englischen Sprache als Betriebssprache eine betreffend etwaig ausbaufähige Deutschkenntnisse

---

970 *Knolle*, AiB 2011, 228, 229.

971 BAG, 23.06.1992 – 1 ABR 53/91, AP Nr. 51 zu § 87 BetrVG 1972 Arbeitszeit; GK-BetrVG/*Wiese*, § 87 Rn. 88; *Kummer*, Die Nichtausübung betriebsverfassungsrechtlicher Beteiligungsrechte, S. 58.

972 Vgl. auch GK-BetrVG/*Wiese*, § 87 Rn. 30, 100; siehe oben S. 76 f.

973 Siehe oben S. 76 ff.

974 Siehe oben S. 80 ff.

975 *Buschkröger*, AiB 1999, 545, 547; *Vogt/Oltmanns*, NZA 2014, 181, 181 f.

976 Vgl. m. w. N. *Vogt/Oltmanns*, NZA 2014, 181, 185.

977 LAG Köln, 09.03.2009 – 5 TaBV 114/08, BeckRS 2009, 66866; vgl. auch LAG Nürnberg, 18.06.2020 – 1 TaBV 33/19, NZA-RR 2020, 528, 531 f.

978 Vgl. m. w. N. *Vogt/Oltmanns*, NZA 2014, 181, 185.

979 ErfK/*Kania*, § 87 BetrVG Rn. 19; *Buschkröger*, AiB 1999, 545, 548; zwischen Arbeits- und Betriebssprache differenzierend *Vogt/Oltmanns*, NZA 2014, 181, 185.

egalisierende Wirkung haben und deshalb besonders den Interessen nicht deutschsprachiger Arbeitnehmer entsprechen kann.

Zugleich kann es aber auch im eigenen Interesse nicht deutschsprachiger Arbeitnehmer liegen die deutsche Sprache zu erlernen sowie auch ein Interesse deutschsprachiger Arbeitnehmer daran bestehen, dass nicht-deutschsprachige Arbeitnehmer die deutsche Sprache erlernen.

bb) Bekleidungsordnung

Bei der Ausgestaltung der Kleiderordnung kann sich der Betriebsrat dafür einsetzen, dass Rücksicht auf die Belange von Arbeitnehmern genommen wird, deren Religion das Tragen bestimmter Kleidungsstücke, wie etwa des muslimischen Kopftuches, vorschreibt.[980]

Denn da sich die dokumentierte Randständigkeit von Deutschen mit Migrationshintergrund wie auch Ausländern im Alltag häufig hinsichtlich der ethnischen Herkunft und der Religion überschneidet,[981] liegt der Verdacht nahe, dass entsprechende Interessenlagen auch im Rahmen des betrieblichen Entscheidungsverhaltens häufig zu wenig Berücksichtigung finden.

Von vornherein zu berücksichtigen sind insoweit die (unions-)rechtlichen Grenzen zulässiger Einschränkungen. Dabei ist zunächst zwischen unmittelbar und mittelbar diskriminierenden Bekleidungsordnungen zu unterscheiden.[982]

Denn unmittelbare Diskriminierungen können nur durch „wesentliche und entscheidende berufliche Anforderungen" i. S. v. Art. 4 Abs. 1 der RL 2000/78/EG gerechtfertigt werden, wozu nach insbesondere der Entscheidung des EuGH in *Bougnaoui*[983] als subjektive Erwägung nicht der Wille des Arbeitgebers zählt, entsprechenden Kundenwünschen nachzugeben. Mittelbare Diskriminierungen dagegen können i. S. v. Art. 2 Abs. 2 b) i) RL 2000/78/EG durch „ein rechtmäßiges Ziel sachlich gerechtfertigt" werden, wenn die Mittel dazu angemessen und erforderlich sind.[984]

---

980 *Seifert*, in: Haedrich (Hrsg.), Flucht, Asyl und Integration aus rechtlicher Perspektive, 2017, S. 153, 167 f.

981 BT-Drs. 16/1780, S. 23 f.

982 Vgl. EuGH, 14.03.2017 – C-188/15 (Bougnaoui), NZA 2017, 375, 377, insbes. Rn. 31 ff.

983 EuGH, 14.03.2017 – C-188/15 (Bougnaoui), NZA 2017, 375, 377 f., insbes. Rn. 40.

984 EuGH, 14.03.2017 – C-188/15 (Bougnaoui), NZA 2017, 375, 377, Rn. 33; 14.03.2017 – C-157/15 (Achbita), NZA 2017, 373, 374, Rn. 35.

Insoweit ist zu beachten, dass in (fragwürdiger[985]) Rspr.[986] des EuGH unternehmensinterne Regeln, die den Arbeitnehmern das sichtbare Tragen jedweder[987] Zeichen politischer, weltanschaulicher oder religiöser Überzeugungen am Arbeitsplatz verbieten, (nur) als mittelbare Diskriminierungen wegen der Religion oder Weltanschauung angesehen werden können.

Ein solches rechtfertigendes, rechtmäßiges Ziel kann wiederum – auch vor dem Hintergrund von Art. 16 GRCh – im Wunsch des Arbeitgebers bestehen, Kunden ein Bild der Neutralität zu vermitteln.[988] Ebenso kann die Verhinderung sozialer Konflikte innerhalb des Unternehmens als Ziel zur Rechtfertigung einer mittelbaren Diskriminierung in Betracht kommen.[989] Der Arbeitgeber muss dazu allerdings nachweisen, dass ein wirkliches Bedürfnis an einer entsprechenden Neutralitätspolitik besteht.[990]

Hinsichtlich der nach dem Vorstehenden verbleibenden Gestaltungsmöglichkeiten hat der Betriebsrat sodann Ermessensspielräume,[991] in deren Rahmen zur Förderung der Integration die Interessen ausländischer Arbeitnehmer besonders zur Geltung gebracht werden können. Dabei ist zu bedenken, aus welchen Gründen der EuGH das Vorliegen eines wirklichen Bedürfnisses, das der Arbeitgeber nachzuweisen hat, fordert. Diese Auslegung zielt nämlich darauf, „grundsätzlich

---

985 Siehe zur Kritik etwa statt vieler m. w. N. *Hartmann*, EuZA 2022, 393, 396; *Brors*, AuR 2018, 112, 114.

986 EuGH, 13.10.2022 – C-344/20 (SCRL), BeckRS 2022, 27254, Rn. 42; 15.07.2021 – C-804/18 (WABE e.V.), C-341/19 (MH Müller Handels-GmbH), NZA 2021, 1085, 1088, Rn. 52 ff.; 14.03.2017 – C-188/15 (Bougnaoui), NZA 2017, 375, 377, Rn. 32; 14.03.2017 – C-157/15 (Achbita), NZA 2017, 373, 374, Rn. 29 ff.

987 Ein auf das Tragen auffälliger, großflächiger Zeichen beschränktes Verbot kann dagegen eine unmittelbare Diskriminierung wegen der Religion oder Weltanschauung darstellen, EuGH, 15.07.2021 – C-804/18 (WABE e.V.), C-341/19 (MH Müller Handels-GmbH), NZA 2021, 1085, 1090, Rn. 78.

988 EuGH, 13.10.2022 – C-344/20 (SCRL), BeckRS 2022, 27254, Rn. 39; 15.07.2021 – C-804/18 (WABE e.V.), C-341/19 (MH Müller Handels-GmbH), NZA 2021, 1085, 1090, Rn. 76 f.; 14.03.2017 – C-157/15 (Achbita), NZA 2017, 373, 374, Rn. 38; inwieweit dies tatsächlich auf die Rspr. zu Art. 9 EMRK des EGMR, 15.01.2013 – 48420/10, 59842/10, 51671/10, 36516/10 (Eweida u. a.) NJW 2014 1935, 1940, insbes. Rn. 94, gestützt werden kann, ist fraglich, siehe *Brors*, AuR 2018, 112, 115.

989 EuGH, 15.07.2021 – C-804/18 (WABE e.V.), C-341/19 (MH Müller Handels-GmbH), NZA 2021, 1085, 1090, Rn. 75 f.

990 EuGH, 13.10.2022 – C-344/20 (SCRL), BeckRS 2022, 27254, Rn. 40; 15.07.2021 – C-804/18 (WABE e.V.), C-341/19 (MH Müller Handels-GmbH), NZA 2021, 1085, 1088, Rn. 64 ff.

991 Vgl. *Brors*, AuR 2018, 112, 115 f.

Toleranz und Respekt sowie die Akzeptanz eines größeren Maßes an Vielfalt zu fördern und zu verhindern, dass die Einführung einer Neutralitätspolitik innerhalb des Unternehmens zum Nachteil von Arbeitnehmern missbraucht wird, die religiöse Gebote beachten, die das Tragen einer bestimmten Bekleidung vorschreiben."[992] Grundsätzlich sollte also der Betriebsrat zur Förderung der Integration darauf hinwirken, dass die betrieblichen Rahmenbedingungen möglichst Raum für die religiöse Betätigung lassen.

b) Arbeitszeit

Weiterhin kann das Interesse von Arbeitnehmern, zu bestimmten Uhrzeiten Gebete zu verrichten, bei der Festlegung der zeitlichen Lage von Pausen berücksichtigt werden.[993]

c) Urlaub

Bei der Aufstellung von Richtlinien zum Ob, Wann und Wie der Urlaubsgewährung sollte zur Vermeidung von Konflikten besonders auf die Interessen von Migranten geachtet werden. Typische Gesichtspunkte sind insoweit Familien- und Heimatbesuche sowie das Einhalten religiöser Feste und Verpflichtungen.[994]

Dabei kommen auch Grundsätze über die Gewährung von (unbezahltem) Sonderurlaub in Betracht.[995] Sie sind sie gem. § 87 Abs. 1 Nr. 5 jedenfalls dann mitbestimmungspflichtig, wenn der unbezahlte Sonderurlaub in unmittelbarem Zusammenhang mit dem bezahlten Urlaub gewährt werden soll.[996] Solche Vereinbarungen über Ansprüche auf unbezahlte Freistellungen abzuschließen, kann insbesondere in Betrieben mit einem hohen Anteil ausländischer Beschäftigter ratsam sein, um willkürliche Entscheidungen und missbräuchliche Vertragsgestaltungen auszuschließen.[997] Schließlich wurde das gesteigerte Interesse ausländischer Arbeitnehmer an unbezahlten Freistellungen in der Vergangenheit seitens der Arbeitgeber häufig durch Auflösungsverträge, unter in Aussicht stellen der

---

992 13.10.2022 – C-344/20 (SCRL), BeckRS 2022, 27254, Rn. 41.

993 *Seifert*, in: Haedrich (Hrsg.), Flucht, Asyl und Integration aus rechtlicher Perspektive, 2017, S. 153, 168.

994 *Knolle*, AiB 2011, 228, 229.

995 BAG, 18.06.1974 – 1 ABR 25/73, AP BetrVG 1972 § 87 Urlaub Nr. 1; *Brill*, BB 1978, 1574, 1576; *Kleveman*, AiB 1993, 529, 542.

996 BAG, 18.06.1974 – 1 ABR 25/73, AP BetrVG 1972 § 87 Urlaub Nr. 1; GK-BetrVG/*Wiese*, § 87 Rn. 455.

997 Vgl. KassArbR/*Braasch*, Ausländische Arbeitnehmer Rn. 141, 143; *Blank*, AuR 1994, 286, 290 mit Beispielen fehlgeleiteter Individualvereinbarungen.

Wiedereinstellung, beantwortet.[998] Wenngleich eine solche Praxis wohl nicht an § 75 Abs. 1 scheitern würde,[999] sind entsprechende Vereinbarungen wegen einer potenziellen Umgehung[1000] zwingenden Kündigungsrechts kritisch zu sehen[1001]. Jedenfalls wird es im Interesse der betroffenen Arbeitnehmer liegen, der Entstehung damit einhergehender Unsicherheiten und Unannehmlichkeiten durch Regelung in Betriebsvereinbarung vorzubeugen. Dies gilt für Arbeitnehmer ohne deutsche Staatsangehörigkeit aufgrund der möglichen negativen aufenthaltsgesetzlichen Konsequenzen umso mehr – etwa der nachträglich eintretenden Ermangelung einer „wesentlichen Voraussetzung" im Sinne von § 7 Abs. 2 AufenthG[1002], d. h. potenziell einer nachträglichen Verkürzung einer befristet erteilten Aufenthaltserlaubnis.

Sind Vereinbarungen über unbezahlten Sonderurlaub zu treffen, gilt es insbesondere auch auf Wehrdienstverpflichtungen im Ausland Rücksicht zu nehmen. Insoweit können die Vorschriften des ArbPlSchG[1003] Orientierung dafür bieten, den Interessen der im Ausland wehrpflichtigen Arbeitnehmer gerecht zu werden, die nicht bereits als Staatsangehörige eines EU-Mitgliedstaates gemäß Art. 45 AEUV,[1004] als Staatsangehörige einer Partei der Europäischen Sozialcharta gemäß

998 *Blank*, AiB 1982, 87, 88.

999 So aber *Blank*, AiB 1982, 87, 88, mit dem Argument, dass aus § 75 Abs. 1 auch die Verpflichtung folge, Ungleiches ungleich zu behandeln und deshalb den Lebensbedingungen ausländischer Arbeitnehmer Rechnung zu tragen. Soweit ausländische Arbeitnehmer wegen familiärer Bindungen und großer Entfernungen auf unbezahlte Freistellungen angewiesen sind, würden sie deshalb durch eine solche Praxis gegenüber deutschen Arbeitnehmern benachteiligt; dagegen: vgl. Deinert/Wenckebach/Zwanziger/*Hlava/Klengel*, § 107 Rn. 48; vgl. m. w. N. auch KassArbR/*Braasch*, Ausländische Arbeitnehmer Rn. 134.

1000 BAG, 25.06.1987 – 2 AZR 541/86, NZA 1988, 391, 391 f.; 13.12.1984 – 2 AZR 294/83, NZA 1985, 324, 325 f.

1001 Vgl. KassArbR/*Braasch*, Ausländische Arbeitnehmer Rn. 139.

1002 Dazu BeckOK-Ausländerrecht/*Maor*, § 7 AufenthG Rn. 16 f.; *Klaus*, ZAR 2020, 307, 308.

1003 Gesetz über den Schutz des Arbeitsplatzes bei Einberufung zum Wehrdienst in der Fassung der Bekanntmachung vom 16.07.2009, BGBl. I S. 2055.

1004 EuGH, 15.10.1969 – C-15/69, AP EWG-Vertrag Art. 177 Nr. 2; BAG, 05.12.1969 – 5 AZR 215/68, AP EWG-Vertrag Art. 177 Nr. 3; 22.12.1982 – 2 AZR 282/82, AP BGB § 123 Nr. 23.

§ 16 Abs. 6 ArbPlSchG oder als Angehörige von Drittstaaten, die ein Assoziierungsabkommen mit der EU geschlossen haben, geschützt sind[1005].[1006]

d) *Unfallverhütung*

Besondere Rücksichtnahme auf Interessen ausländischer Arbeitnehmer ist auch im Rahmen der Mitbestimmung zu Regelungen über die Verhütung von Arbeitsunfällen gem. § 87 Abs. 1 Nr. 7 angezeigt.

Gegenstand ist hierbei grundsätzlich die Konkretisierung öffentlich-rechtlicher Rahmenvorschriften des Arbeitsschutzes im Betrieb, soweit die vorgegebenen Normen dem verpflichteten Arbeitgeber Umsetzungsspielräume belassen.[1007] Vor diesem Hintergrund hat der Betriebsrat etwa ein Mitbestimmungsrecht hinsichtlich der inhaltlichen und methodischen Ausgestaltung der Unterweisung der Arbeitnehmer durch den Arbeitgeber i. S. v. § 12 ArbSchG.[1008]

Dieses Mitbestimmungsrecht ermöglicht es dem Betriebsrat, potenzielle Sprachprobleme ausländischer Arbeitnehmer im Bereich der Arbeitssicherheit zu berücksichtigen, etwa durch Vereinbarungen über das Aushängen von Übersetzungen von Sicherheitshinweisen und Unfallverhütungsvorschriften oder das (regelmäßige) Informieren der Arbeitnehmer über den Gesundheitsschutz mit Hilfe eines Dolmetschers.[1009] Denn § 12 ArbSchG verlangt eine Unterweisung in einer für die Beschäftigten verständlichen Form und Sprache.[1010]

Um den Arbeitnehmern den Wortschatz zu vermitteln, den sie für eine rasche Verständigung über eventuelle Unfall- und Gesundheitsgefahren benötigen, kann der Betriebsrat unter Umständen gemäß § 87 Abs. 1 Nr. 7 auch Regelungen zum Abhalten geeigneter Einführungskurse erzwingen.[1011] Schließlich fordert § 12 ArbSchG eine Unterweisung auch über den Normalbetrieb hinaus, die

---

1005 Siehe dazu mit zahlreichen weiteren Nachweisen etwa ErfK/*Gallner*, 12. Aufl. 2012, § 1 ArbPlSchG Rn. 1; HK-ArbR/*Herrmann*, § 16 ArbPlSchG Rn. 2 f.; HK-ArbR/*Waas/Palonka/Hlava*, § 616 BGB Rn. 19; *Gutmann*, NZA 2017, 889, 889 ff.

1006 Vgl. *Blank*, AiB 1982, 87, 88.

1007 BAG, 15.01.2002 – 1 ABR 13/01, AP BetrVG 1972 § 87 Gesundheitsschutz Nr. 12; ErfK/*Kania*, § 87 BetrVG Rn. 63; Richardi/*Richardi/Maschmann*, § 87 Rn. 564 ff.

1008 BAG, 08.06.2004 – 1 ABR 4/03, AP BetrVG 1972 § 76 Einigungsstelle Nr. 20; ErfK/*Kania*, § 87 BetrVG Rn. 64b; HK-ArbR/*Hamm/Faber*, § 12 ArbSchG Rn. 7; Richardi/*Richardi/Maschmann*, § 87 Rn. 569.

1009 Vgl. *Brill*, BB 1978, 1574, 1576; vgl. zum Personalvertretungerecht *Pakirnus*, PersR 1995, 193, 195.

1010 HK-ArbR/*Hamm/Faber*, § 12 ArbSchG Rn. 4; Kohte/Faber/Busch/*Feldhoff*, § 12 ArbSchG Rn. 9.

1011 Vgl. *Seggern*, AiB 1982, 85, 86.

auch außergewöhnliche Arbeitssituationen, wie etwa Betriebsstörungen in den Blick nimmt.[1012]

Zu beachten ist in diesem Kontext, dass eine ordnungsgemäße Betätigung des Mitbestimmungsrechts voraussetzt, die Regelungen zur Unterweisung an die Ergebnisse der Gefährdungsbeurteilung nach § 5 ArbSchG zu knüpfen.[1013] Deshalb sollte schon im Rahmen der Mitbestimmung zur Regelung der Verfahrensgrundsätze für die Durchführung der Gefährdungsbeurteilung,[1014] vorausschauend darauf geachtet werden, die Gefahrpotenziale auch mit Blick auf Einschränkungen bei der (u. a. akustischen) Informationsübertragung ermitteln zu können[1015]. Der späteren konkreten Berücksichtigung von Sprachdefiziten kann so der Boden bereitet werden.

e) Sozialeinrichtungen

Gemäß § 87 Abs. 1 Nr. 8 hat der Betriebsrat über Form, Ausgestaltung und Verwaltung von betrieblichen Sozialeinrichtungen mitzubestimmen.

Darunter sind Einrichtungen zu verstehen, durch die den Arbeitnehmern, von ihrer Arbeitsleistung unabhängig, zusätzlich zum Lohn Leistungen gewährt werden. Prominente Beispiele sind etwa Kindergärten, Qualifizierungs- und Bildungseinrichtungen sowie Betriebskantinen und –cafeterien.[1016]

Mit Blick auf § 80 Abs. 1 Nr. 7 kann also etwa über die Mitbestimmung bei der Ausgestaltung der Betriebskantine dergestalt auf die Aufstellung des Speiseplanes Einfluss genommen werden, dass auch den kulinarischen Belangen von Arbeitnehmern aus anderen Kulturkreisen Rechnung getragen wird.[1017] Dabei kann es beispielsweise mit Blick auf religiöse Belange angezeigt sein, auf ein ausreichendes Angebot von Speisen ohne Schweinefleisch zu achten.[1018]

1012 HK-ArbR/*Hamm/Faber*, § 12 ArbSchG Rn. 2.

1013 BAG, 08.11.2011 – 1 ABR 42/10, AP BetrVG 1972 § 87 Gesundheitsschutz Nr. 18; 11.01.2011 – 1 ABR 104/09, AP BetrVG 1972 § 87 Gesundheitsschutz Nr. 17; *Fitting*, § 87 Rn. 310; HK-ArbR/*Hamm/Faber*, § 12 ArbSchG Rn. 7.

1014 BAG, 13.08.2019 – 1 ABR 6/18, AP BetrVG 1972 § 87 Gesundheitsschutz Nr. 27; *Fitting*, § 87 Rn. 306.

1015 Vgl. Kohte/Faber/Busch/*Blume/Faber*, § 5 ArbSchG Rn. 57 zu altersbezogenen Einschränkungen.

1016 *Knolle*, AiB 2011, 228, 229.

1017 *Seifert*, in: Haedrich (Hrsg.), Flucht, Asyl und Integration aus rechtlicher Perspektive, 2017, S. 153, 168.

1018 Vgl. zum Personalvertretungerecht *Pakirnus*, PersR 1995, 193, 195.

f) Wohnraum

Im Rahmen der gemäß § 87 Abs. 1 Nr. 9 mitbestimmungspflichtigen Einzelfallentscheidung über die Zuweisung einer Werkswohnung sollte vom Betriebsrat bei seinem Entscheidungsverhalten berücksichtigt werden, dass ausländische Arbeitnehmer auf dem allgemeinen Wohnungsmarkt größere Schwierigkeiten haben, als andere Arbeitnehmergruppen[1019] und gegebenenfalls, insbesondere bei Familien mit Kindern, ausländische Arbeitnehmer maßvoll vorrangig bedacht werden können.[1020]

g) Lohngestaltung

Fragen der betrieblichen Lohngestaltung sind nach § 87 Abs. 1 Nr. 10 ebenfalls der Mitbestimmung durch den Betriebsrat zugänglich. Der Betriebsrat sollte im Interesse (auch) ausländischer Arbeitnehmer gegen intransparente und willkürliche Lohngestaltung vorgehen und den Grundsatz „Gleicher Lohn für gleichwertige Arbeit" verwirklichen. Abweichungen davon können neben der Auszahlung auch bei der Berechnung des Lohns, etwa durch die Bewertung der Arbeit oder des Arbeitnehmers als solchem bedingt sein und erfordern entsprechend gesteigerte Aufmerksamkeit.[1021]

h) Zwischenergebnis

Durch § 80 Abs. 1 Nr. 7 fordert der Gesetzgeber den Betriebsrat zu eben solcherart gesteigerter Aufmerksamkeit für die Auswirkungen der Mitbestimmungstätigkeit in sozialen Angelegenheiten auf die Interessen ausländischer Arbeitnehmer auf. Dabei erscheint jedoch, angesichts der Vielfalt berücksichtigungsfähiger Belange, eine katalogartige Bestimmung von Belangen oder Interessen nicht zweckmäßig, sondern vielmehr eine umfassende Sensibilisierung des Entscheidungsverhaltens angezeigt.

2. Personalplanung

Ein wesentliches Ziel von § 80 Abs. 1 Nr. 7 besteht auch darin, den Betriebsrat dazu zu veranlassen, (unter anderem) im Vorfeld personeller Einzelmaßnahmen

---

1019 *Kleveman*, AiB 1993, 529, 532.

1020 Vgl. zum Personalvertretungerecht *Pakirnus*, PersR 1995, 193, 195.

1021 *Knolle*, AiB 2011, 228, 229 f.

besonders auf die Interessen ausländischer Arbeitnehmer zu achten.[1022] Denn Einstellungen, Versetzungen und Entlassungen als mitbestimmungspflichtige personelle Einzelmaßnahmen werden zumeist wesentlich durch zeitlich zurückliegende Grundsatzentscheidungen des Arbeitgebers beeinflusst.[1023] Deswegen ist deren mitbestimmende Gestaltung in besonderer Weise geeignet, betriebliche und soziale Probleme vorausschauend zu regeln.[1024]

a) *Personalplanung zur Förderung der Integration?*

Grundsätzlich kann der Betriebsrat seine allgemeinen Aufgaben auch durch eine entsprechende Betätigung seiner Beteiligungsrechte im Zusammenhang mit der Personalplanung gemäß § 92 verwirklichen.[1025] Das zeigt bereits § 92 Abs. 3, durch dessen Normierung hervorgehoben wird, dass die Beteiligung an der Personalplanung dazu dienen kann, die allgemeinen Aufgaben aus § 80 Abs. 1 Nr. 2a und 2b sowie § 80 Abs. 1 Nr. 4 zu verwirklichen.[1026]

Angesichts der Mitwirkungsrechte nach § 92 hat der Arbeitgeber bei der Personalplanung also neben eigenen Interessen die vom Betriebsrat einzubringenden Interessen der Belegschaft zu berücksichtigen, zu denen auch gruppenspezifische Interessen gehören.[1027] Es stellt sich aber die Frage, ob dazu, neben den in § 92 Abs. 3 ausdrücklich benannten berücksichtigungsfähigen gruppenspezifischen Interessen, auch die von § 80 Abs. 1 Nr. 7 erfassten Interessen ausländischer Arbeitnehmer gehören, mithin die Personalplanung auch Mittel zur Integrationsförderung im Sinne der entsprechenden allgemeinen Aufgabe sein kann.

Diesbezüglich ist zunächst darauf hinzuweisen, dass jedenfalls die durch das AGG und den betriebsverfassungsrechtlichen Gleichbehandlungsgrundsatz aus § 75 Abs. 1 rechtlich abgesicherten Diskriminierungsverbote auch bei der Personalplanung zu berücksichtigen sind.[1028] Der Betriebsrat kann also im

---

1022 Vgl. GK-BetrVG/*Weber*, § 80 Rn. 54, 45; *Kleveman*, AiB 1993, 529, 532 formuliert das zwar noch zur a. F. nach dem BetrVG 1972 - durch die Änderung im BetrVG 2001 sollte aber wohl (auch insoweit) keine inhaltliche Restriktion erfolgen; vgl. zum Personalvertretungsrecht *Pakirnus*, PersR 1995, 193, 194.

1023 *Fitting*, § 92 Rn. 1.

1024 *Fitting*, § 92 Rn. 1.

1025 *Knolle*, AiB 2011, 228, der jedoch auf § 80 Abs. 1 Nr. 8 abzustellen scheint (siehe dort Fn. 2).

1026 GK-BetrVG/*Raab*, § 92 Rn. 41 ff.

1027 *Knolle*, AiB 2011, 228.

1028 DKW/*Homburg*, § 92 Rn. 48; Düwell/*Schulze-Doll*, § 92 Rn. 28; Richardi/*Thüsing*, § 92 Rn. 52; *Hayen*, AiB 2006, 730, 733.

Vorfeld personeller Maßnahmen aufkommenden Ungleichbehandlungen im Rahmen der Mitwirkung bei der Personalplanung begegnen.[1029] Schließlich ist die Überwindung diskriminierender Praktiken in der betrieblichen Personalpolitik ein wichtiges Ziel der Beteiligung des Betriebsrates an der Personalplanung.[1030] Und da auch § 80 Abs. 1 Nr. 7 insbesondere darauf zielt, das Interesse an einem benachteiligungsfreien Arbeitsumfeld zu verwirklichen,[1031] ergibt sich jedenfalls bezüglich eines Teilaspekt der allgemeinen Aufgabe der Integrationsförderung eine Überschneidung, mithin ein Bereich, in dem der Betriebsrat aktiv werden kann.

Im Übrigen ist zu beachten, dass § 80 Abs. 1 Nr. 7 nach hier vertretener Ansicht als legislativer Ansatz zu verstehen ist, für die letztlich am kollektiven Interesse ausgerichtete Entscheidungstätigkeit betrieblicher Interessenvertretungen ein Schlaglicht auf die Interessen ausländischer Arbeitnehmer zu werfen.[1032] § 92 Abs. 3 wiederum ist nur die Intention des Gesetzgebers zu entnehmen, klarzustellen, dass die dort benannten Maßnahmen auch Gegenstand der Personalplanung sein können.[1033] Es sind daraus aber keinerlei Anhaltspunkte dafür ersichtlich, dass der Gesetzgeber die ermessenssteuernde Wirkung von § 80 Abs. 1 Nr. 7 von den Abwägungsprozessen im Rahmen der Personalplanung ausschließen wollte.

Insofern steht § 92 Abs. 3 einer integrationsfördernd mitbestimmten Personalplanung nicht entgegen.[1034]

b) Unterrichtungsrecht

Demnach hat zunächst einmal der Betriebsrat ein Unterrichtungsrecht. Informationen, die der Arbeitgeber dem Betriebsrat (auch) mit Blick auf die Integrationsförderung zur Verfügung zu stellen hat, betreffen etwa das Alter, das Geschlecht, die Herkunft und die Art der Beschäftigung der Arbeitnehmer.[1035]

1029 Richardi/*Thüsing*, § 92 Rn. 52.

1030 Vgl. DKW/*Homburg*, § 92 Rn. 6; *Blank*, AuR 1994, 286, 288.

1031 Siehe oben S. 103 ff.

1032 Siehe oben S. 80 ff.

1033 Vgl. *Fitting*, § 92 Rn. 39; vgl. auch GK-BetrVG/*Raab*, § 92 Rn. 44.

1034 Vgl. *Fitting*, § 92 Rn. 35; vgl. NK-GA/*Waskow*, § 92 BetrVG Rn. 15.

1035 Zu Problemen betreffend etwa Informationen über die Religion vgl. Däubler/Deinert/*Däubler*, § 242 BGB Rn. 64; *Knolle*, AiB 2011, 228.

c) Beratungsrecht

Bei den Beratungen über die Personalplanung kann der Betriebsrat sodann die Interessen der Belegschaft, zu denen auch gruppenspezifische Interessen zählen, einbringen.[1036]

Die dem Betriebsrat zur Verfügung stehenden Informationen bilden dabei die Grundlage für eine zweckmäßige Betätigung seiner Beteiligungsrechte. So kann dem Betriebsrat konkret vor dem Hintergrund administrativer aufenthaltsrechtlicher Besonderheiten empfohlen werden, sich mittels der Unterrichtungs- und Beratungsrechte aus § 92 laufend über die Wiederbesetzung von Arbeitsplätzen informieren zu lassen, auf denen Arbeitnehmer mit einem Aufenthaltstitel bzw. einer Arbeitserlaubnis[1037] beschäftigt werden.[1038] Schließlich kann es im Interesse aller Beteiligten liegen, wenn die betriebliche Personalverwaltung im Einvernehmen mit dem Betriebsrat die Einhaltung von Fristen und die rechtzeitige Beantragung der Verlängerung überwacht.[1039] Eine entsprechende Betriebspraxis wiederum kann der Betriebsrat anregen.[1040]

Weiterhin kann es sich empfehlen, mit dem Arbeitgeber bereits frühzeitig über die Unterbringung der Arbeitnehmer zu beraten, wenn dieser eine größere Zahl von Mitarbeitern vorwiegend ausländischer Herkunft einzustellen plant.[1041] So gehören insbesondere als Aspekt der Personalerhaltung bzw. -pflege auch soziale Infrastrukturmaßnahmen zur Personalplanung, die es dem Unternehmen ermöglichen, ein für Arbeitnehmer attraktives Arbeitsumfeld zu gestalten. Dazu können leistungsfähige Kapazitäten etwa im Bereich der Arbeitsvorbereitung oder Sozialeinrichtungen zählen.[1042] Da ausländische Arbeitnehmer auf dem allgemeinen Wohnungsmarkt größere Schwierigkeiten haben, als andere Arbeitnehmergruppen,[1043] bietet sich dabei dem Betriebsrat in besonderer Weise die Möglichkeit, Synergieeffekte zwischen Interessen ausländischer Arbeitnehmer und betrieblichen Interessen an der Fachkräftegewinnung und –erhaltung zu erzielen.

1036 *Knolle*, AiB 2011, 228, 228 f.

1037 Siehe § 4a Abs. 1 und Abs. 4 AufenthG.

1038 Vgl. *Lohre/Rehwald*, AiB 1994, 218, 219; vgl. zum Personalvertretungsrecht *Pakirnus*, PersR 1995, 193, 194.

1039 *Blank*, AuR 1994, 286, 287.

1040 *Blank*, AiB 1982, 87; *Kleveman*, AiB 1993, 529, 541.

1041 *Brill*, BB 1978, 1574, 1576; *Meisel*, Die Mitwirkung und Mitbestimmung des Betriebsrats in personellen Angelegenheiten, S. 61.

1042 MünchArbr/*Wißmann*, § 28 Rn. 27 f.

1043 *Kleveman*, AiB 1993, 529, 532.

Der Betriebsrat kann sich somit im Rahmen der Beratung mit dem Arbeitgeber für die Interessen ausländischer Arbeitnehmer einsetzen, indem er vorausschauend auf die besondere Situation hinweist, in der sie sich gegebenenfalls (etwa hinsichtlich Sprachkenntnissen, religiösen Belangen, der Unterbringung etc.) befinden, und damit für die Berücksichtigung damit einhergehender Gesichtspunkte den Grundstein legt.

d) Vorschlagsrecht

Der Betriebsrat kann darüber hinaus auch dezidiert die Einführung einer betrieblichen Personalpolitik vorschlagen, die gegebenenfalls besonderen Problemen ausländischer Arbeitnehmer Rechnung trägt.[1044]

Bei der Personaleinsatzplanung könnte in diesem Zusammenhang, da ausländische Arbeitnehmer in überdurchschnittlichem Maße auf Stellen beschäftigt werden, welche die Verrichtung der Gesundheit besonders abträglicher Arbeiten erfordern,[1045] der Vorschlag erfolgen, eine besonders hohe gesundheitliche Belastung an exponierten Arbeitsplätzen vorausschauend zu berücksichtigen. So könnte mittelbar etwa auch krankheitsbedingten Kündigungen[1046] bereits im Stadium der Personalplanung präventiv begegnet werden.[1047]

Ebenso erscheint denkbar, bereits im Rahmen der Personalplanung Rücksicht auf etwaige ausländische Wehrdienstverpflichtungen zu nehmen, um entsprechende Kündigungsrisiken zu minimieren; jedenfalls erscheinen insoweit relevante[1048] zwingende betriebliche Erfordernisse[1049] beziehungsweise die Unzumutbarkeit organisatorischer Maßnahmen[1050] bei einer entsprechend angepassten Personalplanung weniger wahrscheinlich. Außerdem ließen sich auf diese Weise individuelle Interessen- und Gewissenskonflikte ebenso vermeiden, wie etwa soziale Konflikte innerhalb der Belegschaft aufgrund etwaiger Mehrbelastungen.

Mit Blick auf die Personalentwicklungsplanung könnte der Grundsatz vorgeschlagen werden, in der betrieblichen Weiterqualifizierung ausländische Beschäftigte gezielt zu fördern.[1051]

1044 *Blank*, AuR 1994, 286, 289.
1045 *Blank*, AuR 1994, 286, 286.
1046 Zur Mitbestimmung bei Kündigungen siehe ausführlich unten S. 229 ff.
1047 Vgl. *Blank*, AuR 1994, 286, 289 f.
1048 *Blank*, AuR 1994, 286, 290.
1049 BAG, 22.12.1982 – 2 AZR 282/82, DB 1983, 1602, 1604.
1050 BAG, 20.05.1988 – 2 AZR 682/87, DB 1989, 985, 986 f.
1051 *Blank*, AuR 1994, 286, 289; siehe dazu auch unten S. 224 ff.

e) *Insbesondere: Belegschaftszusammensetzung*

Darüber hinaus könnte bei der Personalplanung aber auch allgemein ein besonderes Augenmerk auf die besonderen Potenziale, Kompetenzen und Erfahrungen von Menschen unterschiedlicher Herkunft und damit die mit einer herkunftsheterogenen Belegschaftsstruktur einhergehenden Chancen gerichtet werden.[1052]

aa) Zulässigkeit

Damit wird zunächst die Frage tangiert, inwieweit das Entscheidungsverhalten der betrieblichen Interessenvertretungen betreffend die Einstellung neuer Arbeitnehmer Gegenstand der Förderung der Integration sein kann.

Insoweit wird zwar überwiegend davon ausgegangen, dass mit der Förderung der Integration nicht etwa die Förderung der Neueinstellung ausländischer Arbeitnehmer gemeint sei – sondern sich die Förderpflicht allein auf bereits dem Betrieb zugehörige Arbeitnehmer beziehe.[1053]

Andererseits gehen auch einige Autoren davon aus, dass die Einstellung zwar nicht im Fokus der Aufgabe der Integrationsförderung stehe – es allerdings auch aus deren Vorgaben dem Betriebsrat nicht verwehrt sei, im Rahmen der Einstellung (beispielsweise von Auszubildenden) darauf zu achten, dass auch Menschen ausländischer Herkunft eine Chance auf eine Lehrstelle haben.[1054]

Nach hier vertretener Ansicht ist die allgemeine Aufgabe der Integrationsförderung nicht unmittelbar personenbezogen zu verstehen, sondern betrifft vielmehr sachlich-thematisch den verstärkten Einsatz für die weit zu verstehenden Interessen ausländischer Arbeitnehmer.[1055]

Zugleich ist dogmatisch die personelle Zusammensetzung des Arbeitsbereichs einer der zentralen Gesichtspunkte, deren grundsätzliche Fremdbestimmung durch Mitbestimmungsrechte der Arbeitnehmer begrenzt werden soll.[1056] Deshalb hat der Gesetzgeber etwa über § 95 eine Möglichkeit des Betriebsrats vorgesehen, die Vorstellungen der Arbeitnehmer bei der Festlegung von Kriterien im Rahmen personeller Auswahlrichtlinien einzubringen.[1057] So können auch etwa betreffend die Einstellung Auswahlrichtlinien eine bevorzugte

1052 *Knolle*, AiB 2011, 228, 229.
1053 Vgl. DKW/*Buschmann*, § 80 Rn. 65 f.; *Fitting*, § 80 Rn. 32; Richardi/*Thüsing*, § 80 Rn. 45.
1054 *Kleveman*, AiB 1993, 529, 532.
1055 Siehe oben S. 65 ff. und S. 79 ff.
1056 GK-BetrVG/*Wiese*, Einl. Rn. 76.
1057 GK-BetrVG/*Raab*, § 95 Rn. 1.

Berücksichtigung bestimmter Arbeitnehmergruppen zum Ausgleich ansonsten bestehender Nachteile vorsehen.[1058]

Wenn es aber somit bereits im kollektiven Interesse der Belegschaft liegen darf, auf die Belegschaftszusammensetzung über die Bezugnahme auf das Merkmal etwa der ethnischen Herkunft[1059] Einfluss zu nehmen, ist nicht nur kein Grund dafür ersichtlich, dass dies nicht auch besonders den Interessen ausländischer Arbeitnehmer zuträglich sein kann. Vielmehr ist zu bedenken, dass eine Arbeitsorganisation nur theoretisch alle Belegschaftsmitglieder herkunftsunabhängig gleichermaßen inkludiert. Tatsächlich funktionieren betriebliche Einheiten aber angesichts informeller Hindernisse häufig zugunsten längerfristig etablierter Beschäftigtengruppen, die ihre Interessen im Verlauf mikropolitischer Aushandlungsprozesse erfolgreich einbringen konnten. Denn diese werden unter anderem von ethnisch-kulturellen Einstellungen und Vorbehalten beeinflusst.[1060]

Mittelbar kann deshalb eine herkunftsheterogene Belegschaftsstruktur durchaus den Interessen von Belegschaftsmitgliedern nichtdeutscher Herkunft zuträglich sein und damit zugleich zulässiger Gegenstand eines entsprechend verstärkten Einsatzes zur Förderung der Integration – auch im Rahmen der Personalplanung.

bb) Umsetzungsmöglichkeiten

Es ist allerdings darauf hinzuweisen, dass sich darauf zielende Maßnahmen prinzipiell auch an den gesetzlichen Diskriminierungsverboten messen lassen müssen. Knüpfen sie etwa an ein Diskriminierungsmerkmal im Sinne des AGG an, ist ggf. eine Rechtfertigung erforderlich.[1061] § 5 AGG ermöglicht dies, wenn eine Ausgleichsmaßnahme an festgestellte Nachteile anknüpft und sie zum Ausgleich geeignet und angemessen ist.[1062] Personengruppen, die aufgrund der ihnen zugeschriebenen „Rasse" oder ethnischen Herkunft typischerweise benachteiligt werden, können insoweit prinzipiell ebenso begünstigt werden, wie dies für Frauen der Fall ist.[1063] Der Nachweis der festgestellten Benachteiligung kann dabei bspw. durch eine aussagekräftige Statistik zur Unterrepräsentanz einer geschützten Gruppe erbracht werden.[1064] Anhaltspunkte dafür können sich ggf. aus dem

1058 *Bauer/Krieger/Günther*, § 5 Rn. 18; GK-BetrVG/*Raab*, § 95 Rn. 47.

1059 Vgl. GK-BetrVG/*Raab*, § 95 Rn. 47.

1060 *Hinken*, Integration durch Mitbestimmung, S. 206 ff.

1061 GK-BetrVG/*Raab*, § 95 Rn. 47.

1062 ErfK/*Schlachter*, § 5 AGG Rn. 1.

1063 M. w. N. Däubler/Beck/*Zimmer*, § 5 AGG Rn. 49; vgl. *Schiek*, NZA 2004, 873, 877.

1064 LAG Berlin-Brandenburg, 14.01.2011 – 9 Sa 1771/10, DB 2011, 2040, 2040; ErfK/*Schlachter*, § 5 AGG Rn. 1.

Berichten des Arbeitgebers auf einer Betriebsversammlung über das Personal- und Sozialwesen ergeben, der die Belegschaftsstruktur und Zusammensetzung auch hinsichtlich der Nationalität[1065] einschließen muss[1066]. Diesbezüglich ist zu berücksichtigen, dass sich das vom AGG nicht erfasste Merkmal der Staatsangehörigkeit zwar nicht zwangsläufig immer, aber doch in aller Regel, mit dem verpönten Merkmal der ethnischen Herkunft überschneiden wird.[1067]

Über § 5 AGG können so (neben etwa spezifischen Qualifizierungsangeboten) besondere Rekrutierungsanstrengungen unter benachteiligten Gruppen, bis hin zu Bevorzugungsregelungen, gerechtfertigt werden.[1068] Dies ist insbesondere zur Bekämpfung mittelbarer Diskriminierungen von großer praktischer Bedeutung,[1069] kann aber auch dazu beitragen, strukturelle Diskriminierungen zu bekämpfen[1070]. In Betracht kommen insoweit etwa Zielvorgaben für eine gemischte Belegschaftszusammensetzung.[1071] Außerdem können (ggf. auch daran anknüpfend) etwa Vorschläge über das Gewinnen und die Entwicklung ausländischer Beschäftigter unterbreitet werden.[1072] Möglich ist etwa die gezielte Ansprache von Jugendlichen mit Migrationshintergrund.[1073] Dazu erscheint beispielsweise über § 80 Abs. 1 Nr. 7 i. V. m. §§ 80 Abs. 1 Nr. 3, 70 Abs. 1 Nr. 4 ein gemeinsames Engagement des Betriebsrates und der Jugend- und Auszubildendenvertretung denkbar, in Kooperation mit Schulen speziell an Jugendliche mit Migrationshintergrund gerichtete Informationsveranstaltungen und Praktika zu organisieren.[1074] Weiterhin sind angesichts tendenziell schlechterer Bildungsabschlüsse[1075] etwa Einstellungs-Zielvorgaben für Jugendliche mit Hauptschulabschluss vorstellbar, wodurch zugleich die Situation für Jugendliche mit Migrationshintergrund auf dem Ausbildungsmarkt verbessert werden kann.[1076]

1065 Düwell/*Haase/Tautphäus*, § 43 Rn. 26.

1066 DKW/*Berg*, § 43 Rn. 27.

1067 Däubler/Beck/*Däubler*, § 1 AGG Rn. 36.

1068 ErfK/*Schlachter*, § 5 AGG Rn. 1.

1069 Vgl. DKW/*Klebe*, § 95 Rn. 1.

1070 *Mätzig*, RdA 2017, 185, 187.

1071 ErfK/*Schlachter*, § 5 AGG Rn. 4.

1072 *Seifert*, in: Haedrich (Hrsg.), Flucht, Asyl und Integration aus rechtlicher Perspektive, 2017, S. 153, 170.

1073 *Dälken*, Beschäftigte mit Migrationshintergrund integrieren – Beispiele guter Praxis, S. 8.

1074 *Knolle*, AiB 2011, 20, 24.

1075 *Heckmann*, Integration von Migranten, S. 110, 132 ff.

1076 *Dälken*, Beschäftigte mit Migrationshintergrund integrieren – Beispiele guter Praxis, S. 8.

Prinzipiell sind schließlich auch Auswahlrichtlinien betreffend die Einstellung denkbar, die eine bevorzugte Berücksichtigung bestimmter Arbeitnehmergruppen zum Ausgleich ansonsten bestehender Nachteile vorsehen.[1077] Zu beachten ist jedoch, dass starre Quoten und unbedingte Vorrangregeln bei gleicher Qualifikation regelmäßig als unzulässig anzusehen sein dürften.[1078] Vorschlägen zur Vereinbarung personalpolitischer Leitlinien, nach denen ein bestimmter Anteil der Arbeits- und Ausbildungsplätze mit Ausländern besetzt werden soll[1079], ist deshalb mit Vorsicht zu begegnen.

Zielführender erscheint es insoweit, das Problem gewissermaßen „bei der Wurzel" zu packen. So konnte nachgewiesen werden, dass Bewerber alleine aufgrund eines türkisch klingenden Namens um durchschnittlich 14 % (in kleineren Unternehmen sogar bis zu 24 %) schlechtere Chancen darauf haben, zu Vorstellungsgesprächen überhaupt eingeladen werden.[1080] Die Erfolgschancen, nach einem Bewerbungsgespräch auch eingestellt zu werden, unterscheiden sich dagegen weitaus weniger. Vielmehr geschehen Diskriminierungen in den meisten Fällen bereits, bevor überhaupt ein persönlicher Kontakt stattgefunden hat.[1081] Es scheint also so zu sein, dass sich (unbewusste) Vorurteile gegenüber einem als „fremd" wahrgenommenen Bewerber durch den persönlichen Kontakt in einem Vorstellungsgespräch ausräumen ließen.[1082] Im Zusammenhang mit der Einladung zu Vorstellungsgesprächen sind Quoten wiederum in einem sehr viel

1077 *Bauer/Krieger/Günther*, § 5 Rn. 18; GK-BetrVG/*Raab*, § 95 Rn. 47.

1078 EuGH, 17.10.1995 – C-450/93 (Kalanke), AP EWG-Richtlinie Nr. 76/207 Nr. 6; 11.11.1997 – C-409/95 (Marshall), AP EWG-Richtlinie Nr. 76/207 Nr. 14; ErfK/*Schlachter*, § 5 AGG Rn. 4; GK-BetrVG/*Raab*, § 95 Rn. 47; etwas anderes kann für die Vergabe von Ausbildungsplätzen gelten, vgl. zu Frauenförderplänen EuGH, 28.03.2000 – C-158/97 (Badeck u. A.), AP EWG-Richtlinie Nr. 76/207 Nr. 20; Däubler/Beck/*Zimmer*, § 5 AGG Rn. 38; ErfK/*Schlachter*, § 5 AGG Rn. 4.

1079 Dazu *Blank*, AuR 1994, 286, 289.

1080 *Antidiskriminierungsstelle des Bundes*, Pilotprojekt „Anonymisierte Bewerbungsverfahren" – Abschlussbericht, 2012, S. 1; *Kaas/Manger*, GER 13 (2012), Heft 1, 1, 3.

1081 So konstatierten *Cediey/Foroni*, Discrimination in access to employment on grounds of foreign origin in France, S. 107 für den französischen Arbeitsmarkt, dass 9/10 der Diskriminierungen in der ersten Phase der Bewerbung stattfinden.

1082 Vgl. *Antidiskriminierungsstelle des Bundes*, Pilotprojekt „Anonymisierte Bewerbungsverfahren" – Abschlussbericht, 2012, S. 1; *Dälken*, Beschäftigte mit Migrationshintergrund integrieren – Beispiele guter Praxis, S. 7 f.; vgl. *Mätzig*, RdA 2017, 185, 186.

weiteren Rahmen zulässig, weil dadurch den Begünstigten lediglich zusätzliche Chancen geboten werden.[1083]

Eine andere (gewissermaßen konträre) Möglichkeit, vorurteilsbezogene Barrieren zu überwinden, sind anonymisierte Bewerbungsverfahren, in denen nur unmittelbar qualifikationsbezogene Merkmale, dagegen u. A. nicht der Name und der Geburtsort (und die damit potenziell vermutete ethnische Herkunft), anzugeben sind.[1084] Konkret können dazu etwa standardisierte Bewerbungsformulare praktikabel eingesetzt werden.[1085] Allerdings darf der Einsatz anonymer Verfahren nicht dazu führen, Förderpflichten im Übrigen zu vernachlässigen, insbesondere hinsichtlich der Beseitigung struktureller Nachteile.[1086] Beide Elemente können jedoch miteinander kombiniert werden, etwa dergestalt, dass der erste Bewerbungsschritt anonymisiert durchgeführt wird und sodann (weitere) Fördermaßnahmen in Bezug auf die anhand fachlicher Kriterien erfolgte Auswahl angewendet werden.[1087]

f) Zwischenergebnis

Dem Betriebsrat eröffnen sich über die Mitbestimmungsrechte im Zusammenhang mit der Personalplanung Möglichkeiten, Einfluss auf die Grundlagen personeller Einzelmaßnahmen zu nehmen und zu diesem Zweck betriebliche und soziale Probleme vorausschauend zu regeln[1088] – auch hinsichtlich der Förderung der Integration ausländischer Arbeitnehmer.

Durch § 80 Abs. 1 Nr. 7 wird der Betriebsrat dazu aufgefordert im Zuge der Betätigung seiner Beratungs- und Vorschlagsrechte besonders auch auf die Interessen ausländischer Arbeitnehmer zu achten und im Rahmen seiner Entscheidungstätigkeit auch die besondere Situation zu berücksichtigen, in der sich Arbeitnehmer ausländischer Herkunft befinden können.

1083 Vgl. zu Frauenförderplänen EuGH, 28.03.2000 – C-158/97 (Badeck u. A.), AP EWG-Richtlinie Nr. 76/207 Nr. 20; vgl. auch Däubler/Beck/*Zimmer*, § 5 AGG Rn. 42, 49.

1084 *Antidiskriminierungsstelle des Bundes*, Pilotprojekt „Anonymisierte Bewerbungsverfahren" – Abschlussbericht, 2012, S. 1; *Heckmann*, Integration von Migranten, S. 110; *Mätzig*, RdA 2017, 185, 185 f.

1085 *Antidiskriminierungsstelle des Bundes*, Pilotprojekt „Anonymisierte Bewerbungsverfahren" – Abschlussbericht, 2012, S. 45.

1086 Vgl. *Mätzig*, RdA 2017, 185, 189.

1087 *Krause/Rinne/Zimmermann*, Anonymisierte Bewerbungsverfahren, 2010, S. 25.

1088 *Fitting*, § 92 Rn. 1.

3. Berufsbildung der Beschäftigten

Sprachkompetenz und berufliche Qualifikation betreffen mit dem Aspekt der Einstellungschancen[1089] zum einen bereits die Grundvoraussetzung jeder Integration durch Arbeitsmarktintegration – nämlich überhaupt in den Arbeitsmarkt integriert zu sein. Darüber hinaus wirken sie sich allerdings auch auf die Verwirklichung der davon im Einzelnen potenziell ausgehenden integrationsfördernden Effekte aus.[1090]

Für die betriebliche Sphäre gilt insoweit nichts wesentlich Anderes. Denn die Sprache ist das wichtigste Kommunikationsmittel bezüglich sozialer Kontaktaufnahmen, insbesondere auch im Rahmen des betrieblichen Miteinanders.[1091] Zugleich führen Sprachdefizite dazu, dass Arbeiten, die in größerem Umfang deutsche Sprachkenntnisse voraussetzen, durch davon betroffene Arbeitnehmer nicht erledigt werden können. Deshalb erschweren Sprachdefizite den Zugang zu qualifizierten Arbeitsplätzen und beeinträchtigen Aufstiegschancen.[1092] Eine mangelnde berufliche Qualifikation ist darüber hinaus aber auch allgemein häufig die Ursache dafür, dass ausländische Arbeitnehmer auf den untersten Hierarchieebenen des Betriebes verbleiben[1093], und steht mithin der Verwirklichung vorhandener Aufstiegsmöglichkeiten im Wege. Deshalb soll sich der Betriebsrat darum bemühen, dass ausländische Arbeitnehmer die Gelegenheit erhalten, die deutsche Sprache zu erlernen[1094], aber auch darüber hinaus allgemein an der betrieblichen Berufsbildung teilhaben, um schließlich Karrierechancen realisieren zu können.[1095] Wer aus- und weitergebildet wird, verbessert seine Aufstiegschancen und verringert zugleich sein Kündigungsrisiko.[1096] Ausländische Arbeitnehmer nehmen jedoch an betrieblichen Weiterbildungsmaßnahmen tendenziell weniger teil.[1097]

Aus diesen Gründen kann sich für den Betriebsrat Handlungsbedarf hinsichtlich einer gemäß § 80 Abs. 1 Nr. 7 (auch) an den Interessen ausländischer

1089 *Deinert/Fontana*, NJW 2018, 2767, 2770; *Giesen*, Juristentagsgutachten 2018, E1, E44; *Schmidt*, Kollegialität trotz Differenz, S. 80 f.

1090 Siehe dazu bereits oben S. 6 ff.

1091 *Buschkröger*, AiB 1999, 545, 547.

1092 *Blank*, AuR 1994, 286, 291; wohl auch *Knolle*, AiB 2011, 20, 24.

1093 *Kleveman*, AiB 1993, 529, 542.

1094 *Kleveman*, AiB 1993, 529, 533.

1095 Vgl. *Campos*, AiB 1998, 14, 18; vgl. *Kleveman*, AiB 1993, 529, 542.

1096 Vgl. zum Personalvertretungerecht *Pakirnus*, PersR 1995, 193, 194.

1097 *Blank*, AuR 1994, 286.

Arbeitnehmer orientierten Ausübung der Mitbestimmungsrechte bei der Berufsbildung der Beschäftigten ergeben.[1098]

a) Ermittlung des Berufsbildungsbedarfs

Für eine Beteiligung an der Berufsbildung unter Berücksichtigung der Belange ausländischer Arbeitnehmer sind zunächst Informationen über den zukünftigen Aus- und Weiterbildungsbedarf essenziell, insbesondere auch um spezifische Fortbildungswünsche ausländischer Arbeitnehmer zu ermitteln.[1099]

Unter diesem Gesichtspunkt kann der Betriebsrat gemäß § 96 Abs. 1 S. 2 Alt. 1 vom Arbeitgeber verlangen, dass er ein System zur Erfassung des Bildungsbedarfes einführt.[1100] Zudem kann der Betriebsrat im Wege der Beteiligung an der Personalplanung Informationen über zukünftigen Aus- und Fortbildungsbedarf erhalten.[1101] Um gegebenenfalls Vorschlagsrechte[1102] wahrnehmen zu können, ist aber auch erforderlich, dass der Betriebsrat rechtzeitig von geplanten Bildungsmaßnahmen erfährt.[1103]

b) Beratungsrecht

Der Betriebsrat hat nach § 97 Abs. 1 das Recht, mit dem Arbeitgeber über die Errichtung und Ausstattung betrieblicher Einrichtungen zur Berufsbildung, die Einführung betrieblicher Berufsbildungsmaßnahmen und die Teilnahme an außerbetrieblichen Berufsbildungsmaßnahmen zu beraten.[1104]

Im Zuge dessen sollte der Betriebsrat versuchen, den Arbeitgeber für die gegebenenfalls besonderen Bedürfnisse auch ausländischer Arbeitnehmer zu sensibilisieren. Die Benennung bestimmter zu berücksichtigender Gruppen in

---

1098 Immerhin geht bereits aus einer Antwort des Bundesministers für Arbeit und Sozialordnung auf eine kleine Anfrage im Jahr 1972 hervor, dass „sich die Akzente der Eingliederungsarbeit bei längerem Aufenthalt des Ausländers“ verschieben und insbesondere „die Frage der beruflichen Qualifizierung mit der Dauer des Aufenthaltes an Bedeutung“ gewinnt: BT-Drs. 6/3085, S. 5; vgl. zum Personalvertretungerecht *Pakirnus*, PersR 1995, 193, 194.

1099 Vgl. zum Personalvertretungsrecht *Pakirnus*, PersR 1995, 193, 194.

1100 *Knolle*, AiB 2011, 20, 24; *Seifert*, in: Haedrich (Hrsg.), Flucht, Asyl und Integration aus rechtlicher Perspektive, 2017, S. 153, 170 f.

1101 Vgl. zum Personalvertretungsrecht *Pakirnus*, PersR 1995, 193, 194.

1102 Siehe dazu sogleich unten S. 227 f.

1103 Vgl. *Pakirnus*, PersR 1995, 193, 194.

1104 *Blank*, AuR 1994, 286, 291; *Seifert*, in: Haedrich (Hrsg.), Flucht, Asyl und Integration aus rechtlicher Perspektive, 2017, S. 153, 171.

§ 96 Abs. 2 hat insofern keinen abschließenden Charakter.[1105] Vielmehr sollte es die konkrete „formelle" Ausgestaltung der Bildungsangebote auch ausländischen Arbeitnehmern ermöglichen, teilzunehmen. Dafür kann auf (gegebenenfalls absehbare) Partizipationshindernisse (etwa hinsichtlich der zeitlichen Lage, der Kostenfrage, der Sprache, der Religion) Rücksicht genommen werden.[1106] In Betracht kommt außerdem auch, auf die inhaltliche Ausrichtung der Maßnahmen an gegebenenfalls festgestellten spezifischen Bildungsbedarfen hinzuwirken, etwa der Sprachkompetenz.[1107]

Insbesondere wenn im Wege der Ermittlung des Berufsbildungsbedarfs bereits Bildungsdefizite festgestellt wurden, kann dies für den Arbeitgeber betriebspolitisch den Druck erhöhen, zielgerichtete Fortbildungsmaßnahmen anzubieten.[1108] Dabei kann der Arbeitgeber unter Umständen auch davon überzeugt werden, die Kosten zu tragen,[1109] um auch finanziell weniger flexiblen Beschäftigten eine Teilnahme zu ermöglichen.

Der Betriebsrat wird durch § 80 Abs. 1 Nr. 7 dazu angehalten, diese Gesichtspunkte bereits möglichst frühzeitig in die Ausgestaltung der Berufsbildung der Beschäftigten einfließen zu lassen. Anderenfalls drohten der Partizipation an betrieblichen Aufstiegschancen durch ausländische Arbeitnehmer von vornherein erhebliche Barrieren entgegenzustehen.

c) Vorschlagsrecht

Der Betriebsrat kann dem Arbeitgeber gemäß § 98 Abs. 3 auch dezidiert vorschlagen, bestimmte Arbeitnehmer oder Gruppen von Arbeitnehmern gezielt anzusprechen und zu beraten.[1110] Dabei kommen ausländische Arbeitnehmer ebenso individuell in Betracht, wie auch als Gruppe.[1111] Der Betriebsrat hat insoweit ein gegebenenfalls vor der Einigungsstelle erzwingbares Mitbestimmungsrecht, § 98 Abs. 4.[1112]

1105 Vgl. *Knolle*, AiB 2011, 20, 24; vgl. auch die Ausführungen oben auf S. 213 ff.

1106 Vgl. *Seggern*, AiB 1982, 85, 86 f.

1107 Vgl. *Blank*, AuR 1994, 286, 291; vgl. *Knolle*, AiB 2011, 20, 24.

1108 *Seifert*, in: Haedrich (Hrsg.), Flucht, Asyl und Integration aus rechtlicher Perspektive, 2017, S. 153, 171.

1109 *Blank*, AuR 1994, 286, 291; *Knolle*, AiB 2011, 20, 24.

1110 Vgl. *Knolle*, AiB 2011, 20, 24.

1111 Vgl. *Blank*, AuR 1994, 286, 291; *Kleveman*, AiB 1993, 529, 542; *Seggern*, AiB 1982, 85, 87.

1112 *Fitting*, § 98 Rn. 1.

Auch hier gilt es jedoch, sensibel mit eventuell auf vermeintlichen gruppenspezifischen Bevorzugungen fußenden Ablehnungsreaktionen innerhalb der übrigen Belegschaft umzugehen.[1113] Ein Instrument kann in diesem Zusammenhang eine transparente Information und Kommunikation, etwa im Rahmen von Betriebsversammlungen sein.[1114]

Denkbar ist alternativ, Arbeitnehmer in den Fokus zu stellen, die an- und ungelernte Tätigkeiten ausüben, weil diese durchschnittlich deutlich weniger an beruflichen Fort- und Weiterbildungsmöglichkeiten teilnehmen.[1115] In dieser Gruppe sind wiederum überdurchschnittlich viele ausländische Arbeitnehmer vertreten.[1116] Ablehnenden Haltungen aufgrund vermeintlicher Bevorzugung ausländischer Arbeitnehmer würde so von vornherein kein Nährboden geboten.

4. *Zwischenergebnis*

Auch im Rahmen der Betätigung von Mitbestimmungsrechten bei der Berufsbildung der Beschäftigten bestehen also Möglichkeiten des Betriebsrats, besonders für die Interessen ausländischer Arbeitnehmer einzutreten, mithin gemäß § 80 Abs. 1 Nr. 7 die Integration zu fördern.

Dem Betriebsrat stehen damit in allen untersuchten Bereichen der Mitbestimmung betrieblicher Regelungsstrukturen Möglichkeiten offen, die Integration zu fördern – namentlich, indem er sein Entscheidungsverhalten besonders darauf hinterfragt und daran ausrichtet, wie sich die jeweilige Gestaltungsentscheidung auf Interessen ausländischer Arbeitnehmer auswirkt.

Eine diesbezüglich im Sinne eines Kataloges abschließende Bestimmung der Interessen scheint dabei allerdings weder zweckmäßig noch intendiert. Denn es handelt sich bei § 80 Abs. 1 Nr. 7 um eine legislative Aufforderung zur Gestaltung eines gesellschaftlichen Problemfeldes, auf dem sich die politische Steuerung auf der Makroebene als unwirksam erwiesen hat, weshalb eigenständigem, kreativem Handeln durch betriebliche Interessenvertretungen vor Ort der notwendige Raum gegeben werden sollte.[1117]

Wird dieser Appell von den betrieblichen Interessenvertretungen im Rahmen ihrer Gestaltungsverantwortung aufgegriffen, können daraus in einem Teilbereich der betrieblichen Arbeitswelt Regelungsstrukturen entstehen, die sachgerecht auf

---

1113 Siehe dazu bereits oben S. 201 f.

1114 Siehe oben S. 197 f.

1115 Vgl. *Knolle*, AiB 2011, 20, 24.

1116 *Blank*, AuR 1994, 286.

1117 Vgl. *Blanke/Rose*, RdA 2001, 92, 103 f.

die Belange ausländischer Arbeitnehmer Rücksicht nehmen und ihnen so die gesellschaftliche Partizipation im Rahmen der betrieblichen Sphäre erleichtern.

II. Mitbestimmung bei personellen Einzelmaßnahmen

Ein wesentliches Ziel von § 80 Abs. 1 Nr. 7 besteht schließlich darin, den Betriebsrat dazu zu veranlassen, neben der Vorbereitung[1118] auch bei der Durchführung personeller Einzelmaßnahmen besonders auf die Interessen ausländischer Arbeitnehmer zu achten.[1119]

Da ausländische Arbeitnehmer tendenziell ein höheres Kündigungsrisiko tragen,[1120] ist auch hinsichtlich der Beendigung des Arbeitsverhältnisses zu hinterfragen, inwieweit § 80 Abs. 1 Nr. 7 die Entscheidungstätigkeit des Betriebsrats anleiten kann.

Der Gesetzgeber hat in § 102 einen Mitbestimmungstatbestand normiert, der den Schutz des Individualinteresses des Arbeitnehmers an dem Erhalt seines Arbeitsplatzes kollektivrechtlich verstärken, dem Betriebsrat aber auch Einfluss auf die Zusammensetzung der Belegschaft verschaffen und somit dem kollektiven Interesse dienen soll.[1121] Deshalb ist exemplarisch die Mitbestimmung des Betriebsrats bei Kündigungen gemäß § 102 auf Aspekte hin zu untersuchen, die für eine integrationsfördernde Interessenvertretung durch den Betriebsrat von Bedeutung sind.

1. *Betriebsratsanhörung*

Der Betriebsrat ist vom Arbeitgeber vor einer Kündigung anzuhören, damit dieser seine Überlegungen zu der Kündigungsabsicht aus Sicht der Arbeitnehmerseite dem Arbeitgeber zur Kenntnis bringen und somit dessen Entscheidungsfindung beeinflussen kann.[1122]

a) Information durch Arbeitgeber

Damit der Betriebsrat für die Belange der Belegschaft und des zu kündigenden Arbeitnehmers eintreten und darüber entscheiden kann, auf welche Weise dies

---

1118 Siehe dazu oben S. 213 ff.

1119 Vgl. GK-BetrVG/*Weber*, § 80 Rn. 54, 45; *Kleveman*, AiB 1993, 529, 532; vgl. zum Personalvertretungerecht *Pakirnus*, PersR 1995, 193, 194.

1120 *Blank*, AuR 1994, 286.

1121 BAG, 13.07.1978 – 2 AZR 717/76, AP BetrVG 1972 § 102 Nr. 17; GK-BetrVG/*Raab*, § 102 Rn. 3.

1122 BAG, 13.07.1978 – 2 AZR 717/76, AP BetrVG 1972 § 102 Nr. 17.

geschehen soll, ist der Betriebsrat gemäß § 102 Abs. 1 Satz 2 über die Gründe für die beabsichtigte Kündigung zu informieren.[1123] Dabei hat der Betriebsrat in dem Umfang, in dem dies zur Wahrnehmung seines Beteiligungsrechts aus § 102 erforderlich ist, auch Anspruch auf Einblick in die entsprechenden Teile der Personalakte[1124] und kann außerdem beschließen, ergänzende Informationen beim Arbeitgeber einzuholen[1125].

Der Betriebsrat sollte deshalb bei verhaltensbedingten Kündigungen (insbesondere ausländischer Arbeitnehmer) darauf achten, ob im Vorfeld Abmahnungen ausgesprochen wurden und gegebenenfalls gezielt beim Arbeitgeber Informationen dazu einholen, um deren Berechtigung beurteilen zu können.[1126]

Raum dafür kann im Übrigen auch ein Gespräch des Betriebsrates mit dem Arbeitgeber vor Abgabe seiner Stellungnahme bieten, zu welchem der Arbeitgeber als Betriebspartner grundsätzlich im Rahmen der vertrauensvollen Zusammenarbeit verpflichtet ist.[1127]

b) Anhörung des Betroffenen

Der Betriebsrat soll gemäß § 102 Abs. 2 Satz 4 vor seiner Stellungnahme den betreffenden Arbeitnehmer hören, um dessen Interessen möglichst wirkungsvoll berücksichtigen zu können.[1128]

Dabei ist bereits im Rahmen der Ermessensentscheidung[1129] betreffend das „Ob" der Anhörung des Arbeitnehmers zu berücksichtigen, dass sich aus dieser auch Anhaltspunkte für besondere zu berücksichtigende Interessenlagen und damit das weiterhin angezeigte Vorgehen ergeben können.[1130] Weiterhin bestünde gegebenenfalls die Möglichkeit, etwaige (sprachbedingte) Missverständnisse auszuräumen.[1131]

1123 BAG, 13.07.1978 – 2 AZR 717/76, AP BetrVG 1972 § 102 Nr. 17.

1124 M. w. N. DKW/*Deinert*, § 102 Rn. 50.

1125 DKW/*Deinert*, § 102 Rn. 180.

1126 *Kleveman*, AiB 1993, 529, 543.

1127 DKW/*Deinert*, § 102 Rn. 53; GK-BetrVG/*Raab*, § 102 Rn. 41.

1128 GK-BetrVG/*Raab*, § 102 Rn. 134.

1129 BAG, 02.04.1976 – 2 AZR 513/75, AP BetrVG 1972 § 102 Nr. 9; Düwell/*Braasch*, § 102 Rn. 77; vgl. HWGNRH/*Huke*, § 102 Rn. 78.

1130 *Colneric*, AiB 1982, 152, 156; vgl. auch *Kleveman*, AiB 1993, 529, 542; vgl. zum Personalvertretungerecht *Pakirnus*, PersR 1995, 193, 195.

1131 *Kleveman*, AiB 1993, 529, 542.

Inhaltlich sollte sodann überprüft werden, ob der Arbeitgeber von zutreffenden Sozialdaten ausgegangen ist.[1132] Außerdem sollte der Aufenthaltstitel bzw. die Arbeitserlaubnis[1133] erfragt werden,[1134] sowie auch, ob Familiennachzug geplant ist.[1135] Bei Kündigungen wegen häufiger krankheitsbedingter Fehlzeiten sollten deren Hintergründe erfragt werden, um gegebenenfalls eine Negativ-Prognose erschüttern oder einen Missbrauchsverdacht entkräften zu können.[1136] Bei verhaltensbedingten Kündigungen, denen eine Abmahnung vorausgegangen ist, sollte hinterfragt werden, ob diese vom Arbeitnehmer verstanden wurde.[1137]

Darüber hinaus sollte der Betriebsrat die Anhörung nutzen, um den Arbeitnehmer über die gemäß § 4 KSchG drohende Präklusion im Falle verspäteter Erhebung der Kündigungsschutzklage, Gefahren einer Ausgleichsquittung[1138], und Unterstützungsmöglichkeiten für das Führen eines Kündigungsschutzprozesses[1139] zu informieren.[1140] Zudem sollten ggf. (herkunftsbedingte) Fehlvorstellungen über das Bestehen von Abfindungsansprüchen korrigiert werden.[1141]

Im Rahmen der Anhörung sollte erforderlichenfalls ein Dolmetscher eingesetzt werden, um etwaige Kommunikationsschwierigkeiten zu bereinigen.[1142] Ein im Betrieb für den Arbeitgeber tätiger Dolmetscher kann dafür unter Umständen, wegen seines Einsatzes „auf Seiten“ des Arbeitgebers, ungeeignet sein.[1143]

1132 *Kleveman*, AiB 1993, 529, 542.

1133 Siehe § 4a Abs. 1 und Abs. 4 AufenthG

1134 Vgl. *Kleveman*, AiB 1993, 529, 542.

1135 *Colneric*, AiB 1982, 152, 156.

1136 Ausführlich *Blank*, AiB 1982, 87, 88; *Kleveman*, AiB 1993, 529, 543 am Beispiel häufig im Heimaturlaub ausgestellter Arbeitsunfähigkeitsbescheinigungen.

1137 *Kleveman*, AiB 1993, 529, 543.

1138 *Helm*, AiB 1993, 70 ff.; *Kleveman*, AiB 1993, 529, 531; *Däubler*, Das Arbeitsrecht 2, Rn. 1680.

1139 Gem. §§ 185 ff. GVG kann ein Dolmetscher hinzugezogen werden, dessen Kosten nach § 12 Abs. 5a ArbGG bei „Gegenseitigkeit“ der Staat übernimmt, *Kleveman*, AiB 1993, 529, 531.

1140 *Kleveman*, AiB 1993, 529, 542; vgl. zum Personalvertretungerecht *Pakirnus*, PersR 1995, 193, 195.

1141 *Blank*, AiB 1982, 87, 88; *Kleveman*, AiB 1993, 529, 542.

1142 *Kleveman*, AiB 1993, 529, 536; vgl. zum Personalvertretungerecht *Pakirnus*, PersR 1995, 193, 195.

1143 *Seggern*, AiB 1982, 85, 86.

c) Beschaffung weiterer Informationen

Um Auskunft über die besonderen Interessenlagen zu erhalten, kann es im Übrigen hilfreich sein, externen Sachverstand zu Rate zu ziehen, beispielsweise den der Sozialberater der Wohlfahrtsverbände.[1144]

d) Zwischenergebnis

Insofern ergeben sich für den Betriebsrat bereits hinsichtlich des Verhaltens zur Beeinflussung seiner späteren Entscheidungsgrundlage Gelegenheiten, Rücksicht auf die besondere Lage zu nehmen, in der sich ausländische Arbeitnehmer befinden, die gekündigt werden sollen.

2. Äußerung des Betriebsrats

Anschließend stehen dem Betriebsrat verschiedene Reaktionsmöglichkeiten zu. Er kann etwa gemäß § 102 Abs. 2 Bedenken oder Zustimmung äußern, oder auch gemäß § 102 Abs. 3 widersprechen.[1145]

a) Bedenken gegen eine Kündigung

Der Betriebsrat kann aus allen ihm wichtig erscheinenden Gründen gemäß § 102 Abs. 2 Satz 1 Bedenken gegen jede geplante Kündigung erheben.[1146]

aa) Ermessen des Betriebsrats

Darüber entscheidet der Betriebsrat grundsätzlich nach seinem Ermessen.[1147] Dabei sind individuelle Interessen ebenso zu berücksichtigen wie Belange der Belegschaft und untereinander abzuwägen, um letztlich einheitlich für das kollektive Interesse einzustehen.[1148]

Insoweit können etwa, im Sinne individueller Interessen, insbesondere auch die einem Arbeitnehmer ohne deutsche Staatsangehörigkeit angesichts seines Rechtsstatus gegebenenfalls drohenden Sondernachteile berücksichtigt werden.[1149] So wurde beispielsweise vorgeschlagen, dass Bedenken im Regelfall geäußert werden sollten, wenn der Arbeitnehmer nur eine auf den Betrieb beschränkte

---

1144 *Colneric*, AiB 1982, 152, 156.

1145 GK-BetrVG/*Raab*, § 102 Rn. 137 ff.

1146 *Fitting*, § 102 Rn. 70, 67; GK-BetrVG/*Raab*, § 102 Rn. 137.

1147 Däubler/Deinert/*Deinert*, Einleitung Rn. 277; Düwell/*Braasch*, § 102 Rn. 87; HWGNRH/*Huke*, § 102 Rn. 81.

1148 Siehe oben S. 76 f.

1149 *Colneric*, AiB 1982, 152, 156.

Aufenthaltserlaubnis besaß, wenn die Aufenthaltserlaubnis nur für die Dauer der Beschäftigung in dem Betrieb gelten sollte oder die Kündigung eine geplante Familienzusammenführung verhindert hätte.[1150]

bb) Die Äußerung von Bedenken

Eine ablehnende Stellungnahme sollte zunächst einmal besonders umfassend begründet werden – nicht zuletzt, um sicherzustellen, dass auch dem Arbeitnehmer alle gegen eine Kündigung sprechenden Gesichtspunkte bekannt sind und gegebenenfalls im Kündigungsschutzprozess geltend gemacht werden können.[1151] Im Übrigen richtet sich die Äußerung des Betriebsrats nach den Informationen, die ihm betreffend den jeweiligen Sachverhalt zur Verfügung stehen. Dabei kommt naturgemäß eine Vielzahl an Gesichtspunkten in Betracht, die mit dem Ziel angeführt werden können, den Arbeitgeber dazu zu veranlassen, seinen Kündigungsentschluss zu überdenken.

Grundsätzlich sollte der Betriebsrat den Arbeitgeber erforderlichenfalls darauf aufmerksam machen, bestehende Sondernachteile in einer Interessenabwägung nach § 626 BGB[1152] bzw. § 1 KSchG[1153] zu berücksichtigen[1154].[1155] Mit Blick auf die Anwendbarkeit des KSchG sollte weiterhin darauf geachtet und gegebenenfalls daran erinnert werden, dass für die Wartezeit auch solche Zeiten zu berücksichtigen sind, in denen das Arbeitsverhältnis einem ausländischen Recht unterlag[1156] oder auch die Beschäftigung mangels Aufenthaltstitels illegal war.[1157] Denn der Erprobungszweck steht mit der Rechtmäßigkeit der Beschäftigung oder der Frage des Arbeitsvertragsstatutes in keinem Zusammenhang[1158] und der Betriebsrat ist auch für Arbeitnehmer ohne Aufenthaltstitel bzw. Arbeitserlaubnis[1159] zuständig[1160].

1150 *Colneric*, AiB 1982, 152, 156.

1151 So zum Personalvertretungsrecht *Pakirnus*, PersR 1995, 193, 195.

1152 Bürgerliches Gesetzbuch in der Fassung der Bekanntmachung vom 02.01.2002, BGBl. I S. 42, 2909 und BGBl. 2003 I S. 738.

1153 Kündigungsschutzgesetz in der Fassung der Bekanntmachung vom 25.08.1969, BGBl. I S. 1317.

1154 So *Colneric*, AiB 1982, 152, 156; *Däubler*, Das Arbeitsrecht 2, Rn. 1685.

1155 *Colneric*, AiB 1982, 152, 156.

1156 BAG, 07.07.2011 – 2 AZR 12/10, AP KSchG 1969 § 1 Wartezeit Nr. 25.

1157 *Hanau*, FS BAG, 1979, S. 169, 185.

1158 Däubler/Deinert/*Deinert*, § 1 KSchG Rn. 25, 25a; vgl. KR/*Rachor*, § 1 KSchG Rn. 119; vgl. LKB/*Krause*, § 1 Rn. 84 ff., 304.

1159 Siehe § 4a Abs. 1 und Abs. 4 AufenthG

1160 *Schubert*, AuR 2015, 430, 436.

Weiterhin kann zwar das Fehlen eines Aufenthaltstitels eine personenbedingte Kündigung rechtfertigen, da dieser die Arbeitserlaubnis beinhaltet – der Arbeitgeber muss sich aber solange wie möglich darum bemühen, die Arbeitserlaubnis zu erwirken.[1161] Wenn der Arbeitgeber das Fehlen der Arbeitserlaubnis verschuldet hat (etwa in Fällen vereinbarter Überwachung der Verlängerung[1162]) und die fehlende Erlaubnis noch beschafft werden kann, kann eine Kündigung unwirksam sein.[1163] Darauf sollte der Betriebsrat achten und gegebenenfalls entsprechende Bedenken äußern.

Bei einer verhaltensbedingten Kündigung könnte vom Betriebsrat weiterhin auf (gegebenenfalls im Rahmen einer Anhörung ermittelte[1164]) Verständnisprobleme hinsichtlich einer erfolgten Abmahnung hingewiesen werden. Schließlich ist bei Sprachschwierigkeiten mit Blick auf die (Warn-)Funktion einer Abmahnung[1165] Rücksicht auf die insoweit besondere Situation ausländischer Arbeitnehmer zu nehmen.[1166] Und auch bei Rechtsirrtümern von Arbeitnehmern mit Sprachdefiziten und fehlender Kenntnis deutscher Gepflogenheiten, die Kündigungsgründe darstellen können,[1167] sollte der Betriebsrat auf gegebenenfalls besondere Umstände des Rechtsirrtums mit der Äußerung von Bedenken reagieren. Bedenken zum Ausdruck zu bringen, kann auch mit Blick auf den grundgesetzlichen Schutz der Religionsfreiheit durch Art. 4 Abs. 2 GG und den Diskriminierungsschutz des AGG angezeigt sein. Schließlich ist bei Kündigungen, die wegen des Fernbleibens eines (ausländischen) Arbeitnehmers von der Arbeit aufgrund eines hohen religiösen Feiertags ausgesprochen werden, betrieblichen Belangen auch der Schutz (religiöser) Individualinteressen gegenüberzustellen.[1168] Kollisionen mit betrieblichen Arbeitsabläufen sollten zwar idealerweise bereits über eine entsprechend sensibilisierte Mitbestimmung der betrieblichen

---

1161 Siehe m. w. N. Däubler/Deinert/*Däubler*, § 626 BGB Rn. 243; Däubler/Deinert/*Deinert*, § 1 KSchG Rn. 189; KR/*Rachor*, § 1 KSchG Rn. 306; vgl. LKB/*Krause*, § 1 Rn. 305; *Deinert*, ZFA 2018, 17, 38; *Schubert*, AuR 2015, 430, 436.

1162 Siehe dazu oben S. 215 f.

1163 *Blank*, AiB 1982, 87.

1164 Siehe oben S. 231 f.

1165 Vertiefend Däubler/Deinert/*Deinert*, § 314 BGB Rn. 76; Gallner/Mestwerdt/Nägele/*Zimmermann*, § 1 KSchG Rn. 271; KR/*Fischermeier/Krumbiegel*, § 626 BGB Rn. 283; vgl. LKB/*Krause*, § 1 Rn. 475.

1166 Däubler/Deinert/*Deinert*, Einleitung Rn. 61; vgl. *Oberrath/Herbert*, NZA 2012, 1260, 1261.

1167 M. w. N. Däubler/Deinert/*Däubler*, § 626 BGB Rn. 93.

1168 Ausführlich m. w. N. Däubler/Deinert/*Däubler*, § 626 BGB Rn. 98; vgl. LKB/*Krause*, § 1 Rn. 580.

Regelungsstrukturen verhindert werden – unter anderem darauf zielt § 80 Abs. 1 Nr. 7 gerade ab.[1169] Gelingt dies aber nicht, ist spätestens beim Vollzug einer personellen Maßnahme vom Betriebsrat ein Eintreten für die Belange ausländischer Arbeitnehmer zu erwarten.

Da der Betriebsrat im Hinblick auf sämtliche Differenzierungsmerkmale im Sinne des § 1 AGG Bedenken vorbringen kann,[1170] ergeben sich angesichts der Synergie des Diskriminierungsschutzes mit der Aufgabe der Integrationsförderung[1171] zahlreiche Konstellationen, in denen Bedenken gegen eine Kündigung erhoben werden können. Diese haben zwar keine unmittelbare Auswirkung auf die Rechtsstellung des betroffenen Arbeitnehmers.[1172] Verbunden mit einem Hinweis darauf, dass der Betriebsrat gegebenenfalls auf eine aus seiner Sicht diskriminierende Kündigung mit einem Antrag nach § 17 Abs. 2 AGG[1173] reagiere, erscheint es aber dennoch vorstellbar, den Arbeitgeber wenigstens dazu zu bringen, seinen Kündigungsentschluss noch einmal kritisch zu hinterfragen. Dementsprechend sollte der Betriebsrat gegebenenfalls Bedenken an einer aus seiner Sicht rechtswidrigen Kündigung äußern.[1174] Dabei gilt es auch aufmerksam gegenüber etwaigen Praktiken zu sein, nach denen systematisch bei bestimmten Pflichtverletzungen ausländische Arbeitnehmer gekündigt werden, deutsche aber nicht.[1175]

b) *Zustimmung zu einer Kündigung*

Aus § 102 Abs. 2 Satz 2 geht hervor, dass der Betriebsrat einer Kündigung auch ausdrücklich zustimmen kann.[1176] Dabei ergibt sich für die ermessenssteuernde Wirkung des § 80 Abs. 1 Nr. 7, vor dem Hintergrund der Möglichkeit des Betriebsrates, gemäß § 104 die Entfernung betriebsstörender Arbeitnehmer zu verlangen, insbesondere in zwei Konstellationen Raum.

1169 Siehe oben S. 201 ff.

1170 *Schwering*, Das Allgemeine Gleichbehandlungsgesetz als Aufgabe und Instrument des Betriebsrates, S. 292.

1171 Siehe oben S. 131 ff.

1172 *Schwering*, Das Allgemeine Gleichbehandlungsgesetz als Aufgabe und Instrument des Betriebsrates, S. 292.

1173 *Schwering*, Das Allgemeine Gleichbehandlungsgesetz als Aufgabe und Instrument des Betriebsrates, S. 292 ff.

1174 Vgl. zu Kündigungen mit der Begründung, es seien zu viele ausländische Arbeitnehmer im Betrieb *Blank*, AuR 1994, 286, 288.

1175 Däubler/Beck/*Däubler*, § 7 AGG Rn. 258; Däubler/Deinert/*Deinert*, § 1 KSchG Rn. 69; vgl. zu Schwierigkeiten, Informationen über Diskriminierungsmerkmale zu erhalten aber Däubler/Deinert/*Däubler*, § 242 BGB Rn. 64.

1176 GK-BetrVG/*Raab*, § 102 Rn. 139.

So kann der Arbeitgeber bereits ohne ein entsprechendes Verlangen des Betriebsrates einen Kündigungsentschluss gefasst und das Beteiligungsverfahren gemäß § 102 eingeleitet haben. Immerhin sind grundsätzlich ausländerfeindliche Agitationen als Kündigungsgründe anerkannt.[1177] In einem solchen Fall wäre ein Verlangen des Betriebsrates nach § 104 offenkundig sinnlos. Um dennoch ein betriebspolitisches Zeichen zu setzen und zur Integrationsförderung auf die Gestaltung eines Arbeitsumfeldes hinzuwirken, das entsprechenden Verhaltensweisen keinen Raum bietet, kann der Betriebsrat der Kündigung ausdrücklich zustimmen.

Weiterhin sind Konstellationen vorstellbar, in denen der Betriebsrat an Kündigungssachverhalten von Arbeitnehmern beteiligt wird, an deren Verbleib im Betrieb der Belegschaft – unterhalb der Schwelle des § 104[1178] – nicht gelegen ist. In einer solchen Konstellation erscheint ebenfalls eine Zustimmung durch den Betriebsrat denkbar.

c) Kündigungswiderspruch

Der Betriebsrat hat schließlich gemäß § 102 Abs. 3 die Möglichkeit, einer ordentlichen Kündigung nach pflichtgemäßem Ermessen zu widersprechen, wenn er die Voraussetzungen eines Widerspruchsgrundes für gegeben hält.[1179] Dabei ist der Betriebsrat aufgrund § 2 Abs. 1 dazu verpflichtet, das kollektive Interesse[1180] und gemäß § 80 Abs. 1 die allgemeinen Aufgaben zu berücksichtigen.[1181]

Das kollektive Interesse ist insoweit aufgrund der konkretisierenden Wirkung von § 80 Abs. 1 Nr. 7, welcher wiederum auf den verstärkten Einsatz für die Belange ausländischer Arbeitnehmer zielt, mit Rücksicht auf deren gegebenenfalls betroffene Individualinteressen abzuwägen und sodann gegenüber dem Arbeitgeber zu vertreten.[1182]

aa) Form

Der Widerspruch muss aus Gründen der Rechtssicherheit schriftlich erhoben und begründet werden, vgl. § 102 Abs. 2 S. 1.[1183] Mit Blick auf die Individualinteressen

---

1177 Im Einzelnen m. w. N. Däubler/Deinert/*Däubler*, § 626 BGB Rn. 202 ff.

1178 Zu Einzelheiten statt vieler GK-BetrVG/*Raab*, § 104 Rn. 7 ff.

1179 Däubler/Deinert/*Deinert*, Einleitung Rn. 277; *Fitting*, § 102 Rn. 71; KR/*Rinck*, § 102 BetrVG Rn. 164.

1180 *Zumkeller*, NZA 2001, 823.

1181 *Wagener*, BB 1972, 1373, 1375.

1182 Siehe oben S. 76 ff.

1183 *Fitting*, § 102 Rn. 71, 64.

von einer Kündigung betroffener ausländischer Arbeitnehmer sollte die Begründung des Widerspruchs besonders umfassend gestaltet werden, um sicherzustellen, dass im Kündigungsschutzprozess keine relevanten Aspekte (etwa aufgrund Verständigungsschwierigkeiten zwischen dem Arbeitnehmer und seiner Prozessvertretung) übersehen werden.[1184]

bb) Soziale Gesichtspunkte

Im Übrigen fordert § 80 Abs. 1 Nr. 7 im Rahmen der Entscheidungstätigkeit betreffend das Erheben eines Widerspruchs den Betriebsrat zu erhöhter Aufmerksamkeit hinsichtlich der besonderen Situation ausländischer Arbeitnehmer auf, um angemessen für deren Interessen eintreten zu können.

(1) Keine Begrenzung durch das KSchG

Im Rahmen eines Widerspruchs gemäß § 102 Abs. 3 Nr. 1 mit der Begründung, dass bei der Auswahl des Arbeitnehmers soziale Gesichtspunkte nicht oder nicht ausreichend berücksichtigt wurden, kann dabei der Betriebsrat auch auf Gesichtspunkte abstellen, die nicht von § 1 Abs. 3 S. 1 Hs. 1 KSchG erfasst sind.[1185]

Gegen eine Restriktion der sozialen Gesichtspunkte im Sinne von § 102 Abs. 3 Nr. 1 durch die Aufzählung in § 1 Abs. 3 S. 1 Hs. 1 KSchG spricht insbesondere der Wortlaut und auch die Entstehungsgeschichte, da die Formulierung von § 102 Abs. 3 Nr. 1 nicht angepasst wurde, sondern immer noch abstrakt auf „soziale Gesichtspunkte" abstellt.[1186] Wenn der Gesetzgeber im Bereich des kündigungsschutzrechtlichen Zusammenwirkens von KSchG und § 102 Abs. 3 durch Anpassung einer dieser zwei Regelungsmaterien zugleich auch die damit im Zusammenhang stehenden Regelungen des anderen Normenkomplexes zu justieren bezweckt hätte, wären Anhaltspunkte dafür auch in den Gesetzesmaterialien zu erwarten.[1187] Solche Anhaltspunkte sind hier nicht ersichtlich. Außerdem gilt es aus systematischen Erwägungen zu beachten, dass das BetrVG auch in Betrieben und damit § 102 auf Kündigungen anwendbar sein kann, die das KSchG nicht erfasst.[1188]

1184 *Kleveman*, AiB 1993, 529, 543; vgl. zum Personalvertretungerecht *Pakirnus*, PersR 1995, 193, 195.

1185 Vgl. BAG, 09.07.2003 – 5 AZR 305/02, NZA 1191, 1192; *Fitting*, § 102 Rn. 78; a. A. ErfK/*Kania*, § 102 BetrVG Rn. 18.

1186 *Bost-Klatt/Fuhrmann*, AiB 2004, 208, 209; *Mareck*, BB 2000, 2042, 2043.

1187 Vgl. in anderem Zusammenhang BAG, 13.09.1973 – 2 AZR 601/72, AP Nr. 2 zu § 1 KSchG 1969.

1188 *Bost-Klatt/Fuhrmann*, AiB 2004, 208, 209.

(2) Sondernachteile

Insofern also im Sinne sozialer Gesichtspunkte gemäß § 102 Abs. 3 Nr. 1 auch andere als die in § 1 Abs. 3 S. 1 Hs. 1 KSchG benannten in Betracht kommen, stellt sich die Frage, ob dazu auch die aus Rechtsvorschriften und Behördenpraktiken für ausländische Arbeitnehmer folgenden Sondernachteile einer Kündigung zählen und folglich im Rahmen der Sozialauswahl berücksichtigt werden müssen.[1189]

Die beispielsweise in der nachträglich eintretenden Ermangelung einer „wesentlichen Voraussetzung“ im Sinne von § 7 Abs. 2 AufenthG[1190] liegende besondere Härte der Kündigung eines ausländischen Arbeitnehmers könnte die Anerkennung als Widerspruchsgrund im Sinne von § 102 Abs. 3 Nr. 1 rechtfertigen.[1191]

Nach *Colneric* könne dergleichen jedoch auch in Frage gestellt werden, weil die entsprechenden Schlechterstellungen vielfach gerade dazu dienten, Deutsche und ihnen gleichgestellte Arbeitnehmer vor Arbeitslosigkeit zu bewahren.[1192] Jedenfalls gelte es aus betriebspolitischer Sicht zu bedenken, dass eine solche „Privilegierung“ ausländischer Arbeitnehmer von der Belegschaft als unsolidarisch eingestuft werden könne.[1193]

Vor dem Hintergrund, dass (empfundene) gruppenspezifische „Bevorzugungen“ ablehnende Haltungen provozieren können,[1194] erscheint insoweit tatsächlich Achtsamkeit geboten. Der Betriebsrat sollte sensibel mit diesem Thema umgehen und sich jedenfalls darum bemühen, entsprechendes Konfliktpotenzial durch Kommunikation und transparente Erläuterung der Hintergründe zu entschärfen. Mit Blick auf ihre Funktion, auch ein betriebliches Forum für die Diskussion integrationsrelevanter Fragen zu bieten, kommt dafür etwa die Betriebsversammlung in Betracht.[1195]

Da die aufenthaltsrechtlichen Konsequenzen im Übrigen aber erst an den Verlust des Arbeitsplatzes anknüpfen, jedoch nicht darauf zielen, diesen auch herbeizuführen, spricht nach hier vertretener Ansicht nichts dagegen, die Sondernachteile gemäß § 102 Abs. 3 Nr. 1 als soziale Gesichtspunkte zu berücksichtigen.

1189 Die Frage wurde bereits von *Colneric*, AiB 1982, 152, 156 aufgeworfen.

1190 Dazu BeckOK-Ausländerrecht/*Maor*, § 7 AufenthG Rn. 16 f.; *Klaus*, ZAR 2020, 307, 308.

1191 Vgl. jeweils *Blank*, AiB 1982, 87, 88; *Blank*, AuR 1994, 286, 289; *Kleveman*, AiB 1993, 529, 542.

1192 *Colneric*, AiB 1982, 152, 156.

1193 *Colneric*, AiB 1982, 152, 156.

1194 Siehe oben S. 201 f.

1195 Siehe oben S. 197 f.

(3) Diskriminierungsschutz

Besondere Achtsamkeit ist auch hinsichtlich diskriminierender Kündigungen geboten, da sie gegebenenfalls zugleich eine fehlerhafte Sozialauswahl begründen können.[1196] So erscheint etwa eine Auswahlentscheidung unter Berücksichtigung von Unterhaltsverpflichtungen, bei der im Inland lebende Kinder mit einem – im Ausland lebende aber nur mit einem halben Punkt bewertet wurden, systematisch benachteiligend[1197] und damit als fehlerhaft.

cc) Auswahlrichtlinien

Außerdem können gemäß Abs. 3 Nr. 2 auch Auswahlrichtlinien im Sinne von § 95 (beispielsweise als Konkretisierung einer integrationsfördernd gestalteten Personalplanung) durchgesetzt werden.[1198]

Die h. M.[1199] geht dabei davon aus, dass § 1 Abs. 3 S. 1 KSchG abschließend die in der Sozialauswahl berücksichtigungsfähigen Grunddaten bestimme. Zulässig sei nur die Verständigung auf ergänzende Faktoren betreffend die Gewichtung der Grunddaten, sofern die Faktoren einen unmittelbaren Bezug zu den Grunddaten haben. Allerdings wird von einer a. A.[1200] gegen einen Willen des Gesetzgebers argumentiert, in § 1 Abs. 3 S. 1 KSchG einen abschließenden Katalog berücksichtigungsfähiger sozialer Grunddaten zu normieren. So biete zunächst einmal der lediglich eine „ausreichende" Berücksichtigung fordernde Wortlaut keine diesbezüglich weitergehenden Anhaltspunkte.[1201] Weiterhin ergebe der systematische Vergleich mit den unveränderten § 2 Abs. 2 S. 2 ArbPlSchG und § 8 Abs. 1 ATG, dass weitere Kriterien berücksichtigungsfähig sein müssen, da die genannten Vorschriften anderenfalls überflüssig wären.[1202]

1196 M. w. N. vertiefend Däubler/Deinert/*Deinert*, § 1 KSchG Rn. 69, 562; vgl. auch die Ausführungen zur diesbezüglichen Äußerung von Bedenken oben auf S. 234 ff.

1197 Vgl. *Colneric*, AiB 1982, 152, 157.

1198 *Knolle*, AiB 2011, 228, 230.

1199 BAG, 29.01.2015 – 2 AZR 164/14, AP 1969 § 2 Nr. 162; 07.07.2011 – 2 AZR 12/10, AP KSchG § 1 Wartezeit Nr. 26; 12.08.2010 – 2 AZR 945/08, AP KSchG 1969 § 2 Nr. 147; Däubler/Deinert/*Deinert*, § 1 KSchG Rn. 524; ErfK/*Oetker*, § 1 KSchG Rn. 335; *Fitting*, § 95 Rn. 25; HWGNRH/*Rose*, § 95 Rn. 59; LKB/*Krause*, § 1 Rn. 928 f.

1200 Deinert/Wenckebach/Zwanziger/*Becker*, § 74 Rn. 46; DKW/*Klebe*, § 95 Rn. 26; Düwell/*Kreuder/Matthiessen-Kreuder*, § 95 Rn. 9; GK-BetrVG/*Raab*, § 95 Rn. 49; KR/*Rachor*, § 1 KSchG Rn. 752; Richardi/*Thüsing*, § 95 Rn. 42; WPK/*Preis*, § 95 Rn. 12.

1201 GK-BetrVG/*Raab*, § 95 Rn. 49; KR/*Rachor*, § 1 KSchG Rn. 752.

1202 KR/*Rachor*, § 1 KSchG Rn. 752.

Das auch in der Gesetzesbegründung[1203] benannte Ziel, betriebsbedingte Kündigungen rechtssicherer zu gestalten, setze zudem nicht zwingend voraus, dass die Betriebspartner keine entsprechenden Regelungen zu ergänzenden Kriterien vereinbaren dürfen.[1204]

Der a. A. ist zwar zuzugestehen, dass der Gesetzgeber dem Arbeitgeber durchaus ermöglichen möchte zusätzliche Tatsachen zu erfassen, wenn sie mit den Grunddaten in einem unmittelbaren Zusammenhang stehen oder sich aus betrieblichen Gegebenheiten herleiten lassen – allerdings nur dann, wenn sich dies evident erschließt und dazu dient, im Einzelfall unbilligen Härten zu begegnen.[1205] Hierbei wird wohl eher eine nachrangige Korrekturmöglichkeit für konkrete unvertretbare Ergebnisse im Einzelfall erläutert, als ein betriebspolitisches Gestaltungsinstrument. Schließlich wird in der Begründung auch ausgeführt, dass „in tariflichen oder betrieblichen Auswahlrichtlinien nur noch festgelegt werden [kann], wie diese drei Kriterien[1206] im Verhältnis zueinander zu bewerten sind."[1207]

Deshalb kann der Schutz des Interesses ausländischer Arbeitnehmer am Erhalt des Arbeitsplatzes jedenfalls nicht unmittelbar als sozialer Gesichtspunkt bei der Aufstellung von Richtlinien über die personelle Auswahl bei Kündigungen intensiviert werden, um deren erhöhten Risiko einer Langzeitarbeitslosigkeit Rechnung zu tragen.[1208] Die Frage, ob Sondernachteile ausländischer Arbeitnehmer (insbesondere in Gestalt aufenthalts- und arbeitserlaubnisrechtlicher Konsequenzen sowie Behördenpraktiken bei Arbeitnehmern ohne deutsche Staatsangehörigkeit) einbezogen werden können,[1209] ist hier ebenfalls – anders als im Rahmen der unmittelbaren Berücksichtigung gemäß Abs. 3

1203 BT-Drs. 15/1204, S. 11.

1204 Vgl. Deinert/Wenckebach/Zwanziger/*Becker*, § 74 Rn. 46; GK-BetrVG/*Raab*, § 95 Rn. 49; vgl. KR/*Rachor*, § 1 KSchG Rn. 752; so aber wohl LKB/*Krause*, § 1 Rn. 929.

1205 BT-Drs. 15/1204, S. 11.

1206 Gemeint sind die Dauer der Betriebszugehörigkeit, das Lebensalter und die Unterhaltspflichten des Arbeitnehmers.

1207 BT-Drs. 15/1204, S. 11.

1208 Vgl. auch BAG, 07.07.2011 – 2 AZR 12/10, AP KSchG § 1 Wartezeit Nr. 26, insbes. Rn. 50, 52; a. A. wohl Düwell/*Kreuder/Matthiessen-Kreuder*, § 95 Rn. 9 f.; WPK/*Preis*, § 95 Rn. 12; *Seifert*, in: Haedrich (Hrsg.), Flucht, Asyl und Integration aus rechtlicher Perspektive, 2017, S. 153, 170;.

1209 *Colneric*, AiB 1982, 152, 157.

Nr. 1[1210] – zu verneinen. Vorstellbar ist allerdings die Berücksichtigung während des Beschäftigungsverhältnisses erlittener Betriebsunfälle oder Berufskrankheiten in Punkteschemata für betriebsbedingte Kündigungen[1211], um dem Umstand Rechnung zu tragen, dass ausländische Arbeitnehmer davon, wegen ihres häufigeren Einsatzes für besonders belastende, der Gesundheit abträgliche Aufgaben, häufiger betroffen sind.[1212]

dd) Weiterbeschäftigungsmöglichkeit

Gemäß Abs. 3 Nr. 4 besteht ein Widerspruchsrecht beim Vorliegen durch zumutbare Umschulungs- oder Fortbildungsmaßnahmen in Betracht kommender Weiterbeschäftigungsmöglichkeiten. Bei der Abwägung der Arbeitgeberinteressen gegenüber denen des Arbeitnehmers zur Beurteilung der Zumutbarkeit sind abermals die drohenden Sondernachteile zugunsten des Arbeitnehmers zu berücksichtigen.[1213]

3. Zwischenergebnis

Das Entscheidungsverhalten zur Mitbestimmung des Betriebsrats bei Kündigungen gemäß § 102 kann durch § 80 Abs. 1 Nr. 7 (mit Blick auf den daraus geforderten besonderen Einsatz für die Interessen ausländischer Arbeitnehmer) auf verschiedene Weise angeleitet werden.

Zunächst einmal gilt es, die besondere Situation zu berücksichtigen, in der sich ausländische Arbeitnehmer gegebenenfalls befinden – die solchen Arbeitnehmern ohne deutsche Staatsangehörigkeit gegebenenfalls drohenden, aufenthaltsrechtlichen Sondernachteile sind hierfür ein prägnantes Beispiel. Allerdings können angesichts des sachlich-thematischen Zuschnitts der Aufgabe der Integrationsförderung noch weitere Gesichtspunkte mit Bezug zu den Interessen ausländischer Arbeitnehmer vom Betriebsrat bei seinen Entscheidungen berücksichtigt werden. So gehört auch die Gestaltung eines Arbeitsumfeldes, das frei von Rassismus und Fremdenfeindlichkeit ist, zur Förderung der Integration. Zugunsten des Interesses daran kann der Betriebsrat auch die Möglichkeit fruchtbar machen, einer Kündigung gegebenenfalls zuzustimmen.

1210 Siehe dazu S. 240 f.

1211 *Philipp*, BB 1972, 219.

1212 Siehe bereits oben S. 217 f.

1213 *Colneric*, AiB 1982, 152, 156.

Im Rahmen der Mitbestimmung bei personellen Einzelmaßnahmen ergeben sich mithin auch abseits von §§ 99 Abs. 2 Nr. 6, 104 Anknüpfungspunkte, die Integration zu fördern, sofern der Betriebsrat im Rahmen seiner Entscheidungsfindung besonders Rücksicht auf die Interessen ausländischer Arbeitnehmer nimmt. Vor dem Hintergrund des sachlich-thematischen Aufgabenzuschnitts der allgemeinen Aufgabe ist insoweit bei der Mitbestimmung bei Kündigungen gemäß § 102 nicht nur an konkret-individuelle Interessen des betroffenen Arbeitnehmers zu denken. Berücksichtigt werden kann darüber hinaus auch das abstrakte Interesse an einem Arbeitsumfeld, das Rassismus und Fremdenfeindlichkeit keinen Raum lässt.

III. Kündigungen von Funktionsträgern (§ 103)

Der Betriebsrat ist gemäß § 103 auch bei der Kündigung von Arbeitnehmern zu beteiligen, die zugleich betriebsverfassungsrechtliche Funktionsträger sind. Dies ist insbesondere auch mit Blick auf fremdenfeindlich agierende Mitglieder des Betriebsrats und Wahlbewerber[1214] bedeutsam. Dabei stellt sich allerdings die Frage, inwieweit das von § 103 Abs. 1 vorgesehene Zustimmungserfordernis auch zur Verwirklichung der Aufgabe der Integrationsförderung beitragen kann. Soweit ersichtlich, kommt insoweit nur die ermessenssteuernde Wirkung von § 80 Abs. 1 Nr. 7 in Betracht.

1. Ermessen des Betriebsrats?

Die Grundvoraussetzung dessen, das heißt die Frage, ob die Entscheidung des Betriebsrates über die Zustimmung eine Ermessensentscheidung ist, in die Gesichtspunkte einfließen dürfen, die nicht unmittelbar etwas mit dem vom Arbeitgeber dargelegten Kündigungsgrund zu tun haben oder nicht, ist allerdings in der Literatur umstritten.[1215] Die Positionierung der Rechtsprechung dazu erschließt sich erst auf den zweiten Blick: Denn während ein Ermessen in einer

---

1214 Siehe zu letzteren bereits oben S. 124 ff.

1215 Dagegen: ErfK/*Kania*, § 103 BetrVG Rn. 11; wohl auch *Fitting*, § 103 Rn. 31; GK-BetrVG/*Raab*, § 103 Rn. 66; HWGNRH/*Huke*, § 103 Rn. 59; KR/*Rinck*, § 103 BetrVG Rn. 90; LKB/*Bayreuther*, § 15 Rn. 123; Richardi/*Thüsing*, § 103 Rn. 48; *Zumkeller*, NZA 2001, 823; *Stoffels/Lembke*, Betriebsverfassungsrecht, § 11 Rn. 61; dafür: HK-ArbR/*Bufalica*, § 103 BetrVG Rn. 7; *Gamillscheg*, Kollektives Arbeitsrecht II, S. 1069; *Bieback*, RdA 1978, 82, 83 f.; *Gamillscheg*, ZFA 1977, 239, 294.

Entscheidung aus dem Jahr 1976[1216] oberflächlich[1217] ohne inhaltliche Begründung[1218] abgelehnt wurde, ist in jüngeren Judikaten[1219] die Rede davon, dass der Betriebsrat seine Entscheidung über den Zustimmungsantrag nach § 103 Abs. 1 nach pflichtgemäßem Ermessen zu treffen habe. Mithin tendiert die Rechtsprechung im zeitlichen Verlauf eher dazu, dem Betriebsrat eine Entscheidung nach pflichtgemäßem Ermessen zuzugestehen[1220], wobei zwar unsachliche Erwägungen nicht berücksichtigt werden dürfen.[1221] Die „möglichen kollektiven Interessen des Betriebsrates und der Belegschaft an diesem Arbeitnehmer in seiner betriebsverfassungsrechtlichen Funktion" sollen aber nicht zu solcherart unsachlichen Erwägungen zählen.[1222]

Diese Herangehensweise erscheint insbesondere wegen des Zwecks der Einbeziehung der Arbeitnehmervertretung, nämlich deren spezifische Sichtweise auf die betrieblichen und persönlichen Umstände des Falles zur Geltung zu bringen,[1223] überzeugend. Schließlich ist ein über die Zustimmungsersetzung entscheidendes Gericht nicht an die (Ermessens-) Entscheidung des Betriebsrats gebunden, sondern prüft allein das Vorliegen eines wichtigen Grundes i. S. d. § 626 BGB.[1224] Im Rahmen der dazu gehörenden Interessenabwägung wiederum wird ausschließlich das Interesse des Arbeitgebers an der sofortigen Beendigung

---

1216 BAG, 25.03.1976 – 2 AZR 163/75, AP BetrVG 1972 § 103 Nr. 6.

1217 Oberflächlich insbesondere, da die vergleichsweise in Bezug genommene Entscheidung des BAG vom 22.08.1974 – 2 ABR 17/74, AP BetrVG 1972 § 103 Nr. 1 davon ausging, diese Frage nicht beantworten zu müssen, weil ohnehin bei der Entscheidung über das Vorliegen eines wichtigen Grundes im Verfahren nach § 103 vor allem „auch die möglichen kollektiven Interessen des Betriebsrates und der Belegschaft an diesem Arbeitnehmer in seiner betriebsverfassungsrechtlichen Funktion" (III. 2.) zu berücksichtigen seien. Die kollektiven Interessen werden aber ihrerseits vom Betriebsrat nach pflichtgemäßem Ermessen bestimmt (siehe oben S. 76 f.). Außerdem deuten auch die Ls. (3.) der Entscheidung darauf hin, dass der BR einen Ermessensspielraum haben soll.

1218 Siehe auch HK-ArbR/*Bufalica*, § 103 BetrVG Rn. 7.

1219 BAG, 30.05.1978 – 2 AZR 637/76, AP KSchG 1969 § 15 Nr. 4; bestätigt durch Urteil vom 16.12.1982 – 2 AZR 76/81, AP KSchG 1969 § 15 Nr. 13.

1220 Andere Interpretation: *Hueck*, AP KSchG 1969 § 15 Nr. 2; *Kraft*, AP KSchG 1969 § 15 Nr. 13.

1221 BAG, 30.05.1978 – 2 AZR 637/76, AP KSchG 1969 § 15 Nr. 4.

1222 BAG, 22.08.1974 – 2 ABR 17/74, AP BetrVG 1972 § 103 Nr. 1; vgl. BAG, 12.08.1976 – 2 AZR 303/75, AP KSchG 1969 § 15 Nr. 2.

1223 HK-ArbR/*Bufalica*, § 103 BetrVG Rn. 7.

1224 BAG, 16.11.2017 – 2 AZR 14/17, AP BetrVG 1972 § 103 Nr. 61, insbes. Rn. 39; *Gamillscheg*, Kollektives Arbeitsrecht II, S. 1069.

des Arbeitsverhältnisses dem Interesse des Arbeitnehmers an seinem Fortbestand gegenübergestellt.[1225] Dann aber würden nach der h. M. weder das Gericht im Zustimmungsersetzungsverfahren, noch der Betriebsrat im Rahmen der Zustimmungsentscheidung auf das kollektive Interesse abstellen dürfen. Deshalb kann bzw. sollte dem Betriebsrat eine Entscheidung nach seinem pflichtgemäß am kollektiven Interesse ausgerichteten Ermessen zugestanden werden.[1226] Ansonsten wäre es schlechterdings nicht ersichtlich, warum überhaupt Vertreter der Belegschaftsinteressen zum Schutz der kollektiven Interessen des Betriebsrats und der Belegschaft an der weiteren Amtstätigkeit des Funktionsträgers einer Kündigung zustimmen müssen sollten.[1227] Schließlich spricht auch die mittelbare Konsequenz der Lösung der h. M. für eine Ermessensentscheidung des Betriebsrats. Denn ohne Ermessenspielraum würde ein Betriebsrat, der die Zustimmung trotz Anerkennung eines wichtigen Grundes verweigert, den Boden für Auflösungsanträge gemäß § 23 Abs. 1 bereiten. Deshalb muss es letztlich dem Betriebsrat erlaubt sein, neben der Würdigung des Geschehens auch betriebspolitische Überlegungen zu berücksichtigen.[1228]

2. Zustimmungsermessen und Integrationsförderung

Nach diesem Befund steht zumindest grundsätzlich der Weg für eine Berücksichtigung der allgemeinen Aufgabe[1229] der Integrationsförderung im Rahmen des pflichtgemäßen Zustimmungsermessens des Betriebsrats nach § 103 Abs. 1 offen. Es stellt sich allerdings die Frage, wie sich § 80 Abs. 1 Nr. 7 im Einzelnen auf die Entscheidung des Betriebsrats auswirken kann, beziehungsweise welche Grenzen dem gesetzt sind. Auch wenn an dieser Stelle keine abschließende Darstellung erfolgen kann, verdienen doch vor allem zwei Aspekte besondere Aufmerksamkeit.

1225 BAG, 16.11.2017 – 2 AZR 14/17, AP BetrVG 1972 § 103 Nr. 61, insbes. Rn. 39.

1226 *Gamillscheg*, Kollektives Arbeitsrecht II, S. 1069.

1227 So bereits (mit Hinweis auf die Entscheidung des BAG, 22.08.1974 – 2 ABR 17/74, AP BetrVG 1972 § 103 Nr. 1) auch *Gamillscheg*, ZFA 1977, 239, 294.

1228 *Gamillscheg*, Kollektives Arbeitsrecht II, S. 1069.

1229 *Gamillscheg* geht im Falle eines gesetzlichen Kündigungsverbotes mit Blick auf die Ermessenssteuernde Wirkung von § 80 Abs. 1 Nr. 1 wohl gar von einer Ermessensreduktion auf Null aus, siehe *Gamillscheg*, ZFA 1977, 239, 294.

a) *Keine Zustimmung zu unberechtigten Kündigungen*

So darf der Betriebsrat einer Kündigung, die er nach den Maßstäben von § 626 BGB wegen des Fehlens eines wichtigen Grundes für unberechtigt hält, nicht zustimmen.[1230]

Das betrifft mit Blick auf § 80 Abs. 1 Nr. 7 etwa Konstellationen, in denen eine von § 103 geschützte Person zwar erkennbar eine fremdenfeindliche Einstellung nach außen trägt, sich dabei aber unterhalb der Schwelle bewegt, einen Kündigungsgrund zu veranlassen. In Betracht kommt dies etwa bei solchen Aktivitäten, die sich im Rahmen der Abwägung der Meinungsfreiheit des Äußernden nach Art. 5 Abs. 1 GG mit der unternehmerischen Freiheit des Arbeitgebers aus Art. 12 Abs. 1, 14 Abs. 1 GG und ggf. dem Persönlichkeitsrecht anderer Arbeitnehmer aus Art. 2 Abs. 1 i. V. m. Art. 1 Abs. 1 GG noch nicht als sanktionsfähige Fremdenfeindlichkeiten erweisen.[1231]

§ 80 Abs. 1 Nr. 7 könnte es hier für sich betrachtet nahelegen, einer Kündigung ggf. zuzustimmen, obwohl aus Sicht des Betriebsrats ein wichtiger Grund nicht vorliegt. Denn § 80 Abs. 1 Nr. 7 erlegt es dem Betriebsrat auf, sich besonders für die Interessen ausländischer Arbeitnehmer einzusetzen. Eben das ist von Personen, die sich fremdenfeindlich Betätigen, aber tendenziell weniger zu erwarten.[1232]

Es erscheint aber schon grundsätzlich eher fernliegend, hinsichtlich der ermessenssteuernden Wirkung von § 80 Abs. 1 Nr. 7 einen Willen des Gesetzgebers dahingehend anzunehmen, dass der bestehende Betriebsrat seine personelle Zusammensetzung bzw. die des zukünftigen Betriebsrats mit Blick auf die antizipierte Aufgabenwahrnehmung durch Zustimmung zu einer unberechtigten Kündigung beeinflussen solle.

Für Wahlbewerber ergibt sich dies in systematischer Hinsicht auch aus einem Vergleich zu den die Wählbarkeit regelnden Normen. Denn, wenn der Gesetzgeber bereits innerhalb der speziellen Vorschriften des Wahlrechts keine materielle Eignungsprüfung durch den Wahlvorstand vorgesehen hat,[1233] dürfte es kaum gewollt sein, eine solche durch die Hintertür der Ermessensbetätigung des Betriebsrates letztlich doch, zumal durch ein völlig anderes Organ, zuzulassen.

Ähnliches gilt für Mitglieder des Betriebsrats. Auch hier kann eine (potenziell) defizitäre Amtsführung bezüglich der Aufgabe der Integrationsförderung nicht

---

1230 *Gamillscheg*, Kollektives Arbeitsrecht II, S. 1067.

1231 Ausführlich zur gebotenen Einzelfallabwägung mit Beispielen NK-GA/*Kerwer*, § 1 KSchG Rn. 927 ff.; siehe auch *Göpfert/Jungbauer*, NZA 2022, 85, 88 f.

1232 Vgl. bereits oben S. 124 ff.

1233 Siehe oben S. 124 ff.

dazu führen, dass der Betriebsrat einer unberechtigten Kündigung zustimmt, weil sonst die Trennung zwischen Mandat und Arbeitsverhältnis[1234] unterlaufen würde. Für die Sanktionierung von Amtspflichtverstößen durch den Ausschluss des Betriebsratsmitglieds hat der Gesetzgeber in § 23 Abs. 1 i. V. m. Abs. 2 eine dezidierte Regelung[1235] vorgesehen, die nicht unterlaufen werden darf.[1236]

b) *Kollektives Interesse am Erhalt des Mandatsträgers*

Der Betriebsrat kann zwar umgekehrt der (rein individualrechtlich berechtigten) Kündigung möglicherweise widersprechen, wenn ein von § 103 erfasster Arbeitnehmer für wichtige Aufgaben im Betriebsrat besonders qualifiziert und deshalb unentbehrlich ist.[1237]

So könnte der Betriebsrat vor dem Hintergrund der allgemeinen Aufgabe der Integrationsförderung gem. § 80 Abs. 1 Nr. 7, etwa mit Blick auf eine sachgerechte Interessenvertretung[1238] berücksichtigen, ob die betroffenen Arbeitnehmer besonders dafür in Frage kommen, im Rahmen der Betriebsratsarbeit für die Interessen ausländischer Arbeitnehmer einzutreten.

Es erscheint aber auch in dieser Konstellation bereits unwahrscheinlich, dass die ermessenssteuernde Wirkung von § 80 Abs. 1 Nr. 7 dem Betriebsrat tatsächlich nahelegt, seine personelle Zusammensetzung bzw. die des zukünftigen Betriebsrats über § 103 durch Verweigerung der Zustimmung zu einer als berechtigt angesehenen Kündigung zu beeinflussen.

Im Übrigen soll § 103 – anders als § 102[1239] – nicht etwa dem Betriebsrat die Möglichkeit verschaffen, auf den Kündigungsentschluss des Arbeitgebers Einfluss zu nehmen. Vielmehr soll § 103 dazu dienen, im Interesse der Funktionsfähigkeit der Betriebsverfassungsorgane die unbefangene Bewerbung um Ämter und die unbefangene Amtsausübung zu sichern.[1240] Dabei dient § 103 auch dem Schutz der Arbeitnehmer vor Ausschaltung ihrer gewählten Vertreter, indem gewährleistet wird, dass im Falle der Zustimmungsverweigerung das Organmitglied seine betriebsverfassungsrechtlichen Funktionen bis zur gerichtlichen Klärung weiter

---

1234 Vgl. statt vieler m. w. N. Däubler/Deinert/*Deinert*, § 15 KSchG Rn. 48 ff.

1235 Dazu eingehend DKW/*Dornberger*, § 23 Rn. 28 ff.

1236 ErfK/*Kania*, § 103 BetrVG Rn. 12.

1237 *Gamillscheg*, Kollektives Arbeitsrecht II, S. 1069.

1238 Siehe oben S. 122 ff.

1239 Siehe oben S. 229 ff.

1240 BAG, 17.09.1981 – 2 AZR 402/79, AP BetrVG 1972 § 103 Nr. 14; ErfK/*Kania*, § 103 Rn. 1; GK-BetrVG/*Raab*, § 103 Rn. 1.

ausüben kann.[1241] Die Vertretung der Arbeitnehmer soll auf der Grundlage ihrer spezifischen Sichtweise auf die betrieblichen und persönlichen Umstände des Falles gegebenenfalls verhindern können, dass der Arbeitgeber ungeachtet des Ausgangs eines gerichtlichen Verfahrens Tatsachen schafft und Funktionsträger aus dem Betrieb entfernt.[1242]

Die Anknüpfungspunkte für die besondere Berücksichtigung der Interessen ausländischer Arbeitnehmer im Rahmen der Ermessensentscheidung des Betriebsrats bestehen diesbezüglich also eher theoretisch. Denkbar wäre dies nämlich nach den vorstehenden Ausführungen im Wesentlichen nur, falls es in dem Zeitraum bis zum voraussichtlichen Ende eines gerichtlichen Verfahrens für eine sachgerechte Interessenvertretung absehbar erforderlich sein sollte, dass sich die betroffenen Funktionsträger besonders für die Interessen ausländischer Arbeitnehmer einsetzen.

3. *Zwischenergebnis*

Mithin kann sich die allgemeine Aufgabe der Integrationsförderung im Verfahren nach § 103 prinzipiell zwar „positiv" dahingehend auswirken, für die Integration ausländischer Arbeitnehmer besonders bedeutsame Funktionsträger in ihrer Stellung zu erhalten. Diese Möglichkeit entpuppt sich letztlich jedoch als eher theoretischer Gedanke.

IV. Ergebnis

Die Verwirklichung des betriebsverfassungsrechtlichen Schutzgedankens zugunsten aller, auch ausländischer Arbeitnehmer steht und fällt letztlich mit der Art und Weise des Entscheidungsverhaltens betrieblicher Interessenvertretungen zur Betätigung von Mitbestimmungstatbeständen.

Durch den in § 80 Abs. 1 Nr. 7 konkretisierten Leitgedanken der Integrationsförderung gibt deshalb der Gesetzgeber den betrieblichen Interessenvertretungen in grundsätzlicher Weise auf, bei der Betätigung ihrer Mitbestimmungsrechte besonders auf die Interessen ausländischer Arbeitnehmer zu achten.

Dabei kann die Gestaltung der betrieblichen Regelungsstrukturen ebenso an den Interessen (konkret und abstrakt) ausländischer Arbeitnehmer ausgerichtet werden, wie auch das Entscheidungsverhalten zur Mitbestimmung bei personellen Einzelmaßnahmen. Und mit Blick auf den mit der Aufgabe der

1241 ErfK/*Kania*, § 103 Rn. 1; GK-BetrVG/*Raab*, § 103 Rn. 1.
1242 HK-ArbR/*Bufalica*, § 103 BetrVG Rn. 7.

Integrationsförderung eng verbundenen Gedanken der sachgerechten Interessenvertretung kann es auch im Interesse ausländischer Arbeitnehmer sein, besonders bedeutsame Funktionsträger in ihrer Stellung zu erhalten – wenngleich § 103 letztlich wenig Raum dafür bietet, darauf Rücksicht zu nehmen.

D. Zusammenfassung

Auf diese Weise können also letztlich die betrieblichen Interessenvertretungen den Leitgedanken der Integrationsförderung verwirklichen – indem sie bei der vertrauensvollen Zusammenarbeit mit den im Betrieb vertretenen Gewerkschaften und dem Arbeitgeber ihr Entscheidungsverhalten insbesondere auch an den Interessen ausländischer Arbeitnehmer ausrichten.

Anknüpfungspunkte dafür ergeben sich, das hat die exemplarische Untersuchung gezeigt, in allen zentralen Bereichen der Mitbestimmungsordnung.

So kann der Betriebsrat bereits im Rahmen der Zusammenarbeit mit den im Betrieb vertretenen Gewerkschaften mittelbar und unmittelbar die Integration ausländischer Arbeitnehmer fördern, indem er darauf hinwirkt, sachgerecht für die Interessen ausländischer Arbeitnehmer eintreten zu können und die Gewerkschaften darauf aufmerksam macht, bei ihren betrieblichen Aktivitäten Rücksicht auf die Belange ausländischer Arbeitnehmer zu nehmen.

Weiterhin wirkt sich der Leitgedanke der Förderung der Integration auf die Entscheidungsfindung zur internen Organisation aus, indem er für das Vorfeld der Betätigung materieller Mitbestimmungsrechte fordert, dass Beschlüsse gefasst werden (können), die sachgerecht (insbesondere auch) an den Interessen ausländischer Arbeitnehmer orientiert sind. Dabei kommt der Berücksichtigung von Partizipationshindernissen ausländischer Betriebsratsmitglieder ebenso Bedeutung zu, wie der Benennung konkreter Zuständigkeiten oder auch Entscheidungen zur konkreten Ausgestaltung von Sprechstunden, Betriebsversammlungen oder auch des betrieblichen Informationsflusses.

Wird in diesem Bereich auf die Interessen(-vertretung) ausländischer Arbeitnehmer geachtet, kann im Rahmen der organisatorischen Entscheidungen die Grundlage dafür geschaffen werden, anschließend durch die Betätigung materieller Mitbestimmungsrechte den betriebsverfassungsrechtlichen Schutzgedanken für alle Beschäftigten zu realisieren, auch die ausländischen, und auf diese Weise die Integration zu fördern.

Die Verwirklichung des betriebsverfassungsrechtlichen Schutzgedankens zugunsten auch ausländischer Arbeitnehmer hängt also letztlich vom Entscheidungsverhalten der betrieblichen Interessenvertretungen zur Wahrnehmung von Mitbestimmungsrechten ab. Deshalb verpflichtet der Gesetzgeber sie durch den in § 80 Abs. 1 Nr. 7 konkretisierten Leitgedanken der Integrationsförderung dazu, (auch) bei Entscheidungen zur Betätigung von Mitbestimmungsrechten besonders auf die Interessen (konkret und abstrakt) ausländischer Arbeitnehmer zu achten. Dies betrifft die Gestaltung der betrieblichen Regelungsstrukturen ebenso wie Entscheidungen im Zusammenhang mit personellen Einzelmaßnahmen oder dem Schutz betriebsverfassungsrechtlicher Funktionsträger gemäß § 103.

Dabei hat sich insgesamt gezeigt, dass die Entscheidungstätigkeit betrieblicher Interessenvertretungen auch abseits der offensichtlich vom Gesetzgeber zur Förderung der Integration vorgesehenen Tatbestände in den zentralen Teilbereichen der betriebsverfassungsgesetzlichen Regelungsmaterie durch § 80 Abs. 1 Nr. 7 gesteuert werden kann. Die zuvor herausgearbeitete Konkretisierung des betriebsverfassungsgesetzlichen Leitgedankens der Integrationsförderung konnte so bestätigt werden.

§ 4 Verbesserungspotenzial *de lege ferenda*

Ein Gesetz kann in der gesellschaftlichen Realität nur dann etwas bewirken, wenn es von den Rechtsadressaten auch befolgt wird.[1243] Dass sich die Aktivitäten betrieblicher Interessenvertretungen zur Förderung der Integration (soweit nachgewiesen) überwiegend auf („Anti-Rassismus-") Betriebsvereinbarungen beschränken,[1244] ist vor diesem Hintergrund problematisch – sowohl mit Blick auf die inhaltliche Ausrichtung, wie auch hinsichtlich der eingesetzten Mittel.

Denn mit der Ausgestaltung des Leitgedankens der Integration durch Interessenvertretung bezweckt der Gesetzgeber die Gleichbehandlung ausländischer Arbeitnehmer sowie den Schutz vor Benachteiligungen und rassistischen und fremdenfeindlichen Betätigungen als (Teil-)Aspekte der Aufgabe der Integrationsförderung – strebt implizit aber auch materielle Gleichbehandlung an.[1245] Dazu soll prinzipiell das gesamte Spektrum der betrieblichen Mitbestimmung eingesetzt werden (können). Geschieht dies in der Praxis nicht, kann der Leitgedanke der Integration durch Interessenvertretung auch nicht verwirklicht werden.

Die einseitige Ausrichtung der Aktivitäten zur Förderung der Integration wirft deshalb die Frage danach auf, welche legislativen Impulse zu einer verbesserten Aufgabenwahrnehmung führen könnten. Da die Bereiche der Bekämpfung von Rassismus und Fremdenfeindlichkeit sowie des Schutzes vor benachteiligenden Ungleichbehandlungen in der rechtswissenschaftlichen Literatur rezipiert[1246] und auch von der Praxis aufgegriffen[1247] werden, sollen sie nicht im Fokus stehen. Es gilt vielmehr, der anvisierten Beeinflussung des Entscheidungsverhaltens betrieblicher Interessenvertretungen zur Ausübung ihrer Befugnisse unter dem Eindruck eines weiteren Verständnisses der Aufgabe der Integrationsförderung besondere Aufmerksamkeit zu widmen.

A. Klarstellung des Leitgedankens

Eine zentrale Voraussetzung gelungener Gesetze, d. h. solcher Gesetze, die ihre Funktion erfüllen können, weil sie auf gesellschaftliche Akzeptanz stoßen, ist die

---

1243 *Karpen*, Gesetzgebungslehre – neu evaluiert, S. 26; vgl. m. w. N. *Wank*, Juristische Methodenlehre, § 11 Rn. 72.

1244 Siehe dazu oben S. 9 ff.

1245 Siehe oben S. 66 f.

1246 Siehe oben S. 11 ff.

1247 Siehe oben S. 9 ff.

sprachliche Präzision der einzelnen Regelungen.[1248] Unklare Vorschriften dagegen verhindern Rechtssicherheit, die wiederum Voraussetzung für den angestrebten Vollzug der Norm ist.[1249]

Insofern könnte eine Klarstellung in § 80 Abs. 1 Nr. 7 zu einer verbesserten Verwirklichung des Leitgedankens der Integration durch Interessenvertretung beitragen. Denn ein Gesetz erreicht seine Adressaten nur dann, wenn sie die Vorschriften auch verstehen.[1250]

I. Gleichberechtigung statt Integration?

Um § 80 Abs. 1 Nr. 7 verständlicher zu gestalten, könnte es angezeigt sein, auf die Verwendung des Integrationsbegriffs zu verzichten. Stattdessen könnte in § 80 Abs. 1 Nr. 7[1251] (sowie konsequenterweise auch in §§ 43 Abs. 2 S. 3, § 45 S. 1, 53 Abs. 2 Nr. 2 und § 70 Abs. 1 Nr. 4)[1252] das Wort „Integration" durch „Gleichberechtigung" ersetzt werden.[1253]

Denn der Integrationsbegriff ist stark sozialwissenschaftlich geprägt.[1254] Primär fachwissenschaftliche Begriffe, wie etwa auch solche der Soziologie, passen jedoch häufig nicht zur Gesetzessprache,[1255] und zwar jedenfalls soweit das Verständnis des Begriffs spezifische fachwissenschaftliche Kenntnisse des Normadressaten voraussetzt. Die (jedenfalls partiell) eher zurückhaltend anmutenden Bemühungen zur Förderung der Integration könnten demnach auf die Verwendung des Integrationsbegriffs zurückgeführt werden, wenn und soweit sich die festgestellten Defizite mit Inhalten deckten, die vorwiegend vom spezifischen fachwissenschaftlichen Begriffsverständnis erfasst werden, nicht aber einem allgemein verständlichen Sprachgebrauch. Insoweit handelte es sich dann ggf. um eine ungeeignete Terminologie.[1256]

Dem sozialwissenschaftlichen Begriffsverständnis der Integration ist, unter dem Gesichtspunkt der Offenheit der Aufnahmegesellschaft, eine über die bloße Abwesenheit individueller und institutioneller Diskriminierungen hinausgehende

1248 *Thüsing*, FS Schmidt, 2019, S. 515, 515.
1249 *Thüsing*, FS Schmidt, 2019, S. 515, 516.
1250 *Thüsing*, FS Schmidt, 2019, S. 515, 517.; vgl. *Baer*, Rechtssoziologie, § 7 Rn. 10 f.
1251 *Allgaier/Bolte/Buschmann u. a.*, AuR Sonderausgabe April 2022, 6, 45.
1252 *Allgaier/Bolte/Buschmann u. a.*, AuR Sonderausgabe April 2022, 6, 27, 28, 31, 36.
1253 Vgl. *Klebe*, AuR Sonderausgabe April 2022, 2, 2.
1254 Siehe oben S. 37 ff.
1255 *Thüsing*, FS Schmidt, 2019, S. 515, 517.
1256 Vgl. allgemein *Thüsing*, FS Schmidt, 2019, S. 515, 517: „Gesetze sollen so einfach wie möglich und nur so kompliziert wie nötig formuliert werden."

Notwendigkeit besonderer Förderung zur Vermeidung struktureller Benachteiligungen nicht fremd.[1257] Und in der öffentlichen Auseinandersetzung werden unter der Integration von Ausländern Fragen der Einbeziehung einwandernder Personen in die bestehende Gesellschaft und Möglichkeiten ihrer Teilhabe an den gesellschaftlichen Einrichtungen diskutiert.[1258]

Dass der Betriebsrat zur Förderung der Integration dazu aufgerufen ist, dafür zu sorgen, dass der rechtlichen Gleichstellung im Betrieb auch die faktische Gleichbehandlung folgt, und sich zu diesem Zweck allgemein verstärkt für (gegebenenfalls besondere) Interessen ausländischer Arbeitnehmer einzusetzen,[1259] wird insoweit zwar von beiden Terminologien nicht ausgeschlossen. Allerdings wird dies auch ebenso wenig präzise benannt, wie der Umstand, dass dem Betriebsrat durch § 80 Abs. 1 Nr. 7 zugestanden wird, im Rahmen von Ermessensentscheidungen zur Ausübung der Interessenvertretung unter Umständen auch solche Interessen ausländischer Arbeitnehmer zu verwirklichen, die nicht von der Mehrheit der betroffenen Arbeitnehmer geteilt werden[1260].

Den Wortlaut von § 80 Abs. 1 Nr. 7 dahingehend anzupassen, den Begriff der Integration durch den der Gleichberechtigung zu ersetzen, dürfte insoweit jedoch keine Verbesserung bewirken. Denn unter der Gleichberechtigung wird primär die rechtliche Gleichstellung verstanden,[1261] die der Gesetzgeber ja bereits als gegeben voraussetzt[1262]. Die vom Gesetzgeber letztlich bezweckte und gegenüber der rechtlichen Gleichstellung als defizitär empfundene tatsächliche Gleichbehandlung ausländischer Arbeitnehmer[1263] setzt dagegen über die bestehenden Diskriminierungsverbote hinaus voraus, dass Ausländer in bestimmter Weise begünstigt werden.[1264] Betriebliche Interessenvertretungen können dazu beitragen, indem sie ggf. auch solche Interessen ausländischer Arbeitnehmer verwirklichen, die nicht von der Mehrheit der betroffenen Arbeitnehmer geteilt werden[1265].

1257 Siehe oben S. 42 ff.

1258 Siehe oben S. 35 ff.

1259 Siehe oben S. 79 ff.

1260 Siehe oben S. 107 ff.

1261 Vgl. Brockhaus Enzyklopädie Online, Gleichberechtigung (https://brockhaus-1de-10gb47wwe1323.han.sub.uni-goettingen.de/ecs/enzy/article/gleichberechtigung) (geprüft am 12.12.2024).

1262 BT-Drs. 14/5741, S. 25.

1263 BT-Drs. 14/5741, S. 25.

1264 *Knolle*, AiB 2011, 20, 21; *Däubler*, Das Arbeitsrecht 2, Rn. 1683; vgl. *Heckmann*, Integration von Migranten, S. 234.

1265 Vgl. oben S. 107 ff.

Den Begriff der Integration nunmehr durch die Gleichberechtigung zu ersetzen, dürfte diesen Aspekt für die Normadressaten jedoch nicht verdeutlichen und in der Folge auch keine diesbezüglich verbesserte Verwirklichung des Leitgedankens der Integration durch Interessenvertretung bewirken.

Im Übrigen bedeutete eine Abkehr von der Verwendung des Integrationsbegriffs zugleich auch die terminologische Verknüpfung zu dem gesamtgesellschaftlichen Phänomen der Zuwanderung aufzugeben oder wenigstens zu lösen, welches aber nach dem Willen des Gesetzgebers gerade auch im Betrieb thematisiert werden soll[1266]. Denn gerade auch in der öffentlichen Auseinandersetzung bündelt der Integrationsbegriff die Diskussion von Fragen der gesellschaftlichen Einbeziehung und Teilhabe einwandernder Personen.[1267]

II. Konkretisierung der akzentuierten Interessenvertretung

Vielversprechender erscheint demgegenüber eine Benennung des Gesichtspunkts des interessengerecht sensibilisierten Entscheidungsverhaltens betrieblicher Interessenvertretungen als weitere Konkretisierung neben dem Aspekt der Bekämpfung von Rassismus und Fremdenfeindlichkeit in § 80 Abs. 1 Nr. 7. Denn eben diese 2001 zur Absicherung erfolgte Klarstellung[1268] dürfte angesichts des in diesem Bereich verstärkt nachweisbaren Engagements[1269] ihren Zweck erfüllt haben.

Dazu könnte an sich der Normtext schlicht erweitert werden. Allerdings leiden mit zunehmendem Umfang einer Norm mitunter auch Präzision und Übersichtlichkeit.[1270]

Als Anknüpfungspunkt bietet sich deshalb in § 80 Abs. 1 Nr. 7 insbesondere die Formulierung „und das Verständnis zwischen ihnen und den deutschen Arbeitnehmern" an. Diese Formulierung hat soweit ersichtlich keine nennenswerte eigenständige Bedeutung. Sie könnte deshalb wie folgt ersetzt werden: „durch besondere Rücksichtnahme auf ihre Interessen". § 80 Abs. 1 Nr. 7 lautete demnach: „die Integration ausländischer Arbeitnehmer im Betrieb durch besondere Rücksichtnahme auf ihre Interessen zu fördern, sowie Maßnahmen zur Bekämpfung von Rassismus und Fremdenfeindlichkeit zu beantragen". Auf diese Weise könnte § 80 Abs. 1 Nr. 7 inhaltlich präziser gefasst und zugleich hinsichtlich des Normtextes entschlackt werden. Darüber hinaus könnte die vorgeschlagene

1266 Vgl. oben S. 60.
1267 Siehe oben S. 35 ff.
1268 Siehe oben S. 84 ff.
1269 Siehe oben S. 9 ff.
1270 *Thüsing*, FS Schmidt, 2019, S. 515, 515.

Formulierung einem weiteren Aspekt gelungener Gesetzgebung zuträglich sein. Es würde nämlich verdeutlicht, worauf betriebliche Interessen zur Verwirklichung eines angemessenen Ausgleichs gegenläufiger Interessen[1271] (unter anderem) zu achten haben.

Da bereits die Gesetzesbegründung zur gegenwärtigen Fassung deutlich auf eine entsprechende inhaltliche Ausrichtung hinweist, erschiene schließlich die entsprechende Klarstellung im Normtext auch folgerichtig[1272], da der ausdrückliche Appell, sich zur Förderung der Integration „für die Belange ausländischer Kollegen verstärkt einzusetzen"[1273] wirkungslos verklungen zu sein scheint.

III. Arbeitnehmer mit Migrationshintergrund

Eine weitere für die Aktivierung des Leitgedankens der Integrationsförderung problematische Begrifflichkeit ist die der „ausländischen" Arbeitnehmer.

Denn dabei handelt es sich zugleich um einen Statusbegriff, der inhaltlich regelmäßig durch die Staatsangehörigkeit ausgefüllt wird. Der Begriff der „ausländischen" Arbeitnehmer ist damit geradezu prädestiniert dazu, im Sinne eines an die Nationalität anknüpfenden Tatbestandsmerkmals missverstanden zu werden.[1274] Dies kann in mehrfacher Hinsicht die Umsetzung des Leitgedankens beeinträchtigen. Zum einen droht gewissermaßen der Blick auf die sachlich-thematischen Ausrichtung[1275] des Leitgedankens verbaut zu werden. Zum anderen ergeben sich Widersprüche zu konkretisierten Inhalten, namentlich der Bekämpfung von Rassismus und Fremdenfeindlichkeit.[1276] Ziel des Gesetzgebers muss es jedoch sein, Normen zu kreieren, die sich möglichst widerspruchslos in die Rechtsordnung einfügen.[1277]

Vor diesem Hintergrund könnte es sich anbieten, den Begriff der „ausländischen Arbeitnehmer" in §§ 43 Abs. 2 S. 3, 45 S. 1, 53 Abs. 2 Nr. 2, 70 Abs. 1 Nr. 4, 80 Abs. 1 Nr. 7 und § 2 Abs. 5 WO durch den der „Arbeitnehmer mit Migrationshintergrund" zu ersetzen. Denn die Verwendung des Begriffs der „ausländischen" Arbeitnehmer erfüllt insbesondere zwei Funktionen. Zum einen wird auf das

---

1271 *Thüsing*, FS Schmidt, 2019, S. 515, 515.

1272 Vgl. allgemein zur reaktiven Gesetzesevaluation *Thüsing*, FS Schmidt, 2019, S. 515, 519; vgl. m. w. N. auch *Karpen*, Gesetzgebungslehre – neu evaluiert, S. 19 ff.

1273 BT-Drs. 14/5741, S. 31.

1274 Siehe dazu eingehend oben S. 47 ff., 54, 67 ff.

1275 Siehe oben S. 69 ff.

1276 Vgl. oben S. 66 ff.

1277 *Thüsing*, FS Schmidt, 2019, S. 515, 515.

Phänomen der Zuwanderung verwiesen.[1278] Zum anderen geht es darum, auf Problemlagen hinzuweisen, die sich aus der stereotypen Kategorisierung anderer Menschen als fremd und nicht zugehörig ergeben.[1279] Beides kann jedoch auch der Begriff des Migrationshintergrunds[1280] leisten: So kann über den Begriff des Migrationshintergrundes eine Verbindung zu der besonderen Situation geschaffen werden, in der sich zuwandernde Personen etwa hinsichtlich der Sprache, der Qualifikation oder auch der Religion befinden und damit zugleich der zuwanderungsbedingten Notwendigkeit von Integrationsangeboten im betrieblichen Bereich.[1281] Weiterhin kann über die Bezugnahme auf den Migrationshintergrund auch die damit häufig verbundene stereotype Einordnung von Menschen als fremd oder anders aufgegriffen werden.[1282] Darüber hinaus scheint der Begriff des Migrationshintergrundes aufgrund seiner gegenüber dem Statusbegriff[1283] des Ausländers signifikant größeren Offenheit auch sonst besser zur legislativen Ausgestaltung des Leitgedankens der Integration durch Interessenvertretung zu passen – jedenfalls dürfte die Gefahr geringer sein, als abschließendes personelles Tatbestandsmerkmal missverstanden zu werden[1284]. Im Übrigen ist darauf hinzuweisen, dass im bundesdeutschen Diskurs, angesichts der lange Zeit andauernden Verleugnung einer Einwanderungssituation, über den Migrationshintergrund gerade auch auf eine Zugehörigkeit verwiesen wird – namentlich darauf, dass die so bezeichneten Menschen nicht nur vorübergehend als Gäste gekommen sind, sondern um zu bleiben und dazuzugehören. Gegenüber dem überwiegend ausgrenzenden[1285] Begriff des „Ausländers" liegt darin eine weitere Stärke.

Diese Aspekte gilt es auch vom Gesetzgebers zu berücksichtigen, der letztlich die Interpretation einer Gesetzesänderung durch die Normadressaten antizipieren muss.[1286] Es spricht deshalb viel dafür, den Begriff der „ausländischen Arbeitnehmer" in §§ 43 Abs. 2 S. 3, 45 S. 1, 53 Abs. 2 Nr. 2, 70 Abs. 1 Nr. 4, 80 Abs. 1 Nr. 7 und § 2 Abs. 5 WO durch den der „Arbeitnehmer mit Migrationshintergrund" zu ersetzen.

1278 Siehe oben S. 50 f., 65.

1279 Siehe oben S. 67 ff.

1280 Siehe zum Begriff oben S. 17.

1281 Vgl. *Deinert*, ZFA 2018, 17, 31; vgl. *Bast*, Aufenthaltsrecht und Migrationssteuerung, S. 93; siehe bereits oben S. 16 f.

1282 Zu dessen Gebrauch *Bast*, Aufenthaltsrecht und Migrationssteuerung, S. 93.

1283 Siehe oben S. 48 f.

1284 Vgl. oben S. 20 f.

1285 *Schiek*, AuR 2003, 44, 45; *Heckmann*, Integration von Migranten, S. 19.

1286 Vgl. *Wank*, Juristische Methodenlehre, § 1 Rn. 40.

IV. Grundsätze für die Behandlung der Betriebsangehörigen

Dass § 75 Abs. 1 in seiner gegenwärtigen Fassung die Benachteiligung von Personen wegen unter anderem ihrer „Nationalität“ verbietet, könnte ebenfalls dazu beitragen, dass die Bezugnahme auf „ausländische“ Arbeitnehmer als durch die Staatsangehörigkeit ausgefülltes Tatbestandsmerkmal missverstanden wird.

Deshalb ist der Vorschlag[1287] zu begrüßen, in § 75 Abs. 1 den Begriff der „Nationalität“ zu streichen und stattdessen die Formulierung „Zugehörigkeit zu einer nationalen Minderheit“ zu verwenden.[1288] Darüber hinaus könnte auch die Aufnahme der „Sprache“[1289] als neuer Kategorie dazu beitragen, den sachlichen Gehalt des Leitgedankens der Integration durch Interessenvertretung zu verdeutlichen.[1290]

B. Legislative Gestaltung expliziter Befugnisse

I. Gesetzesvereinfachung

Weiteres Nachbesserungspotenzial offenbart der Blick auf § 88 Nr. 4. Demnach können durch Betriebsvereinbarungen insbesondere „Maßnahmen zur Integration ausländischer Arbeitnehmer sowie zur Bekämpfung von Rassismus und Fremdenfeindlichkeit im Betrieb“ geregelt werden.

Obwohl jedoch neben Maßnahmen zur Bekämpfung von Rassismus und Fremdenfeindlichkeit zahlreiche weitere Möglichkeiten bekannt sind, die zur Integration ausländischer Arbeitnehmer vereinbart werden könnten,[1291] beschränkt sich die Umsetzung überwiegend auf Betriebsvereinbarungen gegen Rassismus und Fremdenfeindlichkeit[1292]. § 88 Nr. 4 scheint insoweit partiell keine Wirksamkeit zu entfalten.

Diese Diskrepanz könnte abermals durch eine ggf. beschränkte Eignung des Integrationsbegriffs für die Gesetzessprache verursacht sein. Denn weder in der sozialwissenschaftlichen[1293] noch in der Terminologie der öffentlichen

1287 *Allgaier/Bolte/Buschmann u. a.*, AuR Sonderausgabe April 2022, 6, 39.
1288 Zustimmend auch *Klapp/Klebe*, NZA 2022, 689, 692.
1289 *Allgaier/Bolte/Buschmann u. a.*, AuR Sonderausgabe April 2022, 6, 39.
1290 In diese Richtung wohl auch *Klapp/Klebe*, NZA 2022, 689, 692.
1291 Siehe nur die oben auf S. 63 ff. ermittelten Beispiele.
1292 Siehe dazu oben S. 9 ff.
1293 Siehe oben S. 37 ff.

Auseinandersetzung[1294] klingen die ermittelten Möglichkeiten[1295] derart deutlich an, dass mit einer verbreiteten Verwirklichung durch freiwillige Betriebsvereinbarungen zu rechnen wäre. Das hohe Abstraktionsniveau des Integrationsbegriffs[1296] scheint an dieser Stelle einer effektiven Aktivierung der Vorschrift im Wege zu stehen. Zugleich erscheint aber auch die zuvor für § 80 Abs. 1 Nr. 7 vorgeschlagene Konkretisierung für § 88 Nr. 4 aufgrund ihrer Allgemeinheit wenig erfolgsversprechend.

Ein wichtiger Gesichtspunkt der Rechtsvereinfachung ist es auch, entbehrliche Regelungen ggf. abzuschaffen.[1297] Vorschlägen, in § 88 Nr. 4 die Formulierung „zur Integration ausländischer Arbeitnehmer sowie“ zu streichen,[1298] kann deshalb zugestimmt werden – denn ihre Normierung hat soweit ersichtlich keine positiven praktischen Auswirkung gehabt. Umgekehrt könnte sie aber Akteuren der betrieblichen Interessenvertretung den Blick darauf verbaut haben, dass zur Förderung der Integration ausländischer Arbeitnehmer nicht nur freiwillige Betriebsvereinbarungen gegen Rassismus und Fremdenfeindlichkeit im Betrieb abgeschlossen werden können. Mangels ersichtlichen praktischen Nutzens kann also in § 88 Nr. 4 darauf verzichtet werden, neben Maßnahmen zur Bekämpfung von Rassismus und Fremdenfeindlichkeit im Betrieb auch solche „zur Integration ausländischer Arbeitnehmer“ zu benennen.

II. Konkretisierung

Nachhaltiger und zweckdienlicher erscheint es vielmehr, an anderen Stellen im BetrVG auf die Integration ausländischer Arbeitnehmer Bezug zu nehmen.

1. Bildung von Fachausschüssen

Dass zu einer verbesserten Förderung der Integration insbesondere die Festlegung konkreter Zuständigkeiten innerhalb der Organe betrieblicher Interessenvertretung beitragen kann und welche Möglichkeiten dazu grundsätzlich bestehen, wurde unter anderem auch am Beispiel von § 28 erörtert.[1299] Ein zentraler Befund

1294 Siehe oben S. 35 ff.

1295 Siehe oben S. 63 ff.

1296 Vgl. dazu m. w. N. *Eichenhofer*, Begriff und Konzept der Integration im Aufenthaltsgesetz, S. 136.

1297 *Thüsing*, FS Schmidt, 2019, S. 515, 519.

1298 *Allgaier/Bolte/Buschmann u. a.*, AuR Sonderausgabe April 2022, 6, 50.

1299 Siehe oben S. 185 ff.

ist in diesem Zusammenhang, dass sich die konkrete Zuständigkeitsfestlegung aktivierend auswirken kann.[1300]

Problematisch ist es jedoch, wenn bereits der Impuls zu eben dieser aktivierenden Maßnahme fehlt. Der Gesetzgeber hat zwar in den Erwägungen zu § 28 ausdrücklich angeregt, die Beschlussfassung des Betriebsrates im Vorfeld von einem „Integrationsausschuss“ vorbereiten zu lassen.[1301] Dieser Impuls scheint jedoch noch nicht ausreichend gewesen zu sein.

Daran könnte angeknüpf und in § 28 ein dritter Absatz normiert werden, demzufolge insbesondere auch ein Ausschuss zu Fragen der Integration ausländischer Arbeitnehmer gegründet werden soll. Vorgeschlagen wird ein solcher legislativer Anstoß bereits zu den Themenbereichen der Gleichstellung von Männern und Frauen sowie des betrieblichen Umweltschutzes.[1302] Es erschiene angesichts der bereits 2001 erfolgten Empfehlung des Gesetzgebers, § 28 auch mit Blick auf Fragen der Frauenförderung und der Integration ausländischer Arbeitnehmer fruchtbar zu machen,[1303] nur konsequent, den Vorschlag zur Normierung eines dritten Absatzes entsprechend zu erweitern.

Deshalb sollte § 28 tatsächlich um einen dritten Absatz ergänzt werden. Dieser könnte, angelehnt an den Normierungsvorschlag im Gesetzentwurf des DGB[1304], lauten:

(3) In Betrieben, in denen nach Abs. 1 Ausschüsse gebildet werden können, sollen insbesondere ein Gleichstellungsausschuss, der paritätisch besetzt sein soll, ein Ausschuss für Fragen der betrieblichen Integration ausländischer Arbeitnehmer und ein Umweltausschuss gegründet werden.

2. *Personalplanung*

Für die betriebliche Integration ausländischer Arbeitnehmer ist von fundamentaler Bedeutung, dass bereits bei der Personalplanung Rücksicht auf ihre Interessen genommen wird. Die betrieblichen Interessenvertretungen können darauf im Wege der Betätigung ihrer entsprechenden Unterrichtungs-, Beratungs- und Vorschlagsrechte nach § 92 Abs. 1 und Abs. 2 hinwirken.[1305]

1300 Siehe oben S. 191.

1301 BT-Drs. 14/5741, S. 40.

1302 *Allgaier/Bolte/Buschmann u. a.*, AuR Sonderausgabe April 2022, 6, 21.

1303 BT-Drs. 14/5741, S. 40.

1304 *Allgaier/Bolte/Buschmann u. a.*, AuR Sonderausgabe April 2022, 6, 21.

1305 Siehe oben S. 213 ff.

Allerdings wirft die exemplarische Thematisierung von nur § 80 Abs. 1 Nr. 2a, 2b und 4 in § 92 Abs. 3 die Frage auf, ob die Beteiligung an der Personalplanung ebenfalls durch § 80 Abs. 1 Nr. 7 beeinflusst sein kann[1306] – und führt insoweit wohlmöglich zu Missverständnissen. Jedenfalls könnten sich betriebliche Interessenvertretungen in Anbetracht fehlender Klarheit daran gehindert sehen, bei ihren Entscheidungen zur Beteiligung an der Personalplanung besonders auf die Interessen ausländischer Arbeitnehmer einzugehen. Schließlich ist fehlende Rechtssicherheit allgemein dazu geeignet, die Aktivierung von Recht zu beeinträchtigen.[1307]

Zustimmung verdient deshalb der Vorschlag[1308], in § 92 Abs. 3 S. 1 klarzustellen, dass die Absätze 1 und 2 ebenso für Maßnahmen im Sinne von § 80 Abs. 1 Nr. 7 gelten. Die bestehende Unklarheit könnte so beseitigt werden – und sollte das auch.

Denn über eine entsprechend angepasste Beteiligung an der Personalplanung kann unter anderem auch Diskriminierungen begegnet werden, die im Bewerbungsverfahren bereits im Vorfeld eines Bewerbungsgesprächs (geschweige denn eines Vertragsschlusses) stattfinden und deshalb ansonsten nur schwer zu greifen sind.[1309]

Solche Anstrengungen im Zuge der Beteiligung an der Personalplanung können zwar auch die Interessen belegschaftsexterner Personen betreffen – dies jedoch primär neben legitimen[1310] kollektiven Interessen an einer diskriminierungsfreien Belegschaftszusammensetzung. Insoweit stehen entsprechende Maßnahmen – unabhängig von betriebsverfassungsdogmatischen Grabenkämpfen zur Berücksichtigungsfähigkeit überbetrieblicher Aspekte durch die Betriebspartner[1311] – nicht im Widerspruch zur Konzeption des BetrVG.

Im Übrigen sollte dem Gesetzgeber aber auch aus allgemeinen integrationspolitischen Gesichtspunkten daran gelegen sein klarzustellen, dass § 80 Abs. 1 Nr. 7 auch bei der Personalplanung zu berücksichtigen ist. Denn personelle Einzelmaßnahmen, wie etwa auch die Einstellung, beruhen häufig auf vorangegangenen

---

1306 Siehe oben S. 213 ff.

1307 *Thüsing*, FS Schmidt, 2019, S. 515, 516.

1308 *Allgaier/Bolte/Buschmann u. a.*, AuR Sonderausgabe April 2022, 6, 52; vgl. *Klebe*, AuR Sonderausgabe April 2022, 2, 5.

1309 Siehe oben S. 220 ff.; Schwierigkeiten dürfte nicht zuletzt der Nachweis bereiten, vgl. etwa m. w. N. ErfK/*Schlachter*, § 22 AGG Rn. 9 ff.,

1310 Siehe oben S. 218 ff.

1311 Siehe oben S. 90 ff.

Weichenstellungen durch die Personalplanung.[1312] Die Einstellung in ein Beschäftigungsverhältnis ist wiederum die Grundvoraussetzung dafür, die Integrationspotenziale des Arbeitsmarktes überhaupt fruchtbar machen zu können. Und die Integration in den Arbeitsmarkt ist ein Schlüsselelement der gesellschaftlichen Integration insgesamt.[1313] Diskriminierungen auch im Vorfeld von Bewerbungsgesprächen zu begegnen, entpuppt sich damit als integrationspolitische Notwendigkeit.

Die vorgeschlagene Klarstellung in § 92 Abs. 3 S. 1 kann dazu beitragen, da sich betriebliche Interessenvertretungen in der Folge verstärkt in diese Richtung betätigen dürften, weil ggf. bestehende Zweifel an der Zulässigkeit der entsprechenden Aktivitäten ausgeräumt würden.

III. Mitbestimmung bei der Personalplanung

Gegenwärtig beschränken sich die Möglichkeiten zur Beeinflussung der Personalplanung jedoch auf Beteiligungsrechte in Gestalt von Unterrichtungs-, Beratungs- und Vorschlagsrechten.[1314] Der Betriebsrat ist also im Ergebnis auf die bloß argumentative Beeinflussung des Arbeitgebers verwiesen.[1315]

Damit fehlt dem Betriebsrat aber eine wichtige Möglichkeit eine integrationsfördernde Personalplanung auch durchzusetzen. Denn selbst wenn von Betriebsräten Anstrengungen dazu unternommen würden, den Leitgedanken der „Integration durch Interessenvertretung" zu verwirklichen, könnten diese ausgerechnet in einem der zentralsten Bereiche[1316] leerlaufen. Die Aussicht darauf, ggf. großen Aufwand für die Konzeption solcher Pläne zu betreiben, mit denen sich der Arbeitgeber jedoch nur ernsthaft beschäftigen muss[1317], dürfte jedenfalls kaum dazu führen, dass sich viele Betriebsräte entsprechend einsetzen. Ausführungen nach denen sich der Betriebsrat darüber im Klaren sein müsse, dass es nicht zu seinen Aufgaben zähle, „gleichberechtigt" neben dem Arbeitgeber eine Personalplanung vorzunehmen,[1318] wirken schlechterdings wenig ermutigend.

1312 *Fitting*, § 92 Rn. 1.

1313 Siehe oben S. 6 ff.

1314 Statt vieler m. w. N. *Fitting*, § 92 Rn. 21 ff.

1315 *Fitting*, § 92 Rn. 44.

1316 Vgl. zu Frauenförderplänen m. w. N. *Fitting*, § 92 Rn. 41: Demnach bietet gerade die Personalplanung Möglichkeiten für die Aufstellung fundierter, konsistent strukturierter und dadurch insgesamt vielversprechender Förderpläne.

1317 ErfK/*Kania*, § 92 BetrVG Rn. 10; *Fitting*, § 92 Rn. 37.

1318 BAG, 08.11.2016 – 1 ABR 64/14, AP BetrVG 1972 § 92 Nr. 4; *Fitting*, § 92 Rn. 36.

Die bestehenden Beteiligungsrechte weiterzuentwickeln und dem Betriebsrat in § 92 Abs. 1 zukünftig ein Mitbestimmungsrecht[1319] bei der Personalplanung zuzugestehen,[1320] erscheint deshalb in mehrfacher Hinsicht sinnvoll. Zum einen könnten Betriebsräte mit Nachdruck die Initiative dazu ergreifen, vorausschauende und nachhaltige Strategien zur Bewältigung der Herausforderungen zu entwickeln, die mit den tiefgreifenden Veränderungen der Arbeitswelt aufgrund etwa der Digitalisierung und Globalisierung einhergehen.[1321] Zugleich dürfte die damit verbundene Verbesserung der Gestaltungsmöglichkeiten aber auch grundsätzlich zu einem Zuwachs an Aktivitäten zur Mitbestimmung bei der Personalplanung führen, weil entsprechende Anstöße des Betriebsrats weitaus bessere Chancen darauf hätten, auch verwirklicht zu werden.

C. Dokumentations- und Berichtspflichten

Der Leitgedanke der Integration durch Interessenvertretung beinhaltet, dass im Rahmen der Entscheidungsprozesse besonders für die Interessen ausländischer Arbeitnehmer eingetretenen wird. Die Konkretisierung in § 80 Abs. 1 Nr. 7 soll diesbezüglich eine Aktivierung bezwecken.[1322]

Problematisch ist insoweit, die Umsetzung bestmöglich zu gewährleisten. Zwar wirkt die allgemeine Aufgabe der Integrationsförderung aus § 80 Abs. 1 Nr. 7 im Sinne einer Amtspflicht bindend. Wird sie gröblich vernachlässigt, kann dies als Pflichtverstoß im Sinne von § 23 Abs. 1 gewertet werden und den Ausschluss eines Betriebsratsmitglieds oder die Auflösung des gesamten Betriebsrates zur Folge haben.[1323] Der Nachweis der Pflichtverletzung, etwa hinsichtlich einer mangelnden Berücksichtigung der Interessen ausländischer Arbeitnehmer im Rahmen der vertretungsinternen Abwägungsprozesse, dürfte jedoch in den seltensten Fällen gelingen. Zwar sieht § 34 Abs. 1 eine Verpflichtung zur Sitzungsniederschrift vor, in deren S. 1 möglicherweise eine Konkretisierung hinsichtlich der Berücksichtigung der allgemeinen Aufgaben ergänzt werden könnte. Wirklich zielführend erscheint das jedoch im Ergebnis nicht. Schließlich besteht ein Einsichtsrecht

---

1319 Zur Formulierung siehe den Entwurf von *Allgaier/Bolte/Buschmann u. a.*, AuR Sonderausgabe April 2022, 6, 52.

1320 *Klebe*, AuR Sonderausgabe April 2022, 2, 5; *Klapp/Klebe*, NZA 2022, 689, 693; insgesamt dagegen: *Annuß*, NZA 2022, 694, 696 f.

1321 M. w. N. *Klapp/Klebe*, NZA 2022, 689, 690, 693.

1322 Siehe oben S. 79 ff.

1323 GK-BetrVG/*Oetker*, § 23 Rn. 24; *Zimmermann*, AuR 2017, 192; *Kummer*, Die Nichtausübung betriebsverfassungsrechtlicher Beteiligungsrechte, S. 101 ff.

prinzipiell nur für Betriebsratsmitglieder.[1324] Im Übrigen ist auch zu bedenken, dass eine Zweckmäßigkeitskontrolle der Beschlüsse ausgeschlossen ist.[1325]

Vielversprechender erscheint es deshalb, den vom Gesetzgeber bereits begonnenen Weg fortzusetzen. Denn die Änderungen an den Berichtspflichten des Arbeitgebers auf der Betriebsversammlung bzw. des Unternehmers auf der Betriebsräteversammlung gem. § 43 Abs. 2 S. 3 bzw. § 53 Abs. 2 Nr. 2 dienen ja gerade dazu, den Arbeitgeber dazu zu veranlassen, alltägliche und strukturelle Formen der Diskriminierung ausländischer Arbeitnehmer zu beobachten und Gegenmaßnahmen zu ergreifen.[1326]

Es erschiene von daher nur konsequent, mit dem Betriebsrat spiegelbildlich auch den anderen Betriebspartner in die Pflicht zu nehmen, über seine Anstrengungen auf der Betriebsversammlung vor der Belegschaft Rechenschaft abzulegen. § 43 Abs. 1 bietet hierfür einen geeigneten Anknüpfungspunkt. Dort könnte nach S. 1 in einem neu einzufügenden Satz die Verpflichtung zur Erstattung eines Tätigkeitsberichts konkretisiert werden.

Aufgenommen werden könnte, angelehnt an die Berichtspflicht des Arbeitgebers aus § 43 Abs. 2 S. 2, etwa die Formulierung: „In seinem Tätigkeitsbericht hat der Betriebsrat auch auf seine Wahrnehmung der allgemeinen Aufgaben, einschließlich der Aktivitäten zur Förderung der Gleichstellung von Frauen und Männern im Betrieb, zur Förderung der Integration ausländischer Arbeitnehmer sowie des betrieblichen Umweltschutzes, einzugehen."

Auf diese Weise würde zunächst einmal der 2001 unternommene Ansatz vervollständigt, einen betrieblichen Diskussionsprozess zum Thema der Integration anzustoßen,[1327] indem der Berichtspflicht des Arbeitgebers eine Berichtspflicht der betrieblichen Interessenvertretung gegenübergestellt wird. Darüber hinaus würde auch effektiv dafür Sorge getragen, dass das Thema einen Gegenstand der vertretungsinternen Auseinandersetzung und Diskussion darstellt, da der Inhalt des Tätigkeitsberichts durch einen Beschluss gem. § 33 festgelegt werden muss[1328]. Der Betriebsrat könnte so mittelbar dazu veranlasst werden, fortlaufend die selbst unternommenen Anstrengungen zu reflektieren und sich mit Verbesserungsmöglichkeiten auseinanderzusetzen.

1324 DKW/*Wedde*, § 34 Rn. 25.

1325 BAG, 03.04.1979 – 6 ABR 64/76, AP BetrVG 1972 § 13 Nr. 1; DKW/*Wedde*, § 33 Rn. 30; *Fitting*, § 33 Rn. 50.

1326 BT-Drs. 14/5741, S. 31.

1327 BT-Drs. 14/5741, S. 31.

1328 Düwell/*Haase/Tautphäus*, § 43 Rn. 13; *Fitting*, § 43 Rn. 13.

Zugleich erscheint auch ein Synergieeffekt mit der zuvor[1329] vorgeschlagenen Änderung betreffend die Förderung der Ausschussbildung gem. § 28 denkbar. Denn als konkrete Maßnahme drängte sich bei einer den Vorschlägen entsprechend geänderten Ausgestaltung von §§ 28, 43 Abs. 1 S. 2 nachgerade die Errichtung eines Ausschusses auf, über die dann Bericht erstattet werden könnte.

Insbesondere eine Konkretisierung der Verpflichtung des Betriebsrats einen Tätigkeitsbericht zu erstatten, verspricht also durchaus Verbesserungspotenzial betreffend die vertretungsinterne Auseinandersetzung mit der Förderung der Integration ausländischer Arbeitnehmer.

D. Zusammenfassung

Bei der Untersuchung der Frage, welche konkreten legislativen Impulse der Verwirklichung des Leitgedankens der Integration durch Interessenvertretung zuträglich sein könnten, haben sich in mehreren Bereichen Verbesserungspotenziale offenbart. So erscheinen neben verschiedenen Ansatzpunkten zur (terminologischen) Klarstellung des Leitgedankens insbesondere auch Möglichkeiten zur Ausgestaltung und Erweiterung der Beteiligungsrechte im Zusammenhang mit der Personalplanung dazu geeignet, das Entscheidungsverhalten betrieblicher Interessenvertretungen zur Ausübung ihrer Befugnisse enger mit der Integrationsförderung zu verknüpfen. Schließlich sollten auch die Potenziale einer Konkretisierung der Verpflichtung des Betriebsrats, einen Tätigkeitsbericht zu erstatten, nicht unterschätzt werden. Insbesondere in Verbindung mit der Notwendigkeit einer Beschlussfassung über den Inhalt des Tätigkeitsberichts könnte sich daraus eine echte Chance ergeben, die Integration ausländischer Arbeitnehmer fest in den vertretungsinternen Entscheidungsprozessen zu verankern, ohne dass der Gesetzgeber durch unflexible eigene Vorgaben die Handlungsmöglichkeiten des Betriebsrats einschränken müsste.

1329 Siehe oben S. 264 f.

§ 5 Schluss

Im Rahmen dieser Arbeit sollten, vor dem Hintergrund der großen integrationspraktischen Relevanz der betrieblichen Sphäre für die gesellschaftliche Integration durch Arbeitsmarktintegration, die betriebsverfassungsrechtlichen Regelungsstrukturen näher untersucht werden. Es galt zu überprüfen, welchen gesellschaftlichen Beitrag der Gesetzgeber von der Betriebsverfassung zur Förderung der Integration erwartet und wie dieser erbracht werden kann.

Dabei konnte gezeigt werden, dass der Gesetzgeber in § 80 Abs. 1 Nr. 7 einen betriebsverfassungsrechtlichen Leitgedanken der Integration ausländischer Arbeitnehmer konkretisiert hat. Dieser zielt darauf, dass die soziale Schutzfunktion der Betriebsverfassung nicht nur zugunsten aller Arbeitnehmer verwirklicht werden kann, sondern auch tatsächlich verwirklicht wird. Es ist dazu erforderlich, dass alle Arbeitnehmer in einem mitbestimmten Arbeitsumfeld effektiv die gleichen Möglichkeiten zur Realisierung gesellschaftlicher Teilhabechancen des Arbeitslebens haben.

Um dieses Ziel zu erreichen, hat sich der Gesetzgeber eines Modells finaler Gesetzgebung bedient: Ohne im Vorfeld die Mittel vorzugeben, die betriebliche Interessenvertretungen zur Förderung der Integration einsetzen können, werden sie in grundsätzlicher Weise zu einem interessengerecht sensibilisierten Entscheidungsverhalten angehalten. Dergestalt entspricht der Gesetzgeber mittelbar seiner sozialstaatlichen Verpflichtung aus Art. 20 Abs. 1 GG für einen Ausgleich der sozialen Gegensätze und eine gerechte Sozialordnung auch im betrieblich (mit-)bestimmten Arbeitsleben zu sorgen – indem die betrieblichen Interessenvertretungen zu einem an die Interessen und Bedürfnisse auch ausländischer Arbeitnehmer angepassten betrieblichen Arbeitsumfeld beitragen.

Dies ist zugleich der gesellschaftliche Beitrag, den der Gesetzgeber von der Betriebsverfassung zur Förderung der Integration erwartet, nämlich eine möglichst integrationsfreundliche Gestaltung der Arbeitswelt in der betriebsverfassungsrechtlich mitbestimmten Sphäre.

„Durch die betriebliche Mitbestimmung ist dem Betriebsrat ein integratives Instrumentarium zur Interessenvertretung der Arbeitnehmer in die Hand gegeben worden, von dem sie (…) effizient Gebrauch machen können“, formulierte insoweit treffend bereits *Campos*[1330] im Jahr 1998 noch zum BetrVG 1972. Mit der Neufassung von § 80 Abs. 1 Nr. 7 im Jahr 2001 fordert der Gesetzgeber die

1330 *Campos*, AiB 1998, 14.

Organe betriebsverfassungsrechtlicher Interessenvertretung dazu auf, dieses auch einzusetzen.

Es bleibt zu hoffen, dass sie diesen Appell als das erkennen, was er ist – ein Teil ihrer Amtspflichten – und ihm dementsprechend folgen, damit die Arbeitsmarktintegration auch tatsächlich zur gesellschaftlichen Integration beitragen kann; ein erneuter Vorstoß des Gesetzgebers in diese Richtung zeichnet sich gegenwärtig jedenfalls nicht ab, obwohl durchaus Potenzial nachgewiesen werden konnte, durch legislative Korrekturen für eine verbesserte Verwirklichung des betriebsverfassungsrechtlichen Leitgedankens der „Integration durch Interessenvertretung" zu sorgen.

Literaturverzeichnis

Allgaier, Antonius/Bolte, Michael/Buschmann, Rudolf u. a., Synopse, AuR Sonderausgabe April 2022, S. 6–74.

Amthauer, Ingo, Zu den Auswirkungen des AGG auf die Betriebsverfassung, Diss., Baden-Baden 2009.

Anders, Violetta/Ortlieb, Renate/Pantelmann, Heike/Reim, Daphne/Sieben, Barbara/Stein, Stephanie, Diversity und Diversity Management in Berliner Unternehmen – Im Fokus: Personen mit Migrationshintergrund, München 2008.

Annuß, Georg, Betriebliche Mitbestimmung für das 21. Jahrhundert?, NZA 2022, S. 694–698.

Bade, Klaus Jürgen, Versäumte Integrationschancen und nachholende Integrationspolitik, in: Bade, Klaus Jürgen/Hiesserich, Hans-Georg (Hrsg.), Nachholende Integrationspolitik und Gestaltungsperspektiven der Integrationspraxis, Göttingen 2007, S. 21–96.

Baer, Susanne, Rechtssoziologie – Eine Einführung in die interdisziplinäre Rechtsforschung, 5. Aufl., Baden-Baden 2023.

Bannas, Günter, Merkel: „Wir schaffen das", August 2015, abrufbar im Internet: <https://www.faz.net/aktuell/politik/angela-merkels-sommerpressekonferenz-13778484.html?printPagedArticle=true#void> (Stand 01.09.2022)

Barczak, Tristan, Rechtsbegriffe – Elementarteilchen juristischer Methodik und Dogmatik, JuS 2020, S. 905–910.

Bast, Jürgen, Aufenthaltsrecht und Migrationssteuerung, Habil., Tübingen 2012.

Bauer, Jobst-Hubertus/Krieger, Steffen/Günther, Jens, AGG, EntgTranspG – Allgemeines Gleichbehandlungsgesetz und Entgelttransparenzgesetz, 5. Aufl., München 2018 (zit. *Bauer/Krieger/Günther*).

Becker, Werner, Die Übertragung von Betriebsratsbefugnissen auf Ausschüsse und einzelne Betriebsratsmitglieder – (§§ 27, 28 BetrVG 1972), Diss., Bonn 1979.

Beicht, Ursula, Junge Menschen mit Migrationshintergrund: Trotz intensiver Ausbildungsstellensuche geringe Erfolgsaussichten, BiBB-Report 2011, S. 1–19.

Berlit, Uwe, Migration und ihre Folgen - Wie kann das Recht Zuwanderung und Integration in Gesellschaft, Arbeitsmarkt und Sozialordnung steuern? (Teil 2), ZAR 2018, S. 287–297.

Bieback, Karl-Jürgen, Arbeitsverhältnis und Betriebsratsamt bei der außerordentlichen Kündigung von Betriebsratsmitgliedern, RdA 1978, S. 82–97.

Blank, Michael, Aufgaben des Betriebsrats gegenüber ausländischen Arbeitnehmern, AiB 1982, S. 87–88.

—, Gleichbehandlung und Integration ausländischer Arbeitnehmer im Betrieb, AuR 1994, S. 286–292.

Blanke, Thomas/Rose, Edgar, Betriebsverfassung 2001: Flexible Mitbestimmung in modernen Zeiten, RdA 2001, S. 92–104.

Blomeyer, Wolfgang, Der Interessenkonflikt zwischen Arbeitnehmer und Betriebsrat bei Individualmaßnahmen, in: Hueck, Götz (Hrsg.), Gedächtnisschrift für Rolf Dietz, München 1973, S. 147–174 (zit. *Blomeyer*, GS Dietz).

Boecken, Winfried/Düwell, Franz Josef/Diller, Martin/Hanau, Hans (Hrsg.), Gesamtes Arbeitsrecht, 2. Aufl., Baden-Baden 2023 (zit. NK-GA/*Bearbeiter*).

Bommes, Michael, Integration - gesellschaftliches Risiko und politisches Symbol, APuZ 2007, Heft 22-23, S. 3–5.

Bonin, Holger, Möglichkeiten und Grenzen von Anreizsystemen zur Förderung der Integration von Zuwanderern, in: Bade, Klaus Jürgen/Hiesserich, Hans-Georg (Hrsg.), Nachholende Integrationspolitik und Gestaltungsperspektiven der Integrationspraxis, Göttingen 2007, S. 164–168.

Bost-Klatt, Susanne/Fuhrmann, Annette, Der Betriebsrat und die Umwälzungen im Sozialstaat, AiB 2004, S. 208–212.

Brill, Werner, Die ausländischen Arbeitnehmer im Betriebsverfassungsrecht, BB 1978, S. 1574–1576.

Brockhaus Enzyklopädie Online, Gleichberechtigung, abrufbar im Internet: <https://brockhaus-1de-10gb47wwe1323.han.sub.uni-goettingen.de/ecs/enzy/article/gleichberechtigung> (geprüft am 12.12.2024)

Brohm, Winfried, Situative Gesetzesanpassung durch die Verwaltung, NVwZ 1988, S. 794–799.

Brors, Christiane, Gibt es eine religiöse oder Weltanschauliche Neutralität? Zum Einfluss der EuGH-Entscheidungen Achbita und Bougnaoui auf das deutsche Arbeitsrecht, AuR 2018, S. 112–116.

Bubach, Bettina/Gallner, Inken/Heinkel, Ronny/Horcher, Michael/Klose, Oliver/Kreft, Burghard/Kreutzberg-Kowalczyk, Matthias/Krumbiegel, Markus (Hrsg.), KR – Gemeinschaftskommentar zum Kündigungsschutzgesetz und zu sonstigen kündigungsschutzrechtlichen Vorschriften, 13. Aufl., Köln/Hürth 2022 (zit. KR/*Bearbeiter*).

Buchholtz, Gabriele, Reformimpulse für die Integration Geflüchteter, NVwZ 2017, S. 756–760.

Burgi, Martin, Das werdende Integrationsverwaltungsrecht und die Rolle der Kommunen, DVBl. 2016, S. 1015–1022.

Buschkröger, Katja, Das „Sprachrisiko" im Inland – Rechtliche Gestaltung der Kommunikationsbeziehung zwischen ausländischem Inhaber und Arbeitnehmern, AiB 1999, S. 545–548.

Campos, Manuel, Die Verhinderung von Ausländerdiskriminierung und Förderung der Chancengleichheit am Arbeitsplatz – Handlungsmöglichkeiten des Betriebsrats, AiB 1998, S. 14–18.

Cediey, E./Foroni, F., Discrimination in access to employment on grounds of foreign origin in France, Genf 2008.

Colneric, Ninon, Doppelbelastung ausländischer Arbeitnehmer durch Kündigungen / Konsequenzen für den Betriebsrat, AiB 1982, S. 152–157.

Dälken, Michaela, Beschäftigte mit Migrationshintergrund integrieren – Beispiele guter Praxis, 2015.

Däubler, Wolfgang, Klimawandel - ein Thema für den Betriebsrat?, NZA 2020, S. 1155–1160.

—, Das Arbeitsrecht 2 – Das Arbeitsverhältnis: Rechte und Pflichten, Kündigungsschutz. Leitfaden für Arbeitnehmer, 12. Aufl., Reinbek 2009.

—, Gewerkschaftsrechte im Betrieb, 12. Aufl., Baden-Baden 2017.

Däubler, Wolfgang/Beck, Thorsten (Hrsg.), Allgemeines Gleichbehandlungsgesetz – Handkommentar, 5. Aufl., Baden-Baden 2022 (zit. Däubler/Beck/*Bearbeiter*).

Däubler, Wolfgang/Kittner, Michael, Geschichte und Zukunft der Betriebsverfassung, 2. Aufl., Frankfurt a. M. 2022.

Däubler, Wolfgang/Deinert, Olaf (Hrsg.), KSchR - Kündigungsschutzrecht – Kündigungen und andere Formen der Beendigung des Arbeitsverhältnisses, 12. Aufl., Frankfurt am Main 2024 (zit. Däubler/Deinert/*Bearbeiter*).

Däubler, Wolfgang/Hjort, Jens Peter/Schubert, Michael/Wolmerath, Martin/Ahrendt, Martina/Allgaier, Antonius (Hrsg.), Arbeitsrecht – Individualarbeitsrecht mit kollektivrechtlichen Bezügen. Handkommentar, 5. Aufl., Baden-Baden 2022 (zit. HK-ArbR/*Bearbeiter*).

Däubler, Wolfgang/Klebe, Thomas/Wedde, Peter (Hrsg.), Arbeitshilfen für den Betriebsrat – Mit Wahlunterlagen und EBR-Gesetz; Formularbuch: Betriesbvereinbarungen, Checklisten, Musterschreiben, Gerichtliche Anträge mit Erläuterungen, 5. Aufl., Frankfurt am Main 2021 (zit. DKWF/*Bearbeiter*).

— (Hrsg.), Betriebsverfassungsgesetz – Kommentar für die Praxis mit Wahlordnung und EBR-Gesetz, 19. Aufl., Frankfurt am Main 2024 (zit. DKW/*Bearbeiter*).

Davis, Earl E., Zum gegenwärtigen Stand der Vorurteilsforschung, in: Baeyer-Katte, Wanda von/Baumert, Gerhard u. a. (Hrsg.), Vorurteile – Ihre Erforschung und ihre Bekämpfung, Frankfurt am Main 1964, S. 51–71.

Deinert, Olaf, Migration und Arbeitsrecht, ZFA 2018, S. 17–43.

Deinert, Olaf/Fontana, Sina, Migration und ihre Folgen, NJW 2018, S. 2767–2770.

Deinert, Olaf/Wenckebach, Johanna/Zwanziger, Bertram (Hrsg.), Arbeitsrecht – Handbuch für die Praxis, 11. Aufl., Frankfurt am Main 2024 (zit. Deinert/Wenckebach/Zwanziger/*Bearbeiter*).

Dörre, Klaus, Prekäre Arbeit und gesellschaftliche Integration - Empirische Befunde und integrationstheorethische Schlussfolgerungen, in: Heitmeyer, Wilhelm (Hrsg.), Desintegrationsdynamiken – Integrationsmechanismen auf dem Prüfstand, Wiesbaden 2012, S. 29–55

Dreier, Horst, Integration durch Verfassung? – Rudolf Smend und die Grundrechtsdemokratie, in: Hufen, Friedhelm (Hrsg.), Verfassungen – Zwischen Recht und Politik, Baden-Baden 2008, S. 70–96 (zit. *Dreier*, FS Schneider).

— (Hrsg.), Grundgesetz-Kommentar. Band II, 3. Aufl., Tübingen 2015 (zit. Dreier/*Bearbeiter*).

Düwell, Franz Josef (Hrsg.), Betriebsverfassungsgesetz – BetrVG, WahlO, EBRG, SEBG. Handkommentar, 6. Aufl., Baden-Baden 2022 (zit. Düwell/*Bearbeiter*).

Dyrchs, Barbara, Ausländerspezifische Konflikte im abhängigen Erwerbsleben – Lösungswege im Zeichen und Wandel des Arbeitsrechts, Diss., Baden-Baden 2010.

Ebel, Otto Ulrich, Anmerkung zu ArbG Frankfurt, 05.03.1997 – 14 BV 170/96, AiB 1998, S. 525–526.

Edenfeld, Stefan, Betriebsverfassungsrecht – Mitbestimmung in Betrieb, Unternehmen und Behörde, 4. Aufl., Heidelberg 2014.

Eichenhofer, Eberhard, Solidarität und die Geschichte der Anwerbeabkommen - von Sündenfällen und Lernschritten, ZAR 2012, S. 135–142.

Eichenhofer, Johannes, Die „Integration von Ausländern" als Verwaltungsaufgabe, DÖV 2014, S. 776–785.

—, Integrationsgesetzgebung, ZAR 2016, S. 251–262.

—, Begriff und Konzept der Integration im Aufenthaltsgesetz, Diss., Baden-Baden 2013.

Engels, Gerd/Trebinger, Yvonne/Löhr-Steinhaus, Wilfried, Regierungsentwurf eines Gesetzes zur Reform des Betriebsverfassungsgesetzes – Überblick über die wesentlichen Änderungen, DB 2001, S. 532–542.

Esser, Hartmut, Integration und ethnische Schichtung, Mannheim 2001.

Fiebig, Andreas, Der Ermessensspielraum der Einigungsstelle, Diss., Berlin 1992.

Filsinger, Dieter, Integration - Ein Paradigma ohne Alternative?, in: Alisch, Monika (Hrsg.), Älter werden im Quartier: Soziale Nachhaltigkeit durch Selbstorganisation und Teilhabe, Kassel 2014, S. 169–196.

Franzen, Martin, Die Freiheit der Arbeitnehmer zur Selbstbestimmung nach dem neuen BetrVG, ZFA 2001, S. 423–450.

—, Die Freiheit der Arbeitnehmer zur Selbstbestimmung nach dem neuen BetrVG, ZFA 2001, S. 423–450.

Fröb, Christoph, Die Bekämpfung von Rassismus und Fremdenfeindlichkeit im Arbeitsrecht, Diss., Wiesbaden 2017.

Gallner, Inken/Mestwerdt, Wilhelm/Nägele, Stefan (Hrsg.), Kündigungsschutzrecht, 7. Aufl., Baden-Baden 2021 (zit. Gallner/Mestwerdt/Nägele/*Bearbeiter*).

Gamillscheg, Franz, Kündigung und Versetzung der Vertreter der Arbeitnehmer, ZFA 1977, S. 239–310.

—, Kollektives Arbeitsrecht II – Band 2: Betriebsverfassung, München 2008.

Gärditz, Klaus Ferdinand, Die demokratische Gestaltungsverantwortung durch Recht in einer Einwanderungsgesellschaft, EuGRZ 2017, S. 516–525.

Genosko, Joachim, Die integrative Funktion der Arbeitswelt, in: Rauscher, Anton (Hrsg.), Immigration und Integration – Eine Herausforderung für Kirche, Gesellschaft und Politik in Deutschland und den USA, Berlin 2003, S. 109–122.

Geyer, Fabian, Arbeitsrechtliche Sanktionsmöglichkeiten bei aktiver Unterstützung einer rechtsextremen Organisation, FA 2012, S. 101–103.

—, Beteiligung und Schulungsbedarf des Betriebsrats bei der Integration von Geflüchteten und Migranten, FA 2017, S. 296–298.

Giesen, Richard, Migration und ihre Folgen - Wie kann das Recht Zuwanderung und Integration in Gesellschaft, Arbeitsmarkt und Sozialordnung steuern? – Gutachten E, in: Ständige Deputation des Deutschen Juristentages (Hrsg.), Verhandlungen des 72. Deutschen Juristentages – Leipzig 2018, München 2018, E1-E62 (zit. *Giesen*, Juristentagsgutachten 2018)

Goette, Wulf/Habersack, Mathias (Hrsg.), Münchener Kommentar zum Aktiengesetz – Band 2. §§ 76-117, MitbestG, DrittelbG, 6. Aufl., München 2023 (zit. MüKoAktG/*Bearbeiter*).

Göpfert, Burkhard/Jungbauer, Vincent, Rechtliche Handlungsmöglichkeiten gegen fremdenfeindliche Wahlvorschläge bei Betriebsratswahlen, NZA 2022, S. 85–91.

Groß, Thomas, Das deutsche Integrationskonzept - vom Fördern zum Fordern?, ZAR 2007, S. 315–320.

Gundert, Stefanie, Qualität der Arbeit im Wandel, in: Haubl, Rolf/Hausinger, Brigitte/Voß, G. Günter (Hrsg.), Riskante Arbeitswelten – Zu den Auswirkungen moderner Beschäftigungsverhältnisse auf die psychische Gesundheit und die Arbeitsqualität, Frankfurt 2013, S. 17–41.

Gutmann, Rolf, Kündigungsschutz von Drittstaatsangehörigen wegen des Wehrdienstes. NZA 2017, S. 889–891.

Hanau, Peter, Das Allgemeine Gleichbehandlungsgesetz (arbeitsrechtlicher Teil) zwischen Bagatellisierung und Dramatisierung, ZIP 2006, S. 2189–2201.

—, Das Verhältnis von Arbeitsvertrag, Arbeitserlaubnis und Aufenthaltserlaubnis ausländischer Arbeitnehmer, in: Gamillscheg, Franz/Hueck, Götz/Wiedemann, Herbert (Hrsg.), 25 Jahre Bundesarbeitsgericht, München 1979, S. 169–200 (zit. *Hanau*, FS BAG).

Hans, Silke, Assimilation oder Segregation? – Anpassungsprozesse von Einwanderern in Deutschland, Diss., Wiesbaden 2010.

—, Theorien der Integration von Migranten - Stand und Entwicklung, in: Brinkmann, Heinz Ulrich/Sauer, Martina (Hrsg.), Einwanderungsgesellschaft Deutschland – Entwicklung und Stand der Integration, Wiesbaden 2016, S. 24–50.

Hartmann, Felix, Kopftuchverbote zwischen Antidiskriminierungs- und Arbeitsvertragsrecht, EuZA 2022, S. 393–411.

Hau, Wolfgang/Poseck, Roman (Hrsg.), BeckOK BGB, 71. Aufl., München 2024 (zit. BeckOK-BGB/*Bearbeiter*).

Haubelt, Horst Wilhelm, Die Konkretisierung von Generalklauseln, Diss., München 1978.

Hayen, Ralf-Peter, Das AGG und die Betriebsräte – Auswirkungen des Allgemeinen Gleichbehandlungsgesetzes auf die betriebsrätliche Praxis, AiB 2006, S. 730–737.

Heckmann, Friedrich, Integration von Migranten – Einwanderung und neue Nationenbildung, Wiesbaden 2015.

Helm, Rüdiger, Übersetzungen für ausländische Beschäftigte, AiB 1993, S. 70–72.

Henssler, Martin/Willemsen, Heinz Josef/Kalb, Heinz-Jürgen (Hrsg.), Arbeitsrecht Kommentar, 11. Aufl., Köln 2024 (zit. HWK/*Bearbeiter*).

Herbert, Manfred/Oberrath, Jörg-Dieter, Beherrschung und Verwendung der deutschen Sprache bei Durchführung und Beendigung des Arbeitsverhältnisses, DB 2010, S. 391–395.

Herbst, Jens, Anmerkung zu ArbG Stuttgart, 27.02.1986 – 17 Ca 315/85, AiB 1986, S. 168.

Hess, Harald/Worzalla, Michael/Glock, Dirk/Nicolai, Andrea/Rose, Franz Josef/Huke, Kristina (Hrsg.), BetrVG – Kommentar, 10. Aufl., Köln 2018 (zit. HWGNRH/*Bearbeiter*).

Heusch, Andreas/Kluth, Winfried (Hrsg.), BeckOK Ausländerrecht, 42. Aufl., München 2024 (zit. BeckOK-Ausländerrecht/*Bearbeiter*).

Hey, Thomas/Forst, Gerrit (Hrsg.), AGG – Allgemeines Gleichbehandlungsgesetz, 2. Aufl., Frankfurt am Main 2015 (zit. Hey/Forst/*Bearbeiter*).

Hinken, Günter, Die betriebliche Integration von Arbeitsmigranten in Deutschland. Institutionelle und programmatische Inklusionsofferten innderhalb des „deutschen Modells", in: Hunger, Uwe (Hrsg.), Migration in erklärten und „unerklärten" Einwanderungsländern – Analyse und Vergleich, Münster 2001, S. 167–194.

—, Integration durch Mitbestimmung – Das Beispiel der deutschen Automobilindustrie, Diss., Berlin 2018.

Hoffmann-Riem, Wolfgang, Innovationsoffenheit und Innovationsverantwortung durch Recht: Aufgaben rechtswissenschaftlicher Innovationsforschung, AöR 131 (2006), S. 255–277.

Hofmann, Reinhard, Das Verbot parteipolitischer Betätigung im Betrieb, Diss., Berlin 1984.

Holtgrewe, Ursula/Voswinkel, Stephan/Wagner, Gabriele, Für eine Anerkennungssoziologie der Arbeit. – Einleitende Überlegungen, in: Holtgrewe, Ursula (Hrsg.), Anerkennung und Arbeit, Konstanz 2000, S. 9–26.

Huber, Bertold/Eichenhofer, Johannes/Endres de Oliveira, Pauline (Hrsg.), Aufenthaltsrecht, München 2017 (zit. Huber/Eichenhofer/Endres de Oliveira/*Bearbeiter*).

Hueck, Götz, Anmerkung zu BAG, 12.08.1976 – 2 AZR 303/75, AP KSchG 1969 § 15 Nr. 2.

Imbusch, Peter/Rucht, Dieter, Integration und Desintegration in modernen Gesellschaften, in: Heitmeyer, Wilhelm/Imbusch, Peter (Hrsg.), Integrationspotenziale einer modernen Gesellschaft, Wiesbaden 2005, S. 13–75.

Isensee, Josef, Die staatsrechtliche Stellung der Ausländer in der Bundesrepublik Deutschland, in: Doehring, Karl/Isensee, Josef u. a. (Hrsg.), Veröffentlichungen der Vereinigung der Deutschen Staatsrechtslehrer – Berichte und Diskussionen auf der Tagung der Vereinigung der Deutschen Staatsrechtslehrer in Mannheim vom 3. bis 6. Oktober 1973, Berlin 2013, S. 50–101.

Isensee, Josef/Kirchhof, Paul (Hrsg.), Handbuch des Staatsrechts. Band IV, 3. Aufl., Heidelberg 2006 (zit. HStR IV/*Bearbeiter*).

Jarass, Hans D./Kment, Martin (Hrsg.), Grundgesetz für die Bundesrepublik Deutschland – Kommentar, 18. Aufl., München 2024 (zit. Jarass/Pieroth/*Bearbeiter*).

Joost, Detlev, Betrieb und Unternehmen als Grundbegriffe im Arbeitsrecht, Diss., München 1988.

Kaas, Leo/Manger, Christian, Ethnic Discrimination in Germany's Labour Market: A Field Experiment, GER 13 (2012), Heft 1, S. 1–20.

Kamanabrou, Sudabeh, Die Interpretation zivilrechtlicher Generalklauseln, AcP 202 (2002), S. 662–688.

Kamp, Kerstin, Die Mitbestimmung des Betriebsrats nach § 99 Absatz 2 BetrVG bei Frauenfördermaßnahmen, Diss., Frankfurt am Main u. A. 2002.

Karpen, Ulrich, Gesetzgebungslehre - neu evaluiert, 2. Aufl., Baden-Baden 2008.

Kau, Marcel, Integration zwischen Migrationsfolgenrecht und Integrationsverwaltungsrecht, NVwZ 2018, S. 1337–1340.

Kiel, Heinrich/Lunk, Stefan/Oetker, Hartmut (Hrsg.), Münchener Handbuch zum Arbeitsrecht, 5. Aufl., München 2021 (Band I–II), 2022 (Band III–IV) (zit. MünchArbr/*Bearbeiter*).

Klapp, Micha/Klebe, Thomas, Die Zukunft der Betriebsverfassung - ein Gesetzentwurf für das 21. Jahrhundert, NZA 2022, S. 689–693.

Klaus, Sebastian, Die neue Mitteilungspflicht bei vorzeitiger Beendigung der Beschäftigung gemäß § 4 a V 3 Nr. 3 AufenthG in der Praxis, ZAR 2020, S. 307–314.

Klebe, Thomas, Betriebliche Mitbestimmung für das 21. Jahrhundert, AuR Sonderausgabe April 2022, S. 2–5.

Klein, Laurie-Ann, Integration fördern, AiB 2016, S. 48–50.

Kleveman, Joachim, Ausländische Arbeitnehmer und Betriebsrat, AiB 1993, S. 529–544.

Kluth, Winfried, Zum Transdisziplinären Verständnis von Integration, ZAR 2016, S. 336–341.

—, Migration und ihre Folgen - Wie kann das Recht Zuwanderung und Integration in Gesellschaft, Arbeitsmarkt und Sozialordnung steuern? – Gutachten D, in: Ständige Deputation des Deutschen Juristentages (Hrsg.), Verhandlungen des 72. Deutschen Juristentages – Leipzig 2018, München 2018, D1-D62 (zit. *Kluth*, Juristentagsgutachten 2018).

Knolle, Wilhelm, Integration ausländischer Beschäftigter – Das kann der Betriebsrat tun!, AiB 2011, S. 228–232.

—, Integration und Betriebsverfassungsgesetz – Ein Blick vom und durch das BetrVG, AiB 2011, S. 20–24.

Kohte, Wolfhard/Faber, Ulrich/Busch, Dörte, Gesamtes Arbeitsschutzrecht, 3. Aufl., Baden-Baden 2023 (zit. Kohte/Faber/Busch/*Bearbeiter*).

Konzen, Horst, Der Regierungsentwurf des Betriebsverfassungsreformgesetzes, RdA 2001, S. 76–92.

—, Der Mißbrauch betrieblicher Beteiligungsrechte, in: Lieb, Manfred (Hrsg.), Festschrift für Wolfgang Zöllner – Zum 70. Geburtstag, Köln 1998, S. 799–830 (zit. *Konzen*, FS Zöllner).

Koopmans, Ruud, Assimilation oder Multikulturalismus? – Bedingungen gelungener Integration, Berlin 2017.

Kraemer, Klaus/Speidel, Frederic, Prekarisierung von Erwerbsarbeit - zur Transformation des arbeitsrechtlichen Integrationsmodus, in: Heitmeyer, Wilhelm/Imbusch, Peter (Hrsg.), Integrationspotenziale einer modernen Gesellschaft, Wiesbaden 2005, S. 367–390.

Kraft, Alfons, Anmerkung zu BAG, 16.12.1982 – 2 AZR 76/81, AP KSchG 1969 § 15 Nr. 13.

Krause, Annabelle/Rinne, Ulf/Zimmermann, Klaus F., Anonymisierte Bewerbungsverfahren – Expertise in Kooperation mit der Antidiskriminierungsstelle des Bundes, Bonn 2010.

Krause, Rüdiger, Gewerkschaften und Betriebsräte zwischen Kooperation und Konfrontation, RdA 2009, S. 129–143.

—, Parteipolitische Betätigung des Betriebsrats - Unterlassungsanspruch, JA 2011, S. 708–710.

—, Antidiskriminierungsrecht und Kundenpräferenzen, in: Hanau, Peter/Thau, Jens Thomas/Westermann, Harm Peter (Hrsg.), Gegen den Strich – Festschrift für Klaus Adomeit, Köln 2008, S. 377–393 (zit. *Krause*, FS Adomeit).

Kreutz, Peter, Grundsätze der Zusammenarbeit zwischen Arbeitgeber und Betriebsrat nach dem neuen Betriebsverfassungsgesetz, BlStSozArbR 1972, S. 44–51.

Kummer, Franziska von, Die Nichtausübung betriebsverfassungsrechtlicher Beteiligungsrechte, Diss., Frankfurt, M. u. a. 2013.

Kunz, Thomas, Was meint eigentlich „Integration"? Nachdenken über einen scheinbar selbstverständlichen Begriff, ZAR 2018, S. 107–114.

Langenfeld, Christine, Integration und kulturelle Identität zugewanderter Minderheiten, Habil., Tübingen 2001.

Langenfeld, Christine/Lehner, Roman, Einwanderungsrecht in Deutschland - Entwicklungslinien, konzeptionelle Grundentscheidungen und offene Fragen, ZAR 2020, S. 215–223.

Laschet, Armin, Neue Impulse für das deutsche Integrationsmodell, ZAR 2007, S. 1–6.

Leinemann, Wolfgang (Hrsg.), Kasseler Handbuch zum Arbeitsrecht. Band 1, 2. Aufl., Neuwied 2000 (zit. KassArbR/*Bearbeiter*).

Lelley, Jan Tibor/Bruck, Julia M./Yildiz, Semican, Reden ist Silber - Schweigen ist Gold? Aufgaben und Informationsrecht des Betriebsrats nach § 80 BetrVG, BB 2018, S. 2164–2173.

Linck, Rüdiger/Krause, Rüdiger/Bayreuther, Frank (Hrsg.), Kündigungsschutzgesetz, 16. Aufl., München 2019 (zit. LKB/*Bearbeiter*).

Lockwood, David, Social Integration and System Integration, in: Zollschan, George/Hirsch, Walter (Hrsg.), Explorations in social change, Boston 1964, S. 244–251.

Löffler, Berthold, Integration in Deutschland, München 2011.

Lohre, Werner/Rehwald, Rainer, Arbeitserlaubnis für ausländische Arbeitnehmer, AiB 1994, S. 218–220.

Löwisch, Manfred, Änderungen der Betriebsverfassung durch das Betriebsverfassungs-Reformgesetz, BB 2001, S. 1790–1798.

Mareck, Guido, Die Weiterbeschäftigung im Kündigungsschutzverfahren nach § 102 Abs. 5 BetrVG - ein steiniger Weg?, BB 2000, S. 2042–2045.

Mätzig, Sarah, Erfolgsfaktor Anonymität? – Eine rechtliche Einordnung anonymisierter Personalauswahlverfahren, RdA 2017, S. 185–189.

Meier-Braun, Karl-Heinz, Einleitung: Deutschland Einwanderungsland, in: Meier-Braun, Karl-Heinz/Weber, Reinhold (Hrsg.), Deutschland Einwanderungsland – Begriffe - Fakten - Kontroversen, 3. Aufl., Bonn 2017, S. 12–26.

Meinel, Gernod/Heyn, Judith/Herms, Sascha, Allgemeines Gleichbehandlungsgesetz – Arbeitsgerichtlicher Kommentar, 2. Aufl., München 2010 (zit. *Meinel/Heyn/Herms*).

Meisel, Peter G., Die Mitwirkung und Mitbestimmung des Betriebsrats in personellen Angelegenheiten, 4. Aufl., Heidelberg 1974.

Meister, Ralf, Voraussetzung der Integration: Interkulturelle Kompetenz, in: Meyer, Hubert/Ritgen, Klaus/Schäfer, Roland (Hrsg.), Handbuch Flüchtlingsrecht und Integration, 2. Aufl., Wiesbaden 2018, S. 411–417.

Mückl, Patrick/Butz, Andreas, Fremdsprache als arbeitsrechtliches Risiko, ArbRAktuell 2013, S. 34–36.

Müller, Gerhard, Zur Stellung der Verbände im neuen Betriebsverfassungsrecht, ZFA 1972, S. 213–245.

Müller-Glöge, Rudi/Preis, Ulrich/Gallner, Inken/Schmidt, Ingrid (Hrsg.), Erfurter Kommentar zum Arbeitsrecht, 25. Aufl., München 2025 (zit. ErfK/*Bearbeiter*).

Nawrot, Uwe, Minderheiten im Betriebsrat, AiB 2018, S. 53–56.

Nebendahl, Mathias, Überwachungspflicht des Betriebsrats nach § 80 Abs. 1 Satz 1 BetrVG als Grundlage für die Durchsetzung von Individualansprüchen?, DB 1990, S. 2018–2022.

—, Die Überwachungspflicht des Betriebsrats aus § 80 Abs. 1 Nr. 1 BetrVG – Probleme der Prozessualen Geltendmachung, Diss., Kiel 1989.

Niedenhoff, Horst-Udo, Betriebsratswahlen – Eine Analyse der Betriebsratswahlen von 1975 bis 2006, Köln 2007.

Oberrath, Jörg-Dieter/Herbert, Manfred, Betriebsrat und Sprache, NZA 2012, S. 1260–1266.

Ohly, Ansgar, Generalklausel und Richterrecht, AcP 201 (2001), S. 1–47.

Öztürk, Nihat, Anmerkung zu LAG Hamm, 27.05.1993 - 16 Sa 1612/92, AiB 1994, S. 54–55.

Pakirnus, Bernd, Handlungsmöglichkeiten des Personalrats zur Gleichstellung ausländischer Arbeitnehmer, PersR 1995, S. 193–195.

Philipp, Gerhard, Ordentliche Kündigung und Auswahlrichtlinien, BB 1972, S. 219.

Picker, Eduard, Betriebsverfassung und Arbeitsverfassung, RdA 2001, S. 259–292.

—, Individualfreiheit oder Korporatismus? Zum „Geist“ des neuen Betriebsverfassungsgesetzes, in: Ascheri, Mario (Hrsg.), „Ins Wasser geworfen und Ozeane durchquert“ – Festschrift für Knut Wolfgang Nörr, Köln u. a. 2003, S. 709–737 (zit. *Picker*, FS Nörr).

Radke, Olaf, Parteipolitische Betätigung im Betrieb, BB 1957, S. 1112–1116.

Richardi, Reinhard (Hrsg.), Betriebsverfassungsgesetz – mit Wahlordnung. Kommentar, 17. Aufl., München 2022 (zit. Richardi/*Bearbeiter*).

Ricken, Oliver, Anmerkung zu BAG, 13.10.2004 - 7 ABR 5/04, BAGReport 2005, S. 151–152.

Rieble, Volker, Die Betriebsverfassungsgesetz-Novelle 2001 in ordnungspolitischer Sicht, ZIP 2001, S. 133–143.

Riedlinger, Matti, Rassismus enttarnen und entkräften, AiB 2019, S. 28–30.

Rolfs, Christian/Giesen, Richard/Meßling, Miriam/Udsching, Peter (Hrsg.), BeckOK Arbeitsrecht, 73. Aufl., München 2024 (zit. BeckOK-ArbR/*Bearbeiter*).

Rose, Edgar, Reform des Betriebsverfassungsgesetzes – Bürokratie oder Dialog?, KJ 2001, S. 157–174.

Rudolph, Wolf-Dieter/Fuhrmann, Bernd, Verstehen und mitwählen, AiB 2014, S. 52–54.

Schäuble, Wolfgang, Anforderungen an eine moderne Integrationspolitik, in: Bade, Klaus Jürgen/Hiesserich, Hans-Georg (Hrsg.), Nachholende Integrationspolitik und Gestaltungsperspektiven der Integrationspraxis, Göttingen 2007, S. 11–20.

Scheller, Friedrich, Gelegenheitsstrukturen, Kontakte, Arbeitsmarktintegration – Ethnospezifische Netzwerke und der Erfolg von Migranten am Arbeitsmarkt, Diss., Wiesbaden 2015.

Schiek, Dagmar, Diskriminierung wegen „Rasse“ oder „ethnischer Herkunft“ - Probleme der Umsetzung der RL 2000/43/EG im Arbeitsrecht, AuR 2003, S. 44–51.

— Gleichbehandlungsrichtlinien der EU – Umsetzung im deutschen Arbeitsrecht, NZA 2004, S. 873–884.

— (Hrsg.), Allgemeines Gleichbehandlungsgesetz (AGG) – Ein Kommentar aus europäischer Perspektive, München 2007 (zit. Schiek/*Bearbeiter*).

Schlachter, Monika, Auslegungsmethoden im Arbeitsrecht – Am Beispiel von § 87 Abs. 1 BetrVG, Diss., Göttingen 1987.

Schmidt, Werner, Kollegialität trotz Differenz – Betriebliche Arbeits- und Sozialbeziehungen bei Beschäftigten deutscher und ausländischer Herkunft, Berlin 2006.

—, Geflüchtete im Betrieb – Integration und Arbeitsbeziehungen zwischen Ressentiment und Kollegialität, Bielefeld 2020.

Schmitt, Martin, Interessenkonflikte bei der Wahrnehmung des Betriebsratsamtes, Diss., Konstanz 1989.

Schneider, Katja, Assimilation und Integration - eine Begriffsanalyse aus der Perspektive der Rechtswissenschaft, ZAR 2011, S. 8–15.

Schoof, Christian, Koppelungsgeschäfte in der Betriebsverfassung, AuR 2007, S. 289–295.

Schubert, Jens, Flüchtlinge und Arbeitsrecht, AuR 2015, S. 430–437.

Schwering, Manuel, Das Allgemeine Gleichbehandlungsgesetz als Aufgabe und Instrument des Betriebsrates, Diss., Frankfurt, M. u. a. 2010.

Seggern, Burkhard von, Sprachprobleme ausländischer Arbeitnehmer und Betriebsrat, AiB 1982, S. 85–87.

Seifert, Achim, Integration durch Arbeitsrecht, in: Haedrich, Martina (Hrsg.), Flucht, Asyl und Integration aus rechtlicher Perspektive, Tübingen 2017, S. 153–171.

Sertkol, Onur, Deutsch - Türkische Integration am Arbeitsplatz, Diss., München 2012.

Smend, Rudolf, Verfassung und Verfassungsrecht, München 1928.

Spannowsky, Willy/Uechtritz, Michael (Hrsg.), BeckOK BauGB, 64. Aufl., München 2024 (zit. BeckOK-BauGB/*Bearbeiter*).

Stoffels, Markus/Lembke, Mark, Betriebsverfassungsrecht, 7. Aufl., München 2020.

Stöhr, Alexander/Schickinger, Kai, Die Beschäftigung von Migranten – Bedeutung und Wirkung des Arbeitsrechts bei der Integration in das Arbeitsleben, ZFA 2018, S. 410–440.

Thiele, Carmen, Das Integrationserfordernis für Drittstaatsangehörige nach dem Zuwanderungsgesetzt, DÖV 2007, S. 58–65.

Thränhardt, Dietrich, Kirchen, Wohlfahrtsverbände, Gewerkschaften, Betriebsräte, Nichtregierungsorganisationen, in: Meier-Braun, Karl-Heinz/Weber, Reinhold (Hrsg.), Deutschland Einwanderungsland – Begriffe - Fakten - Kontroversen, 3. Aufl., Bonn 2017, S. 206–209.

Thüsing, Gregor, Gute Gesetze, in: Boele-Woelki, Katharina/Faust, Florian/Jacobs, Matthias u. a. (Hrsg.), Festschrift für Karsten Schmidt zum 80. Geburtstag, Band II, München 2019, S. 515–520 (zit. *Thüsing*, FS Schmidt).

Thym, Daniel, Integration kraft Gesetzes? Grenzen und Inhalte des „Integrationsgesetzes" des Bundes, ZAR 2016, S. 241–251.

Trebinger, Yvonne/Linsenmaier, Wolfgang/Schelz, Hanna/Schmidt, Kristina, Betriebsverfassungsgesetz – mit Wahlordnung, 32. Aufl., München 2024 (zit. *Fitting*).

Uffmann, Katharina, Digitalisierung der Arbeitswelt – Wie gestalten wir die notwendigen Veränderungen?, NZA 2016, S. 977–984.

Uhle, Arnd, Freiheitlicher Verfassungsstaat und kulturelle Identität, Habil., Tübingen 2004.

—, Integration als Staatsaufgabe. Die verfassungsrechtlichen Grundlagen, in: Depenheuer, Otto/Grabenwarter, Christoph (Hrsg.), Der Staat in der Flüchtlingskrise – Zwischen gutem Willen und geltendem Recht, Paderborn 2016, S. 250–267.

van der Cammen, Michael, Wie die Integration von Flüchtlingen und Asylbewerbern gelingt, NZA-Beilage 2016, S. 46–49.

Vogt, Volker/Oltmanns, Sönke, Sprachanforderungen und Einführung einer einheitlichen Sprache im Konzern, NZA 2014, S. 181–186.

von Coelln, Christian/Mann, Thomas (Hrsg.), Grundgesetz – Kommentar, 10. Aufl., München 2024 (zit. Sachs/*Bearbeiter*).

Voswinkel, Stephan, Anerkennung der Arbeit im Wandel. – Zwischen Würdigung und Bewunderung, in: Holtgrewe, Ursula (Hrsg.), Anerkennung und Arbeit, Konstanz 2000, S. 39–62.

Wagener, Wolfgang, Schränkt das neue Betriebsverfassungsgesetz den individuellen Kündigungsschutz ein? – Widerspruch des Betriebsrates und individueller Kündigungsschutz, BB 1972, S. 1373–1375.

Wagner, Matthias, Kulturelle Integration und Grundgesetz, Diss., Baden-Baden 2020.

Waltermann, Raimund, Arbeitsrecht, 20. Aufl., München 2021.

Wank, Rolf, Juristische Methodenlehre – Eine Anleitung für Wissenschaft und Praxis, München 2020.

Wenckebach, Johanna, Fremdenfeindlichkeit im Betrieb, AiB 2009, S. 274–278.

Wiese, Günther/Kreutz, Peter/Oetker, Hartmut/Raab, Thomas/Weber, Christoph/Franzen, Martin/Gutzeit, Martin/Jacobs, Matthias/Schubert, Claudia (Hrsg.), Betriebsverfassungsgesetz – Gemeinschaftskommentar. Band I: §§ 1-73b, 12. Aufl., Hürth 2022 (zit. GK-BetrVG/*Bearbeiter*).

— (Hrsg.), Betriebsverfassungsgesetz – Gemeinschaftskommentar. Band II: §§ 74-132, 12. Aufl., Hürth 2022 (zit. GK-BetrVG/*Bearbeiter*).

Windeln, Norbert, Betriebsratsschulung in der Muttersprache, ArbRB 2011, S. 269–270.

Wlotzke, Otfried/Preis, Ulrich/Kreft, Burghard (Hrsg.), Betriebsverfassungsgesetz – Kommentar, 4. Aufl., München 2009 (zit. WPK/*Bearbeiter*).

Wolmerath, Martin, Betriebsratsschulung in Muttersprache eines Betriebsratsmitglieds, jurisPR-ArbR 33/2011.

Zimmermann, Helmut, Zum Stellenwert der allgemeinen Aufgabe des Betriebsrats gemäß § 80 I BetrVG und seinen sich daraus ergebenden Handlungspflichten, AuR 2017, S. 192–193.

Zippelius, Reinhold, Juristische Methodenlehre, 12. Aufl., München 2021.

Zöllner, Wolfgang/Loritz, Karl-Georg/Hergenröder, Curt Wolfgang, Arbeitsrecht, 7. Aufl., München 2015 (zit. *Zöllner/Loritz/Hergenröder*).

Zumkeller, Alexander, Die Anhörung des Betriebsrats bei der Kündigung von Ersatzmitgliedern unter besonderer Berücksichtigung des Verhältnisses des § 103 BetrVG zu § 102 BetrVG, NZA 2001, S. 823–825.